KB261701

사회주의는 가능하다

사회주의는 가능하다

지은이 | 카를로스 마르티네스 · 마이클 폭스 · 조조 파렐
옮긴이 | 임승수 · 문이얼
펴낸이 | 김성실
기획편집 | 최인수 · 여미숙 · 이정남
마케팅 | 곽홍규 · 김남숙 · 이유진
제작 | 한영문화사

초판 1쇄 | 2012년 9월 7일 펴냄

펴낸곳 | 시대의창
출판등록 | 제10-1756호(1999. 5. 11.)
주소 | 121-816 서울시 마포구 동교동 연희로 19-1 4층
전화 | 편집부 (02) 335-6125, 영업부 (02) 335-6121
팩스 | (02) 325-5607
이메일 | sidaebooks@daum.net

ISBN 978-89-5940-241-0 (03300)

책값은 뒤표지에 있습니다.
잘못된 책은 바꾸어드립니다.

베네수엘라 현장 활동가들의 목소리

사회주의는 가능하다

카를로스 마르티네스, 마이클 폭스, 조조 파렐 지음
임승수, 문이얼 옮김

일러두기

— 각주는 모두 지은이가 단 것이고, 옮긴이 주는 괄호와 '옮긴이' 표기로 구분했다.
— 본문에서 독자의 이해를 돕고자 옮긴이가 덧붙인 해석은 '[ ]'로 표시했다.
— 본문에 나오는 기관·단체명이나 외래어 등의 스페인어 표기는 책의 마지막에 정리되어 있다.

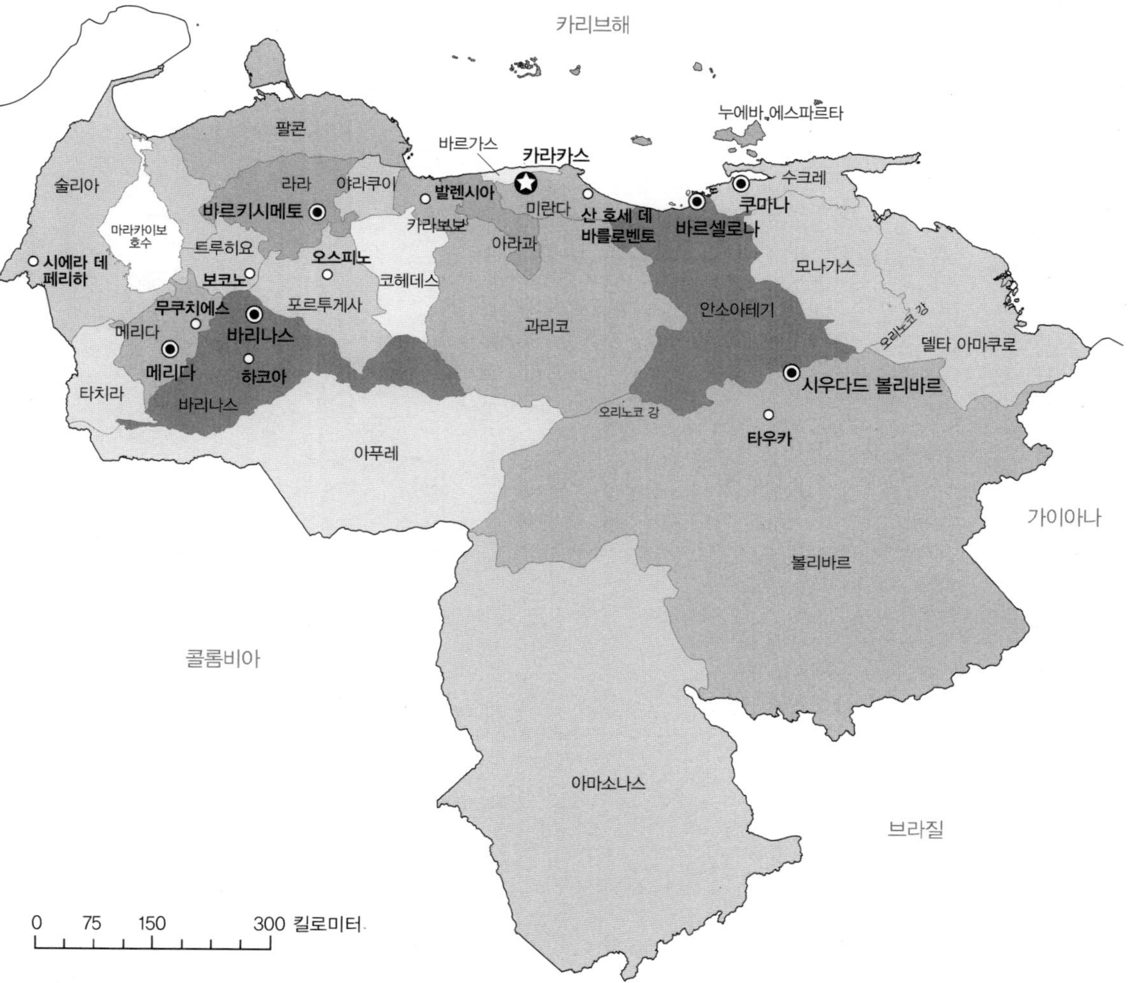

베네수엘라
카리브해
누에바, 에스파르타
술리아
팔콘
바르가스
카라카스
수크레
라라
야라쿠이
발렌시아
미란다
산 호세 데
바를로벤토
바르셀로나
쿠마나
마라카이보
호수
바르키시메토
카라보보
아라과
모나가스
트루히요
오스피노
코헤데스
시에라 데
페리하
보코노
포르투게사
안소아테기
오리노코 강
델타 아마쿠로
무쿠치에스
메리다
바리나스
과리코
메리다
하코아
시우다드 볼리바르
타치라
바리나스
오리노코 강
타우카
아푸레
가이아나
볼리바르
콜롬비아
아마소나스
브라질
0   75   150   300 킬로미터.

베네수엘라 사회주의 혁명의 주체는 민중이다

"혁명 과정은 한 사람이 아니라 모두에 의해서 이루어진다는 것을 민중은 알고 있습니다. 수많은 이들이 그렇게 말하고 있어요. 민중은 더 이상 가만히 있지 않을 겁니다."

— 이라이다 모로코이마

우고 차베스 베네수엘라 대통령은 전 세계적으로 신문에 대서특필된다. 하지만 더 다양한 인물이 등장하는 훨씬 광대한 베네수엘라의 이야기는 대체로 무시된다. 사람들은 종종 주류 언론의 베네수엘라 기사를 읽고, 차베스가 베네수엘라에서 일어나는 모든 일의 유일한 배후 조정자라고 느낀다. 베네수엘라 민중의 지지와는 상관없이 말이다. 물론 차베스가 분열된 다양한 기층 부문을 통합하는 뛰어난 지도력을 가진 것은 확실하다. 그는 현재 베네수엘라의 정치적 과정에 '볼리바리안 혁명'이라는 이름의 체계를 도입했다. 하지만 베네수엘라의 정치 상황을 면밀히 분석하고 다양한 현장 경험을 살펴보면, 이 혁명 과정은 상당 부분 아래로부터 건설되고 있다는 것을 알게 된다. 2002년에 반反차베스 세력이 쿠데타를 일으켰을 때 사회의 다양한 부문에서 적극적으로 들고 일어나지 않았다면 차베스는 사라졌을 것이다. 당시 차베스는 47시간 동안 대통령직에서 물러나 있었다.

베네수엘라에서 건설되고 있는 급진적인 사회상을 제대로 이해하려면 우리 스스로 시야를 넓힐 필요가 있다. 적극적으로 참여하여 변화를 이끌어내는 수많은 이들의 목소리를 들어야만 이 혁명의 역동적 근원을 밝힐 수 있다. 그레고리 윌퍼트^{Gregory Wilpert}의 저서《진보 집권을 통한 베네수엘라의 변화*Changing Venezuela By Taking Power*》는 베네수엘라의 사회, 정치, 외교, 국가 정책 등을 매우 상세하게 분석하여, 베네수엘라를 바꾸려는 차베스 정부의 노력을 보여준다. 이제 우리는 이 인터뷰 책에서 볼리바리안 혁명의 다양한 기층 사회운동이라는 이면을 베네수엘라 사회 구성원의 목소리를 통해 생생하게 보여주려 한다. 이를 통해 베네수엘라 사회의 변화를 이해하고, 진보 세력이 민주적으로 권력을 잡은 뒤 사회운동이 얼마나 중요한 역할을 해왔는지 알 수 있기를 바란다.

집권과 민중권력 수립

지난 10여 년간 변화의 바람이 라틴아메리카 전역을 휩쓸고 있다. 제국주의에 반대하는 다양한 좌파 및 중도좌파 정부가 들어섰다. 그중에서도 베네수엘라의 사례는 사회정의를 지향하는 정부가 신자유주의 모델에 대응해 정치적 대안을 만들어낼 수 있다는 믿음을 새로이 갖게 해줬다. 20세기 말, 국가 주도 혁명과 민족해방운동이 좌절되면서 전 세계적으로 좌절의 분위기가 팽배했던 시대에 이는 절대 미미한 성과가 아니다. '집권을 통한 변혁'이라는 발상은 라틴아메리카의 새로운 정치적 과정을 지켜보는 많은 이에게 공감을 얻고 있다.

그런데 그간 국가가 주도하는 정치 변혁 모델로서 베네수엘라의 사례가 소개될 때, 아쉽게도 볼리바리안 혁명의 실제 모습이 너무 개략적으로만 설명되었다. 너무 단순화하다 보니, 일부 사람들은 베네수엘라의 정치 과정을 위에서 하달하는 방식이라고 받아들이고, 멕시코의 사파티스타나 아르헨티나의 공장 점거 운동 등을 아래로부터의 운동으로 대비시킨다. 차베스의 영웅적인 품성과 정치적 입지는 이런 분석에 힘을 실어줄 뿐이다. 그사이 국제 민간 매체들은 베네수엘라를 독재국가로 그렸고, 이는 각 나라의 진보적인 언론에까지 영향을 미쳤다.

차베스 대통령이 베네수엘라의 결정적인 정치 요소임을 부인할 수는 없다. 차베스 지지파와 반대파로 베네수엘라가 쪼개져 있는 것만 봐도 그렇다. 베네수엘라 정부가 나라를 바꾸기 위해서 수많은 계획과 사회사업을 실시하는 노력을 과소평가할 수도 없다. 하지만 신자유주의에 반대하는 정책을 펼치는 차베스와 정부 너머의 것을 보지 못한다면 베네수엘라의 핵심적인 정치 동력 하나를 놓치게 된다. 민중의 정치 참여를 이끌어내려는 정부와, 이런 참여 요청에 부응해 정부의 기대를 뛰어넘거나 정부에 도전하기도 하는 베네수엘라 국민 사이의 역동성 말이다.

민주화 과정으로부터 혜택을 받은 사람들이 자기에게 기회를 준 정부에 이의를 제기하는 것은 어쩌면 뉴스거리가 안 될지도 모른다. 하지만 볼리바리안 혁명에 참여하는 사람들을 단순히 차베스 지지자라고만 하기에는 그 정치의식과 활동의 수준이 매우 높다. 베네수엘라에 민주주의나 독립적인 시민사회가 성숙하지 않았다는 식의 주장 속에는, 독자적으로 행동하는 자치조직이 부족해서 정부를 압박할 수 없다는 생각이 기본적으로 깔려 있다. 그러나 베네수엘라에는 정부와 사회운동 간의 관계와 긴장이 분명히 존재하며, 참여민주주의가 가장 생생하게 약동하고 있다.

대의민주주의와 대비되는 참여민주주의 개념은 1998년에 집권에 성공한 후 차베스가 이끌어온 정치운동의 핵심이다. 이 개념은 시민이 단순히 선거일에 표만 찍는 것을 넘어서서 더 큰 역할을 할 수 있도록 한다. 볼리바리안 혁명이 진전될수록 '민중권력'이라는 개념은 정치 과정에서 결정적인 슬로건이 되었다. 이와 더불어 일련의 획기적인 정책과 계획이 도입되었다. 공동체평의회communal council 창설은 베네수엘라에서 민중권력 발전에 관해 토론할 때 가장 많이 인용되는 예다. 공동체평의회는 지역에서 200~400가구 규모로 민주적인 체계를 만드는 법적 근거를 제공한다. 이 체계를 통해 공동체에서는 정부기금을 개발 사업이나 기반시설 사업에 어떻게 사용할지 결정한다. 하지만 공동체평의회는 베네수엘라 민중권력 건설에 있어서 빙산의 일각일 뿐이다.

볼리바리안 혁명 과정에서 베네수엘라 사람들은 협동조합을 설립하고 공장을 인수했다. 도시와 지방의 토지를 점거하고 공동체 라디오와 텔레비전 방송국을 개설했으며 문화센터와 민중교육센터를 설립했다. 법을 만드는 데에도 참여했다. 민중은 정부가 내세우는 민중권력 담론을 현실로 만드는 수많은 방법을 찾아냈다. 차베스 대통령의 발언은 이 다양한 활동에 동기를 부여했고, 정부의 계획과 지원으로 활동은 수월해졌다. 동시에 이 활동을 이끌어가는 많은 이들은 활동을 성공적으로 진행하기 위해, 혹은 지속하기 위해 끊임없이 정부를 압박했다.

베네수엘라는 현재진행형의 국가다. 기층이 정치권력을 획득하는 것은 이 모든 활동을 자극하는 강력한 기폭제가 되어왔다. 또한 베네수엘라 사회운동을 관찰하면, 민중권력을 건설하는 실천 활동은 필연적으로 정부의 영향력이 미치는 범위를 넘어선다. 이 책에 나오는 다양한 활동가들은 다음과 같이 지적한다. 현재의 변화 과정에서 중요한 역할을 하고 있는 공동체나 사회운동의 대다수는, 차베스 정부가 들어서기 훨씬 전부터 이미 정치적인 세력을 형성했다는 것이다. 즉 각자가 자기 의제를 계속 추진해오다가 기회를 잡은 것일 뿐이라는 말이다.

공화국의 재건

1998년 대선에서 압도적인 승리로 집권하기 1년 전, 차베스와 그의 동료들은 제5공화국운동MVR이라는 새로운 정당을 건설했다. 제5공화국운동의 주된 강령은 광범위한 민중의 참여로 새로운 헌법을 제정하고 그에 기초해 베네수엘라 공화국을 재건하자는 것이었다. 집권 후 새 헌법을 만드는 과정을 통해 베네수엘라는 지난 반세기에 걸쳐 굳어버린 정치시스템을 근본적으로 뜯어고칠 수 있는 기회를 가졌다. 볼리바리안 헌법을 새로 만드는 과정은 그 자체로 역사적인 사건이었고, 1999년 12월에 국민투표를 통해 헌법 최종안이 승인되었다. 새 헌법으로 가장 눈에 띄게 변한 것은 공식적인 국가 명칭이었다. 베네수엘라 공화국에서 '베네수엘라 볼리바르 공화국'으로 변경된 것이다. 그보다 더욱 중요한 것은 새 헌법을 통해 정치와 정부에 대한 베네수엘라 국민의 생각이 바뀌었다는 점이다. 국가 운영방식을 결정하는 일은 국민의 이해관계가 걸려 있기 때문에, 그 모든 것이 공개적으로 토론되었다. 갑작스러운 변화였다. 볼리바리안 헌법은 이 정신의 표상이 됐다. 예컨대 집회에서 헌법책을 흔드는 행위는 차베스의 정책을 지지한다는 것 이상의 의미를 담고 있다. 그것은 새로운 국가를 건설하는 역사적인 시도에 내가 동참하고 있다는 자부심과 바람을 보여주는 것이다.(《베네수엘라, 혁명의 역사를 다시 쓰다》(김병권 외 지음, 시대의창)에 베네수엘라 볼리바리안 헌법 전문全文이 번역되어 실려 있다. —옮긴이)

이러한 의미에서, 더 나은 사회를 만들려는 사람들에게 볼리바리안 헌법은 중요한 도구다. 물론 볼리바리안 헌법 역시 여느 성문법처럼 종이에 적힌 글에 불과하다. 하지만 헌법 구절로부터 힘을 얻은 사회운동이 그 헌법에 생명을 불어넣었다. 예컨대 선주민 와유족은 그들의 토지를 지키는 투쟁에 헌법을 활용했으며, 여성운동에서는 주부가 경제에 기여하는 바를 인정한 헌법에 기초해서 정부 프로그램을 개발했다. 이것은 종이 위에 있는 사회정의를 실현하는 도전이다.

사회운동은 투쟁 과정에서 헌법의 언어를 적용함으로써, 헌법 내용이 현실세계에서 유효한지 검증한다. 헌법 내용이 실제 유효한지는 헌법에 근거해 요구를 내세워야만 알아낼 수 있다. 예를 들어 몇몇 헌법 조항은 정부가 선주민의 토지를 존중할 것을 명시했는데, 광업 관련 법조항에서는 선주민이 거부하더라도 기업이 선주민의 토지를 사용할 수 있도록 허용하고 있어, 실제로 선주민의 요구가 묵살될 수 있다는 것이 발견되었다. 새세대노동조합의 조합원들은 기본노동법 77조가 하청노동을 엄격히 제한하는데도, 미쓰비시 등 많은 민간기업뿐만 아니라 정부조차도 계약직 노동자를 광범위하게 사용하고 있다고 비난한다.

이 책에 나오는 공동체와 운동단체는 차베스가 새로운 공화국을 건설하겠다고 한 약속이 결실을 맺을 수 있도록 열심히 활동하고 있다. 이를테면 헌법과 법률이 그린 윤곽선 안에 내부 구조를 그리고 있는 것이다. 제5공화국은 헌법이 승인된 1999년 12월 15일에 세워진 것이 아니라, 단지 그날에 첫 삽을 뜬 것이다.

사회운동과 국가 : 혁명 속의 혁명

정치 변혁은 복잡하다. 그리고 거의 언제나 충돌을 야기한다. 베네수엘라라고 예외는 아니다. 차베스와 헌법이 동기부여가 됐지만, 그렇다고 이 책에 나오는 사회운동단체들이 스스로 조직할 때 정부의 허가를 기다리지는 않았다. 조직된 공동체들은 새로운 헌법에 생명을 불어넣으며 실천하는 과정에서, 종종 정부 내에 적이 존재한다는 것을 알게 된다. 물론 관료체제 내부에서 여전히 활동하고 있는 부패하거나 우익적인 부류에게도 큰 책임이 있지만, 사회운동단체들은 정부가 혁명적 변화에 대해 과도하게 '제도화'된 방식으로 접근하면서 자기들의 독자적인 계획을 제대로 고려하지 못한다고 주장한다.

다음의 예를 살펴보자.

- 차베스의 공식적 발언에 고무된 오스피노 도축장의 노동자들이 공장을 점거하고 인수하기로 결정했다. 3년이 지난 지금, 여전히 노동자들은 도축장이 망하지 않도록 악전고투하면서 지방 정부가 협동조합의 도축장 경영을 법적으로 승인해주기만을 기다리고 있다. 노동자 대다수는 이런 상황에 대한 책임이 부패한 시장에게 있다고 비난한다. 또한 이 노동자들은, 도축장을 협동조합이 아닌 관료의 통제하에 두기 원하는 정부 사람들이 많다고 주장한다.

- '선주민은 스스로 교육받을 권리가 있다'고 명시한 헌법에 고무된 선주민 공동체 네 곳이 뭉쳐, 베네수엘라의 중심부에 '베네수엘라 선주민대학'을 설립했다. 설립한 지 10년이나 됐고 정부 관료를 만나

려고 여러 번 시도했지만, 고등교육부는 아직도 이 선주민대학을 정식 대학으로 승인하지 않고 있다. 선주민들은 '선주민을 위한 인민권력부' 장관이 이 사안에 관심이 없다고 비난한다. 즉 장관이 그들의 제안을 지원하지는 않으면서 대학 이름을 '베네수엘라 볼리바리안 선주민대학'으로 바꾸라고 요청하는 등 자신을 내세우려고만 한다는 것이다.

- 2001년에 토지법이 발효되면서 농민 수천 명이 노는 땅을 점거하고 생산적으로 사용하고 있다. 하지만 지난 10년간 농민 200여 명이 암살당했다. 그런데 2009년 현재, 토지 소유주 단 한 명만이 이 지속적인 대학살을 사주한 죄로 구속되었다. 정부는 농민 지원을 약속했지만, 학살을 배후 조종한 사람들은 여전히 처벌받지 않고 있다. 몇몇 농민운동단체가 추측하기로는, 미디어에서 정부가 토지 소유자를 탄압한다고 공격할까 봐 두려워하는 일부 정부 사람들이 그 원인이다.

볼리바리안 혁명의 핵심부에서 벌어지는 몇몇 어려운 사례다. 이런 일을 겪으면서, 많은 사회운동단체는 깨닫는다. 정부 지도자가 바뀌고 급진적인 변화 과정이 일어난다 해도, 여전히 정치권력을 가진 사람들과 종종 대립할 수밖에 없음을. 차베스와 볼리바리안 혁명에 반대하는 정치세력(베네수엘라에서는 이들을 단순히 '반대파'라 부른다)이 사회운동에 대한 근본적인 저항세력임은 분명하지만, 사회운동을 약화시키는 관료제와 부패는 종종 반대파만큼이나 해가 된다.

"혁명 속의 혁명"은 친^親차베스 활동가들이 정부 기구에게 그들의 공동체를 위해 일하도록 압박을 가하는 상황을 표현하는 문구다. 조직된 공동체들이 반대파로부터 정부를 방어하면서도, 동시에 정부에 맞서야 하는 줄타기 같은 상황이 볼리바리안 혁명의 실제 모습이다. 이러한 정치 상황은 마치 거울에 비춘 것처럼 세계 곳곳에서도 나타나는데, 이 책에서 인터뷰한 활동가 이라이다 모로코이마는 이런 상황을 '이중 전투'라고 말한다.

활동가들은 차베스 지지파 내부에도 그들의 요구에 무관심하거나 반대하는 분파들이 있음을 알고 있고, 이들이 쉽게 없어지지도 않을 거라고 생각한다. 따라서 끊임없이 이들을 압박하고 책임을 물어야 한다. 혁명의 주체는 차베스와 정부 내에서 변화에 동조하는 사람들만이 아니라, 더 큰 변화를 요구하며 움직이는 민중이어야 한다. 새로운 공화국이란 단지 위에서 선포하는 것이 아니라, 민중이 투쟁하고 조직하고 독자적으로 행동할 수 있어야 건설할 수 있다.

갈림길에 선 베네수엘라

베네수엘라는 현재 갈림길에 서 있다. 아니, 1999년 우고 차베스가 집권한 이후부터 지금까지 계속 갈림길에 있었다는 말이 더 정확할 것이다. 지난 10년간 차베스 정부는 이전과는 비교할 수 없을 정도로 베네수엘라와 세계정치 판도를 바꿨다. 차베스 반대파들의 정견과 제안을 보면 베네수엘라의 변화가 더 확실히 느껴진다. 반대파들은 차베스에게 인기에 영합하는 독재자일 뿐이라며 온갖 비난을 퍼붓는다. 하지만 반대파조차도 전국적으로 가난한 지역에 무상의료를 제공하는 미션 바리오 아덴트로 같은 사회사업의 인기를 무시할 수는 없다. 반대파들은 그런 사회사업을 없애는 것이 정치적 자살행위임을 잘 알고 있다. 그래서 그들은 자기가 이런 사회사업을 훨씬 더 효율적이고 책임 있게 운영할 수 있다고 주장한다. 볼리바리안 혁명으로 인해 베네수엘라 국민은 국가에, 그리고 국가가 제공하는 것에 더 많은 기대를 하게 됐다. 만약 국가가 민영화를 추진하거나 사회지출을 대폭 삭감하는 등 과거 신자유주의 정책으로 돌아가려 한다면, 차베스 정부가 들어서기 이전에 혼란스러웠던 10년 동안 그랬던 것처럼 민중의 저항에 부딪히게 될 것이다.

그동안 차베스의 담론과 볼리바리안 혁명은 꾸준히 진화해왔다. 더 나은 사회에 대한 비전과 이를 실현하기 위한 전략은 지속적으로 재정립됐다. 하지만 이 급진적인 변화를 가로막는 장애물도 한층 분명해졌고, 더 커진 듯하다. 사회운동단체와 조직된 공동체는 더 이상 정부가 운영하는 인기 사회사업에만 만족하지 않는다. 그들은 중요한 정치적 공간이 열린 것을 깨달았다. 그래서 그들은 스스로에게 묻고 있다. 자신이 꿈꾸는 사회를 건설하기 위해 무엇이 필요하고, 그것을 어떻게 달성할 수 있을지에 대해서.

중요한 질문이 남아 있다. 사회운동과 민중이 어느 정도까지 자신들의 권력을 강화할 수 있을지, 향후 방침을 어디까지 세울 수 있는지, 정부와 차베스의 부속품으로서가 아니라 얼마나 실질적으로 볼리바리안 혁명 과정을 이끌 수 있는지 말이다. 차베스의 행동만큼이나, 기층에서 참여하는 이들의 실천에 베네수엘라 혁명의 운명이 달려 있다. 마찬가지로 사회운동단체의 제안에 정부가 어떤 식으로 응답하고 고려하느냐는 혁명의 향방을 크게 좌우할 것이다. 볼리바리안 혁명의 미래는, 사회 불안과 공포를 조장하는 반대파를 계속 극복할 수 있을지 여부에만 달려 있는 것이 아니다. 한층 더 깊은 변화를 요구하는 목소리에 정부가 얼마나 귀를 잘 기울이느냐도 중요하다.

정치이론가 마르타 아르네케르^{Marta Harnecker}는 다음과 같이 단언했다.[1]

"라틴아메리카의 좌파나 진보 지도자들은 다음과 같은 사실을 알 필요가 있습니다. 제가 보기에 베네수엘라와 볼리비아의 대통령은 이 사실을 매우 잘 알고 있어요. 바로 지도자에게는 정치적으로 깨어난, 조직된 민중이 필요하다는 사실입니다. 이런 민중은 혁명이 전진할 수 있도록 압박을 가하고, 혁명 과정에서 지속적으로 발생하는 오류나 일탈에 맞서 투쟁합니다. 민중이야말로 최전방 공격수입니다. 민중을 이선에만 한정해서는 안 됩니다."

진정한 변화는 중앙정부가 추진하는 사회사업, 경제계획, 반反신자유주의 정책을 통해서가 아니라, 조직된 민중과 정부 간의 활발한 토론과 대화에서만 나온다. 이런 토론과 대화가 있다는 점에서 베네수엘라는 과거의 수많은 민족해방투쟁과 다르다. 다른 나라가 실패한 지점에서 베네수엘라가 성공하려면, 이런(민중과 정부 간의 활발한 토론과 대화 ─옮긴이) 관계는 더욱 지속적으로 강화돼야 한다. 비제이 프라샤드^{Vijay Prashad}는 20세기 민족해방운동의 발전에 대해 폭넓게 개괄한 저서《어두운 국가들*Darker Nations*》에서 다음과 같이 말했다.

"정치권력을 국가에 집중하고, 민족해방정당이 국가를 장악하며, 대중은 민족해방투쟁에 이바지한 후 해산한다. 이런 생각에서부터 민족해방운동에 큰 결함이 생겼다."[2]

다시 말해, 정치권력을 틀어쥐는 것은 단지 민족해방운동의 첫발을 내

---

1   마르타 아르네케르는 참여민주주의와 민중권력에 관한 이론적 개념을 발전시키는 데 큰 기여를 했다.

    Marta Harnecker, trans. Coral Wynter and Federico Fuentes, "Popular Power in Latin America - Inventing In Order to Not Make Errors"(Closing lecture given at the XXVI Gallega Week of Philosophy, Pontevedra, April 17, 2009), *Links: International Journal of Socialist Renewal*, July 2009, http://links.org.au/node/1136.

딛는 과정일 뿐이다. 그 과정에서 민중권력이 적극적이고 주체적으로 표출될 수 있도록 꾸준히 지원하는 방법을 최우선적으로 고려해야 한다.

《사회주의는 가능하다》는 베네수엘라 풀뿌리 사회운동과 조직에 대한 결정판은 아니지만, 그들의 한 단면을 보여준다. 이 책의 인터뷰가 볼리바리안 혁명 과정에서 다양한 풀뿌리 조직들이 공유하는 광범위한 의견과 신념을 모두 다룰 수는 없다. 각 운동세력 내부의 고유한 견해를 모두 언급할 수도 없다. 그들은 자신의 입장을 옹호한다. 인터뷰 대상자 다수가 조직이나 운동단체의 대변인이다. 물론 그렇지 않은 경우도 있지만 말이다. 우리는 베네수엘라 사람들이 민중권력을 실현하기 위해 다양한 방식으로 대중운동을 벌여나가는 모습을 최대한 다양한 관점에서 느낄 수 있도록, 광범위한 조사와 심사숙고를 거쳐 인터뷰 대상자를 선정했다.

인터뷰에 나오는 많은 증언이 갈등과 불만으로 가득 차 있지만, 이 증언들을 통해 볼리바리안 혁명을 지속적으로 강화하고 민중의 참여를 모색하는 많은 정치활동가의 모습을 접할 수 있다. 그들이 베네수엘라의 정치 과정을 비판한다고 해서 그것이 혁명에 대한 환멸은 아니다. 오히려 이 증언들을 통해, 이들이 때로는 좌절하면서도 새로운 사회를 건설하는 데 능동적으로 참여하고 있다는 사실에 영감을 얻을 수 있다. 이 운동에 참여하는 많은 사람들은 변화가 일어나는 속에서 끊임없이 투쟁하기를 원한다. 통합과 정의에 기초한 세상을 건설하고자 실천하는 모든 사람들과 이 이야기를 나누었으면 한다.

---

2   Vijay Prashad, *The Darker Nations: A People's History of the Third World* (New York: New Press, 2007).

차 례

5 선주민과 아프리카계 베네수엘라인 운동

21세기 사회주의 혁명은 어떻게 이루어졌는가

베네수엘라는 겉으로 보기에는 무한한 가능성과 끝없는 갈등이 공존하는 땅이다.[1] 모든 것이 가능하지만 모든 것이 예상과 다르기도 하다. 사회주의로 나아가고 있는 나라인데 쇼핑몰에는 쇼핑객들이 가득하다. 차베스 반대파 학생운동단체들이 사적소유권을 '방어'한다면서 사적 소유물을 파괴한다. 정부를 지지하는 활동가들이 정부한테 약속을 지키

---

[1] 초기 스페인 정복자들은 베네수엘라의 아마존 깊은 곳에 엘도라도El Dorado의 황금 보물이 있다는 허황된 이야기에 이끌려 들어왔다. 20세기에는 마라카이보 호수 부근에 엄청난 석유가 매장된 것이 알려지면서 새로운 보물 사냥꾼들이 몰려들었다. 1973년에는 유가가 네 배로 뛰면서 북반구 산업국가 사이에 '오일쇼크'oil shock로 알려진 일이 발생했다. 오일쇼크로 북반구 국가들이 경기 하락의 공포에 휩싸였을 때, 베네수엘라에서는 '석유 호황'petroleum euphoria이라 불리는 현상이 일어났다. 같은 시기 카를로스 안드레스 페레스는 '열정을 가진 사람'el hombre con energía이라는 캠페인을 통해 대선에서 압승했다. 그는 석유를 통해 자기가 베네수엘라를 장밋빛 미래로 이끌 수 있다고 선전했다. Foronil, *The Magical State: Nature, Money, and Modernity in Venezuela* (Chicago: University Of Chicago Press 1997), 237-238.

라며 거리를 점거하는 곳. 일방통행로에서 역주행을 하는 것이 (합법은 아니지만) 자연스러운 나라.

"창조하든지 잘못되든지 둘 중 선택해야 한다(O inventamos o erramos)." 시몬 로빈슨 로드리게스^{Simón Robinson Rodríguez}가 말했다. 시몬 로드리게스는 베네수엘라의 시조 중 한 명이다. 자신의 친구이자 제자인 시몬 볼리바르^{Simón Bolívar}에게 큰 영향을 끼쳤다고 알려져 있는데, 볼리바르는 알려진 대로 남미의 '해방자'다. 차베스 대통령이 이끄는 볼리바리안 혁명은 그의 이름을 딴 것이다.

로드리게스의 좌우명은 그때처럼 오늘날도 살아 있다. 베네수엘라는 여전히 가능성과 투쟁의 땅이다.

공화국 초기

볼리바르가 태어나기 약 3세기 전, 크리스토퍼 콜럼버스가 아메리카 대륙으로 가는 세 번째 항해에서 지금으로 치면 베네수엘라의 해안도시 쿠마나 부근에 상륙했다.[2] 때는 1498년이었고 콜럼버스는 대륙에 처음으로 발을 내디뎠다. 반세기가 지나 스페인이 남미를 침략하기 시작했고, 카리브 해안 부근에서 황금이 발견되면서 침략은 속도를 더했다. 선주민 추장 과이카이푸로^{Guaicaipuro}는 현 카라카스(베네수엘라의 수도) 지역의 부족들을 통합하고 스페인의 침입에 맞서 용감하게 저항하다가 1567년에 스페인군의 기습에 목숨을 잃었다.

베네수엘라의 선주민 대다수는 같은 운명에 처했고 선주민 수는 점

---

² 시몬 볼리바르는 1783년 7월 24일에 태어났다.

점 줄어들었다.[3] 스페인이 들어오기 전에는 지금의 베네수엘라 남쪽 볼리바르와 아마존 지역에 있는 광대한 오리노코 강 상류에 수많은 예쿠아나족이 살았다.

"스페인 사람들은 선주민을 끌어모아 노예로 만들려고 했습니다. 그래서 우리 선주민들은 도망쳤지요. 붙잡힌 사람들은 묶여서 발라타(고무) 나무 농장에서 강제노동을 했습니다. 아픈 사람은 그냥 죽을 때까지 방치됐죠. 많은 예쿠아나족 사람들이 그렇게 죽었습니다."

베네수엘라 선주민대학 학장인 와다하니유[Wadajaniyu]의 말이다(12장). 하지만 약탈은 거기서 그치지 않았다.

"16세기에 너무 많은 선주민이 몰살당했기 때문에…… 유럽인들은 아프리카 노예를 들여와야 했습니다."

아프리카계 베네수엘라인 조직 네트워크에서 활동하는 루이스 페르도모[Luis Perdomo]의 말이다(14장).

수많은 아프리카 노예가 끌려와 베네수엘라 해변을 따라 펼쳐진 커피와 카카오 농장, 그리고 내륙 쪽의 구리 광산에서 일했다. 비인간적인 근로조건 때문에 식민지 시절 동안 수많은 폭동이 있었다. 몇몇 도망친 노예들은 바를로벤토와 야라쿠이 지역에 쿰베(일종의 조직 공동체—옮긴이)를 만들었다.[4] 마지막 폭동은 1795년에 팔콘 산에서 일어났다.

---

3   2006년 말 현재, 선주민은 2600만 베네수엘라 인구 중 2퍼센트를 약간 넘는다. "베네수엘라에는 28개 선주민 부족이 있으며 그중 인구가 1만이 넘는 부족은 와유, 와라오, 페몬, 아뉴 네 부족뿐이다." University of Maryland, Minorities at Risk (MAR) Assessment for Indigenous Peoples in Venezuela, December 31, 2006. http://www.cidcm.umd.edu/mar/assessment.asp?groupId=10102.

4   "쿰베는 시마로네스(자유민이 된 노예)가 만든 해방구의 이름입니다." — 루이스 페르도모, 14장.

당시 시몬 볼리바르는 열세 살이었는데 부모는 모두 사망한 상태였다. 그는 곧 스페인으로 유학을 떠나 열여덟 살에 결혼했다. 하지만 결혼 1년 만에 부인이 황열병으로 사망했다. 1808년 프랑스가 스페인을 침공해서 점령했을 때, 이미 베네수엘라로 돌아가 있던 볼리바르는 베네수엘라를 유럽 지배자들로부터 독립시키기 위한 전투에 참가했다.

볼리바르는 베네수엘라 해방군 내에서 높은 지위에 올랐다. 베네수엘라 의회는 1811년 7월 5일에 독립을 선포했다. 하지만 1년 만에 베네수엘라는 다시 스페인의 수중에 떨어졌다. 볼리바르는 지금의 콜롬비아 지역으로 물러나서 누에바 그라나다 주 연합 의회의 지휘하에 있는 군 주둔지를 확보했다. 누에바 그라나다 주 연합 의회 역시 스페인 지배에서 지역을 해방하기 위해 결성한 것이었다. 1813년 5월, 볼리바르는 새 군대와 함께 베네수엘라에 다시 진입하여 넉 달 만에 베네수엘라를 해방시키고 스페인에게서 카라카스를 탈환했다. 이 전투를 "경이로운 작전"이라고 부른다.[5] 1821년에 볼리바르와 그의 군대는 그란 콜롬비아(현재의 베네수엘라, 콜롬비아, 파나마, 에콰도르에 해당하는 지역)에서 스페인을 몰아냈고, 남미 통합이라는 원대한 꿈을 가지고 볼리비아와 페루 해방에 나섰다.

하지만 1820년대 말에 지역의 반란, 내부 분열과 분란으로 이 꿈은 갈기갈기 찢어졌다. 결국 1830년에 볼리바르는 낙담한 채 결핵으로 사망했다. 베네수엘라는 볼리바르의 숙적, 호세 안토니오 파에스José Antonio Páez가 이끄는 과두지배세력의 손아귀에 떨어졌다. 1846년, 에세키엘 사모라Ezequiel Zamora가 이끄는 농민 수천 명이 반란을 일으켰다. 10년도

---

5   John Lynch, *Simón Bolívar: A Life* (New Haven: Yale University Press, 2006), 76.

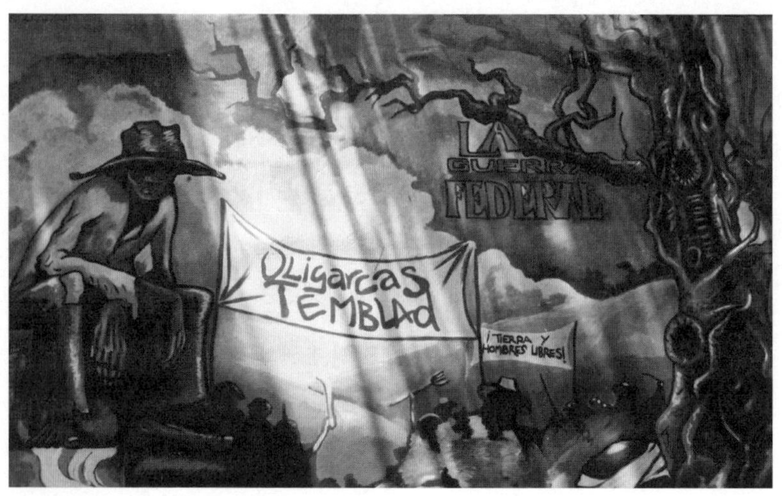

연방 전쟁과 농민 봉기를 주제로 한 역사 벽화

더 지난 후 사모라는 연방제 지지자들과 함께 연방 전쟁에서 강력한 반동 군대를 물리치고, 역사적인 산타 이네스 전투에서 승리했다.

2001년에 설립된, 베네수엘라에서 가장 급진적인 농민운동단체 중 한 곳은 베네수엘라 농민과 함께 투쟁한 사모라에 대한 존경의 표시로 그의 이름을 땄다('에세키엘 사모라 혁명적 농민전선'FCREZ). '에세키엘 사모라 전국농민전선'FNCEZ의 라몬 비리가이Ramón Virigay는 다음과 같이 설명한다.(2장)

"사모라는 여기서 무척 가까운 산타 이네스에서 전투를 벌였습니다. 게릴라 전쟁, 저항의 전쟁이었죠. 그는 볼리바르가 시작한 것을 계속해 나갈 명확한 비전이 있었습니다."

20세기

이런 격동적이고 혁명적인 과거에도 불구하고, 세계 경제 차원에서 베네수엘라의 역사는 1914년에서야 시작됐다. 그해에 콜롬비아와 맞닿은 국경 근처인 술리아 주, 마라카이보 호수 근처에서 석유가 발견됐다. 이때부터 베네수엘라의 사회구조는 완전히 바뀌게 된다. 다소 낙후된 카리브해의 농업국가가 갑자기 세계지도에 중요하게 등장한 것이다.

뉴저지의 스탠더드 오일Standard Oil 같은 석유회사들이 갑자기 나타나 미국과 베네수엘라 간 관계가 밀접해졌고, 베네수엘라의 지역 엘리트들은 북미 쪽의 관심이 커지는 것을 반겼다. 베네수엘라의 석유 활황이 시작된 것이다. 1920년에 베네수엘라는 세계 최대의 석유수출국이었다. 1935년에는 석유가 베네수엘라 전체 수출에서 91.2퍼센트를 차지했다.[6]

미국과의 관계는 석유에만 한정되지 않았다. 석유 활황에서 이득을 본 베네수엘라 엘리트들은 미국 달러, 옷, 문화를 열렬히 받아들였다.[7] 일부 베네수엘라인들은, 이렇게 미국과 강하게 유착되어 있어서 베네수엘라가 지금도 여전히 고도의 개인주의적 소비 사회 성향을 띠고 있으며, 이런 점이 볼리바리안 혁명 과정에 걸림돌이 되고 있다고, 말한다.

라틴아메리카 대부분의 나라처럼 베네수엘라에서는 20세기 초반에 쿠데타가 연이어 일어났다.[8] 1948년, 베네수엘라의 마지막 독재자였던 마르코스 페레스 히메네스Marcos Pérez Jiménez[9]는 짧은 기간 존재했던 민

6　　Gregory Wilpert, *Changing Venezuela by Taking Power* (London: Verso Books, 2007),10.

7　　미국의 영향을 강하게 받은 카리브해의 두 나라 푸에르토리코와 쿠바처럼, 베네수엘라의 국민 스포츠는 야구다. 차베스조차 뉴욕 양키스에 입단하려 노력했지만 실패했다고 농담할 정도다.

주정부를 무너뜨리고 권력을 잡았다. 그는 공산당과 생긴 지 얼마 안 된 베네수엘라 노동자연맹[CTV], 베네수엘라 농민연합을 불법화하는 등 신속하게 반대파를 탄압하고 군사정권의 지도자로 군림했다. 히메네스는 1952년에 나라의 전권을 장악하고, 주요 기반시설 건설에 착수하여 국가를 현대화하기 시작했다. 베네수엘라 시골에 지금도 여전히 놓여 있는 다리나 도로는 이때 지어진 것이다.

석유 의존도가 심해지면서 베네수엘라 농업은 약화되어, 1920년에 수출의 3분의 1을 차지하던 것이 1950년대에는 10퍼센트 수준이 되었고, 1998년에는 겨우 6퍼센트에 불과했다.[10] 히메네스가 농촌을 산업화하면서 토지가 소수의 손에 집중됐고 농민은 일자리를 찾아 대도시로 유입됐다. 베네수엘라는 라틴아메리카에서 가장 도시화된 나라로 바뀌었다. 수많은 사람들이 도시로 유입되면서 빈곤층이 느리지만 꾸준히 증가하여, 대도시 주변의 산에는 빈민가가 엄청나게 생겨났다.

그사이 전국적으로 탄압이 극심했다. 1957년에는 베네수엘라 민주화운동의 물결이 일어났다. 로물로 베탕코우르트[Rómulo Betancourt](민주행동당[AD]), 호비토 비알바[Jóvito Villalba](민주공화연합[URD]), 라파엘 칼데라[Rafael Caldera](기독사회당[COPEI])와 같은 추방된 지도자들이 뉴욕에서 회동했다. 그곳에서 베네수엘라 주요 정당들은 독재에 맞서 공산당과 함께 '훈타 파트리오티카'(애국전선)를 결성해 세력을 모으기로 결정했다. 가톨릭교회와 재계, 그리고 미국 정부의 지원이 약해지면서 히메네스는 점차 세

---

8   베네수엘라에서 한 정당에서 다른 정당으로 민주적인 정권 이양이 된 것은 1968년이 처음이었다. 하지만 그때조차 민주행동당[AD]과 기독사회당[COPEI]이 권력을 나눠 먹기로 합의한 푼토피호협약에 의한 것일 뿐이었다.

9   미국이 지원한 베네수엘라 독재자. 1952년에서 1958년까지 집권했다.

10   Wilpert, 10.

력을 잃어갔다. 총파업이 일어나고 민간 진영과 군부에서 동시에 압박을 가하자, 결국 히메네스는 대통령직을 사임하고 1958년 1월 23일에 망명했다.

푼토피호협약

히메네스를 끌어내린 날, 카라카스에서 수많은 빈민들이 대통령궁 남서쪽 언덕에 군인 숙소 용도로 지은 아파트를 즉시 점거했다. 그들은 이 봉기를 기념하기 위해 자신들의 공동체를 '1월23일'(공동체의 이름이 특정 날짜일 경우, 구별을 위해 월과 일 사이를 붙여 표기했다.―옮긴이)이라고 불렀다. 이로써 카라카스뿐만 아니라 베네수엘라 전체 공동체 중에서 가장 급진적인 중핵이 탄생하게 됐다.

로물로 베탕코우르트 같은 정치 망명자들이 돌아왔고 민주주의를 복원하기 위한 준비가 진행됐다. 분위기는 고무적이었다. 카라카스에 있는 '산 카를로스 자유 병영'의 공동 설립자 네그로 미겔Negro Miguel의 설명이다.

"당시 히메네스 독재하의 고통스러웠던 10년에서 막 벗어났죠. 그리고 우리가 '민주주의'라고 잘못 불렀던 것이 도래했습니다. 초기에는 변화의 조짐이 있었고 모든 것이 무척 희망적이었어요. 하지만 결국 다음 날 쓰레기 더미가 쌓이는 파티 같았을 뿐입니다."(9장)

민주행동당AD, 기독사회당COPEI(베네수엘라의 양대 보수 정당. 한국의 새누리당과 민주통합당 양당 체제와 비슷하다.―옮긴이), 민주공화연합URD 같은 주요 정당들은 공산당을 배제했다. 1958년 할로윈 때 이 주요 정당 지도자들은 '푼토피호'라 불리는 카라카스의 어느 지역에서 만나 서로 권력을 나눠 먹는 협약에 서명했다. 이 협약은 이후 40년간 지속되며, 그 기간을 '제4공화국'이라고 부른다.[11]

새 정부하에서 다시 몇몇 자유가 보장됐지만, 많은 사람들이 투쟁하며 바랐던 급진적인 변화는 실현되지 않았다. 빈곤은 계속 증가했고 독재 시절부터 사람들을 억압하던 경찰은 여전히 힘을 잃지 않았다. 예전에 게릴라 전사였던 호세 냐네스José Ñañez와 네그로 미겔에 따르면, 새로운 '가짜 민주주의'하에서도 독재 시절처럼 탄압이 심했다(9장).

1959년에 쿠바혁명이 성공하면서 베네수엘라의 급진적 운동단체들도 자신감을 얻었다. 1960년 4월에 민주행동당에서 떨어져나온 좌익 청년들은 좌파혁명운동MIR을 결성했고, 갈수록 심하게 탄압하는 정권을 타도하기 위해 게릴라 조직들이 생겨났다. 1961년 3월에는 베네수엘라 공산당 3차 회의에서 공식적으로 무장투쟁을 지지하기로 결정되었다. 1961년에서 1962년 사이에 민간 운동과 군부가 연합한 봉기가 연이어 일어났으나 실패했다.

1962년 5월에는 카루파나소 봉기를 빌미로 민주행동당 정부의 로물로 베탕코우르트가 공산당과 좌파혁명운동을 불법화했다. 1년 반 만에 두 단체는 무장투쟁에 돌입했다. 공산당원들은 민족해방군FALN을 결성해, 상원의원이었던 게릴라 전사 파브리시오 오헤다Fabricio Ojeda의 지휘하에 카라카스, 팔콘 산, 라라 주와 트루히요 주의 산 등 베네수엘라 각

---

11 베네수엘라 역사에는 다섯 공화국이 있었다. 제4공화국은 1831년에 그란 콜롬비아Gran Colombia가 해체된 직후 시작돼서 차베스가 1999년에 집권할 때까지 지속됐다. 차베스가 1998년 대선에서 당선되는 데에 도움을 줬던 정당은 '제5공화국운동'이라 불렸다. 이처럼 제4공화국이 실제로는 150년이 넘도록 지속되었지만, 차베스 지지자 대다수는 차베스 집권 이전에 푼토피호협약으로 시작된 40년간을 지칭할 때 '제4공화국'이라는 용어를 사용한다.

지에서 전선을 구축했다. 도시에서는 공산당 세포가 조직됐고 학생들은 가두시위를 벌였다. 베네수엘라 보안기관은 반체제 운동을 무자비하게 탄압했다. 1960년대와 1970년대 베네수엘라가 남미에서 가장 안정된 민주주의 국가인 것처럼 보였을 때도, 사실은 수천 명이 베네수엘라 보안군에 의해 고문당하고 실종되고 암살당했다. 정부 측은 오헤다가 자살했다고 공식적으로 발표했지만, 베네수엘라 사람들은 1966년에 심문 과정에서 베네수엘라 군 정보기관에 의해 살해당했다고 말한다.

1960년대 초 베네수엘라 정부와 미국은 우호적인 관계였고, 베네수엘라는 고문이나 납치 등 미국이 제시한 대(對)게릴라 전법의 시험장이 됐다. 이런 전법들은 이후 미국이 지원하는 남미의 다른 독재자들이 학생과 민주운동단체를 난폭하게 탄압할 때 사용되었다. 1960년대 후반에는 내부 분열과 CIA의 침투 때문에 베네수엘라 게릴라 투쟁이 약해지고 있었다. 1966년에 공산당에서 떨어져나온 한 분파가 베네수엘라 혁명당PRV을 결성했다. 공산당이 지도하는 민족해방군은 1960년대 말에 해산했고(공산당의 다른 전선들은 그 뒤에도 10년간 계속 활동했다) 좌파혁명운동은 '사회주의를 향한 운동'MAS, 반데라 로하BR(붉은 깃발), 게릴라 조직을 보유한 사회주의 연맹 '혁명조직'OR으로 쪼개졌다.

한편, 그 시기에 경기는 상승세였다. 석유사업과 관련된 사람들은 오일달러로 돈벼락을 맞았다. 당시 베네수엘라는 라틴아메리카에서 1인당 국내총생산GDP이 가장 높았다.[12] 다른 라틴아메리카 나라들에 비해 생활수준이 상대적으로 높았기 때문에 베네수엘라 사람들은 여유로웠고 현실에 안주했다.[13]

---

12   Terry Lynn Karl, *The Paradox of Plenty* (Berkeley: University of California Press, 1997), 234.

13   Wilpert, 11.

1976년 1월 1일에 베네수엘라는 석유 자원을 국유화했다. 세계 석유 위기가 가져다주는 엄청난 이익을 활용하기 위해서였다. 쉘Shell, 엑손Exxon과 같은 외국기업들이 국유화되어 새로운 국영 석유회사 PDVSA로 통합됐다. 이후 20년 동안에 PDVSA는 세계에서 두 번째로 큰 석유회사로 성장했다. 이익금은 회사, 자회사, 그리고 관리자의 호주머니 속으로 재투자됐다.

빈곤층은 1960년대와 1970년대 호황 시기에도 석유로 생기는 돈을 구경해볼 기회가 없었으므로, 당연히 이후 불황 시기에도 돈 구경을 못했다. 그레고리 윌퍼트는《진보 집권을 통한 베네수엘라의 변화 *Changing Venezuela By Taking Power*》에서 다음과 같이 썼다.

"베네수엘라 황금기의 종말은 1979년에 시작됐다. 베네수엘라는 향후 20년간 이어지는 경제 불황에 접어들었다."[14]

1996년까지 빈곤률이 17퍼센트에서 65퍼센트로 증가했고, 1999년까지 1인당 수입은 거의 30퍼센트나 떨어졌다.[15] 하층계급은 의사결정과 권력에서 점점 소외됐다.

"선거가 있으면 그들은 말했어요. '좋아, 내가 시멘트 블록을 줄게. 판잣집에 필요한 함석도 줄 거야.' 하지만 나아지는 것은 전혀 없었죠."

메리다 지역 공동체 믹스테케의 공동체평의회 멤버인 마리아 비센타 다빌라Mafa Vicenta Dávila의 말이다(18장). 라라 주 협동조합평의회의 알폰소 올리보Alfonso Olivo는 "사람들이 이렇게 사는 것에 익숙해졌다"고 말했다.

"그래서 국가는 민중에게 부스러기를 주죠. 민중은 자신이 그보다 가

---

14   Wilpert,13.
15   같은 책.

치 있는 존재라는 것을 깨닫기 전까지 계속 그렇게 정신없이 사는 겁니다. 그렇기 때문에 석유에서 나오는 이익은 민중에게 직접 전해져야 했습니다. 이 천연자원의 진정한 소유자인 민중에게로 말이죠. 이는 민중이 떨쳐 일어났을 때에야 가능했습니다."(8장)

혁명 투쟁과 우루과이의 투파마로 도시 게릴라 투쟁에 영향을 받은 '1월23일' 빈민가의 급진적 활동가들은 마약과 청소년 범죄에 대응하기 위해 투파마로 혁명운동을 결성했다. 1980년대에는 몇몇 공산당원의 후손들이 10년간 급진적으로 활동해온 반데라 로하[BR]의 게릴라 세포조직에 가담하거나, 급격하게 늘어난 빈민가 주민들을 지속적으로 조직했다.

1989년에 베네수엘라는 다시 한 번 새로운 방향으로 라틴아메리카를 이끌었다. 이번에는 전국적으로 국영기업을 민영화하고 공공서비스를 줄이는 신자유주의 충격 정책 패키지를 통해서였다. 가스값이 두 배로 뛰고 교통비가 30퍼센트 올랐다. 물가는 미친 듯이 올라서 베네수엘라 화폐, 볼리바르[Bs]에는 '0'자가 수북이 쌓였다. 신자유주의 정책은 빈곤을 확대시킬 뿐이었다. 베네수엘라인들은 반발했고, 극빈층부터 즉각적으로 봉기에 나서서 카라카스 거리로 쏟아져나왔다. 폭동이 일어났고 식료품점이 털렸다. 이 사건을 카라카소 또는 사쿠돈이라고 부른다.[16] 1월23일 지역에 사는 코코[Coco]의 말처럼, 카라카스 시 경찰의 대응은 무자비했다. 경찰은 1월23일 지역뿐만 아니라 카라카스의 다른 큰 빈민가들에서도 총을 쏴댔다. 수천 명이 사망했고 수많은 사람들이 체

---

16 카라카소Caracazo : Caracas + azo. 'azo'는 스페인어로 때리는 것을 뜻한다. 베네수엘라인 은 일반적으로 봉기를 이런 식으로 부른다. 예컨대 바르셀로나소Barcelonazo, 카루파나 소Carupanazo, 포르테냐소Porteñazo. 사쿠돈은 '대규모 봉기' 혹은 '대규모 약탈'을 뜻한다.

포됐다. 하지만 기층 공동체에게 카라카소는 아무런 예고 없이도 하룻밤 사이 조직화, 저항, 변화가 일어날 수 있다는 증표였다(17장).

"민중은 100년마다 깨어난다."

라몬 비리가이는 칠레의 시인 파블로 네루다Pablo Neruda를 인용해 이렇게 말했다(2장).

차베스의 등장

3년이 지난 1992년 2월 4일, 우고 라파엘 차베스 프리아스Hugo Rafael Chávez Frías라는 이름의 젊은 중령이 카를로스 안드레스 페레스Carlos Andrés Pérez 정부를 상대로 민간·군부 연합 쿠데타를 일으켰다. 쿠데타는 실패했지만 차베스는 전국적으로 주목을 받았다. 그는 쿠데타에 대해 자신이 모든 책임을 지겠다고 했으며 가담한 군인들에게 "지금으로서는"Por ahora 목적을 달성할 수 없다고 말했다. 차베스와 많은 쿠데타 가담자가 산 카를로스 병영 감옥에 수감됐다(9장). 이 젊은 쿠데타 지도자가 자신의 행동에 책임을 지는 모습, 그리고 "지금으로서는"이라고 강조한 사실은 전국적으로 관심을 끌었다.

차베스를 석방하라는 운동이 일어났고, 새로 대통령에 선출된 라파엘 칼데라는 2년 뒤 차베스를 사면했다. 라파엘 칼데라는 오랫동안 몸담았던 기독사회당에서 탈당한 후 좌파와 중도우파가 연합한 '통합'Convergencia을 결성해 대통령에 당선된 사람이다. 차베스는 석방되자마자 전국을 돌며 지지자들과 이야기를 나눴다. 그가 쿠바를 방문했을 때는 피델 카스트로Fidel Castro 의장이 친히 공항 활주로로 마중을 나왔다. 이 사건으로 인해 베네수엘라의 급진적 조직가들은 이 거의 알려지지 않은 장교에게 뭔가 특별한 것이 있을지 모른다는 생각을 하게 되었다.

'혁명적 볼리바리안 운동 200'MBR-200은 1992년 쿠데타를 위해 만들어졌던 비밀운동단체였다. 이 운동의 활동가들은 이제 관심을 대중정치 영역으로 돌렸다. 그래서 차베스를 대통령에 당선시키고 베네수엘라의 헌법을 새로 쓰겠다는 목표로 제5공화국운동MVR을 창설했다.

차베스의 당선 가능성은 낮아 보였다. 1998년 대선에서 승리하기 위해서는 갑부인 엔리케 살라스 로메르Henrique Salas Römer와 미스 유니버스 출신의 이레네 사에스Irene Sáez를 눌러야 했기 때문이다. 겉보기에는 다른 후보들이 인기 있어 보였지만 결국 차베스가 선거에서 승리했고, 그는 곧바로 자신의 공약이었던 제헌의회를 소집해서 새로운 헌법을 만드는 절차에 착수했다. 차베스 정권이 들어선 지 1년도 안 돼, 베네수엘라 사람들은 국민투표에서 70퍼센트가 넘는 압도적인 지지로 새로운 헌법을 승인했다.

이것은 중요한 전환점이었다. 베네수엘라 헌법은 베네수엘라 민중이 직접 참여하여 만들어졌다. 단순히 제헌의회의 의원을 선출하기만 한 것이 아니라, 헌법과 관련해서 텔레비전에서 벌어지는 모든 토론과 공개적인 토론회에 참여해서 자신의 의견을 밝혔다.

"제헌의회는 항상 민중의 뜻에 반하는 일만 해왔던 국가에게 무척 가치 있고 중요한 사건입니다."

베네수엘라 정부의 국선변호사 사무실에서 분석가로 일하는 알바로 카브레라Alvaro Cabrera는 말했다.

"헌법을 만드는 과정이 첫 경험이었습니다. 우리 모두가 현재 일어나고 있는 상황에 영향을 줄 수 있다는 것을 처음 깨달은 거죠. 문을 연 거예요."

1999년의 새 헌법은 세계에서 가장 진보적인 헌법이다. 이 책 전체에 걸쳐 강조하다시피, 새로이 생겨난 수많은 사회운동이 새 헌법 내용에 기반을 두고 투쟁하고 있다. 베네수엘라중앙대학[UCV] 소속 여성연구센터[CEM] 소장인 알바 카로시오[Alba Carosio]의 설명대로, 새 헌법은 성 인지적 내용을 담고 있고 주부의 가사노동을 경제활동으로 인정하며 그에 대한 사회보장을 권리로서 인정하고 있다(3장). 또한 헌법은 베네수엘라에 수많은 선주민이 있음을 인지하며 선주민이 스스로 교육받을 권리를 인정한다. 이 헌법에 근거해 선주민 공동체들은 볼리바르 주에 베네수엘라 선주민대학을 설립했다(12장).[17]

루이스 페르도모가 설명하는 것처럼, 새 헌법은 2000년에 아프리카계 베네수엘라인 조직 네트워크를 결성하는 추진력이 됐다. 하지만 아직 이들은 선주민과 달리 명백히 구분되는 종족으로서 헌법에 명시되지는 못한 상태다(14장).

2000년 말에 국회는 차베스에게, 광범위한 사안에 대해 새 헌법에 부합하는 법률을 제정할 특별 권한을 법적으로 부여했다. 그해에 대통령은 석유산업 규제, 소액금융, 어업과 토지 개혁 등 다양한 사안에 대한 내용을 담은 49개 법률을 제정했다.[18] 이 가운데서 협동조합에 관한 새 법률은 베네수엘라에서 협동조합이 폭발적으로 증가하는 계기가 됐다. 현재 정부에 등록된 협동조합은 거의 30만 개에 이른다(8장). 새 토지법

---

17 베네수엘라 선주민 인구는 대략 50만 명으로 추산된다. Chesa Boudin, Gabriel González, and Wilmer Rumbos, *Venezuelan Revolution: 100 Questions—100 Answers* (New York, NY: Thunder Mountain Press, 2006), 74.

18 차베스 정부 이전에도 두 대통령에게 이 권한이 주어진 적이 있다. 국회는 2007년 1월에 다시 차베스 대통령에게 18개월간 이 권한을 부여했다. 차베스는 해당 기간에 26개 법을 선포했다.

은 토지의 사적 소유를 제한하고, 노는 땅을 정당한 절차를 거쳐 수용해서 농민에게 나눠줄 수 있는 근거를 제공했다(2장).

2002년 2월 4일, 차베스는 도시 토지에 관한 대통령령 1666호를 선포했다. 대통령령을 통해 빈민가에 사는 사람들이 자기가 사는 집의 소유권을 얻을 수 있게 되었다. 이를 계기로 지역 공동체들은 도시토지위원회CTU를 조직해서 공동체 헌장을 작성하고 자신들의 소유권을 인정하는 공식문서를 얻기 위해 투쟁에 나섰다(1장).

법령을 통해 많은 부문의 사람들이 힘을 얻게 된 반면, 어떤 사람들은 겁을 먹게 됐다. 1998년 대선에서 차베스는 광범위한 중산층 유권자의 지지를 받았지만, 중산층은 이제 새 헌법과 법률이 자기들의 이익을 침해한다고 느꼈다. 중산층 사람들은 정부가 가난한 대중을 위해 기존 중상위층으로부터 더 많은 분배를 하리라고 생각했다. 반대파가 조직되기 시작했다. 기존 과두지배세력과 주류 언론의 지원하에 그들은 매일매일 새로운 개혁에 반대하는 시위에 나서기 시작했다.

차베스 지지자들 또한 거리로 나섰고 '볼리바리안 서클'이라는 이름의 네트워크를 지역 공동체 속에 조직했다. 수도 카라카스는 빈민가로 둘러싸여 있는데, 이 빈민가에 거의 250만 명이 살고 있어 주거·편의 시설이 부족한 상태다. 이 빈민가 사람들은 처음으로 국가가 나아갈 방향에 대해 실질적인 정치적 발언권을 갖게 됐음을 깨달았다.

2002년 4월 11일, 긴장이 고조되는 가운데 일군의 군사장교들이 반대파 지도자들, 그리고 주류 언론과 함께 쿠데타를 일으켰다. 차베스 대통령은 체포됐다. 베네수엘라 상공회의소인 페데카마라스Fedecámaras의 회장 페드로 카르모나Pedro Carmona19가 실질적 대통령으로서 선서를 하고, 곧바로 1999년 헌법을 폐기하고 의회를 해산했으며 언론 통제에 들어갔다.

그러나 차베스 지지자들은 굴복하지 않았다. 차베스가 쫓겨나고 이틀도 되지 않아 카라카스 주변 빈민가와 주요 도시에서 온 친차베스 활동가들이 차베스 대통령의 복귀를 요구하며 대통령궁을 둘러쌌다. 몇 시간 후 차베스는 다시 대통령직에 복귀했다. 카르모나와 쿠데타를 꾸민 이들은 차베스 지지자들의 반응을 과소평가했던 것이다. 베네수엘라의 사회운동단체들은 4월 13일에 자기들이 대응하지 않았다면 차베스가 다시 대통령직에 복귀할 수 없었다는 사실을 즉시 깨달았다.

석유 파업과 사회 미션

쿠데타가 일어난 지 여덟 달도 지나지 않은 2002년 12월, PDVSA의 경영진과 간부들은 63일간 이어진 석유 파업(종종 석유 "폐쇄"라고 불리기도 하는)에 돌입했다. 이로 인해 베네수엘라의 거대한 석유산업이 정지했고 국가는 마비됐다.[20] 베네수엘라 정부는 파업에 참가한 경영진과 노동자를 해고하고 PDVSA를 개혁하고 나서야 석유 시설을 다시 가동했다. 1970년대 국유화 이후 석유 엘리트들이 석유산업을 실질적으로 통제했는데, 지금은 차베스 정부가 PDVSA를 엄격하게 통제하면서 석유산업의 이익금으로 사회적 관심사를 처리할 수 있게 됐다. 잘 알려져 있는 베네수엘라의 사회 미션mission(원어로는 미시온misión이지만 편의상 미

---

19 차베스가 보수 쿠데타로 체포되었을 때 대통령직을 맡았다. 이후 차베스는 그를 페드로 "the brief"(짧은)라고 불렀다.

20 베네수엘라는 하루에 석유 300만~350만 배럴을 생산한다. 그중 절반 정도는 미국에 판매한다. 석유 폐쇄 기간 동안은 사실상 생산량이 전무했다.

차베스 대통령 지지 행진(카라카스)

선으로 표기했다.-옮긴이) 은 이 일이 있고 몇 달 뒤 석유산업에서 나온 기금을 통해 처음으로 시작됐다.[21]

그전까지 베네수엘라 노동자연맹CTV은 거의 50년간 노동운동을 이끌어왔다. 하지만 CTV는 2002년에 쿠데타와 연이은 석유 파업에서 페데카마라스와 협력했다. 친차베스 노조들이 별도로 등장하기 시작했고, 2003년에 1200명이 넘는 대표자들이 참석해서 전국노동조합UNT을 결성했다.

석유 파업은 베네수엘라 경제를 벼랑 끝으로 밀고 갔다. 많은 사업주

---

21 베네수엘라의 사회 미션은 거의 모두 베네수엘라의 건국 시조들, 또는 베네수엘라 혁명 역사에서 중요한 순간이나 사건에서 이름을 따온다.

가 파업을 지원하기 위해서든, 아니면 파업 그 자체 때문이든 회사 문을 닫았다. 아르헨티나 같은 나라에서 노동자 자주관리 기업들이 놀랍게 성장하는 것에 자극을 받아, 베네수엘라 정부는 공장 노동자들에게 기업 인수, 협동조합 결성, 국가와 공동 경영을 적극 장려하기 시작했다. 정부가 장려한 결과, 포르투게사 주 오스피노의 도축장 같은 노동자 자주관리 기업들이 생겨났다. 오스피노 도축장의 노동자들은 2006년 5월 1일에 공장시설을 점거한 이후 회사를 온전히 운영하고 있다(7장).

그동안 무상의료 미션인 바리오 아덴트로('빈민가 속으로'라는 의미─옮긴이)가 시작된 지 5년도 더 지났고, 이제 빈민가에 사는 사람들은 거주지에서 무상으로 진료를 받을 수 있다. 이웃 나라 쿠바에서 2만 명이 넘는 의료전문가가 이 특별히 어려운 사람들을 돌보기 위해 베네수엘라로 왔다. 이 쿠바인의 자리를 대체하기 위해 베네수엘라인들은 교육을 받고 있다. 바리오 아덴트로 II와 III은 전문 진료와 응급 진료에 초점을 맞추고 있다. 미션 바리오 아덴트로는 300만 건의 진료를 시행했으며 약 12만의 목숨을 구한 것으로 추산된다.[22] 미션 밀라그로('기적'이라는 의미─옮긴이)를 통해서 수십만 명이 베네수엘라 혹은 쿠바에서 안과 진료를 받았다. 안과진료를 받은 사람 중에는 베네수엘라 선주민대학의 와다하니유 같은 선주민들도 포함되어 있다(12장).

문맹퇴치 미션인 로빈슨 I 덕분에 150만이 넘는 성인이 읽고 쓰기를 터득했으며, 베네수엘라는 2005년에 문맹 퇴치를 선언했다.(미션 로빈

22　2009년 1월 현재, 베네수엘라 전국 각지에 바리오 아덴트로 I 기초진료소 3105곳이 운영되고 있으며, 더 구체적인 진료가 실시되는 중앙진료소는 총 476곳이 있다. Tamara Pearson, "Venezuela. Launches 732 New Public Health Works For 2009," *Venezuelanalysis*, January 28, 2009, http://www.venezuelanalysis.com/news/4150. Colin Burgon, "10 Years of Progress in Venezuela," *Venezuelanalysis*, February 6, 2009, http://www.venezuelanalysis.com/analysis/4181.

슨은 베네수엘라의 교육자이자 시몬 볼리바르의 스승이었던 시몬 로드리게스의 새 이름인 '새뮤얼 로빈슨'Samuel Robinson에서 유래한다. 그는 《로빈슨 크루소》를 읽고 크게 감동받아 자기 이름을 새뮤얼 로빈슨으로 바꿨다. —옮긴이) 2007년 현재 30만이 넘는 베네수엘라 성인이 초등교육과정을 마치고 미션 로빈슨 II를 졸업했다. 같은 시기에 성인 45만 명이 미션 리바스를 졸업하고 고등학교 졸업장을 받았다.[23] 이 책에 나오는 많은 사람이 미션 로빈슨, 리바스, 수크레를 통해 공부했거나 하고 있다.

16장에서 나오듯, 미션 수크레와 볼리바리안대학을 통해 누구나 무상으로 대학교육을 받을 수 있다. 지난 10년간 학사 학위를 가진 베네수엘라인은 거의 3분의 1이 증가해서 인구의 30퍼센트를 넘는다.

매년 어린이 100만 명이 미션 시몬시토를 통해 유치원에 다닌다. 정부 지원을 받는 메르칼 식료품점은 수백만 베네수엘라인에게 싼 가격으로 상품을 판다. 그리고 미션 부엘반 카라스와 미션 체 게바라를 통해 수십만 베네수엘라인이 직업훈련을 받는 동시에 스스로 협동조합을 설립할 수 있도록 교육받았다. 이를 통해 베네수엘라 노동자의 협동조합 설립과 참여가 활발해졌다.

1998년에는 대략 인구의 절반이 빈곤 상태에 있었는데, 차베스가 집권한 지 10년이 지난 2007년에는 30퍼센트를 약간 넘는 수준으로 떨어졌다. 같은 기간, 극빈층은 절반으로 줄었다. 지난 10년간 베네수엘라의 인간개발지수HDI는 5포인트 상승하여 0.72가 되었고(HDI는 유엔개발계획UNDP 프로그램의 일환으로, 1점 만점에 0.8까지 상위그룹이다. —옮긴이), 유아사망률은 2007년에 13.7퍼센트로 40퍼센트 낮아졌다. 2009년

---

23 *No Es Poca Cosa: 10 años de logros del Gobierno Bolivariano*, 차베스의 연설에 기초한 팜플렛, 2008년 2월 2일, 10~11.

5월 현재 유가 하락과 세계 경제위기에도 불구하고 베네수엘라 경제는 2003년 석유 파업 직후부터 22사분기 연속 성장세를 이어가고 있다.[24]

집권 10년 동안 차베스 정부는 전국 단위 선거를 열세 번 치렀으며 국내외 참관인들에게 적법성을 검증받았다. 차베스는 최근 2009년 2월 15일에 치러진 국민투표에서 55퍼센트의 찬성으로 [헌법 개정을] 승인받았다. [기존 헌법에 있던] 대통령 연임 제한을 삭제하는 내용이었다. 차베스 대통령은 2012년 대선에 다시 출마할 계획이다. 비록 2008년 11월의 지방선거에서 친차베스 진영이 중요한 도지사와 시장 자리를 놓쳤지만, 대다수 사람들은 차베스가 2012년 대선에서 승리하리라 믿는다.

하지만 차베스는 이전 정부처럼 선거 전날 돈을 뿌리는 것이 아니라 "조직하라"라고 말한다. 베네수엘라 민중은 이에 응답하여 처음에 볼리바리안 서클을 조직했고, 다음에는 도시토지위원회^{CTU}(1장), 보건위원회, 협동조합, 자주관리 기업(7장, 8장)을 조직했다. 그리고 지금은 공동체평의회(18장)를 조직했다. 공동체평의회를 통해 주민이 지역 현안을 직접 결정하고 있다. 2006년에 처음 생긴 이래 현재 전국적으로 공동체평의회가 3만 개 있으며, 국가로부터 해마다 총 10억 달러 규모의 지원을 받는다.

하지만 이 과정에서 모순도 존재한다. 차베스가 63퍼센트의 지지율로 다시 대통령에 당선된 2006년 이후 이 모순은 커져만 간다.

"국가통신위원회^{CONATEL}나 정보통신부^{MINCI} 같은 기관을 통해 정부가 지원을 해줍니다. 하지만 유감스럽게도 도지사나 이런 기관의 책임 있는 사람들은 이 과정에 반대하고 있어요. 그런데도 이들은 계속 공직

---

24 같은 책, 18~24.

을 유지하고 있습니다."

공동체 라디오 리베르타드('자유'라는 뜻)를 운영하는 라울 블랑코[Raúl Blanco]의 말이다(11장). 이것이 아마도 이 책 전반에 걸쳐 강조되는 가장 중요한 주제일 것이다. 기층의 조직가들은 사회 변혁에 전력을 기울여 헌신하는 과정에서, 정부 내 차베스 주변 사람들에 대한 불만을 토로한다. 기층 조직가들은 그들을 "관료" "내생적 우파" "차베스파 내부의 제4공화국" "볼리-부르주아"[25]라고 부른다. 협동조합 조직가 알폰소 올리보는 이렇게 말했다(8장).

"정부는 정말 좋은 의도로 이런 일을 하고 있어요. 적어도 차베스 대통령은요……. 그런데, 어디가 잘못된 걸까요? 차베스와 함께 일하는 무리가 문제입니다. 정부 내에 분명히 그런 사람들이 있어요. 이들은 상황을 왜곡하고 우리가 이런 경제(자주관리기업, 협동조합, 공동체평의회 등-옮긴이)를 발전시키는 것을 막습니다."

좀더 혁명적인 정책을 정부가 추진할 때 모순은 더 격렬해진다. 공동체평의회(18장), 농민에게 토지를 재분배하는 정책(2장), 도시토지위원회(1장)처럼 민중에게 권력을 직접적으로 주는 정책들의 경우가 그렇다. 몇몇 활동가들은 차베스파 내 개량주의자들이 드러나지 않게 정책에 저항해서 2007년 개헌 국민투표가 실패했다고 비난한다.[26]

그동안 반대파들은 세력을 모았다. 2008년 11월 지방선거에서 반대

---

25 볼리바리안 부르주아지 : 새로운 관료층.
26 일부 친차베스 자치단체장은 자신의 권한을 크게 제약할 수 있는 개혁 조치 지원에 매우 소극적이며, 그런 개혁 조치를 위로는 차베스 정부에게, 아래로는 공동체평의회로 구성된 베네수엘라 민중에게 떠넘긴다. 2007년 개헌 국민투표 전날, 많은 기본적인 공공서비스(쓰레기 수거 등)가 제대로 돌아가지 않았고 카라카스 거리는 평소보다 훨씬 많은 쓰레기로 넘쳐났다.

파는 콜롬비아 국경 부근 타치라와 술리아 주 등 중요한 여섯 곳과 카라카스 시장 선거까지 승리했다. 술리아는 반대파의 요새일 뿐만 아니라 베네수엘라 석유산업의 중심부다. 게다가 국경에서 콜롬비아 민병대와 분쟁이 있는 불안정한 곳이다.

2008년에 술리아 주 의회는 볼리비아 '반달' 지역의 분리 독립 움직임을 참고해서, 술리아 주가 베네수엘라 중앙정부의 영향력에서 벗어나 자치를 할 수 있는 가능성을 검토했다.[27] 이런 움직임에 대해 국회는 지방분권 관련 법안을 개정하는 방식으로 대응했다. 공항, 항만, 도로를 다시 중앙정부의 통제하로 이전하도록 한 것이다.

이런 일이 벌어지는 가운데, 2009년에 중앙정부는 술리아 주 주도州都인 마라카이보의 시장 마누엘 로살레스Manuel Rosales를 여러 건의 부패 혐의로 소환했다.[28] 이에 로살레스는 리마(페루의 수도)로 달아났고, 페루 정부는 로살레스의 정치적 망명 신청을 받아들였다. 이렇게 이 지역이 혼란스런 상황에서, 선주민인 와유족은 주립개발공사 코르포술리아의 석탄 채광에 맞서 그들의 땅을 지키기 위해 싸우고 있다. 와유족은 베네수엘라 정부 내에 우군과 적군이 혼재되어 있는 상황을 힘겹게 헤쳐나가고 있다(13장).

---

27 2008년에 볼리비아의 판도, 베니, 산타크루스, 타리하, 이 부유한 저지대 주州들(볼리비아 지도에서 보면 반달 모양을 이루고 있다)은 주민투표를 실시해, 볼리비아 중앙정부로부터 자치권을 획득하는 것에 대해 주민들에게 지지 여부를 물었다. 이 지역 주민 대다수는 유럽인의 후손인 반면, 볼리비아 인구 대다수는 선주민 출신이다. 주민투표는 볼리비아 역사상 첫 선주민 출신 대통령인 에보 모랄레스Evo Morales가 2005년 대선에서 승리한 후 실시됐다. 에보 모랄레스는 국가의 천연가스 생산에서 나오는 이득으로 가난한 다수 대중이 혜택을 받을 수 있는 여러 조치를 실시했다. 그전에는 이 이득을 중상층이 가져갔다.

28 술리아 주의 주지사를 지낸 마누엘 로살레스는 베네수엘라 반대파 지도자이며, 2006년 대선에서 차베스와 맞붙었다.

전국 차원에서 반대파는 새로운 영역으로 뻗어나가고 있다. 2007년 개헌 국민투표, RCTV의 방송 인허가 갱신 거부, 2009년 연임 제한 삭제 국민투표 등 정부 제안이 있을 때마다 반대파 학생들은 이를 반대하는 시위를 주도했다. 외신들은 이 학생들을 "자유의 투사"로 다뤘고, 2008년에는 미국 카토연구소가 반대파 학생운동 지도자 욘 고이코에체아Yon Goicoechea에게 자유를 신장시켰다는 공로로 50만 달러의 상금과 함께 밀턴 프리드먼Milton Friedman상을 수여했다. 그렇지만 안데스대학ULA의 학생운동 지도자 세사르 카레로Cesar Carrero는 반대파 학생운동이 베네수엘라의 부유한 학생만을 대변한다고 설명한다(15장). 노동계급의 학생들이 차베스 정부 이전에는 교육에서 배제되다가 이제 교육을 받을 수 있게 되면서 새로운 세대로 성장하고 있다는 사실을 언론은 대체로 무시한다(16장).

이런 모순, 난관, 충돌을 겪으면서도 이 책에 등장하는 베네수엘라인들은 "민중이 깨어났다"고 말하기를 주저하지 않는다. 그래서 마리아 비센타 다빌라는 장차 무슨 일이 벌어지든, "차베스가 있든 없든, 베네수엘라는 더 이상 예전과는 다르다"라고 말한다(18장).

그래서 이 점이 중요하다. 이 책은 차베스에 대한 책이 아니다. 이 책은 사회운동, 풀뿌리 조직, 그리고 이 혁명 과정을 지지하고 동시에 자치조직을 만들어 활동하기 위해 노력하는 베네수엘라인 개개인에 대한 책이다. 이 책은 그들이 느끼고 듣고 믿는 바를 담고 있다. 그들은 차베스에 대해 이야기하고 차베스를 지지한다. 4월 13일에 대통령을 지키기 위해 카라카스를 둘러싼 산동네에서 내려온 사람들이 그랬듯이, 이들도 모두 알고 있다. 자신들이 없다면 차베스도 없다는 사실 말이다. 그리고 차베스도 그 사실을 알고 있다.

1

토지와 주거 개혁

삶의 터전을 되찾기 위하여

★

이라이다 모로코이마
– 도시토지위원회의 7월5일 개척자 캠프 –

'7월5일' 빈민가barrio는 카라카스 동쪽 끝에 있다.[1] 양철 지붕을 얹은 오렌지색 벽돌집들이 구불구불한 골목길을 따라 산비탈을 뒤덮고 있다. 베네수엘라 대도시를 둘러싼 빈민가의 전형적인 모습이다. 7월5일은 광대한 페타레 교구Paróquia에 들어서면 처음 마주치는 빈민가인데, 라틴아메리카 최대 빈민가인 브라질 리우데자네이루의 호시냐Rocinha favela에 비견할 만하다.[2]

이라이다 모로코이마Iraida Morocoima는 여기서 태어나고 자라 지금도 살고 있다. 그녀는 이 지역을 뒤덮은 많은 집을 바라보다가 첫 번째 언

---

1   바리오barrio : 빈민가, 판자촌. 베네수엘라에서는 바리오를 브라질의 '파벨라'와 같은 뜻으로 쓴다.

2   파벨라favela : 포르투갈어로 빈민가나 판자촌을 뜻한다.
     파로키아Paróguia : 교구Parish. 베네수엘라의 작은 행정 지역 단위이며, 많은 교구는 자체 지자체를 형성하고 있다.

덕 꼭대기를 가리키며 저기에 어머니 집이 있다고 말한다.

일요일 늦은 오후, 좁은 7월5일 빈민가의 거리와 통로는 분주하다. 빈민가로 들어가는 길목의 구멍가게 밖에 나란히 서 있는 사람들은 카라카스 오후의 태양 아래서 하루치 맥주를 비우고 있다. 몇 블록 떨어진 곳에서는 공동체평의회 선거가 막 열린 참이었다. 이라이다는 거의 모든 주민을 안다. 그녀처럼, 그들 대다수도 도시토지위원회^{CTU} '7월5일 개척자 캠프'의 일원이다. CTU는 베네수엘라 빈민이 겪는 주택 부족과 토지권 문제를 해결하기 위해 7년 넘게 활동한 사회운동단체다.

CTU는 2002년 2월 4일에 공표된 대통령령 제1666호로 탄생했다. 이 법령으로 베네수엘라 빈민가 주민들이 자기 집에 대한 소유권을 얻을 가능성이 열렸다. 이 말이 단순하게 들릴지 모르지만 절대 그렇지 않다. 베네수엘라는 라틴아메리카에서 가장 도시화된 나라다.[3] 베네수엘라의 도시화 과정은 20세기 중반에 급물살을 탔다. 산업화와 엄청난 석유 호황으로 사람들이 일자리와 더 나은 삶을 찾아 도시로 밀려들었다. 농촌에서는 토지가 소수에게 집중되었고, 농지를 잃은 농민들은 일자리를 찾아 대도시로 떠밀려갔다.

다른 라틴아메리카 나라들에서도 그랬듯이, 새로 이주한 농민들은 도시 외곽에 판잣집을 세우고 차츰 좀더 튼튼한 벽돌집으로 개조했다. 카라카스에는 이런 빈민가가 숲이 우거진 산비탈을 따라 곳곳에 들어

---

3 2005년 인구조사 때 베네수엘라의 도시 인구는 92.3퍼센트로, 5년 전 89퍼센트보다 더 올랐다. 우루과이(인구 350만 명 중 절반이 수도 몬테비데오에 거주한다)보다 훨씬 높다. 하지만 인구의 97.9퍼센트가 도시에 사는 마르티니크Martinique 같은 카리브 해의 몇몇 섬나라보다는 낮은 수치다. Population Division of the Department of Economic and Social Affairs of the United Nations Secretariat, World Population Prospects: The 2006 Revision and World Urbanization Prospects: The 2007 Revision, http://esa.un.org/unup.

카라카스의 빈민가

서 있다. 집들 사이와 집 안으로 길을 냈고, 수도·전화·전기 등 기반 시설이 들어오기도 전에 집 위에 또 집을 지었다. 빈민가는 점점 커져서, 카라카스의 경우 그 인구가 수백만에 이른다. 한편 빈민가를 세운 사람들은 본질적으로 '불법' 거주하고 있기 때문에, 해당 구역들은 법적으로 인정되지 않았다. 2002년 도시토지법이 생기기 전까지는 말이다.[4]

주민들은 '공동체 헌장'을 작성하고 그들이 수십 년간 살아온 집에 대한 공식 소유권을 얻기 위해 CTU를 결성했다. 조직 활동은 대부분 성공적이었다. 전국적으로 30만 가구 이상이 집에 대한 소유권을 취득했다.

---

4   토지는 대부분 어떤 개인이나 단체의 소유다. 그중에서도 정부(지방정부 또는 중앙정부), 국립주택공사INAVI 같은 국가기관, 민간 기업(개인 또는 펩시콜라 같은 회사들)이 넓은 땅을 차지하고 있다.

이라이다는 7월5일 빈민가 주민의 70퍼센트가 주택 소유권을 인정하는 법적 증서를 갖고 있다고 말했다. 하지만 몇몇 공동체는 아직 한 건도 인정받지 못했다. CTU 측에 따르면, 거의 300만 가구가 여전히 '산사태나 부족한 공공시설 부족으로 위태로운 처지'에서 살고 있다.[5]

법적 승인 과정을 거치면서, 많은 공동체 회원들은 세입자나 공동체 주민의 자식들(자신의 부모나 조부모가 그랬듯 번듯한 자기 집을 가질 희망이 거의 없는 사람들) 같은 무주택자의 권리를 찾기 위해 어떻게 투쟁해야 하는지 고민하기 시작했다.

2004년에 집이 필요한 도시 지역 주민들이 집을 얻기 위한 참신한 방법으로, 무토지농민운동MST[6]처럼 토지를 점거하는 CTU 개척자 캠프를 조직하기 시작했다. 하지만 몇 년 되지 않아, 애초에 30여 개였던 캠프 중 상당수가 지방 정부의 무관심 때문에 해산했다.

7월5일 빈민가는 활동을 지속하는 상징적 캠프일 뿐만이 아니라 동료 개척자들이 계속 투쟁하도록 힘을 불어넣는 곳이다. 2007년 10월,

---

5   CTU 편집부, "Comités de Tierra Urbana convocan a marcha para el 23 de septiembre," *Aporrea*, September 17, 2009, www.aporrea.org/actualidad/n142387.html. 노팅엄대학 박사과정에서 CTU에 대한 논문을 쓰고 있는 제니퍼 마르티네스Jennifer Martinez는 이렇게 말했다. "몇몇 주에서는 단 한 건도 토지소유권 신청을 받지 않습니다. 국토의 거의 절반이 사유지인데, 그곳에는 법이 미치지 않거든요. 제가 추산한 바로는, 숫자라는 것이 좀 애매하긴 하지만, CTU가 결성된 국공유지 중에 대략 절반 정도만 소유권이 있습니다. 그리고 시간이 갈수록 이 과정은 더 느리게 진행되고 있습니다."

6   MST : 브라질의 무토지농민운동. 토지 점거를 통해 회원들이 수백만 에이커의 땅을 얻으며 국제적 인지도를 얻었다. 개척자 캠프의 전술은 실제로는 브라질의 무주택노동자운동MTST과 더 깊은 관련이 있으며, 이들은 서로 교류하고 있다. 그렇지만 이들 사이에는 큰 차이가 있다. 브라질의 MST와 MTST는 수십만 가구가 실제로 행동에 나서 점거를 하지만 베네수엘라의 개척자들은 '상징적' 점거를 한다. 베네수엘라에서는 주로 주 정부와 협상을 통해 토지를 취득한다.

그들은 '살 만한' 거주 공간과 지역 공동체를 건설하기 위해 두 번째 토지 점거에 나섰다. 100명 가까운 활동가들이 처음 노는 땅을 점거한 지 1년도 안 된 시점이었다. 경찰과 베네수엘라 정보기관인 정보안보국DISIP[7]은 저녁 무렵까지 캠프 회원 수백 명을 내쫓았다.

2년이 지났다. 어려운 시기는 지났고, 개척자 캠프의 미래는 밝다. 개척자 수는 증가하고 있다.[8] 2009년 3월, 개척자들은 리베르타도르 지방 정부 측과 공동으로 카라카스 외곽의 엘 홍키토 지역 토지 60헥타르를 점유했다. 현재 개척자들은 120가구와 함께 그 지역을 개발하고 있다.[9] 개척자들은 자신들이 초안 작성에 참여한 토지법 개혁안을 국회가 통과시키도록 강하게 압박해왔다. 2009년 10월 21일, 차베스 대통령은 도시토지법에 서명했고, 이는 곧 새로운 토지 점유 가능성을 열었다.

개척자들은 연대투쟁과 창조적 조직화를 통해 더 많은 도시 토지를 취득하고 그들의 공동체를 발전시킬 것이라 확신한다.

---

7   미국의 연방수사국FBI에 해당한다. 1969년에 총경찰국DIGEPOL이 해산되고 만들어졌다.

8   이라이다의 말에 따르면, 2009년 말 전국적으로 열두 곳의 개척자 캠프가 있으며 절반은 카라카스에 있다. 2008년에는 카라카스에만 네 곳 있었는데 늘어난 것이다.

9   수도 카라카스는 다음과 같이 5개 행정구역으로 나뉜다. 리베르타도르(수도구), 차카오, 바루타, 수크레, 엘 아티요. 각 행정구에는 지자체장이 있고, 전체 카라카스 시를 관할하는 시장이 있다. 현재 유일하게 리베르타도르만 차베스 지지파가 집권하고 있다. 2008년 가을 지방선거에서 호르헤 로드리게스Jorge Rodríguez(PSUV 소속)가 리베르타도르 지자체장으로 당선된 것이다. 그는 지자체장으로서 '사회주의 카라카스 계획'에 착수했고, CTU와 개척자 캠프를 포함한 수많은 사회운동단체가 이 지역으로 몰려들었다.

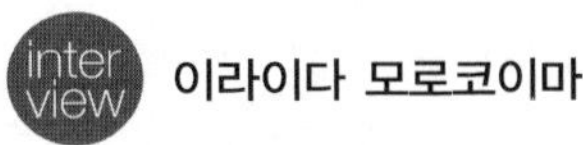

이라이다 모로코이마

"누구를 위해서가 아니라 스스로
사회주의를 실천해야 합니다"

빈민가

58년 전에 세워진 '7월5일 빈민가'는 카라카스와 페타레 안의 수많은 빈민가와 같은 역사를 공유합니다. 이곳을 세운 이들은 시골에서 왔습니다. 살 곳이 필요했던 거죠. 모두들 일을 참 잘했어요. 빈민가 저지대 끝에 자리 잡은 이들은 군부대에 쫓겨날 위험이 더 컸어요. 그들은 정말 용감했습니다. 그들은 서로 힘을 모아야 했고, 그래서 집을 촘촘하게 지었죠. 그래야 군부대가 왔을 때 서로 알려줄 수 있으니까요. 페레스 히메네스가 실각한 후 지방 정부들은 빈민가 주민들을 내쫓거나 하지 않고 살도록 그냥 놔뒀습니다. 그래서 공동체 주민들은 광장과 공용지를 만들기 시작했어요.

활동의 뿌리

제 어머니와 아버지는 원래 베네수엘라 동부의 작은 마을 출신입니다. 저는 아홉 남매 중 다섯째인데, 이곳 빈민가에서 태어났어요. 아버지는 공산당원이었어요. 오래전부터 게릴라 투쟁에 몸담아오셨죠. 제가 태어나기도 전부터요. 베네수엘라 동부 지역의 게릴라들이 어려운 상황에 봉착했을 때 그중 한 단체가 도시에서 조직을 건설하게 됐고, 그때 아버지가 이곳으로 오셨죠. 열세 살 때쯤부터 저는 베네수엘라 공산당

이라이다 모로코이마

PCV 세포조직에 참여해 지역 활동을 시작했습니다. 하지만 저는 그들이 마르크스를 비롯해 여러 인물과 그 사상을 정리한 책에 대해 늘 매우 비판적이었어요. 왜냐하면 그들 자신이 그 읽고 정리한 것을 실천하지 않는 것 같았거든요.

제 한 남자형제도 베네수엘라 공산당 활동가였는데 1989년에 군대에 갔습니다. 당시는 정말 어려운 시기였어요. 제대한 후에 그 남자형제는 1992년 쿠데타에 가담할 사람들을 훈련해달라고 요청받았습니다. 당시 우리는 차베스가 누군지도 몰랐어요. 그 쿠데타는 민간 진영과 군부가 함께 준비한 것이었습니다. 제 남자형제는 제게 반데라 로하[BR]에 가입하라고 권유했습니다.[10] 저는 봉기에 참여했어요. 이 운동에 참여한 남자형제가 저를 훈련해준 것이 행운이었죠.

그 뒤 1992년 11월 27일, 우리는 또 다른 쿠데타를 시도했습니다. 그때는 정말 성공할 줄 알았어요. 페레스가 물러날 줄 알았는데 안타깝게 도 또다시 실패했지요. 그때 시 경찰이 빈민가에서 제 남자형제를 죽였 어요. 경찰들은 매복했다가 습격해서 그를 죽였습니다. 낮 열두 시쯤이 었어요. 저는 채널 8 텔레비전 스튜디오 근처에 있었습니다. 아버지는 저희가 쿠데타에 관련됐다는 것을 알고 친구들한테 저를 찾아오라고 했어요.

아버지는 반데라 로하 사람들을 믿지 않았어요. 공산당원이셨거든 요. 그래서 우리 남매는 그들과 활동하고 있다는 것을 늘 숨겨야 했습니 다. 쿠데타 시도 때 동네에서 우리를 도운 사람들도 있었지만 항상 조심 해야 했죠. 우리 둘 다 반데라 로하 활동을 하다 죽는다는 것은 아버지 에게 끔찍한 일이었어요.

당시에 저는 정말로 이 혁명 과정의 일원임을 자각하고 있었습니다. 우리집은 여러 번 습격당했어요. 그것도 이른 아침에요. 경찰이 수없이 협박을 했고요. 하지만 공동체 주민들은 경찰이 저를 잡아가지 못하게 하겠다고 장담했습니다. 이런 일을 통해 주민들 스스로 빈민가에 더욱 헌신하게 됐다고 생각해요. 물론 이전에도 헌신적이었지만, 이 투쟁이 단지 한 사람의 문제가 아니라 모두의 문제라는 것을 점점 더 알게 됐 고, 그래서 어려운 시기에 우리를 계속 도와줬습니다.

저는 차베스 지지자는 아니었어요. 왜냐하면 우리가 맞서 싸우던 기 독사회당 측 사람들Copeyanos[11]이 카멜레온처럼 변해서 자기를 차비스타

---

10   반데라 로하(붉은 깃발) : 베네수엘라의 급진적 조직이며 한때 무장투쟁을 했던 좌
      파 단체. 좌파혁명운동MIR 내에서 수정주의에 반대하는 회원들이 1971년에 결성했
      다. 1998년 우고 차베스의 선거 승리 후 반데라 로하는 차베스에 반대하는 우익 및 사
      민주의 세력과 연합하기 시작했다. 이로 인해 상당수 회원이 탈퇴하여 차베스 진영에
      합류했다.

(차베스 지지자)라고 했거든요. 그들이 너무나 발 빠르게 차베스 지지를 선언해서 우리는 의심스러웠죠. 그래도 CTU에 가입했고 안드레스 안티아노^{Andrés Antillano}를 비롯한 여러 사람들을 만났습니다. 그들은 우리가 지금까지 해온 투쟁을 계속할 수 있도록 지도하고 지원해줄 수 있을 것 같았어요. 그렇게 CTU는 우리가 꿈꾸는 사회주의 건설을 위한 투쟁의 한 단계가 되었습니다.

개척자 캠프

개척자 캠프는 CTU로 말미암아 탄생했습니다. 개척자 캠프는 빈민가와 비슷합니다. 한 빈민가가 다른 빈민가를 낳은 것과 같죠. 우리는 이웃의 장점이라면 무엇이라도 도입하고자 합니다. 하지만 계획을 더 잘 세워야 하죠. 그래서 우리는 가족의 관점에서 논의합니다. 단순히 한 개인의 문제가 아니라고 말하려는 거예요. 예를 들어, 당신이 가족의 대표입니다. 당신은 주민회의에 다녀온 후, 결정사항에 관한 논의 내용을 가족에게 터놓고 얘기해야 하는 것이죠.[12]

우리는 정해진 틀 없이 개척자 캠프에 참여했습니다. 이제 우리는 주민들의 새로운 제안을 어떻게 다룰지, 그리고 소외계층과 빈민층이 개척자 캠프를 어떻게 건설할지 원칙을 만들기 시작했어요. 많은 이들이 이를 통해 주거 문제를 해결할 대안을 찾을 수 있다고 봤죠. 각 빈민가 공동체 사람들이 즉각 주민회의에 참여하기 시작했습니다.

---

11   코페야노스Copeyanos는 기독사회당 당원을 일컫는 말이다.

12   개척자 캠프는 매주 회의를 열고 공동체의 조직 상황이나 쟁점에 대해 논의한다. 의사결정은 민주적으로 진행된다.

개척자 캠프의 목적은 도시 토지에 대한 접근권을 얻는 것입니다. 그동안 빈민층은 토지에서 소외됐습니다. 도시는 부자를 위한 곳이었으니까요. 그래서 사회주의를 원한다는 겁니다. 이 거대한 도시에서 평등을 실현하고자 하는 거예요. 이 과정에 도시 토지 문제가 따라옵니다. 우리가 부자들이 거주하는 영역에서 살 수도 있을 겁니다. 하지만 그들처럼 되고 싶지는 않아요. 그들처럼 된다는 것은 곧 자본주의 시장에 들어간다는 얘기인데, 거기는 배제의 시장이거든요. 어쨌든 우리는 부자들이 사는 곳에서 살 권리가 있어요.

마카라쿠아이 토지 점거

우리는 조직 규정에 따라 결정을 내리고 토지를 찾기 시작했습니다. 기술지원팀은 대략적인 실행 방법을 알려줬습니다.[13] 조사를 끝낼 때쯤 우리는 공터 몇 군데를 점찍었고, 카라카스의 마카라쿠아이에서 첫 점거를 준비했습니다. 도시 안에 50년 넘은 공터가 있어서 그곳을 놓고 논의했죠. 하지만 당국자들은 우리가 도시 안의 토지에 대해 얘기하자 곧바로 제지했습니다. 빈민들이 산비탈이나 위험지역으로 이주할 때는 무관심했던 사람들이 말이에요. 자기들의 이익을 침해할까 봐 그런 거죠.

우리는 상황이 쉽지 않게 돌아간다는 걸 깨닫고 적잖이 놀랐습니다. 자기는 특권 지역에 사니까 다른 사람을 불쾌하게 해도 된다고 생각하

---

13 개척자 캠프에는 계획을 구체화하고 법률을 검토하며 토지를 물색하는 일을 돕는 기술지원팀이 있다. 이들은 기술적인 식견이 있지만 단지 CTU의 일을 지원만 할 뿐이며 자기 의견을 내세우거나 직접 일을 실행하지는 않는다. 이 점은 CTU에서 명확하게 선을 긋는다.

는 사람들과 맞서게 된 거죠. 마카라쿠아이에서 상징적인 토지 점거를 했을 때 이를 알게 됐습니다. 그들은 우리에게 욕하며 인종차별적인 발언까지 했어요. 검둥이라고 불렀죠. 물론 우리는 흑인입니다. 하지만 그들은 그 말을 경멸하듯이 사용했어요. 마치 우리가 그들과 같은 권리를 가지지 못했다는 듯이 말이에요. 우리는 이런 일 때문에 많이들 조직에서 멀어질까 봐 걱정했습니다. 하지만 오히려 우리는 더욱 단결하게 됐고, 우리 앞에 놓인 투쟁을 더욱 깊이 이해하게 됐죠.

우리는 중재에 나선 부통령실 측과 지자체장인 호세 비센테 랑헬 아발로스José Vicente Rangel Ávalos를 만났습니다.[14] 그들은 엘도라도에 땅이 있다고 말했습니다. 엘도라도는 미란다 거리에 있는 중하층 거주 지역이예요. 하지만 우리가 땅을 보러 갔을 때는 이미 인근 빈민가의 공동체 평의회가 그 땅을 얻기 위해 투쟁 중이었습니다. 그들은 우리가 공동체 평의회 측과 갈등을 빚도록 하려는 거였죠. 그래서 "싫습니다. 우리는 그쪽 공동체와 대립하는 함정에 빠지지는 않을 겁니다"라고 말했어요.

지자체장과 협상에 실패한 뒤 우리는 다른 토지를 점유하고자 했습니다. 아빌라 산 기슭에서 땅을 발견한 우리는 마카라쿠아이에서 한 경험을 교훈 삼아 계획을 짜기 시작했습니다. 그렇게 어렵지는 않을 거라고 생각했어요. 우리를 도와줄 이웃 공동체가 있었기 때문입니다. 그들은 우리와 비슷한 성향을 지니고 있었거든요.

우리는 2007년 10월 21일 일요일에 점거하기로 결정했습니다. 당일 오전 열한 시에 도착해서 표지판을 세우고 그곳을 청소하기 시작했죠.

14　호세 비센테 랑헬 아발로스는 MVR 소속으로, 2000년부터 2008년까지 수크레의 지자체장을 지냈다. 그는 차베스 정부하에서 2000년부터 2007년까지 부통령을 지낸 저널리스트 호세 비센테 랑헬의 아들이다.

그리고 '도시에 대한 권리'에 관한 토론을 시작하기 위해 지역 언론이 오기를 기다렸습니다. 오후 한 시경에는 경찰이 와서 으름장을 놓으며 우리더러 가라고 하더군요. 또한 현장 접근을 허가하지 않았다면서 오후 두 시까지 언론이 오는 것을 막았습니다. 오후 서너 시경 그들은 우리에게 좋든 싫든 떠나게 될 거라고 말했습니다.

우리는 거의 100명이나 됐어요. 경찰은 마치 전쟁이라도 난 것처럼 경찰견까지 데려왔습니다. 저는 그들이 우리를 강제로 끌어내리라고는 생각지도 못했어요. 우리 중에는 노인도 있었단 말이죠. 지자체장은 위대한 좌파 언론인 랑헬José Vicente Rangel의 아들입니다. 그런 그가 그렇게 하리라고는 상상도 못했습니다. 운동세력들이 지지하는 이 정부가 혁명 과정에서 우리를 방해할 거라고는 생각도 못한 거죠. 하지만 분명 그들은 그렇게 했어요. 잔혹하게도 개와 최루가스를 동원해서 말이죠.

처음에는 계속 버텼습니다. 하지만 경찰이 그 좁은 구역에 여덟 개 넘는 최루탄을 쏴대니 더 이상 버티기 힘들었습니다. 그래서 우리는 일단 그곳을 벗어나기로 했어요. 다른 대안이 없었어요. 정말 굴욕적으로 물러난 셈이죠. 그런 식으로 공격당한 것에 너무 화났습니다. 우리가 베네수엘라 사람이 맞나 싶을 정도였어요. 사람들을 공격했던 페레스 폭압 정권이 떠올랐습니다.

점거 시도 후 첫 회의에서 몇몇 회원이 말했습니다.

"안 되겠어요. 더 이상 계속할 수 없겠어요."

하지만 결국 우리는 계속하기로 결정했어요. 우리를 밀어낼수록 더 강하게 나가야 했습니다. 당시 운동단체 내부에는 안 좋은 소문이 돌았습니다. 우리를 분열시키려는 것이었겠죠. 다행히 먹혀들진 않았어요. 모두가 이 과정이 한 사람만의 것이 아니라 우리 모두의 것이라는 점을 알고 있었기 때문입니다. 우리는 가만히 참고 있지만은 않을 겁니다. 그들은 우리의 희망을 뺏으려 했어요. 투쟁을 포기하면 지는 겁니다. 결코 포기하지 않을 거예요.

토지 점거를 계속하면 볼리바리안 혁명 과정에 해가 된다고 믿는 사람들이 있습니다. 어디에선가 그런 말을 들은 사람들이겠죠. 하지만 저는 우리의 점거 운동이 지지받고 있다고 생각합니다. 코체, 메리다, 바르키시메토 지역 사람들이 저를 불러 이렇게 말합니다.

"우리도 점거 운동을 조직할 겁니다. 우리에겐 땅이 있어요."

페타레 지역에도 땅을 얻어 개간하기를 기다리고 있다는 사람들이 있고요.

엘 훙키토 토지 점거

최근에는 엘 훙키토에서 중요한 토지 점거를 했어요. 현재 수크레 지역에는 우리 운동에 반대하는 지자체장이 있습니다. 과거에 친^親차베스 지자체장이 있을 때조차도 우리를 공격했는데, 반대파인 우파 지자체장이 어떻게 할지 짐작이 되죠? 우리 쪽 의지가 부족한 게 아니에요. 중앙정부의 정치적 의지가 부족한 탓이라고 생각합니다. 국유지를 놓고 투쟁하는데, 마치 사유지를 놓고 싸우는 것만큼이나 힘든 상황이니까요. 국가자본주의가 존재하기 때문에 상황은 복잡합니다. 아르헨티나와 우루과이에서 비슷한 과정을 겪으며 30~40년간 투쟁한 것과 비교하면, 5년 된 우리 운동은 이제 막 시작했다고 볼 수 있죠.

체계적이지 못한 토지 점거가 계속되고 있어요. 정치적 이해가 부족한 탓에 사람들은 그저 개인적으로 토지를 점유하고 언덕 위에 판잣집을 짓는 것 외에 다른 선택이 없다고 생각해요. 그래서 우리는 개척자 정책에 관한 정보를 여기저기 알리고 있습니다. 지난 6개월간 풀뿌리 조직과 함께 이 활동을 계속했습니다. 우리와 같은 상황에 있는 사람들에게는 목적의식을 지닌 토지 점거가 필요하죠. 정부 측과의 협상에서 조금 진전이 있었다는 것도 또 다른 가능성을 보여줍니다. 우리는 국가의 주택정책에 영향을 줄 수 있습니다. 실제로 우리는 엘 홍키토에서 토지를 점거했어요. 그곳에서 우리는 사람들이 6개월이 넘게 점거 과정을 유지하는 것을 지켜봤습니다. 앞으로 상황이 더 나아지는 것도 볼 수 있겠죠.

우리는 엘 홍키토에 있는 토지를 2009년 3월에 리베르타도르 지자체 측과 함께 점거했습니다. 그리고 토지권이나 토지 연구와 관련된 한 수많은 위원회를 설립했습니다. 우리는 어디에 거주지를 건설할 수 있는지 알고 있어요. 지금 우리와 함께 조직한 120가구가 매주 토요일마다 연수과정을 진행하고 있습니다. 토요일에 모여 총회를 할 때도 있고 자원봉사활동을 하기도 해요. 우리는 이제 생산활동을 시작하려고 합니다. 우리가 살 집을 건설하기 위해 어떻게 해야 사회적 생산 기업[EPS]으로 지정될 수 있는지에 대해 연구하고 있습니다.[15]

새 도시토지법

토지정비법이 개정되면 사유지에 세워진 빈민가의 사람들도 토지에 대

---

15   EPS는 평등과 공익, 국가 · 집단의 소유에 기반을 둔 베네수엘라 지역 기업을 지칭한다. 베네수엘라 기초산업부에서 지정하는데, 지정되면 베네수엘라 정부와 계약을 하는 데 도움이 된다. http://www.cvg.com/espano/portal_eps/index.php

한 권리를 얻을 수 있습니다. 이는 가장 핵심적인 사항이 될 거예요.[16] 또한 토지은행의 합법적인 설립을 요구했고, 이미 리베르타도르에서 토지은행을 설립하고 있습니다.[17]

국회에서 도시토지정비법 개정에 관한 논쟁이 2라운드로 들어섰습니다. 다섯 동지로 결성된 위원회가 국회의원들을 상대로 투쟁하고 있어요. 국회에서 논쟁을 계속하는 동안 우리는 사람들과 함께 거리로 나가 법 개정을 요구하며 압박했습니다. 중요한 것은 그 법이 풀뿌리 민중에서부터 만들어졌다는 점입니다. 국회에서 나온 것도 아니고 대통령이 지시했기 때문도 아닙니다.

도시토지정비법 개정을 둘러싼 투쟁이 계속되는 동안 주택부 장관 디오스다도 카베요[Diosdado Cabello]는 차베스 대통령의 요청으로 도시토지법을 제출했고, 2009년 9월 21일 대통령이 이 법안에 서명했습니다. 이 법은 무엇보다 용처가 불분명한 도시 토지를 되찾는 것에 대한 내용을 담고 있어요. 도시에 불용지가 있으면 사람들이 그 땅을 취득할 수 있도록 한 것이죠. 이런 땅을 전용할 수 있는 수단을 제공한 겁니다. 이는 개척자들에게 매우 핵심적인 내용입니다. 운동 차원에서 볼 때 이 법은 몇몇 지역에서 CTU에 유리하게 작용하겠죠. 하지만 도시토지정비법 개정안 역시 통과되어야 합니다.

리베르타도르에는 주민이 만들고 지자체장이 승인한 도시토지조례가 있습니다.[18] 도시토지조례는 9월에 차베스가 승인한 도시토지법보

---

16   2002년 대통령령 1666호를 통해 소유권을 취득한 땅은 대부분 국유지였다.

17   토지은행의 도시토지위원회(CTU와는 다름—옮긴이)는 지역의 노는 땅 전체 목록을 작성한다. 그 땅이 개인 소유인지 국가 소유인지를 조사하고 이 목록에 따라 토지를 나눠줄 집단을 조직한다.

다 훨씬 더 완벽해요. 예를 들면, 새 도시토지법에는 땅을 팔 수 있다고 나옵니다. 땅이 팔리면 매물이 계속 시장에 나올 겁니다. 따라서 그 법으로는 투기를 막을 수 없습니다.

개척자들은 리베르타도르 지자체 측을 통해 우리 정책을 열심히 홍보하고 있습니다. 우리는 '새로운 사회주의 공동체'[19]로 사람들을 조직하고 있어요. 개척자 캠프는 토요일과 일요일에 모임을 가집니다. 우리는 정말 정신없이 바쁩니다. 바쁘게 일하다 보면 한 단계 더 나아갈 수 있겠지요. 우리는 전국을 돌아다니며 도시토지정비법 개정에 대해 논의하는 포럼을 열고 있습니다. 모든 사람이 그 법을 이해할 수 있도록 말이죠. 법 개정이 모두에게 이득을 가져다주기 때문입니다. 또한 우리는 도시에 대한 권리와 리베르타도르 도시토지조례에 관한 포럼도 엽니다. 실제 이러한 논의들이 사람들 사이에서 일어나고 있어요. 법 개정 과정에 관한 동지들의 논의를 들어보면 우리가 전진하고 있다는 것을 알 수 있을 겁니다. 우리 개척자들이 원하는 건 좀더 구체적인 어떤 것입니다.

개척자 정책 대 국가 주택정책

주택부의 주택정책은 좋지 않아요. 그들의 제안은 기존 도시 외곽에 '사

---

18   리베라타도르 지자체장 호르헤 로드리게스는 2009년 5월 8일에 '도시토지 사용에 관한 조례'를 승인했다.

19   새로운 사회주의 공동체는 2007년 국민투표에서 부결됐던 개헌안에서 나온 개념이다. 개척자들은 엘 훙키토처럼 자신들의 주택정책을 통해 형성되는 공동체와 새로운 사회주의 공동체라는 개념을 대략 비슷하게 여긴다. 그곳에서는 집단적 소유와 민주적 의사결정이 이루어진다.

회주의 도시'를 건설하자는 것이거든요.[20] 그러면 누가 그 큰 도시를 짓나요? 금융자본과 거대 건설회사들이죠. 민중은 의사결정에 참여하지 못하고 있어요. 사람들이 그곳으로 이주하면 어떨까요? 아마 고립됐다고 느낄 겁니다. 아무런 교육도 없고요. 이건 우리 개척자들이 제안한 것과 완전히 달라요. 주거 문제 해결을 위해 스스로를 교육하고 투쟁해야 합니다. 우리는 구걸하지 않습니다. 우리는 집단적 소유와 사회적 소유를 신뢰합니다. 우리에게 땅을 주세요. 그럼 우리 주택정책법에 따라 건설하겠습니다.

우리 주택정책법에는 번거로운 절차 없이 도시 토지에 접근할 수 있도록 하는 정책과 집단적 소유에 대한 정책이 들어 있습니다. 거기에는 주택건축 허가를 받는 방법과 가장 값싸게 집 짓는 방법 등이 포함되어 있죠. 이 모든 정책은 우리가 지금까지 경험하고 요구해온 것들을 바탕으로 구축된 것입니다. 우리는 이것이 국가 정책으로 채택되도록 투쟁하고 있습니다. 그러나 오직 한 지자체에서만 우리가 요구하는 정책을 반영했습니다. 아직 국가 정책은 아닌 거죠.[21] 현재 국가의 주택정책은 그저 복지정책일 뿐입니다. 우리가 유일한 대안이에요. 단지 작은 집 하나 얻자는 얘기가 아닙니다. 우리에게는 개척자 정책이 있어요.

---

20 차베스 대통령은 2007년 7월에 카라카스 외곽에 첫 번째 사회주의 도시를 건설하겠다고 선언했다. 차베스의 발언에 따르면, 사회주의 도시는 자본주의 방식이 아니라 가족 단위의 삶을 중심으로 고안된 소규모 생산 공동체로 구성된다. 공동체는 주거환경이 열악한 빈민층 사람들로 구성된다. 대학, 문화센터, 의료센터 등 다양한 사회시설이 있다. Chris Carlson, "President Chávez Announces "Socialist Cities" and Constitutional Reforms" *Venezuelanalysis*, July 23, 2007, http://www.venezuelanalysis.com/news/2513.

21 리베르타도르 지자체장 호르헤 로드리게스는 2007년에 랑헬의 후임으로 부통령을 지냈다. 그 기간 동안 그의 사무실은 개척자 캠프와 당시 수크레 지자체장 랑헬 아발로스 사이에서 중재 역할을 했다.

국가가 우리 정책을 채택한다면, 단순히 집을 짓는 것을 넘어서 지금보다 훨씬 저렴하게 집을 지을 수 있는 새로운 공동체를 건설하게 될 것입니다. 그러면 불법적으로 세워지고 있는 빈민가 문제도 해결될 거예요. 우리는 사람이 제대로 된 환경에서 살 수 있게 하는 주택정책, 집이 판매보다는 실제 거주를 위해 쓰이게 하는 주택정책을 제안합니다.

우리는 토지를 집단적·사회적으로 소유할 때 영구적으로 사용할 수 있다고 믿습니다. 사적 소유를 허용하면 시장에서 집을 거래하게 됩니다. 주택 시장이 형성되는 거죠. 그렇게 되면 신자유주의 방식으로 살아가게 됩니다. 자본주의에서는 집을 지어 내다 팔고 다른 곳으로 이사를 갑니다. 하지만 우리는 주거용 집을 짓자고 제안합니다. 집에 대한 소유권은 공동체에 귀속되는 것이죠. 관련 사안들은 공동체 회의에서 논의됩니다. 누군가 이사를 가야 한다면 우리는 이렇게 말할 겁니다.

"좋아요. 우리는 당신이 투자한 비용, 당신 집의 실제 가치대로 보상하겠습니다."

자본주의자의 헛소리가 아닙니다. 만약 우리가 주택의 사적 소유를 주장한다면, 시장이 개입할 위험을 감수해야 합니다. 그렇게 되면 사람들이 점차 이 공동체를 떠나겠죠. 우리가 사회주의자로서 꿈꿔온 이 공동체를 말입니다.

빈민가에서 산다는 것

안타깝지만 빈민가에서도 불평등한 상황이 벌어지고 있습니다. 그곳 역시 큰 집을 소유한 사람과 세입자가 있거든요. 심지어 집주인이 세입자를 착취하기도 합니다.

저는 17년 동안 셋방살이를 해왔어요. 이곳 빈민가에서 태어나긴 했지만, 본래 살던 집에는 제 두 자매와 그 남편이 살거든요. 저는 이제까지 빈민가를 네 번이나 옮겨 다녔어요. 최근에 살던 집에서는 차베스를 지지한다는 이유로 쫓겨났죠.

그래도 저는 양반이에요. 대다수가 저보다 훨씬 많이 옮겨 다녔거든요. 30년 넘게 셋방살이한 사람도 있어요. 집세를 내지 못해 빈민가를 떠난 사람들도 있습니다. 그들은 아는 사람이 아무도 없는 다른 빈민가로 가서 살아야 했습니다. 우리 캠프에는 여성이 많습니다. 나이 든 여성도 많아요. 20년 후쯤에는 지금처럼 자기 살 집 하나 얻으려 하기도 어려울 노인들이죠. 하지만 우리가 함께한다면 이룰 수 있다고 생각합니다. 살 집을 얻는 일뿐 아니라 함께 살 권리까지 말이죠.

왜 여성이 이런 일을 주도하느냐고 묻는 사람들이 많다는 게 참 의아합니다. 우리는 스스로 일어나 싸워야 했어요. 자식과 남편이 살해당하거나 떠나서, 우리는 고독하게 일하고 싸우는 법을 배워야 하기 때문입니다. 홀로 남아 아이를 키우는 것은 바로 우리 여성입니다. 우리는 기댈 곳이 없습니다. 그저 스스로 걸으며 살 길을 찾는 것 외에는 다른 길이 없어요. 이제 막 기어 다니는 어린아이가 혼자 남겨진 것과 같습니다. 홀로 남겨진 아이, 그것이 바로 우리 여성입니다.[22]

단결

개척자의 가장 큰 강점은 혼자서는 아무것도 할 수 없음을 잘 알고 있

---

[22] 이라이다에 따르면 개척자의 80퍼센트 정도가 여성이다.

CTU 전국 회의

다는 겁니다. 혼자일 때 우리는 약합니다. 하지만 단결하면 목표를 이룰 수 있어요. 우리는 모두 이곳에서 단결하고 있습니다. 또한 계속 배우고 있어요. 우리의 나쁜 버릇인 개인주의를 척결하고, 목표를 이룰 수 있는 최선의 방법이 무엇인지 배우는 거죠. 우리 방식은 모든 사람이 일을 분담하는 겁니다. 개척자들이 공동체평의회에 참여하는 것도 그 때문입니다. 빈민가 사람들은 그들의 투쟁이 우리의 투쟁이기도 하다는 걸 알고 있습니다.

우리는 CTU를 통해 전국적·국제적으로 교류합니다. 우리는 다른 나라의 운동에서 큰 영감을 받습니다. 그리고 토지를 둘러싼 그들의 싸움이 우리의 투쟁과 같다는 것을 깨닫게 되죠. 우리는 투쟁을 이런저런 방식으로 구분할 수 없다는 것을 깨달았습니다. 사람들은 때로 투쟁을 구분하며 이렇게 말합니다.

"이건 CTU의 싸움이고, 저건 보건위원회의 싸움이야."

그렇지 않아요. 투쟁은 모두의 것입니다. 우리는 개척자들이고, 토지권을 얻기 위해 투쟁합니다. 여기저기 움푹 패고 허물어졌지만, 이 산을 오르기 위한 싸움을 멈출 수는 없습니다. 베네수엘라가 사회주의로 나아가는 과정에 있기 때문에 이 싸움이 좀더 쉽지 않느냐고 말하는 사람들이 있습니다. 하지만 오히려 더 어려운 측면도 있어요. 그럼에도 반드시 해내야만 합니다.

혁명 속의 혁명

우리는 혁명 속의 혁명을 하고 있습니다. 차베스를 지지하는 모든 사람이 사회주의 실현을 원하는 것은 아닙니다만, 빈민가에서는 사회주의화 과정이 매우 흔하게 일어나요. 그것이 곧 평등화 과정이기 때문입니다. 사람 위에 사람 없습니다. 주류 언론이 종종 우리를 갈라놓으려고 하지만, 우리는 계속해서 우리 모두가 같다고 말합니다.

우리가 두 전선에서 싸우고 있음을 아는 것이 중요합니다. 우선 반대파와의 투쟁이 있습니다. 그들이 우리의 목표를 바꾸지 못하도록 해야 합니다. 또 하나는 정부 관료와의 투쟁입니다. 정부 관료는 거대 금융자본을 지지하고 있습니다. 그래서 혁명 속의 혁명이라는 거예요.

우리는 모두 베네수엘라 통합사회주의당PSUV 당원입니다.[23] 저는 제가 속한 '부대'[24]의 대변인이고요. 대의원에 선출된 동료들도 있지만, 대다수는 활동가이고 PSUV 부대 내에서 투쟁합니다. 2007년 이후 안타깝게도 PSUV 내부에서조차 두 전선이 싸우는 상황이 벌어졌습니다. 개척자 캠프에서 벌어진 양상이 새로운 당 내부에서도 계속되는 거죠.

역사를 바꾸는 것

예전과 지금의 차이는 뭘까요? 이전 정부들은 대중의 인기에만 영합한
'포퓰리스트'였어요. 그들은 우리에게 이런저런 것들을 주었죠. 개발을
하려고 훈타[25]나 지역단체를 구슬리기도 했고요. 그렇게 모든 것이 권
력을 가진 정부에게서 나왔습니다. 하지만 이는 빈민가 발전을 위한 올
바른 답이 아닙니다. 지금은 모두가 더 많은 정보를 얻을 수 있고, 직접
참여하기에 더 좋은 상황입니다. 이전까지는 거의 참여하지 않았던 공
동체 사람들이 이제는 문제의 해결책을 찾기 위해 우리와 함께하고 있
습니다. 하지만 지방 정부는 아직도 후견주의적 clientelistic 사고방식으로
일하고 있어요.

　자본주의는 우리에게 많은 악습을 남겼습니다. 제 생각에 우리의 가
장 큰 투쟁은 바로 우리를 억압하는 이런 악습들에 맞서는 것이 될 겁
니다. 지금 정부는 사회주의에 대해 말하지만 자본주의자의 습관을 갖

23　1998년에 차베스 당선 때 소속 정당이었던 제5공화국운동MVR을 비롯한 다양한 친차
　　베스 정당들이 모여 2007년에 새로운 친차베스 정당인 PSUV를 결성했다. PSUV는 베
　　네수엘라 역사상 가장 민주적인 선거 절차를 거친 정당이라고 평가된다. 동네, 지역,
　　주, 전국 단위 위원회의 대표자를 선출하는 지역 부대(지역 당원으로 구성된 위원회)
　　가 있다. 선거 후보는 예비선거를 통해 선출된다. 등록한 당원은 600만이 넘는다고 알
　　려져 있다. PSUV 측의 통계에 따르면, 2009년 10월 현재 베네수엘라 주지사의 74퍼센
　　트, 시장의 79퍼센트, 국회의원의 84퍼센트가 PSUV 당원이다. http://www.psuv.org.ve.
24　부대Battalion는 2009년 중반에 공동체 순찰대가 결성되기 전까지 PSUV의 가장 작은
　　기층 단위였다.
25　훈타Junta / 빈민가의 훈타Junta del Barrio : 주민회의. 공동체 지도자 회의와 비슷하다.

고 있습니다. 이 점이 더 힘들어요. 예를 들어 페레스 정권 같은 이전 정부에서는 대통령에 대해 벌레bicho 같다고 하든 혐오스럽다nefasto고 하든 뭐라 불러도 상관없었어요. 그저 나가서 그에 대해 반대하면 됐죠. 그런데 지금은 그렇게 하기 어려워요. 정부에 반대하면 반대파를 도와주는 꼴이 될 수도 있거든요. 하지만 다행히 사람들이 깨어나고 있습니다. 상황을 더 잘 알게 된 거죠. 우리 중 대다수가 이렇게 말하는 것을 보면 알 수 있습니다.

"나는 차베스를 지지한다. 수단으로서 차베스를 지지한다. 차베스가 우리에게 좋은 수단을 제공하고 있으니, 우리는 사회주의를 건설해야 한다."

하지만 저는 신자유주의를 옹호하고 특정 계급에 우호적인 개자식carajo들과는 함께하지 않아요. 그런 사람들이 정부 내에 많이 있습니다.

차베스는 문이다

모두가 왜 차베스에 대해서만 관심이 있죠? 민중에 대해서는 왜 관심이 없나요? 민중에 관심을 가져야 합니다. 차베스는 사라져도 민중은 사라지지 않아요. 차베스는 안내자입니다. 차베스는 '문門'이에요. 우리의 투쟁을 위한 문이죠. 문 반대편에는 민중이 있습니다. 지금 이 순간 모든 사람이 이 과정을 이해하고 있다고 말할 수는 없겠죠. 다만 제가 말할 수 있는 것은 민중이 배우고 있다는 사실입니다. 깨친 민중을 조종하기란 매우 어려운 일입니다. 지금 민중은 가치관을 갖고 있을 뿐 아니라 서로 끊임없이 토론하고 있습니다. 어떻게 보면 우리가 차베스를 추종하는 광신도처럼 보일지도 모릅니다. 하지만 우리는 광신도가 아니에요. 다 같이 투쟁하는 민중입니다. 늘 그렇듯이 투쟁하고 있죠. 히메네스 독재정권을 몰아낸 바로 그 민중이 지금 이 사회주의를 건설하고 있습니다.

차베스 주위에는 그에게 전달되는 정보를 가로막는 큰 장벽이 있는 것 같습니다. 차베스는 이 장벽을 허물어야 합니다. 우리는 모든 방법을 동원해 작은 메시지나마 전달하려 노력하고 있어요. 결국 장벽을 허물어야 하는 쪽은 바로 차베스입니다. 그 장벽에는 아무에게도 도움이 안 되는 주택정책, 혁명에 반대하는 각료 같은 정치적 장애물 등이 포함되어 있습니다. 혁명에 반대하는 사람은 차베스에 반대합니다. 그러므로 차베스는 시급히 장벽을 허물어야 합니다. 우리를 억압하는 그 장벽을 뛰어넘어야 하죠.

21세기 사회주의로 가는 길

조직된 공동체로 가는 길이 쉽지는 않다고 생각합니다. 물론 기본적으로 4공화국 출신 사람들(기존 보수 정권 사람들―옮긴이)이 우리를 다시 속이기는 어려울 거라고 믿어요. 이제는 새로운 누군가가 함께 와서 그림 하나를 그려 보이며 "보세요. 전 당신에게 이걸 줄 겁니다"라고 말한다 해도 넘어가지 않을 겁니다.

지금 이 순간 많은 민중이 학습하고 있고, 이 과정을 살아내고 있으며, '다른 무언가'를 창조하길 원하고 있어요. '다른 무언가'는 바로 사회주의입니다. 하지만 변화를 바라면서도, 정작 우리가 무엇을 건설하고 있는지 모르는 사람들이 있어요. 어떤 이들은 이렇게 말합니다.

"우리는 사회주의를 위해, 우리 아이들을 위해 투쟁하고 있어요. 아이들은 사회주의를 볼 수 있을 겁니다."

하지만 우리는 그게 아니라고 말합니다. 사회주의는 사회주의 실천을 통해 건설하는 것입니다. 누구를 위해서가 아니라 스스로 사회주의를 실천해야 합니다. 스스로 해보지 않는다면 사회주의를 실행해나가는 방법을 결코 알 수 없기 때문이죠. 책에서 배울 수 있는 것이 아닙니다. 실천과 끊임없는 투쟁을 통해서만 가능합니다.

사회주의 사회 건설에 대해 말하면서 분명히 해두고 싶은 게 하나 있습니다. 각자 지금까지 믿어온 것을 저버려야 한다거나 우리와 같은 사람이 돼야 한다는 게 아니라는 점입니다. 많은 사회주의 혁명가들이 모두가 따라야 할 고정 모델을 만들려고 하는데, 이는 잘못된 일이라고 생각합니다. 사회주의를 실현하려면 우리가 평등하다는 것, 그와 동시에 다르다는 것, 즉 다르면서도 동등한 권리를 가진다는 것을 알아야 합니다. 우리 모임에서 이런 일이 있었어요. 한 기독교 신자가 이렇게 말했습니다.

"다음 주 모임에는 참석하지 못할 것 같습니다. 딸이 첫 영성체를 받는 날이거든요."

이런 일은 문제거리가 되지 않습니다. 우리가 한 사람의 신념을 바꿀 수는 없으니까요. 우리는 스스로를 존중할 뿐 아니라 다른 이들이 원하는 것 역시 존중합니다.

CTU와 개척자 캠프 소속 사람들은 이곳 베네수엘라에서 자신의 권리를 행사하기 위해 노력하고 있습니다. 두 개의 싸움을 벌이고 있죠. 우리는 투쟁하고 있습니다. 우리는 가치관을 가진 사람들이에요. 우리는 스스로 깨치고 배우며, 도시토지접근권을 요구하고 있습니다. 도시의 토지는 우리 같은 세입자를 속이려 하는 거대한 문어발 괴물을 위한 것이 아닙니다. 그 괴물은 라틴아메리카뿐 아니라 전 세계적으로 존재하죠. '아메리카 대륙을 위한 볼리바리안 대안'ALBA[26]을 이행하는 것은 권력자들이 아니라 바로 우리입니다. 물론 다른 사람들과 관계를 맺는 것은 매우 어려운 일입니다. 하지만 우리는 라틴아메리카 및 세계와 교류하며 그들이 지금 어떤 싸움을 벌이고 있는지 알게 됐습니다. 투쟁을 통해 서로 교류한다면, 우리는 성공할 겁니다.

---

26   ALBA는 베네수엘라, 쿠바, 니카라과, 볼리비아가 맺은 무역협정으로, 회원국 간에 경쟁이 아닌 협력의 원리로 의사결정이 이뤄진다. ALBA하에서 무역은 직접적인 물물교환 형태로 이뤄진다. 쿠바가 베네수엘라 빈민가에서 일할 의료 전문가 수천 명을 파견하고 베네수엘라는 쿠바에 석유를 제공한 예가 대표적이다. 10여 년 전 미국이 추진하는 미주자유무역협정FTAA의 대안으로 차베스 대통령이 처음 ALBA를 제안했다. FTAA는 무역장벽을 제거하는 신자유주의 의제를 제안하는데, 이것은 소농, 재래시장, 기업, 공동체에 엄청난 비용을 초래한다. Michael Fox, "Defining the Bolivarian Alternative for the Americas - ALBA," *Venezuelanalysis*, August 4, 2006.

에세키엘 사모라의 이상을
실현하기 위해

★

라몬 비리가이, 아드리아나 리바스
– 에세키엘 사모라 전국농민전선의 하코아 협동조합 –

비르히니아 타피아^{Virginia Tapia}는 매일 큰 닭장에서 암탉 500마리를 돌본다. 그녀의 아이들은 식육과 우유 생산용으로 키우는 소 200마리가 있는 축사 맞은편에 있다. 소들은 오후의 태양 아래 초원에서 한가로이 풀을 뜯고 있다. 좁은 흙길 건너편에는 수 에이커에 걸쳐 유카, 피망, 파파야, 시계초 열매가 자라고 있다. 고개를 돌리니 한쪽에서는 산더미처럼 쌓인 옥수수 대가 햇빛에 마르고 있다. 얼마 전에 100에이커가 넘는 땅에서 수확한 것이다.

라몬 비리가이^{Ramón Virigay}는 카차마[1]의 무게를 달고 있는 협동조합 조합원들과 함께 있다. 이 물고기는 2년 전에 만든 인공 연못에서 막 잡

---

1   검은색의 파쿠 물고기Pacu fish. 베네수엘라와 남미에 흔하다.

은 것이다. 지역 주민들은 시장에서 쓰는 돈의 절반을 기꺼이 이들에게 지불한다.[2] 라몬은 거스름돈을 가지고 있지 않다. 그래서 그들에게 계산서 하나를 내주며 다음에 오면 그만큼 빼주겠다고 말한다.

라몬은 미소를 지으며 느릿느릿 걸어간다. 그가 향하는 곳은 최근에 지어진 집 30여 채로 구성된 작은 공동체다. 그곳이 바로 협동조합의 심장부다. 집들은 붉은색과 노란색으로 칠해졌는데, 이 색은 베네수엘라에서 가장 활동적인 사회운동단체인 '에세키엘 사모라 전국농민전선' FNCEZ을 상징한다. 협동조합 소속 26가구가 3000헥타르 토지 위에 살고 있다. 그들은 총회를 통해 의사결정을 하며, 농사짓고 고기 잡고 판매하는 일을 집단적으로 해나간다.

이곳은 바리나스 주에 있는 하코아 협동조합이다. 수 마일에 걸쳐 비옥한 농지가 펼쳐진 야노스 평원을 웅장한 안데스 산맥이 감싸 안고 있다. 토지는 비옥하고 강물은 풍부하다. 저녁에는 주도州都 바리나스의 골목길을 따라 주차된 차들에서 빠른 리듬으로 열정적인 목소리를 담은 전통 음악 호로포[3]가 흘러나온다.

이곳은 엘 실본el silbón, 라 요로나la llorona, 플로렌티노 이 엘 디아블로Florentino y el diablo 같은 설화와 전설의 땅이다. 야노스 토박이들은 '윗옷을 입지 않은' 선조에 대해 자랑스럽게 이야기한다. 그들의 선조들은 1846년 농민봉기 때 남미의 해방자 시몬 볼리바르, 베네수엘라의 혁명

---

2   협동조합과 FNCEZ의 기본원칙 중 하나는 식량 안보food security다. 인근 주민에게 신선한 먹을거리와 농산물을 저렴하게 제공하는 것도 이들의 목적이다.

3   하프, 쿠아트로, 마라카로 연주하는 평원 지역의 전통 음악. 베네수엘라 평원 지역에서 자란 여자들은 호로포로 여인의 마음을 얻을 수 있다는 속담에 동의한다. 호르헤 게레로Jorge guerrero, 아르만도 마르티네스Armando Martinez, 레이날도 아르마스Reinaldo Armas가 유명한 호로포 가수다.

에세키엘 사모라 전국농민전선(FNCEZ)

가 에세키엘 사모라와 함께 용감하게 싸웠다. 1859년 말 중앙정부에 반기를 든 사모라 연방군은 지금의 하코아에서 불과 40킬로미터 떨어진 곳에서 중앙정부군를 무찔렀다. 이것이 베네수엘라 역사상 가장 큰 군사적 승리로 평가받는 '산타 이네스 전투'다.

차베스 대통령은 2006년 대통령 선거운동을 '산타 이네스 전투'라 불렀고, 2004년 대통령 소환투표 때는 '플로렌티노와 악마'를 언급하며 다시 한 번 이 전설들에 숨을 불어넣었다. 이 지역은 차베스의 고향이기도 하다.

차베스는 바리나스 주 사바네타 인근 출신이다. 이곳 어디를 둘러봐도 차베스 집안의 정치적 영향력이 묻어 있다. 차베스의 아버지 우고 데 로스 레예스 차베스Hugo de los Reyes Chávez는 1998년부터 바리나스 주지사를 지냈고, 2008년 11월에는 차베스의 형 아단Adán이 그 뒤를 이어 주지사에 당선됐다.

바리나스는 FNCEZ(회원들은 '전선'이라 부른다)의 심장부이기도 하다. FNCEZ는 당시 4년 된 '시몬 볼리바르 혁명적 농민전선'[FCRSB]과 3년 된 '에세키엘 사모라 혁명적 농민전선'[FCREZ]이 연합해서 2004년에 공식적으로 설립됐다. FNCEZ는 현재 전국 1만 5000여 개 농가로 구성되어 있으며, 수십 개 '협동조합'(인근 아푸레 주에서는 '정착지'라 부른다)에서 살고 있다.

하코아 협동조합은 지역에서 매우 오래되고 상징적인 전선에 속한다. 지금은 잘 조직된 평화롭고 지속가능한 공동체이지만, 2003년 2월 6일 설립 때는 베네수엘라 전역에서 폭발하던 토지 갈등의 심장부였다(당시에는 FCREZ하에 있었다). 그보다 1년 정도 전인 2001년, 차베스는 토지법을 통과시켰다. 이 법은 개인의 토지 소유 면적을 제한하고, 노는 땅을 국가가 몰수할 수 있도록 한 법이었다.[4]

새 토지법에 대한 격렬한 반발이 일어났다. 토지법은 차베스 반대파가 2002년 반정부 쿠데타를 일으키는 주요 동력이 됐다. 농촌에서도 격렬한 반대가 있었다. 대토지 소유주뿐 아니라 지방 권력가들이 지방법원의 경작 가능지 재분배에 맞서 싸웠다.

이 때문에 2002년에는 토지 재분배가 거의 이뤄지지 못했다. 하지만 2003년 베네수엘라 정부는 하코아와 다른 바리나스 지역 협동조합 수백 가구를 포함해서 약 13만 가구에 총 150만 헥타르가 넘는 토지를 나눠줬다.[5] 이런 중앙정부의 지원하에도 하코아 협동조합은 퇴거 명령과

---

4   2001년 11월 13일에 차베스는 토지법과 농업개발법 관련 대통령령 1546호를 제정했다. "Ley de Tierras y Desarrollo Agrario," *Agencia Bolivariana de Noticias*, http://www.abn.info.ve/go_news_especiales3.php?articulo=24.

5   Gregory Wilpert, *Changing Venezuela by Taking Power* (London: Verso, 2007), 112.

경찰 수백 명에 맞서 여러 달 투쟁해야 했다.

갈등이 공공연하게 일어났지만, 어쨌든 토지법은 20세기 내내 계속된 베네수엘라 토지의 거대 사유화 과정을 역전시킬 가능성을 열었다. 차베스가 집권을 시작한 당시, 인구의 3퍼센트가 경작지 70퍼센트를 소유하고 있었다.[6] 20세기 동안 베네수엘라 농업 생산량은 국내총생산GDP의 6퍼센트 수준으로 떨어졌으며, 석유산업 및 식량 수입에 대한 의존도가 증가했다.[7] 1960년 첫 농지개혁 시도가 실패한 후, 20세기 내내 농민들은 새로운 기회를 찾아 대도시로 밀려들었다. 그 결과 베네수엘라는 라틴아메리카에서 가장 도시화된 나라가 되었다.

차베스 정부는 농업 생산을 늘리고 농촌으로의 이주를 장려하는 등 식량주권 회복을 최우선 과제로 선언했다. FNCEZ는 부유한 지주들이 소유한 노는 땅을 정부가 수용하도록 요구하는 투쟁을 벌였는데, 그 과정에서 농민이 200명 넘게 고용된 저격수에게 암살당했다.[8] 농민들은 공동체를 보호하기 위해 베네수엘라 군대의 도움을 받아 지역 농민민병대를 결성했다.

FNCEZ는 브라질의 무토지농민운동MST과 밀접하게 연관되어 있다. MST 회원들은 오랫동안 FNCEZ의 투쟁을 지원해왔다. 2005년, 농민들은 베네수엘라 정부의 지원으로 '파울루 프레이리 라틴아메리카 농업생태연구소'IALA를 결성했다. 이곳에서는 라틴아메리카 7개국에서 온 학생 60여 명이 지속가능한 농업을 연구하고 있다.[9]

---

6   Julia Buxton, *Venezuelan Politics in the Chávez Era: Class, Polarization and Conflict* (Boulder: Lynne Rienner Publishers, 2004), 129.

7   Gregory Wilpert, "Land For People, Not for Profit in Venezuela," *Promised Land: Competing Visions of Agrarian Reform* (Oakland: Food First Books, 2006), 251.

8   FNCEZ에 따르면, 2001년 토지법 제정 이래로 농민 217명이 암살당했다.

FNCEZ는 MST처럼 농촌 투쟁을 도시 활동과 연계하는 것이 중요하다는 점을 깨달았다. 2007년에 그들은 '시몬 볼리바르 전국코뮌전선' FNCSB을 결성하고 현 바리나스 주수도^{州首都}에 공동체(코뮌)도시^{Communal City}(이하 '코뮌도시'로 통일—옮긴이)를 건설하기 위해 공동체들을 조직하고 있다. 이 도시는 최근 인근 아푸레 주에 건설된 베네수엘라 최초의 코뮌도시인 '시몬 볼리바르 코뮌도시'를 모델 삼고 있다.[10]

그동안 FNCEZ는 점점 성장해 베네수엘라에서 가장 급진적인 농민운동단체로 입지를 굳혔다. 젊은 미디어 활동가 아드리아나 리바스^{Adriana Ribas}는 2002년부터 카라카스의 FNCEZ에서 활동하고 있다. 그녀는 FNCEZ 조직 내 성^性평등을 증진시키는 '성위원회' 활동을 열심히 하고 있다. FNCEZ는 현재 베네수엘라 8개 주에서 확고하게 자리를 잡고 있으며 지난 2년간 전국적으로 사업을 추진해왔다.

FNCEZ가 베네수엘라의 유일한 농민조직은 아니다. 차베스가 1998년 대통령에 당선됐을 때 이미 '베네수엘라 농민연맹'^{F.C.V}이 존재했다. 볼리바리안 운동이 지향하는 새 목표에 맞게 연맹을 개조하려던 시도가 실패한 후, 연맹은 쪼개졌고 농민들은 전국적으로 새로운 여러 조직을 결성했다. 그중에 FCREZ와 FCRSB도 있었다.

---

9 2009년 9월 현재 브라질, 우루과이, 파라과이, 콜롬비아, 베네수엘라 출신 67명이 IALA에서 공부하고 있다. *Friends of Vive TV*, http://www.larevolucionvive.org.ve/spip.php?article189. Olga E. Domené P., "El Instituto Agroecológico Latinoamericano "Paulo Freire" de estudios campesinos, indígenas y afrodescendiente (IALA)," *Aporrea*, November 8, 2006, http://www.aporrea.org/actualidad/a26985.html.

10 베네수엘라 공동체부에 따르면, 시몬 볼리바르 코뮌도시는 2년에 걸쳐 설립됐다. 현재 공동체 8곳과 공동체평의회 39곳에 걸친 1600가구, 8000여 명이 이 계획에 참여하고 있다. Maria Victoria Rojas, "Comunidades del Alto Apure ya hablan de Ciudad Comunal," *Prensa MPCyPS*, August 20, 2009, http://www.mpcomunas.gob.ve/noticias_detalle.php?id=3063.

2003년에는 차베스와 지지자들의 주도로 여러 조직이 연합하여 '에세키엘 사모라 전국농업조정자'CANEZ를 설립했다.[11] FNCEZ는 독자적으로 남아 있었다. CANEZ가 정부와 너무 밀접하게 연결되어 있다고 생각했기 때문이다. 반면에 CANEZ 측은 FNCEZ의 무리한 토지 점거가 불필요하리만큼 급진적이라고 비판한다. 차베스 정부 같은 혁명정부가 권력을 쥔 시기에 어울리지 않는 방식이라고 판단한 것이다.

라몬와 아드리아나는 FNCEZ의 회원이다. 라몬은 FNCEZ에서 가장 오래된 조직인 하코아 협동조합의 일원으로서 핵심적 역할을 해왔다.[12]

 라몬 비리가이, 아드리아나 리바스

"조직하라! 가르치라! 나서라!"

개인사

라몬 제 이름은 라몬 비리가이입니다. 이곳 바리나스 주 에세키엘 사모라에서 태어났죠. 부모님은 타치라 주 산 크리스토발 출신입니다. 부모

---

11   Coordinadora Agraria Nacional, "Ezequiel Zamora," "Historia de CANEZ," December 14, 2005, *Cordinadora Latioamericana de Organizaciones del Campo*, http://www.movimientos.org/cloc/show_text.php3?key=6041.

12   바리나스에서는 농민들이 토지를 점거하는 것을 협동조합 활동이라고 말한다. 아푸레에서는 농민들의 토지 점거를 MST 사람들이 부르는 것처럼 정착asentamientos이라고 칭한다.

님은 예전부터 바리나스에서 살았어요. 저는 FNCEZ의 회원입니다. 투쟁하는 조직이자 힘 있는 조직이며 라티푼디오[13]에 맞서 싸우는 조직이죠. 농민으로서 우리의 근본 목표를 달성하고 우리 농민의 권리를 요구하기 위해서는 볼리바르와 사모라의 이상에 뿌리를 둔 혁명 조직에 소속되는 것이 필수적이었습니다. 그래서 우리는 이곳은 물론 전국 곳곳에서 일어나는 투쟁에 개입하고 있습니다. 어디서나 우리를 볼 수 있을 겁니다. 우리는 각 지역마다 전선을 만들고 강한 메시지를 전파합니다.

아내 타피아[Luz Marina Tapia]를 만난 것은 1981년이었습니다. 우리는 농사를 지었고, 조직에 들어갈 때까지 땅을 일궜지요. 조직에서 활동하면서 우리는 땀과 눈물을 흘리며 많은 희생을 했습니다. 하지만 단호하게 전진해왔죠. 혁명가는 진정성이 있어야 하고 겸손해야 합니다. 이곳에 있는 혁명가 대다수는 겸손합니다. 우리를 세뇌시키는 자본주의 체제를 극복하려면 농촌에서 정의를 구현해야 합니다. 우리는 이 운동을 계속 밀고 나가야 하며 깨어나야 합니다. 내일, 모레, 짧은 시간이 걸리든 좀더 긴 시간이 걸리든 농민 부문에서 정의를 실현할 수 있도록 말이죠. 그것이 우리의 생각입니다. 우리의 이상이죠. 이를 위해 싸우고 있습니다. 각자가 정치적 투쟁의 매개체가 돼서 말이죠.

아드리아나 제 이름은 아드리아나 리바스입니다. 저는 카라카스 출신이에요. 서른네 살입니다. 2002년에 FNCEZ와 만났지요. 저는 카라카스에서 이미 공동체 미디어와 연관된 일을 하고 있었습니다. 그래서 커뮤니케이션 분야에 제가 가진 지식을 바탕으로 지원했습니다. 참여 초기에

---

13   대규모 농장plantation.

라몬 비리가이와 아내 루스 마리나 타피아

는 단지 도와주는 역할이었지만, 차츰 더 열심히 활동했어요. 전선에서 처음으로 전국훈련소를 열었을 때 저도 학생으로서 참가하고 싶다고 말했습니다. 제게는 이것이 조직을 강화하는 시발점으로 보였거든요. 저는 조직의 일원이 되고 싶었습니다. 그때가 2005년이었죠.

전국훈련소

아드리아나 MST와 FNCEZ는 카라카스에서 열린 세계사회포럼World Social Forum에서, 정치·사상적 훈련을 위한 훈련소를 만들기로 합의했습니다. MST는 첫 훈련소를 조직하는 데에 많이 기여했어요. 그들의 모든 경험이 큰 도움이 됐습니다. MST에서 온 몇몇 중요한 지식인들이 조력자로 참가했습니다. 첫 훈련소에 참가한 학생 가운데 65~70명은 베네수엘라 전역에서 온 사람들이고, 그 외 학생은 모두 전선 활동가입니다. 전선 내에서도 영향력 있는 조직가들이죠. 이들은 계속 남아서 전국 조직의 일원이 되거나, 지역 간부가 되었습니다.

전국훈련소는 많은 주제를 다룹니다. 농업 관련 법, 협동조합주의, 민중권력, 계급투쟁, 역사 유물론 등이요. 말하자면 혁명 과정과 관련된 모든 철학·사상적 요소를 다루는 겁니다. 또한 농사에 필요한 기술적인 내용도 다룹니다. 학생 대다수가 땅을 일구는 농민이니까요.

훈련소를 나온 저는 바리나스의 안드레스 엘로이 블랑코 지역에서 라디오 방송국을 설립하겠다는 목표를 세웠습니다. 훈련소에서 나오자마자 바리나스로 갔죠. 안드레스 엘로이 블랑코에서 지내면서 약 6개월 동안 계획을 추진했습니다. 우리는 공동체와 함께 다양한 워크숍을 조직했습니다. 그곳에서는 모두들 정말 대단했습니다. 저는 여전히 그 공동체의 일원이라고 느끼고 있어요.

바리나스

라몬 바리나스는 초원 지역llanero입니다. 80퍼센트가 초원이고 20퍼센트는 산악 지역Andina이지요.[14] 이 지역에서는 주로 소 목축을 합니다. 이곳은 베네수엘라에서 가장 좋은 땅이 있는 곳입니다. 또한 이곳을 흐르는 강은 천연자원의 원천입니다. 페드라사 지역은 이 강들의 중심에 있

---

14   안디나Andina : 안데스 산맥 지역.

죠. 몇몇 강은 지하수가 솟아나온 곳에서 흐르기 시작해요.

이곳은 차베스 사령관의 고향이기 때문에 정치적으로 매우 열정적인 분위기입니다. 세계와 라틴아메리카의 이목이 바리나스에 집중됩니다. 그래서 차베스는 바리나스와 그곳의 대규모 농업 생산, 특히 수수쌀 · 옥수수 등에 많은 관심을 보입니다. 안데스 산맥 지역에서는 주로 커피와 카카오가 납니다. 초원 지역에는 고기와 우유를 생산하는 넓은 소 목장이 있죠.

FNCEZ의 시작

라몬 FNCEZ는 이곳에서 시작됐습니다. 아푸레 주에서는 '해방자'의 이름을 딴 '시몬 볼리바르 농민전선'이라는 조직이 결성됐고, 우리는 여기 바리나스에서 FNCEZ를 결성했죠.

우리는 이곳 쿠리토 마푸리탈의 하코아에서 활동하기 시작했습니다. 2001년, 이곳에서 새 토지법에 따라 첫걸음을 내딛을 수 있었어요. 대통령이 이 법을 통과시켰죠. 우리는 바리나스 주에서 토지 16만 헥타르를 새로 되찾는 투쟁에 돌입했습니다. 아름다운 투쟁이었습니다. 혁명적 열정과 실천으로 우리 조직이 하나 되어 싸웠거든요. 우리는 이곳에서 승리했습니다. 차베스 대통령이 직접 여기에 와서 16만 헥타르가 넘는 토지를 각 협동조합에게 넘겨줬지요.[15]

안타깝게도 집단주의에 대한 이해와 교육 부족으로 떠난 이들이 몇

---

15 바리나스 협동조합에 10만 헥타르가 넘는 토지가 넘겨진 가운데, 2003년 2월 6일 〈알로 프레시덴테〉 TV 프로그램에서 차베스 대통령은 하코아 협동조합 소속의 99가구 및 하코아 사모라노 기금에 1400헥타르를 넘겨주었다.

몇 있지만, 많은 사람들은 지금까지 남아 있습니다. 그들은 지금 이곳에서 차베스의 이상과 목표에 기초한 자주성과 사회적 기획, 식량 생산, 민주적 의사결정을 바탕으로 이 투쟁을 굳건히 지켜나가고 있습니다.

우리는 목표로 한 이상이 실현될 거라고 믿어왔습니다. 실제로 점차 구체화되고 있고요. 우리의 이상은 그 당시 제정된 새 헌법과 법률에 근거해서 토지를 되찾는 것이었습니다. 바리나스와 아푸레 농민운동 핵심부는 두 농민전선을 한 조직으로 합치기로 결정했어요. 우리는 총회를 열어 조직 이름을 결정하는 투표를 했습니다. 다수가 이 혁명을 지속하기 위해 '에세키엘 사모라 전국농민전선'이라는 이름을 택했습니다. 사모라가 이곳을 거쳐 갔거든요.

사모라는 여기서 무척 가까운 산타 이네스에서 전투를 벌였습니다. 게릴라 전쟁, 저항의 전쟁이었죠. 그는 볼리바르가 시작한 혁명을 계속 추진해나갈 명확한 비전이 있었습니다. 볼리바르는 죽었지만 볼리바르의 신념은 계속 살아 있었던 거죠. 사모라는 부당한 현실 때문에 억눌려 있던 혁명적 에너지를 전파하려 했습니다. 사모라는 그 에너지를 볼 수 있었고, 그 힘으로 전진했습니다. 하지만 아시다시피 모든 혁명 과정에는 배신자가 있습니다. 과두지배세력이 그를 배신했어요. 사모라는 죽었습니다. 산 카를로스 데 코헤데스에서 과두지배세력이 사주한 의문의 총탄에 맞아 사망했습니다. 그들이 사모라를 죽인 그곳에서 모든 상황은 끝났습니다.

그리고 130년이 지나 혁명이 다시 시작됐습니다. 네루다는 "민중은 100년마다 깨어난다"고 말했습니다.[16] 그리고 민중은 새 지도자 차베스와 함께 깨어났습니다. 우리는 이곳에서 혁명 과정을 만들어나가고 있습니다.

이것이 바로 우리가 '에세키엘 사모라 전국농민전선'이라는 이름을 택한 이유입니다. '에세키엘 사모라'는 산타 이네스에서 칼과 창으로 적을 무찌르던 농민들과 함께 싸운 사람의 이름입니다. 전설에서 얘기하듯이 그들은 '윗옷을 입지 않은 사람들'과 함께 방앗간과 참호와 강과 산에서 싸웠습니다. 역사가 우리에게 말하듯, 그들은 적을 공격했습니다. 그들은 승리했고, 그 에너지는 계속 커지고 있습니다.

이런 선조들의 정신을 이어받아 활동하고 투쟁해야 합니다. 우리 민중이 그 혁명적 에너지를 통해 인도될 수 있도록 말이죠. 이것이 우리의 원칙입니다. 이 원칙을 실현해나가려면 우리의 운동을 지속적으로 강화해야 해요. 우리는 협동조합, 공동체평의회, 코뮌, 코뮌도시, 중소 생산자들을 지원합니다. 농민 관련 부문에서 문제가 생긴 곳이라면 어디든 가서 도와줍니다. 이 과정은 불어나는 강물과 같습니다. 강물은 계속 불어나야 합니다. 이것은 혁명적 흐름이에요. 근본적인 목표를 달성하기 위해 조금씩 앞으로 밀고 나가야 합니다.

하코아 협동조합

라몬 처음에는 300가구가 이 협동조합에 참여했습니다. 쿠리토 마푸리탈에서 되찾은 토지를 중심으로 형성된 협동조합들에는 500가구가 참여했고요. 매우 기뻤죠. 각 협동조합에 지도자 격 대표가 있었고, 이들은 사람들이 운동을 하기 위해 첫발을 내딛는 것을 도왔습니다.

---

16 파블로 네루다의 시 'Un Canto Para Bolívar'에서 발췌. "Yo conocí a Bolívar, Una mañana larga, En Madrid, En la Boca del Quinto Regimiento. Padre, le dije, ¿Eres o no eres o quién eres? Y mirando al Cuartel de la Montaña, Dijo: Despierto cada cien años, Cuando despierta el pueblo."

모든 과정에서 그렇듯이 실수도 했고 취약점도 드러났어요. 지도력 부족, 이해 부족, 그리고 여전히 남아 있는 개인주의라는 악습 때문에 이곳을 떠나는 사람들이 있거든요. 하지만 우리는 실수와 약점을 통해 성장했습니다. 지금도 여전히 그런 부분들을 바로잡고 있고요.

지금 이 순간 우리의 모토는 "조직하라! 가르치라! 나서라!"입니다. '조직하라!'는 다시 말해 대중을 조직하라는 뜻이지요. '가르치라!'는 땅에서 생산하고 교환하고 판매하기 위해서 스스로를 가르쳐야 한다는 의미입니다. 우리는 모든 분야에서 스스로 배울 필요가 있습니다. 그래서 이를 실천하고 있죠. 차베스는 현명하게도 우리에게 여러 과제를 부여해 스스로를 가르치도록 했습니다.

협동조합이 들어서기 전의 하코아

라몬 페레스 정권 시절, 그러니까 30~35년 전에 하코아는 시장이나 주지사를 비롯한 지배계급이 전리품으로 나눠 갖던 땅이었습니다.[17] 이를테면 그들은 이런 식으로 말했어요.

"이봐, 난 할 게 많아. 하코아 땅 1500헥타르가 필요하다고."

그러고는 이곳으로 와 곧바로 땅을 측량했죠.

이곳은 노는 땅이었어요. 99.99퍼센트에 아무것도 없었죠. 그저 숲과 뱀만 있을 뿐이었습니다. 하지만 지금은 우리 조직의 역량과 정부의 우호적인 도움으로(물론 여전히 옛 정부의 구태가 남아 있지만) 몇 가지 성과

---

17   카를로스 안드레스 페레스의 첫 임기는 1974년부터 1979년까지다. 그는 10년 뒤에 다시 대통령에 당선되어 1989년부터 1993년까지 대통령직을 수행했다.

를 거뒀죠. 그리고 혁명 과정에 무관심하면서 불평만 하는 사람들을 겨냥해 몇 가지 조치를 했습니다. 자극을 주는 거죠. 그래야 반응하거든요. 제대로 자극하지 않으면 생각하려 들지 않아요. 우리가 여전히 자본주의 체제 안에서 살고 있기 때문입니다.

하코아 토지 점거

라몬 이곳에서는 토지 점거가 무척 힘들었습니다. 정말 힘들었죠. 당시 우리는 정부와 대립했어요. 정부의 이해 부족 때문일 수도 있고, 지자체 내에 똬리를 틀고 있는 대지주 비호세력 때문일 수도 있죠. 100명 넘는 경찰을 보내 하코아 땅에 진입하려는 사람들을 위협하라는 결정이 내려졌습니다. 차베스가 집권하고 있는데도 말이죠. 아무런 선택의 여지도 없었어요. 그토록 부당한 일이 여전히 존재했죠. 지금도 마찬가지고요. 지금은 자원이 분배되고 있으니 잘 드러나지 않을 뿐입니다. 그런 일은 계속 일어나고 있어요. 그들은 붉은 옷을 입은 채 스스로를 감추고 있지만 예전과 다를 바 없습니다.

투쟁은 무척 힘들었습니다. 사람들이 다쳤어요. 농민들을 보호하기 위해 넉 달 넘게 야영지를 지켰습니다. 싸움이 매우 치열했기 때문에 망을 보며 지켜야 했어요. 법원의 퇴거 명령이 떨어졌을 때, 우리는 100~200명의 집단적인 도움이 필요했어요.

퇴거 명령을 내린 법원은 우리를 공격할 경찰 100~200명을 소집했습니다. 우리는 계속 버티며, 여기저기에 있는 협동조합들에게 도움을 요청했습니다. 모두 끌어모았어요. 물러설 데가 없었거든요. 무기를 들었습니다. 망치, 칼, 쇠갈고리를 들고 우리 땅을 지켰어요. 경찰이 들이닥치려 할 때마다 그렇게 지켰습니다. 이는 매우 중요한 행동입니다. 협동조합들이 우리 땅을 지키기 위해 싸운다는 걸 분명하게 보여줄 수 있기 때문이에요. 다른 협동조합에서 일어난 일은 결국 내 협동조합에서도 일어나게 됩니다. 그래서 우리는 함께 모여 법원의 공격에 대비한 만반의 태세를 갖췄죠.

이런 관료적 구조가 여전히 남아 있음을 아는 게 중요합니다. 중요한 또 하나는 우리 얘기를 널리 알릴 필요가 있다는 겁니다. 이곳 협동조합은 잘 돌아가고 있습니다. 여기서는 먹을거리를 안정적으로 확보할 수 있습니다. 먹을거리 문제를 해결하는 것은 자치 원칙 중 하나에요. 시몬 볼리바르의 국가 계획 중 하나이기도 하죠. 볼리바르는 일이 잘 돌아가게 하려면 계획을 세워 추진해야 한다고 말했습니다. 여기서는 일이 잘 돌아가고 있어요. 아이들 역시 이곳에서 공부합니다. 우리에게 필요한 모든 것이 있어요.

FNCEZ 조직

아드리아나   우리는 40명으로 구성된 전국 조정^{Coordination}팀이 있습니다. 거기서 한 해 동안 나온 모든 제안을 취합해 논의하죠. 또한 우리의 활동과 정치적 입장을 토론하고 각 지역 상황을 평가합니다. 우리는 매년 전국 회의를 개최합니다. 전국 회의는 최상위 의사결정 기구입니다. 전선의 모든 활동가는 전국 조정팀이 제출한 안건을 전국 회의에서 토론합니다.

라몬   우리는 7개 주에서 활발하게 활동하고 있습니다. 다른 18개 주에서는 2년 전부터 활동하기 시작했죠. 주에는 위원회가 있습니다. 예를 들어 바리나스 주에는 9명으로 이루어진 위원회가 있어요. 우리는 둘러앉아 투쟁 진행 방법에 대한 정책 토론을 합니다. 그리고 이를 지역 단위 시민 회의에서 논의합니다. 지역에 가서 각 지역 협동조합에 정보를 제공하는 거죠. 협동조합 대표자들이 행동 계획을 공유하고 토론해서 모두의 합의를 이끌어낼 수 있도록 말입니다.

이것은 의무 사항은 아니에요. 우리는 항상 이런 일에 아무런 대가가 없다고 말합니다. 전선 대표자들에게도 항상 아무런 대가 없는 일이라는 점을 언급하죠. 오직 민중만이 민중을 구할 수 있습니다. 각 부문 및 각 지역의 조직화 능력이 중요합니다. 서로 정어리 통조림 한 통, 쌀 한 봉지, 파스타 한 봉지를 나눌 수 있는 조직화 능력 말이죠. 우리는 그렇게 전진하고 있습니다.

정보를 체계적으로 모아 공유하는 게 중요합니다. 결정 사항들을 집단적으로 통제해야 하죠. 그런 다음 주요 결정 사항을 평가하고 현재 진행하고 있는 일들에 대해 스스로 비판해야 합니다. 더 나아지기 위해서는 반드시 이 과정을 거쳐야 해요.

차베스하에서의 변화

라몬 차베스 정부하에서 모든 것이 변했습니다. 후진하는 일은 없을 거예요. 차베스는 매우 중요한 정치 지도자입니다. 그에게는 비전이 있어요. 차베스는 볼리바르와 사모라의 계획을 구현하고 있습니다. 그들의 계획을 더욱 발전시켜왔고, 현재도 계속 가속 페달을 밟고 있습니다. 구조적인 변화가 시작되고 있어요. 옛 농업보건서비스SASA를 새롭게 구조 개편해 국립종합농업보건원^{INSAI}를 설립한 것도 그런 변화 중 하나죠.[18] 차베스는 속도를 내고 있어요. 새로운 임무, 사회 계획, 토지 회복 등 변화가 일어나고 있습니다. 차베스는 많은 어려움이 있음에도 토지 회복 사업의 속도를 높이고 있어요. 혁명 과정의 기본 골격이기 때문입니다. 민중을 가르치고 훈련할 기반이죠. 우리는 혁명 과정을 계속 수행하기 위해 사람들을 훈련해야 합니다.

토지법

라몬　토지법이 상황을 100퍼센트 바꿨다고 할 수 있습니다. 전에는 뭔가 기본적인 것이 부족했어요. 우리가 누구이며 어디로 가고 있는지를 이해하는 데 도움을 줄 지도자가 없었습니다. 전에 우리는 자본주의자들이 강요한 체제 때문에 깊은 잠에 빠져 있었어요. 그런데 사모라처럼 인민을 일깨우는 지도자가 나타났습니다. 차베스가 나타난 것이죠. 그래서 지금 우리는 깨어나고 있습니다. 차베스는 방치되었던 여러 법을 꺼내들었습니다. 차베스는 그 법이 너무 낡았으며 새로운 법이 필요하다는 것을 알았습니다. 그래서 새로운 법을 만들었습니다. 역사에 뿌리

18　대통령령 6129호와 종합농업보건법이 통과되면서 차베스 대통령은 2008년 7월 31일에 INSAI를 창설했다. INSAI는 농촌 지역의 참여민주주의를 강화하려는 목적으로 16년 된 SASA를 대체했다. 이 조직은 농업이나 축산업에 영향을 끼칠 수 있는 질병과 전염병을 예방·통제·근절하는 조치를 취하고 방법을 개발하는 등, "국가의 식량주권, 식량 안보, 식량 보호에 기여할" 의무가 있다. 라몬의 말에 따르면, INSAI는 과거 SASA의 관료주의와 단절하고 지역의 공동체평의회 및 사회운동조직들과 함께 활발하게 사업을 추진하고 있다. 라몬은 다음과 같이 말했다. "나는 INSAI가 제도적 차원에서 우리가 취할 수 있는 가장 좋은 조치라고 생각합니다. 진정으로 민중권력을 위한 기관이에요."

FNCEZ의 시위행진 - "조직하라! 가르치라! 나서라!"

를 둔, 비전과 방향성을 가진 법 말입니다.

여전히 낡은 관료제가 존재하고, 가난한 사람들이 존재합니다. 야만적인 자본주의 체제도 여전히 우리 안에 있습니다. 우리가 깨어나는 것을 방해하는 사람들도 있습니다. 우리가 완전히 깨어나면 민중이 제헌권력을 얻게 되리라는 걸 알기 때문입니다. 주권이 민중에게 있다고 말하는 법적 틀 안에서 민중 스스로 의사결정을 하는 권력 말입니다.

농촌 지역의 폭력

아드리아나 차베스가 처음으로 토지 개혁을 이야기할 때부터 목장 경영자들은 농민을 공격하기 위해 조직적으로 움직이기 시작했습니다. 당시 베네수엘라 목장경영자연합Fedenaga의 대표였던 오마르 콘트레라스

바르보사Omar Contreras Barboza의 잘못이에요. 그는 농민을 공격하자고 제 안한 사람 중 하나입니다. 농민이 노는 땅을 국가에 신고하고 점유해서 생산적으로 사용할 수 있도록 한 새 토지법이 통과되자, 토지 소유주들은 농민 지도자들을 암살하기 시작했습니다. 암살당한 농민 지도자 대다수는 전국농민전선 소속입니다. 2001년과 2002년 사이, 단 7개월 동안 농민 75명이 암살당했습니다. 당시는 한 달이 어떻게 지나갔는지 모를 정도로 긴박하게 돌아갔습니다. 한 사람이 암살당했다는 소식이 들리면, 불과 보름 뒤에 또 다른 사람이 죽었다는 얘기가 들렸습니다.

라몬 혁명 초기부터 지금까지 고용된 암살자에게, 혹은 민병대 손에 암살된 농민이 무려 217명에 이릅니다. 최근에도 암살이 일어나서, 우리는 가두시위를 벌이고 우익 민병대에 맞선 행동을 개시했습니다. 아푸레와 알타 아푸레 과스두알리토에서 5000명 넘는 농민을 동원해 우익 민병대에 반대하는 시위행진을 조직했습니다. 수르 데 라고[19]에서도 시위를 했어요. 협동조합과 정착지에서 우리의 안전과 먹을거리 안정성을 확보하기 위해서는 수비대와 인민의용군 창설이 필요하다고 의견을 모았습니다.

차베스는 우리에게 볼리바리안 인민의용군 창설을 제안했습니다. 현재 공동체평의회, 코뮌, 코뮌도시 차원에서 인민수비대와 인민의용군을 설립하려 추진하고 있습니다. 우리 지역에서도 볼리바리안 인민의용군을 창설해야 하고요. 인민의용군은 우리의 안전을 지키는 베네수

---

19   베네수엘라 술리아 주에 있는 호수의 남쪽. 최근 몇 년 사이 이곳에서 수많은 농민이 암살당했다.

엘라 군대와 보조를 맞출 것입니다. 차베스 대통령이 개정한 군법에 의거해 이런 구조를 만들어놓으면 과두지배세력과 우익 민병대의 공격을 최소화할 수 있을 겁니다.

농민 암살자 처벌

아드리아나 농민 암살자들이 처벌받지 않고 있는 것도 중요한 문제입니다. 예전에 국회에서 암살 문제를 다루는 위원회를 조직했습니다. 하지만 아무런 조치도 하지 않았어요. 당시 농민 암살 사건이 180건 있었는데, 법무부에서는 75건만 인정했습니다. 인정받은 건에 대해서도 아무런 조치를 하지 않았죠. 우리는 농민들이 암살당하고 있다는 증거를 갖고 있어요. 도대체 무슨 증거가 더 필요하죠? 그들은 이 문제를 공적인 관점으로 보고 있지 않은 것 같습니다. 토지 소유주들을 배후 조종자로 기소하면 이들이 희생자로 비쳐질 거라고 생각하는 것 같아요. 반대파들이 토지 소유주들을 희생당한 또 다른 정치범일 뿐이라고 보면서 들고일어날 거라 생각한 거죠. 아니면 살해당한 사람들이 농민이기 때문에 별로 관심을 두지 않는 것인지도 몰라요. 어쩌면 정치적으로 별로 의미가 없어서일지도 모르겠네요.

　하지만 암살자를 처벌하지 않는 상황이 농민을 대상으로 한 범죄에서만 벌어지고 있는 건 아닙니다. 노동활동가들 역시 암살당하고 있지만 아무런 조치도 하지 않아요. 암살 건으로 토지 소유주를 건드리기에는 너무 많은 이권이 얽혀 있는 것 같습니다. 그래서 몇몇 정부 부처에서 모종의 공모를 하는 것 같고요. 지금까지 암살과 연관되어 감옥에 간 사람은 일곱 명에 불과합니다. 게다가 암살을 사주한 토지 소유주는 한

명뿐이에요. 나머지는 모두 청부를 받고 실제 암살을 저지른 사람들입
니다.

국가의 개입

아드리아나　토지법이 발효된 지 3년 후, 농민이 토지를 점거하는 게 아
니라, 국가가 직접 나서서 토지 몰수 과정을 집행하게 됐어요. 이것이
정부가 암살 문제를 해결하기 위해 의식적으로 결정한 일인지, 아니면
정부가 토지 소유주들과 합의한 것인지는 잘 모르겠습니다. 어쨌든 지
금은 토지 소유주들과 직접적인 충돌은 없어요.

　현재 농민들은 국가토지원^{INTI}에 노는 땅을 신고합니다. 그러면 국가
토지원은 조사를 한 뒤 공식적으로 노는 땅임을 공표합니다. 그리고 국
가와 토지 소유주 사이에 협상이 시작되죠. 때로는 국가가 토지를 몰수
해서 신고한 농민들에게 넘겨주기도 합니다. 노는 땅이 공표되면 우리
는 토지 외곽에 감시 캠프를 설치합니다. 토지를 점거할 가구들과 함께
캠프를 세우고 국가토지원에서 올 때까지 기다리는 거죠. 토지가 승인
되면 농민들이 땅을 제공받는 일련의 과정이 시작됩니다. 정부에게서
토지소유권을 인정받고 대출도 받는 거죠.

라몬　국가토지원은 아직 예전 체계에 머물러 있고, 개선해야 할 여지가
많은 기관입니다. 우리가 아직 제대로 다듬지 못했어요. 우리 사령관은
열심히 투쟁합니다. 하지만 이 나라의 엘리트 계층은 썩었어요. 관리감
독자에 대한 협박이 존재합니다. 일이 제대로 돌아가지 않는 걸 보면 관
리감독자들 역시 믿을 만하지 않아요. 막후 협상, 부패, 정실 정치가 판

을 치죠.

저는 볼리바리안 혁명이 토지 회복과 함께 시작됐다고 생각해요. 토지 회복은 모든 것에 통하는 길입니다. 땅이 없으면 아무것도 없으니까요. 정부가 함께해준 투쟁도 있었지만, 대부분은 우리 스스로의 힘과 에너지와 의지로 투쟁했습니다. 토지 회복 과정에서 농민은 항상 더욱 강하게 밀고 나가는 결정을 해왔습니다. 관리감독자들이 자원과 돈을 갖고 있을 뿐 아니라 주지사나 시장에 대한 영향력을 가진 과두지배세력과 가까운 자들이라, 결정 내리기를 주저할 거라는 우려가 있었기 때문입니다. 과두지배세력은 이 모든 상황에 영향을 미칠 수 있는 권력에 더 많이 접근할 수 있습니다. 관리감독자들을 매수할 가능성이 있지요. 과두지배세력은 낡은 체계 덕에 국가로부터 가장 많은 이득을 봤어요.

국가와의 관계

라몬 우리는 국가와 두 가지 방식으로 일합니다. 하나는 투쟁하는 거죠. 우리의 권리와 요구를 쟁취하기 위해 투쟁합니다. 다른 하나는 농업정책을 평화롭게 추진하기 위해 대화하는 겁니다. 우리는 정부 내에 똬리를 틀고 앉아 여전히 과두지배세력의 일원으로서 영향력을 행사하는 장관들이 있다는 걸 알고 있습니다. 이 모든 게 낡은 체계 탓이죠.

우리는 협상으로 한 해를 보냈어요. 1년 사이에 일하고, 대화하고, 토론하고, 원탁회의를 하고, 합의하고, 미팅하고, 워크숍을 하는 등 그야말로 모든 걸 다 했습니다. 그러나 그중 60퍼센트는 아무 쓸모도 없다는 걸 알았어요. 우리 조직은 정부에게 책임이 있다고 결론 내렸습니다. "정부는 우리를 실망시켰다. 정부가 제 역할을 하지 못하기 때문에 우리는 스스로의 힘을 강화하겠다"고 선언했죠.

아드리아나 지금은 정부와 일하는 것이 많이 나아졌습니다. 물론 서로 부딪칠 때도 있고 취약한 점도 있지만요. 매달 '농업과 토지를 위한 인민권력부'[MPPAT], FNCEZ와 CANEZ 사람들, 그리고 다른 농민 조직에서 온 사람들이 함께 만납니다. 우리는 우리가 일해야 할 구역을 평가하고 계획 제안서를 제출합니다. 또한 국가경작계획과 국가농업정책에 대해 논의하고 정부 부처가 제공할 것들에 대해서도 얘기를 나눕니다. 예를 들어 정부가 소 100마리를 취득하면, 우리는 그것을 어떻게 분배할지 결정하는 식인 거죠. 정부는 분배 과정에서 우리 조직들의 제안을 더 많이 고려합니다. 따라서 공무원이 물품을 나눠주기 위해 소규모 농가에 직접 찾아가는 일은 거의 없습니다. 사실 그들이 나서면 일 처리가 제대로 되지 않을 게 뻔하죠.

지금은 농업은행과 베네수엘라 농업조합[CVA] 같은 국가 기관들에서 나오는 자금도 공동체평의회를 통하게 되어 있습니다. 예컨대 지방 공동체평의회가 총회를 열어 자기들에게 무엇이 필요한지 따져보는 거죠. 그 결과에 따라 농업은행은 자금을 제공하고, 공동체평의회는 재정 지원을 요청한 사람들에게 그것을 책임지고 나눠주는 것입니다. 예를 들어 제가 협동조합원이라면, 농사 계획이 있으니 공동체평의회 총회에서 승인해달라고 요청하는 겁니다.

정착지 중 많은 곳에서 이 방식으로 혜택을 받았습니다. 시몬 볼리바르 코뮌도시도 많은 혜택을 받았죠. 그들은 정부와 여러 달에 걸쳐 협상했고, 그 결과 많은 지원을 받았습니다. 어떤 공동체에서는 일이 잘 풀리고, 어떤 곳에서는 차질을 빚기도 합니다. 하지만 어쨌든 정부와 농민이 맺고 있는 이런 관계는 바람직합니다. 국가가 농민에게 다가오는 게 아니라 농민이 국가에게 다가가는 정치에 기초하고 있기 때문입니다.

FNCEZ와 INSAI

아드리아나 INSAI가 완전히 재구성되고, 새로운 직원을 고용하는 과정에서 사회운동조직 활동가가 지역 책임자를 맡을 기회가 생겼습니다. 그래서 몇몇 주에서는 정부 기관 내에 농민의 이익을 대변할 만한 인사가 중역으로 들어갔습니다. 전선 쪽 중역이 14명 있었죠. 우리는 그들과 정기적으로 모임을 가졌습니다. INSAI는 식품 안전을 책임지는 기관입니다. 농업생태학, 소에 대한 무료 예방접종, 비료를 비롯한 농자재 등 모든 것을 다루죠. INSAI에서는 엄청나게 많은 일을 합니다. 전선 쪽 사람들 다수가 거기서 연수를 받죠.

라틴아메리카 농업생태연구소

라몬 전선이 참여하는 IALA는 라틴아메리카 다른 국가들과 경험을 공유하는 학교입니다. IALA는 농업생태학 발전의 원천이에요. IALA 사람들은 이곳 협동조합으로 와 일을 도우며 한 학기 정도 인턴 과정을 거치죠. 그들은 미래에 생태농업을 발전시킬 역군이 될 것입니다. 그들은 다른 어디에서도 하지 않는 일을 실천하고 있습니다. 화학비료나 거름을 사용하지 않고 작물과 과일을 재배하지요.

지속가능한 농업

라몬　생태농업은 중요합니다. 생태농업을 더 많이 추진해서 다국적기업에게 한 방 먹여야죠. 다국적기업은 우리를 죽이려 해요. 그들은 이곳에 유전자 변형 식품을 들여오고, 우리의 자연산 종자를 가져가고 있어요. 생각해보면 우리 부모들은 이미 생태농업을 했습니다. 농약을 전혀 안 썼거든요. 이미 오래전에 최고의 농산물을 만들어낸 거죠. 저는 여기에 생태농업 발전의 원천이 있다고 생각해요. 우리가 지속적으로 해온 작은 일들이 있습니다. 그리고 아직 개간하지 않은 땅과 숲이 있기 때문에 그곳을 활용해 생태농업을 실천할 수 있을 겁니다.

FNCEZ의 성 평등

아드리아나　전선에는 성위원회가 있습니다. 저도 그곳 위원이고요. 2005년 전국 회의에서 전선은 여성의 관점에서 성 문제를 밀고 나갈 필요가 있다고 결정했습니다. 여성을 부각시키기 위해서는 그들의 역할을 재고할 필요가 있었습니다. 우리는 '성 평등'을 최우선 순위에 두고 있습니다. 농민 조직은 남성우월주의와 가부장적인 성향이 강하기 때문입니다. 우리 동지들은 올바른 정치적 성향을 갖고 있고, 각 지역에서 열심히 일하고 있습니다. 하지만 그렇다고 해서 그들이 꼭 '성 인지적 관점'gender perspective을 갖고 있는 것은 아니거든요.

　우리 단체는 욜란다 살다리아가Yoland Saldarriaga와 함께 일하기 시작했어요. 그녀는 성 관련 문제를 처음 제안했을 뿐 아니라 조직 내에서 이를 강하게 밀어붙인 사람입니다. 솔직히 저는 조직 내 문화 때문에 회의적이었어요. 말하자면 우리 앞에 벽이 있는 거죠. 우리는 이 벽을 부수기 위해 젊은이들을 새로 교육해야 합니다.

우리는 성 문제와 관련해서 전국 모임을 두 번 소집했습니다. 두 번째 모임은 정치적 · 재정적으로 많은 지원을 받았어요. 중앙 지도부 동지들이 이 문제를 지도부 차원에서만이 아니라 하부조직에서도 계속 다룰 필요가 있다고 인식했거든요. 이 문제가 남녀 사이의 경쟁에 관한 것이 아니라 자본주의와 가부장제에 맞선 문제라는 것을 알게 된 겁니다. 2008년 11월에 두 번째 모임을 가졌는데, 각지에서 참가한 여성이 300~400명 정도 됐죠.

전국 모임 후 우리는 성 문제에 관한 지역 모임을 가졌습니다. 전반적으로 매우 성공적이었어요. 우리는 회의나 모임에서 성 중립적 언어를 도입할 수 있었습니다. 그래서 '동지'라는 말을 사용할 때도 남성형인 콤파녜로^{compañero}와 여성형인 콤파녜라^{compañera}를 함께 써야 합니다. 여성 농민은 특히 농촌 여성으로서 자신들에게 이득이 되는 토지법과 헌법 조항들을 공부했습니다. 우리는 여성으로서 우리의 역할을 제대로 부각시킬 방안에 대해서도 토론했습니다. 저는 우리가 점점 개선되고 있다고 생각해요. 처음에는 '동지'의 양성형을 함께 사용하고, 성적 농담을 비롯해 우리를 괴롭히는 모든 것에 맞선 사람이 고작 서너 명에 불과했거든요.

농민 부문의 단결

라몬 투쟁이 우리를 단결하게 만든다고 생각합니다. 우리 농민들은 농민에게 무슨 일이 일어나면 힘을 모으거든요. 우리는 전선에서 함께 일하며 십시일반 협력하고 있어요. 차베스는 종종 볼리바르와 그의 역사에 대해 이야기합니다. 민중의 장군 에세키엘 사모라는 볼리바르의 뜻을 이어받았습니다. 그래서 우리는 이에 기초해 FNCEZ로서 투쟁합니다. FNCEZ는 그 모든 기운에 뿌리박은 투쟁전선입니다. 그것이 우리의 목표를 더욱 명확하게 해주죠. 그래서 우리는 바로 이곳에 있고, 또 앞으로 나아가는 겁니다. 농촌의 모든 이가 가능한 한 최대의 행복을 얻기 위해 함께하고 있습니다. 그리고 모두가 함께한다면 원하는 것을 얻을 수 있습니다.

2

여성운동과 성 다양성 운동

03

거리의 민주주의, 집 안의 민주주의, 침실의 민주주의

★

알바 카로시오

− 베네수엘라중앙대학 여성연구센터 −

알바 카로시오[Alba Carosio]의 책꽂이는 콜론타이[Alexandra Kollontai], 밀레트[Kate Millett], 파이어스톤[Shulamith Firestone] 등 급진적 여성주의자의 인명록처럼 보인다. 알바는 1970년대에 일어난 초기 베네수엘라 여성주의 운동에 이들이 큰 영향을 미쳤다고 인정한다. 하지만 알바는 과거에 붙잡혀 있지 않다.

알바는 베네수엘라중앙대학[UCV](이후 편의를 위해 '중앙대학'으로 표기하기도 했다.−옮긴이) 여성연구센터[CEM]의 공동설립자이자 현 소장이다. 1992년에 이 센터가 설립되기 전까지 베네수엘라에는 이런 데가 없었다. 여성연구센터는 단순히 연구소 역할만 하는 것이 아니다. 1999년 제헌의회 기간과 차베스 집권 시기 내내 여성 관련 의제를 밀고 나가는 데 중요한 역할을 했다. 알바는 이렇게 말한다.

"우리는 변화를 이끌어내기 위해 연구합니다. 바꿀 수 있는 한 계속 연구할 겁니다."

1999년에 제정된 새 베네수엘라 헌법의 88조는 여성연구센터의 제안에 따라 가사노동이 경제활동이며 주부가 사회보장 혜택을 받을 자격을 있음을 인정한다.[1] 또한 베네수엘라 헌법에서는 성 중립 언어 사용을 적극 권장한다. 예컨대 사람을 언급할 때 남성형과 여성형을 함께 사용하도록 한다.[2] 새 헌법이 통과되자마자 차베스 대통령은 여성의 삶을 향상시키기 위해 국가 정책을 조정하고 집행하는 국가여성원[INAMUJER] 설립을 지시했다.

베네수엘라 정부는 계속해서 여성의 권리를 확대하는 조치를 취해나갔다. 2001년 국제 여성의 날에는 베네수엘라 여성의 경제적 불평등 문제를 해결하기 위해 여성개발은행[BANMUJER]을 설립했다. 여성개발은행은 사회개발은행으로서 낮은 이자로 소액 신용대출을 하고, 여성이 노동협동조합을 만들 수 있도록 지원하고 교육한다. 2009년 현재 여성개발은행은 200만이 넘는 여성을 지원했고, 10만 건 이상 대출을 제공했으며, 전국적으로 일자리 44만 619개를 창출했다.[3] 5년 뒤 정부가 헌법 88조에 따라 '미션 마드레스 델 바리오'[4]에 착수해서 빈민가 여성들이 가난의 악순환에서 벗어나도록 도왔다.

이런 움직임은 계속되어 2007년에 여성폭력에 관한 새 법이 통과됐고, 전국에 여성폭력 문제를 전문적으로 다루는 법원들이 설립됐다.

---

1   볼리바리안 헌법 88조 : "국가는 노동권 행사에 있어 양성 평등과 동등한 대우를 보장한다. 국가는 가사 노동이 부가가치를 창출하고 사회적 부와 번영을 만들어내는 경제활동임을 인정한다. 가정주부는 법률에 따라 사회보장을 누릴 권리를 가진다."

2   예컨대, 대통령을 의미하는 '프레시덴테'Presidente(남성형)와 '프레시덴타'Presidenta(여성형).

2008년 3월, 차베스 대통령은 국가여성원을 여성부로 확대했다. 그리고 2009년 여성부는 '여성과 성 평등을 위한 인민권력부'가 됐다. 하지만 이런 일련의 발전이 있었음에도, 여성은 여전히 날마다 가정, 거리, 직장에서 차별에 직면하고 있다.

중앙대학에 있는 알바의 사무실은 정부가 정책 목표로 삼은 빈민가 여성 거주지에서 멀리 떨어져 있다. 그녀는 과거와 미래, 독재와 민주주의, 학문과 실천, 여성주의 기원과 현재라는 독특한 갈림길에 서 있다.

알바는 흥분으로 가득 차서 베네수엘라 여성이 이룩한 진보에 대해 얘기했다. 그녀는 여기까지 오는 데 얼마나 먼 길을 걸어왔는지 생각하고 있었다. 하지만 진정한 정치·문화적 변화는 느리게 진행된다는 것을 알고 있기에 이내 차분해졌다.

<hr>

3   Prensa Web RNV/Prensa Banmujer, "Banmujer celebró octavo aniversario," *Radio Nacional de Venezuela*, September 3, 2009, http://www.rnv.gov.ve/noticias/index.php?act=ST&f=4&t=107018 &hl=banmujer&s=8bacdb2b817d2abc9993bf6ca4e313ce. BANMUJER에 대해 더 알고 싶다면, http://www.banmujer.gob.ve를 방문하라. 다음도 참고할 것. Kristen Walker, "Venezuela's Women's Development Bank—Creating a Caring Economy," *Council of Hemispheric Affairs*, July 15, 2008, http://www.coha.org/2008/07/the-women%E2%80%99s-development-bank-in-venezuela-creating-a-caring-economy.

4   '빈민가의 어머니'라는 뜻이다. 미션의 정식 명칭은 Fundación Misión Madres del Barrio "Josefa Joaquina Sánchez."

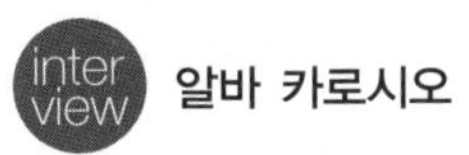 알바 카로시오

"여성 스스로 자기 권리를 요구해야 합니다"

삶과 여성운동

제 이름은 알바 카로시오입니다. 1970년대 이래로 지속된 베네수엘라 여성운동의 일원이죠. 남미원추지대(브라질, 파라과이, 우루과이, 아르헨티나, 칠레로 이어지는 남미의 원뿔 모양 지역—옮긴이)를 휩쓴 독재 시절에 아르헨티나에서 베네수엘라로 이주했습니다. 저는 마라카이보로 가서 술리아대학에 있는 '마라카이보 여성주의연합'에 가입했습니다. 그 조직은 지금도 있어요.[5] 그때가 1975년이었죠. 1982년에는 '마라카이보 여성의 집' 설립에 참여했습니다. 베네수엘라 최초의 여성의 집이었죠.[6] 지금은 없어졌어요.

1970년대 라틴아메리카에서는 좌파 운동이 들풀처럼 일어났습니다. 알려진 것처럼 라틴아메리카는 세계에서 가장 불평등이 심한 곳입니다.[7] 당시 사람들이 겪은 많은 부당한 경험을 통해 운동이 촉발됐죠. 이 운동들은 쿠바혁명과 해방 사상에서 일부 영향을 받았습니다. 1960년

---

5   베네수엘라 여성운동의 자세한 역사에 대해서는 Elisabeth J. Friedman, *Unfinished Transitions: Women and Gendered Development of Democracy in Venezuela*, 1936-1996 (Pennsylvania: Penn State Press, 2000)을 참고하라. 차베스 집권 후 베네수엘라 빈민가에서 일어나는 기층 여성 조직화에 관한 좀더 최근의 분석을 보려면 Sujatha Fernandes, "Barrio Women and Popular Politics in Chávez's Venezuela," *Latin American Politics & Society* 49, no. 3 (Fall 2007): 97-127을 참고하라.

6   베네수엘라 전역에 걸쳐 많은 여성의 집이 생겨 운영되었다. 이들은 비정부조직이며 여성에게 정보와 자원을 제공한다. 몇 군데는 정부로부터 지원을 받는다.

대와 1970년대 라틴아메리카의 분위기가 그랬어요. 전 세계적으로도 그런 분위기였죠. 당시 미국에서도 베트남전쟁 반대 운동을 비롯해 평등과 평화를 외치는 여러 운동들이 일어났으니까요. 라틴아메리카에서도 억눌렸던 좌파 운동이 일어났습니다.

많은 여성이 좌파 운동단체 활동가였습니다. 당시 우리는 여성에 대한 차별이 분명히 존재한다는 걸 알았습니다. 대다수가 혁명이 일어나면 여성 차별이 사라질 거라고 믿었지만, 결국 그런 혁명은 일어나지 않았어요. 혁명 운동 안에서도 많은 여성이 심한 압박을 느꼈죠. 운동에 참여한 많은 남성은 그저 거시적 혁명에 빠져 있을 뿐이었어요. 예를 들어 육아에 대한 책임은 완전히 여자의 몫이었죠. 이런 상황은 라틴아메리카 어디든 마찬가지였습니다. 그래서 1970년대 중반쯤부터 우리 내부를 돌아보기 위해 조직을 이뤄 뭉쳤습니다.

여자로 산다는 것이 무엇인지 자문하기 시작했죠. 남성과 분리된 여성 스스로의 조직을 꾸려야 하는가? 즉 여성을 위한 투쟁을 병행해야만 하는가? 반대로 여성운동은 존재 이유가 없는가? 우리는 단지 보편적 해방을 위한 투쟁에만 참여하고, 여성을 위한 투쟁은 잊어야 하는가? 당시 몇몇 사람이 얘기하던 것처럼 우리는 반혁명분자인가? 이렇게 우리는 우리 삶의 모든 부분을 성찰하기 시작했습니다. 당시 우리는 다양한 저술에서 영향을 받았습니다. 사회주의 안에서 여성 해방을 주장한 콜론타이와 트리스탄^{Flora Tristan}의 저술, 유명한 《성 정치학*Sexual*

---

7   라틴아메리카의 불평등에 관한 통계를 담은 세계은행의 광범위한 연구는 다음을 참고할 것. David de Ferranti, Guillermo E. Perry and Francisco Ferreira, *Inequality in Latin America: Breaking with History? World Bank Latin American and Caribbean Studies. Viewpoints* (World Bank Publications, 2004).

Politics》을 쓴 밀레트의 저술, 여성주의와 혁명에 대해 얘기한 파이어스 톤의 저술 등이 있었죠. 우리는 그 모든 것을 현실의 맥락 속에서 토론했습니다.

이렇듯 숱한 경험을 통해 우리는 베네수엘라에서 여성운동을 형성하기 시작했습니다. 이는 또한 라틴아메리카 전역으로 퍼져나갔습니다. 물론 나라마다 차이는 있습니다. 어떤 나라는 아직도 지독한 독재로 고통받고 있으니까요. 근래에 우리는 칠레의 여성주의자 홀리에타 키르크우드Julieta Kirkwood 같은 라틴아메리카 인물의 저작에도 영향을 받았습니다. 키르크우드는 "거리의 민주주의, 집 안의 민주주의, 침실의 민주주의"라는 말을 만들었죠. 이 말은 보편적인 해방 투쟁과 동시에 여성 해방을 위한 투쟁도 해야 한다는 뜻입니다. 이를테면 한 나라나 국제적 차원의 혁명을 통해 자동적으로 여성 해방 또한 이뤄질 거라 낙관하며 여성을 위한 투쟁을 유보할 수는 없다는 것이죠. 여성운동은 자연스럽게 대학에서 강력한 모습을 드러냈습니다. 대학에서는 많은 여성이 학생 신분으로 모일 수 있었으니까요. 좌파 정당 소속 여성들도 같은 고민을 나누기 시작했습니다. 여성주의 운동에 매진하던 여성들은 좌파 정당 여성들뿐 아니라 민주행동당AD이나 기독사회당COPEI 같은 집권당의 여성과도 뭉치기 시작했습니다.

민법 개정

우리 모두를 뭉치게 한 첫 번째 큰 싸움은 1982년 민법 개정이었어요. 그때까지 베네수엘라에서는 남녀가 양육에 대한 책임을 분담하지 않았습니다. 결혼하지 않은 상태에서 태어난 아이는 차별을 받았어요. 사생아로 낙인찍힌 거죠. 이런 아이는 아버지의 성을 쓰지 못할 뿐 아니라 아버지에게 유산이나 재정적 지원을 요구할 권리가 없었습니다. 하지만 어머니 쪽은 사정이 달랐어요. 자신이 낳은 애라는 것을 부인할 수 없기 때문이죠. 그래서 아이에 대한 모든 책임은 전적으로 어머니에게 부과됐습니다. 민법이 개정되기 전까지는 부부 간의 권리와 책임이 평등하게 공유되지 못했어요. 따라서 여성은 결혼생활을 하면서도 남성과 동등한 권리를 갖지 못했죠. 우리가 보통 '결혼'이라고 부르는 것이 당시 베네수엘라 여성에게는 권리가 아니었습니다.

그래서 '여성주의' 운동 진영뿐 아니라 '일반' 여성운동 측도 이 문제를 중심으로 뭉쳤어요. 이렇게 말하는 이유는, 1970년대와 1980년대 많은 여성은 스스로를 여성주의자라 부르기 원치 않았거든요. 좌파 여성도 우파 여성도 여성주의자에 대해 안 좋은 편견을 갖고 있었어요. 좌파 여성들은 우리를 분열주의자라고 비난했습니다. 우파 여성들은 우리를 미치광이 레즈비언이라고 불렀어요. 우리의 신념이 지나치게 이상적이라고 하더군요. 여성은 그저 집안일을 잘하면 된다는 겁니다. 이런 이유로 수많은 여성이 여성의 권리를 위해 투쟁하고자 하면서도 여성주의자라 불리기를 원치 않았습니다. 지금도 그런 분위기가 남아 있긴 하지만, 당시에는 대다수가 그렇게 생각했어요. 하지만 스스로 여성주의자라 부르는 사람들이 점차 뭉치기 시작했습니다. 이들은 좌파 쪽 여성들에게 우리 운동을 이해시켰습니다. 당연히 여성주의는 우파보다는 좌파와 공통점이 많습니다. 아무래도 해방을 열망하는 특성 때문이겠죠. 진정한 사회 변화와 해방에 대한 헌신 말입니다. 그렇다고 그 외의 다른 사람들과 전략적으로 연합할 필요가 없다는 것은 아닙니다. 여성으로서 우리는 모두 동일한 억압 상황에 놓여 있으니까요. 지금 이 순간 우리는 혁명에 대해 말하지 않거나 심지어 생각조차 안 하는 여성들과도 함께할 수 있습니다.

사실 민법 개정을 제기한 것은 기독사회당 출신의 여성 장관 메르세데스 풀리도 데 브리세뇨^{Mercedes Pulido de Briceño}였습니다. 단순한 문제 제기였기 때문에 우리도 참여했죠. 사회적 투쟁 과정에서 얻은 신념 때문이기도 했습니다. '상황이 완벽하게 준비될 때까지 기다릴 필요는 없다' '상황은 점진적으로 개선되는 것이다' '사회 정의는 점진적으로 획득된다'는 신념이죠. 그래서 우리는 기독사회당 출신과 함께할 수 있습니다. 비혼모('아직' 결혼하지 않은 상태라는 의미의 '미혼^{未婚}' 대신 혼인하지 않은 상태라는 의미의 '비혼^{非婚}'으로 번역했다.―옮긴이)의 아이에 대한 차별을 철폐하는 데 함께하지 않을 수는 없잖아요? 아이를 차별해서는 안 된다는 사실을 여성주의자만이 이해하는 건 아니니까요.

여성연구센터 창립

당시 많은 단체가 함께했습니다. 이들은 여성운동을 밀고 나가기 위해 다양하게 제안을 하고 여러 단체를 설립했습니다. 예를 들어 여성NGO연합^{CONG}이 있었어요. 우리는 이 조직을 구성한 뒤, 1995년 베이징에서 열린 제4차 국제여성회의에 참석했습니다. 당시 여성 문제를 다루는 부서가 많이 생겨났다가 사라지곤 했습니다. 해당 부서에 책정된 예산도 아주 적었죠. 그럼에도 이런 부서들은 여성 해방 투쟁에 헌신하는 사람들에게 자극을 주고 그들을 하나로 묶는 데 중요한 역할을 했습니다.

이렇게 발전해나가던 1992년에 카라카스에 있는 중앙대학에 여성연구센터^{CEM}가 설립되었습니다. 대학에 들어간 여성은 언제나 의문을 품게 됩니다. 그곳에서 여성은 자신을 돌아볼 기회를 갖게 되고 사상을 접하게 되기 때문입니다. 나아가 공부를 하면서 심각한 차별에 대해 알게 되기 때문이죠. 열심히 공부해서 남성보다 뛰어난 능력을 보이는 여성들도 있습니다. 그들은 취업시장에 뛰어들어 직업을 얻습니다. 하지만 그곳에서도 여성에 대한 차별을 경험하게 됩니다.

그래서 1992년에 여성 단체들이 힘을 모아 베네수엘라 최초로 여성 문제에 집중해 학문적 연구를 수행할 곳을 만든 겁니다. 초대 소장은 마리아 델 마르 알바레스 데 로베라^{María del Mar Álvarez de Lovera}였어요.[8] 사회적 투쟁에 헌신하면서 동시에 항상 여성 문제를 연구하는 사람이었죠. 게다가 결정적으로 그녀는 좌파였어요. 그녀가 여성을 위한 투쟁에 도덕적·윤리적으로 헌신하고 있다는 건 의심할 여지가 없었습니다. 같은 시기에 안데스대학, 술리아대학, 바르키시메토 지역의 리산드로 알바라도대학 같은 곳에서 비슷한 제안을 해왔습니다. 그래서 서로 관계를 맺어나가기 시작했어요.

연구센터라는 측면에서 우리는 여성 문제 및 여성의 투쟁을 연구하는 데 기준을 제시하는 역할을 합니다. 우리는 이곳에서 베네수엘라 여성이 직면한 상황에 대해 연구·분석하고 있습니다. 물론 연구 외에 수업도 진행하고, 여성 문제 관련 학부 과정도 운영합니다. 지역 공동체와도 함께 일하고 있어요. 예를 들어 지역 여성폭력 문제를 다룬다든지 말이죠. 우리 연구센터는 연구와 실천 양 측면에서 모두 헌신적으로 일하고 있습니다. 우리는 상황을 바꾸기 위해 연구합니다. 상황을 바꿀 수 있는 한 계속 연구할 겁니다. 이론과 실천의 영원한 변증법이죠.

---

8   로베라는 변호사이며 '베네수엘라 여성의 권리를 위한 국가 수호자'로 일하고 있다.

헌법

1999년에 제헌의회가 열렸을 때 여성연구센터의 제안이 많이 반영됐습니다. 헌법을 보면 알 수 있듯이, 성 차이를 배려한 언어를 사용하도록 한 최초의 헌법입니다. 그 외에 '성과 생식에 대한 권리'sexual and reproductive rights도 헌법에 명시됐어요. 여기에는 아이를 얼마나 낳을지 결정할 권리, 양성 평등 보장, 역사적으로 차별당한 여성에게 배상금을 지불하는 조치를 고려하는 여성 우대 정책 등이 포함돼 있습니다. 여성 우대 정책은 역사적으로 여성이 당한 피해를 바로잡기 위한 것이죠. 헌법은 여성의 가사노동이 사회·경제적 가치가 있음을 인정하고 있습니다. 이 모든 것은 여성연구센터와 관련된 교수들이 제헌의회에 제안한 겁니다. '가족·여성·청소년 위원회'의 의장인 마렐리스 페레스 마르카노Marelis Pérez Marcano나, 여성연구센터의 소장을 역임했고 지금은 여성개발은행의 은행장인 노라 카스타녜다Nora Castañeda 같은 분들이요.

그때 이후로 여성연구센터는 여성과 관련된 일에 계속 기여해왔고, 지난 10년간 크게 성장했습니다. 일 자체도 물론이지만 일을 해나가는 방식도 중요합니다. 21세기 사회주의가 완전한 해방을 쟁취하기 위해서는 여성 해방이 필요하다는 걸 이해하고 새로운 관계를 구축해나가야 합니다. 여전히 갈 길이 멀지만, 그래도 값진 한 걸음을 내디뎠다는 데에 큰 의미가 있습니다. 여성주의에 대해 마음을 열고, 이런 인식이 정의로운 세상을 만드는 데 중요하다는 점을 깨달은 거예요. 즉 가정에 평등이 없으면 평등한 사회 따위는 존재할 수 없다는 인식 말이죠.

알바 카로시오. "베네수엘라 여성 문제를 조사하고 연구하고 해명하는 것은 평등을 실현하기 위해서입니다."

여성에 대한 우대 정책

헌법에 담긴 이상들은 얼마 전부터 이미 실행되고 있습니다. 예를 들어 가사노동의 경제적 가치를 평가하는 문제의 경우, 육아노동을 포함하도록 확대됐습니다. 육아노동은 항상 여성주의에서 다룬 개념이었습니다. 그것이 여성 억압의 핵심이기 때문입니다. 이를테면 육아가 전적으로 여성의 책임이 될 경우, 그 결과 여성주의 저자들이 말하는 '가부장적 배당'patriarchal dividend이 발생합니다. 이는 가부장제 덕분에 남성이 얻는 이익인데요. 여성이 가사노동이나 육아노동을 전적으로 책임지면서 쏟는 힘과 에너지 덕분에 발생하는 이득입니다. 보이지는 않지만 분명히 존재하죠.

여성 우대 정책에서 사용하고 있는 '소수집단 우대 정책'affirmative action이라는 개념은 특정 사회 집단이 대개 이념적 이유로 역사적 시련을 겪은 점을 이해하려는 데서 출발했습니다. 아프리카계 미국인을 위해 처음 고안된 것이었죠. 이 개념은 '부정적인' 차별이 존재하는 곳에 일시적으로 '긍정적인' 차별이나 조치를 도입함으로써 역사적으로 억압받은 집단에게 더 많은 혜택을 제공한다는 개념입니다. 예컨대 선주민(토착민)에게는 분명 이런 혜택이 필요합니다. 그리고 이는 여성에게도 마찬가지입니다. 여성은 수 세기 동안 가부장제로 고통받았습니다. 여성이라는 이유만으로 좋든 싫든 수많은 일을 짊어져야 했을 뿐 아니라 행동에도 많은 제약이 있었죠.

미션 '빈민가의 어머니'

미션 마드레스 델 바리오('빈민가의 어머니')를 착안하게 된 배경은 이렇습니다. 베네수엘라 빈곤층의 70퍼센트가 여성이며, 빈곤 가정의 가장家長 역시 대다수가 여성입니다.[9] 사실 아이를 혼자서 키워야 하는 상황은 여성을 가난으로 몰아넣는 가장 큰 요인입니다. 최근에는 좀 나아지긴 했지만, 여전히 무책임한 아버지들이 많습니다. 우리 사회에서는 육아를 부부가 분담하기보다는 여자가 전적으로 책임지는 사회·문화적 분위기가 강합니다. 빈곤층 여성이 혼자서 아이를 키우면 가난의 악순환에 빠집니다. 혼자서 아이 두셋을 키우면, 돈을 벌기 힘들어지니까

---

9   UNAIDS/ The Global Coalition on Women and AIDS, *Keeping the Promise: An Agenda for Action on Women and AID*, 2006.

요. 미션 마드레스 델 바리오는 심각한 가난을 겪는 빈민가 여성을 대상
으로 하는 사회사업입니다. 일정 기간 최소 생활비를 지원해줌으로써
육아 문제를 해결함과 동시에 구직활동을 할 수 있도록 도와주는 거죠.
그래서 미션 마드레스 델 바리오는 가난에 맞서 싸우는 사업이자 성 인
지적 관점의 사업이기도 합니다. 빈곤층 중에서도 가장 어려운 사람들
이 여성이거든요. 결국 이 사업은 두 비전을 통합한 것이라 할 수 있습
니다. 여성으로서 경험한 역사적·개인적 좌절을 고려해, 여성주의 관
점으로 가난과 맞서 싸우는 거죠.

게다가 베네수엘라는 청소년 비혼모의 비율이 매우 높아요. 이들의
삶과 미래에는 큰 제약이 따릅니다.[10] 그 대다수는 교육받을 기회를 얻
지 못합니다. 물론 지금은 예전처럼 임신한 학생을 쫓아내지는 못하도
록 되어 있어요. 하지만 그렇더라도 아이를 가지면 공부를 계속하는 데
큰 제약이 따릅니다.

미션 마드레스 델 바리오에 등록된 여성들은 직업훈련 기회를 제공
받고, 그들의 성적 권리와 생식권에 대해 교육받을 기회를 얻습니다. 또
한 그들이 자립할 수 있도록 돕는 프로그램을 운영하고 있습니다. 그들
이 더 사려 깊고 정확하게 판단하도록 함으로써 가난의 악순환에 빠지
지 않게 하려는 거죠. 최근 통계에 따르면 여성 20만 명이 이 사업에 참
여하고 있습니다.[11] 여전히 적은 수인지도 모릅니다. 하지만 우리는 여
성개발은행이나 '여성과 성 평등을 위한 인민권력부' 같은 기구들과 함
께 다양한 방법으로 여성과 가난 문제에 맞서 싸우고 있습니다.

---

10 현재 15~19세 베네수엘라 여성 1000명당 91명이 아이를 낳는다. WHO, *World Health Statistics 2009*.

11 미션 마드레스 델 바리오와 여성의 참여에 대한 더 많은 정보를 확인하려면 다음 홈페이지를 방문하라. http://www.misionmadresdelbarrio.gob.ve.

성 균등 법률

성 균등Gender Parity은 남녀가 각각 사회의 절반씩을 차지하고 있으니 사회적 결정도 균등하게 반영해야 한다는 개념입니다. 이를테면 국회의원 중 18퍼센트만이 여성이라면 명백하게 부당한 상황이라는 얘기죠. 정치활동 측면에서 보면, 1960년대와 1970년대에 그랬듯이 여성은 언제나 기층에서 열심히 활동했습니다. 하지만 권력 있는 자리에서는 배제됐죠. 지금도 몇몇 공동체평의회에서 이런 일이 일어나고 있습니다.

성 균등 법안은 소수집단 우대 정책의 일환입니다. 이를 통해 모든 정치적 의사결정 공간에서 남녀 비율을 동등하게 맞출 수 있습니다. 우리는 보통선거를 치르는 모든 직위에서 '성 균등'을 요구하고 있으며, 국영회사와 민간회사의 이사진 구성에도 같은 요구를 하고 있습니다. 이런 내용은 현재 의회 내의 가족 · 여성 · 청소년 위원회에서 논의 중인 '성 형평과 평등에 관한 기본법'Organic Law for Gender Equity and Equality에 담겨 있어요.[12] 물론 이 법안이 국회에서 통과되는 건 쉬운 일이 아닙니다. 이 법을 승인해야 하는 사람들의 대다수가 남성이기 때문이죠. 그들은 해당 법안을 통과시키면 의원직을 잃을지도 모른다는 사실을 알고 있습니다. 하지만 이 법안은 반드시 통과돼야 합니다. 그러지 않으면 여성이 권력 있는 자리에 오를 기회가 그만큼 늦춰지기 때문입니다.

베네수엘라 선거관리위원회CNE는 지난 2008년 11월 23일 지방선거를 앞두고 시의원 후보자 수를 남녀 동수로 해야 한다는 행정명령을 밀어붙였습니다.[13] 그 결과 지역 차원에서 여성 참여가 많이 늘었죠. 하지

---

12 Prensa Web YVKE/ABN, "Ley Orgánica para la Equidad e Igualdad de Mujeres y Hombres Será Aprobada Próximamente," *YVKE Mundial*, October 9, 2008, http://www.radiomundial.com.ve/yvke/noticia.php?13130.

만 이 조치는 선거관리위원회가 해당 선거에 한해서 내린 행정명령입니다. 우리는 매 선거 때마다 같은 요구를 하며 싸울 필요가 없도록 관련 법을 제정하라고 요구하며 투쟁을 하고 있습니다. 궁극적으로는 지금보다 훨씬 더 평등한 상황이 돼서, 관련 법이 굳이 없어도 계속 모든 선거를 이렇게 치르길 바랍니다.

차베스 대통령의 당, 그러니까 통합사회주의당PSUV은 베네수엘라에서 유일하게 당내에서 성 균등을 맞추려 노력하는 정당입니다. 아직 PSUV의 당규로 정해진 것은 아니지만 구성원 대다수가 동의하고 있으며, 실제로 차베스 대통령이 강력하게 밀어붙이고 있습니다.[14] 그것이 비록 완전한 균등은 아닐지라도, 우리가 추구하는 것에 매우 가깝습니다. 그리고 다른 정당들에게 모델이 되기 때문에 중요한 성과라고 할 수 있어요.

여성과 볼리바리안 혁명

여성주의 운동의 철학은 정부 정책을 통해 퍼져나갔고, 그 결과 지금 우리가 얘기하고 있는 사실, 즉 진정한 사회주의 실현을 위해서는 여성 해방이 필수적이라는 걸 더 많이 이해하게 됐습니다. 아직 정부 내에 구시

---

13   13. James Suggett, "Gender in the Venezuelan Elections," *Venezuelanalysis.com*, December 15th 2008, http://www.venezuelanalysis.com/analysis/4041. 또 다른 자료는 ABN, "Se Incrementa la Presencia Femenina Para Cargos de Elección en Venezuela," *Agencia Bolivariana de Noticias*, January 16, 2009, http://www.abn.info.ve/reportaje_detalle.php?articulo=983.

14   14. Prensa Web RNV/Prensa Presidencial, "PSUV es el Mejor Fruto de la Revolucion Bolivariana," *Radio Nacional de Venezuela*, March 2, 2008, http://www.rnv.gov.ve/noticias/index.php?act=ST&f=2&t=61938.

대적 사고방식이 많이 남아 있긴 하지만, 분명 우리는 엄청나게 전진했습니다. 사상적 측면에서도 그렇고 공적 의식 측면에서도 그렇습니다. 예를 들어 지금 대통령은 스스로를 여성주의자라 부릅니다. 엄청난 일이죠. 물론 대통령이 실제로는 완전한 여성주의자가 아니라고 지적하면서 비판하는 여성들도 있습니다. 하지만 그보다는 대통령이 그렇게 선언했다는 것이 중요합니다. 모든 면에서 과거와는 완전히 달라졌죠. 1970년대에 여성주의자가 된다는 것은 최악의 선택이었습니다. 하지만 지금은 대통령이 "여성주의자가 아닌 사회주의자는 품이 좁다"고 선언할 정도입니다.[15] 엄청난 차이가 있는 겁니다. 이런 성과는 다른 영역에서 활동하는 분들에게 좋은 예가 될 거예요.

대통령과 베네수엘라의 모든 변혁 운동은 여성을 포괄하고 있습니다. 여성은 모든 과정에 참여하고 있으며, 여성 참여의 중요성을 언급하지 않은 연설을 찾아보기 힘들 정도입니다. 몇몇 여성주의 사상은 이미 상식이 됐습니다. 여성 해방 운동은 비옥한 토지 위에 있습니다. 엄청난 가능성이 있죠.

하지만 여전히 남은 문제가 있어요. 무척 풀어내기 힘든 문제죠. 현재 많은 여성이 운동에 활발히 참여하고 있지만, 종종 여성으로서 자신의 이익과는 무관한 사회활동에만 시간을 쏟는다는 겁니다. 그 결과 여성으로서 자신의 요구가 무엇인지 잊거나, 요구를 미루게 됩니다. 제가

---

15   이 발언은 20세기 초 미국사회당 당원이었던 미국 출신의 사회주의 여성주의자 루이스 닐랜드Louise W. Kneeland에게서 인용한 것이다. Louise W. Kneeland, "Feminism and Socialism," *New Review* 2 (August 1914): 442. 차베스의 발언을 담은 글을 보려면 다음을 참고할 것. Prensa Presidencial/Rafael Márquez, "Presidente Insta a Mujeres a Organizar Empresas Socialistas," *Direccion General de Prensa Presidencial*, October 25, 2008, http://www.minci.gob.ve/noticias_-_prensa/28/185189/presidente_insta_a.html.

알고 있는 예를 하나 들어보죠. 예전에 성 문제 전문가로서 지방의회의 정책 수립에 관한 워크숍에 참여한 적이 있어요. 의료문제에 관해 이야기하고 있었는데, 함께 참여한 여성들이 자기에게 필요한 게 뭔지 잘 모르더군요. 임신한 여성에게 필요한 것은 사실 명백합니다. 현재 많은 지역 여성이 안전하게 아이를 낳으려면 먼 거리를 이동해야 합니다. 이는 매우 시급하게 해결해야 할 문제예요. 하지만 공동체 차원에서 이런 문제를 제기하면 뒤로 밀려버리기 일쑤입니다. 전체 차원의 의료문제에 대한 관념적인 얘기만 하다 끝나는 거죠. 여성 스스로 자기 권리와 요구를 주장해야 한다는 진정한 성 의식이 여전히 매우 부족합니다.

여성폭력

여성폭력 문제에 관해서는 중요한 성과를 거둬왔습니다. 우리는 세계에서 가장 진보적인 여성폭력 관련 법을 갖고 있습니다. 또한 여성폭력 문제 전담 법원을 설립했죠.[16] 하지만 여전히 문제는 있습니다. 이를테면 자신의 전통적·문화적·사상적 믿음을 법정에까지 끌어들이는 판사가 있다는 겁니다. 피고가 취했다는 이유로 폭력을 정당화하는 판결을 내린 경우도 있다고 들었습니다. 취하면 남을 때려도 되나요? 취했다고 무죄라니요! 이렇게 폭력을 저지르고도 처벌받지 않는 사례는 여전히 많습니다.

---

16 온전한 법의 이름은 '폭력 없는 삶을 누릴 여성의 권리에 관한 기본법'이다. 2009년 초 이래로 여성폭력 문제에 집중하는 법원이 29곳 창설됐다. Tamara Pearson, "Venezuela Expands Outlets for Denunciations of Violence Against Women," *Venezuelanalysis.com*, April 23, 2009, http://www.venezuelanalysis.com/news/4389.

물론 폭행당한 피해자를 지원하기 위해 해야 할 일도 많습니다. 예방도 중요하죠. 단순히 처벌하기보다는 이런 일이 계속되지 않도록 하는 것이 중요하니까요.

사회 상황을 있는 그대로 보기 위해서는 아직 갈 길이 멉니다. 현실을 관찰할 때 성 문제에 초점을 맞출 필요가 있어요. 예를 들어 우리는 경찰 폭력을 포함해 폭력 피해자 가족 모임에 참여하고 있는데요. 이때 '가족'이란 단어는 완곡한 표현일 뿐입니다. 사실 가족이 아니라 '여성'이에요. 이는 교도소 수감자 가족에 대해서 얘기할 때도 마찬가지입니다. 수감자 중 95퍼센트가 남자라는 현실을 감안하면, 여기서 '가족'이란 수감자의 어머니, 여자 친구, 부인, 즉 '여성'이란 얘기죠.

여성운동의 미래

시급히 다뤄야 할 문제가 여전히 많습니다. 우선 빈곤과 성별 사이에 어떤 연관성이 있는지 다루고 토론해야 합니다. 이는 빈곤 퇴치를 위해 매우 중요한 문제입니다. 성적 권리와 생식권에 대해서도 여전히 할 일이 많습니다. 베네수엘라에서는 낙태를 하면 여전히 처벌받습니다. 이것은 정말 중요한 여성주의 문제입니다. 처벌이 두려워 자기 몸에 대한 결정권을 행사하지 못한다면 진정한 자립을 선언할 수 없기 때문입니다. 원치 않는 임신을 예방하는 것도 중요하지만, 임신한 여성에게 더 많은 관심과 배려를 쏟을 필요가 있습니다.

이런 과정을 거치다 보면 곧 중요한 과제에 직면할 수밖에 없습니다. 곧 성 평등 개념을 공교육에 도입하는 것입니다. 우리는 여성이 스스로를 억압하게 하는 사회·문화적 지배 모델에서 벗어나게끔 끊임없이 노력해야 합니다. 남자아이들은 자라면서 보통 지배하고 군림하기 위해 세상에 존재한다고 배웁니다. 반면 여자아이들은 뭔가를 결정할 때 늘 허락받아야 한다고 배웁니다. 아무튼 완전히 다른 두 가지 교육 모델이 있어요. 세상에 대해 완전히 다른 상想을 제공하는 교육이죠. 우리는 이 문화에 끊임없이 저항해야 합니다. 수 세기 동안 계속된 가부장제가 10년 만에 극복될 수 있는 것은 아니거든요. 우리는 엄청난 가능성의 문을 열었습니다. 여성주의와 사회주의는 전보다 더 많은 부분에서 공생하고 있습니다. 하지만 여전히 갈 길이 멉니다.

04

여성의 삶을 바로 세우는 교육

★

야나이르 레예스
– 여성의 첫걸음 시민협회 –

분주한 안티마노 지구의 기차역은 카라카스 서쪽 지역의 여느 역과 다를 바 없는 분위기다. 거리에는 물건을 사고파는 사람들로 가득하다. 곳곳에서 노점상들이 커피, 엠파나다(고기나 야채를 넣고 구운 파이—옮긴이), 복권, 냄비 등을 팔고 있다. 야나이르 레예스Yanahir Reyes는 인근의 산동네로 15분 정도 지프를 타고 들어갔다. 야나이르는 학교가 없는 곳을 돌아다니며 아이들을 가르치는데, 이곳이 마지막 목적지다. 그녀는 아래쪽 큰길에서 몇 마일 떨어지지 않은 곳에 있는 다른 세상에 발을 들였다. 수돗물도 들어오지 않는 이곳에는 수백 가구가 주름진 양철지붕과 콘크리트 블록으로 된 건물에 산다. 바로 안티마노 지구의 라 페드레라 빈민가다. 야나이르는 여성주의자이며 지난 3년간 이곳에서 아이들을 가르쳤다. 베네수엘라에서 성차별에 맞서는 가장 좋은 방법은 주민 자치 공동체 사업에서 여성이 주도적인 역할을 하는 것이다.

여성은 볼리바리안 혁명에서 엄청난 역할을 했다. 그들은 공동체평의회와 각종 위원회, 그리고 다양한 기층 운동에서 중심적인 역할을 한다. 베네수엘라 정부가 추진하는 사회사업에 참여하는 사람의 70퍼센트가 여성이다.[1] 이렇게 지난 10년간 여성이 볼리바리안 혁명에서 활발하게 참여했음에도, 지금 베네수엘라 전역에는 남성우월주의machismo와 미인에 대한 집착이 팽배해 있다.

베네수엘라에서 '아름다운 외모'는 곧 돈이다. 흰 피부에 굴곡 있는 몸매를 자랑하며 술과 휴대전화를 비롯한 모든 광고에 등장하는 모델들이 그런 현실을 잘 보여준다. 베네수엘라 어디서나 미용실을 볼 수 있다. 심지어는 극빈층이 사는 곳에서도 말이다. 대기업 후원하에 끊임없이 열리는 미인대회에 한 해 수백만 달러씩 쏟아붓는다. 베네수엘라 사람들은 2004년에만 화장품 구입에 10억 달러 넘게 쓰면서 라틴아메리카 최대 소비국이 됐다.[2] 성형수술이 일상화되어 있고 소녀의 15세 생일 축하 파티La Quinceañera 선물로 성형수술을 해주기도 한다. 무슨 계급장이나 되는 양 공개적으로 성형수술 붕대를 감고 다닌다. 성형수술 관련 은행 대출까지 있을 정도다.

이런 상황은 여성주의에 좋은 환경이 아니다. 스물여덟 살의 야나이르는 젊은이로서는 드물게 베네수엘라의 이러한 미美에 대한 집착을 비판한다. 그녀는 2005년부터 '여성의 첫걸음 시민협회'에서 일하면서 학교 없는 빈민가에서 아이들을 가르치는 공동체 교육 사업을 벌였다. 또

---

1   Sujatha Fernandes, "Barrio Women and Popular Politics in Chávez's Venezuela," *Latin American Politics & Society* 49, no. 3 (Fall 2007): 97-127.

2   Natalie Obiko, "Venezuelans on the Cutting Edge of Beauty," *LA Times*, January 1, 2006, http://www.articles.latimes.com/2006/jan/01/news/adfg-beauty1.

한 가까운 카리쿠아오 지역의 공동체 라디오 방송국인 라디오 페롤라에서 여성주의 라디오 프로그램인 '밀레니엄 여성 이야기'를 만들었다.

 야나이르 레예스

"우리는 혁명을 하고 있지만,
쇼핑몰은 여전히 사람들로 가득합니다"

여성주의자가 되다

저는 일상에서 벌어지는 남녀 간의 불평등을 알게 되면서부터 스스로 여성주의자라는 자각을 하게 됐습니다. 그 시발점은 우리집이었어요. 아버지는 늘 밖에 나가 자기 하고 싶은 일을 하며 살았어요. 하지만 어머니는 집에서 자식을 돌보고, 다리미질하고, 빨래하고, 청소하는 게 삶의 전부였죠. 아버지는 좌파혁명운동MIR이라는 게릴라 조직에 몸담고 있었어요.[3] 저는 아버지의 정치적 관점이나 삶을 존경했어요. 아버지가 딴살림을 차리고 있다는 사실을 알기 전까지는 말이죠. 배신감이 들었어요. 가족 모두에 대한 배신이었죠. 우리 어머니에게 이런 일이 일어나길 원치 않았어요. 누구도 자기 어머니에게 이런 일이 일어나길 바라지 않겠죠. 정말 믿을 수 없었던 것은 아버지가 비겁한데다가 남성우월

---

3   MIR은 1960년에 민주행동당을 탈당한 사람들이 만든 좌파 정당이며 게릴라 투쟁에
     참여했다.

주의자였다는 점입니다. 아버지의 우유부단함이 우리에게 너무 큰 상처를 줬어요. 처음에 아버지는 그 여자를 제 친구이자 멘토로서 소개해 줬습니다. 그녀는 당시 좀 제멋대로였던 저의 공부를 도와줬어요. 그녀는 절 바로잡아주려 했죠. 하지만 곧 그녀가 아버지의 연인이라는 사실이 탄로 난 겁니다.

저는 이렇게 가족 안에서 성차별을 알게 됐습니다. 아버지는 어머니와도 살고 그 여자하고도 살며 상황을 주도했습니다. 당시 전 열세 살이었어요. 나중에는 제가 이 문제를 일정 부분 해결했습니다. 아파트를 사서 아버지를 다른 곳으로 가게 하고 어머니는 여기에 머물 수 있도록 한 거죠. 사실 카라카스에서 집을 얻는 것은 무척 어렵습니다. 그래서 안타깝게도 모욕적인 상황을 벗어나지 못하는 여성들이 종종 있습니다. 부모님은 몇 년간 이런 식으로 살다가 결국 헤어졌어요. 어머니는 지금 마음의 상처를 치유하고 있죠.

사회규범

우리는 혁명을 하고 있지만, 쇼핑몰은 여전히 사람들로 가득합니다. 사람들은 자동차, 옷, 술을 엄청나게 사들입니다. 제대로 된 게 아니죠. 우리는 '사람'humanism 보다는 '소비'consumerism 에 더 많은 열정을 기울이고 있습니다. 신문을 비롯한 모든 매체에서 공공연히 성차별주의가 나타나고요. 혁명이 진행 중인데도 이 나라에는 여전히 부정적인 요소가 많습니다. 이건 정부와 정부 관계자들의 책임입니다. 정부는 시민을 보호하기 위해 법률을 만들 책임이 있으니까요. 이런 상황 때문에 우리는 피해를 입습니다. 하지만 사람들이 모두 달라지기를 기대하기는 어렵죠.

　젊은 사람이든 오랫동안 이런 현실을 지켜본 노인이든, 자신을 속박하는 소비주의에 대한 생각을 바꿀 수 있을까요? 우리는 도대체 무얼 해야 할까요? 저는 우리 사회의 악^惡에 대해 강경해야 한다고 생각해요. 부패한 정치인에게 단호한 조치를 취해야 하며 그것을 만천하에 공개해야 합니다. 사람들이 텔레비전에서 볼 수 있게 말이죠. 당신이나 저 같은 사람이 고되게 일하면서 낸 세금으로 국회의원은 많은 돈을 받습니다. 모두가 그런 건 아니지만, 일부 국회의원은 단지 국회의원이기 때문에 부자가 됐어요. 그들은 매달 너무나 많은 돈을 받아요. 역겨운 일이죠. 이런 상황이 우리 사회에서 너무 오랫동안 용인돼왔습니다. 이제는 좀 달라져야 합니다.

　전 각자 자신부터 변화해야 한다고 생각합니다. 저도 그렇게 하고 있고요. 크리스마스를 예로 들어보죠. 이곳에서 크리스마스는 소비로 가득 찬 이벤트가 됐습니다. 저항하자고요. 아무것도 사지 않는 겁니다. 크리스마스는 가족을 위한 날입니다. 우리의 가족 전통에서는 선물을 사지 않습니다. 그 대신 다른 선물이 있죠. 따뜻한 포옹 말입니다. 가족이 함께 해변으로 갈 수도 있고 집에 머물 수도 있습니다. 우리는 저항할 겁니다. 더 많은 가족이 이렇게 한다면 변화가 일어날 거예요. 세상에는 이런 변화가 필요해요. 하지만 소위 '서구식 민주주의'로는 변화가 너무 느립니다. 그저 같은 자리를 계속 돌고 돌 뿐이에요. 법률이나 제도는 관료제 앞에서 무력화되고, 공동체는 그 완전한 잠재력을 발휘할 수 없습니다. 우리가 끊임없이 국가의 부르주아적 요소를 깨뜨리고 민중에게 권력을 줄 때 변화가 가능할 것입니다. 정의가 없으면 민주주의도 없습니다.

야나이르 레예스

틀을 깨다

제 언니는 대학을 졸업하고, 취직하고, 남자 친구가 생겼어요. 그러고는 그와 함께 미국으로 갔죠. 주위에서 말이 많았어요. 하지만 언니는 굴하지 않았죠.

"나는 내가 하고 싶은 걸 할 거야. 이미 어른이잖아. 내가 하고 싶은 걸 할 권리가 있어. 여성으로서!"

남자라면 그렇게 할 수 있어요. 하지만 보통 이곳 분위기에서 여자는 그렇게 못합니다. 따라서 언니의 사례는 제게 매우 중요했어요. 언니는 매우 진지하고 단호한 여자였어요. 우리 자매는 서로 다른 점이 많았어요. 하지만 함께 살면서 공감하는 부분도 많았죠. 언니는 좀더 보수적이고 세련된 사람이 된 것 같아요. 언니는 이 모든 것을 반영이라도 하

128

듯 교회에서 결혼했어요. 뭐 괜찮아요. 그런 식으로 길들여져 왔으니까요. 점잖게 말하자면, 그런 식으로 성장해온 거죠.

어린 시절, 언니의 일은 제게 큰 영향을 줬습니다. 하지만 저는 언니와 다르게 살고 싶었어요. 공부하고 싶었죠. 저 자신을 위해 많은 것을 하고 싶었습니다. 저는 혼자 살 아파트를 갖고 싶어요. 여행도 가고 싶고요. 남자한테 기대지 않고 많은 것을 해보고 싶습니다. 전 여성 관련 일을 해야겠다고 생각했어요. 정말 많은 여성과 일했습니다. 그리고 여성이 사회에서도 일터에서도 많은 불만을 갖고 있다는 걸 알게 됐죠. 저는 남성우월주의 사회가 여성에게 어떻게 피해를 주는지 공개적으로 비판하기 시작했어요.

지역 공동체에서 일하기

지역 공동체에서 일하면서 여성의 권리 보호에 나섰습니다. 아이가 있는 사람들을 보세요. 홀로 아이를 키우고 있는 게 누군지요. 바로 여성입니다. 우리는 '집에서'En Casa라는 라디오 프로그램을 시작했어요. 지금도 계속하고 있고요. 제 친구가 진행하고 있습니다. 이 프로그램은 아이, 가족, 여성 문제에 초점을 맞추고 있어요. 그 라디오 방송국을 만든 사람들이 저보고 여성 문제만 나오면 싸움닭이 된다고 했던 기억이 나네요. 그런데도 그들은 절 여성주의자라고 불러주지 않았어요. 제겐 충격이었죠. 그래서 제가 물었어요.

"이 방송 프로그램을 여성주의 프로그램이라고 부르면 무슨 문제가 있나요?"

그들은 여성주의가 반대의 방향에서 남성우월주의와 같다고 생각했

어요. 베네수엘라에서는 사상으로서 여성주의를 정의하기 위해 오랜
기간 싸워왔습니다. 물론 모든 일이 그렇듯 과할 때도 있고 극단적일 때
도 있죠. 하지만 여성주의의 본질은 투쟁도 아니고 이론도 아닙니다.
그것은 여성주의 조직의 활동으로 여성의 권리를 확보함으로써 획득되
는 것입니다.

라디오 페롤라 사람들 중 제 이웃에 사는 사람들이 있습니다. 그들이
제게 여성 문제를 주로 다루는 프로그램을 만들어보라고 제안했어요.
그날로 전 제 자매와 함께 '밀레니엄 여성 이야기'를 시작했죠. 그 자매
는 저와 1년간 함께 일했어요. 아버지는 이 프로그램을 싫어했습니다.
여성의 권리나 여성폭력 문제는 이미 충분히 논의된 주제라고 하시더
군요. 진부한 주제라고요. 하지만 지금도 매일 여성이 폭력으로 죽어가
고 있습니다. 그렇기 때문에 충분히 논의됐다고 말할 수 없어요.

경제적 종속

이 정부가 출범한 지 10년 됐는데, 제가 원하는 만큼 진보하지는 않았습
니다. 아직 갈 길이 멀어요. 게다가 지금 일어나고 있는 이 변화에 대한
저항도 있습니다. 500년 동안 가부장제의 지배를 받아왔고, 나중에는
자본주의까지 우리 사회에 영향을 끼쳤으니, 하루아침에 변하지는 않
겠죠. 우리 베네수엘라 여성은 자신의 투쟁에 스스로 책임을 져야 합니
다. 먼저 여성을 억압하는 구조적인 장벽을 인식하는 것이 중요합니다.
우리가 지금까지 얘기한 남성우월주의는 여성이 남성에게 경제적으로
종속되게 만들곤 합니다. 사실 이것이야말로 여성이 직면한 문제들의
근원입니다.

남자가 여자에게 아이를 남겨두고 떠나거나 여러 여자와 각각 아이를 갖게 되면 여자들은 고통을 겪게 됩니다. 이렇게 정신적·육체적으로 모욕당한 여자는 너무나 힘든 상황에 처합니다. 스스로를 위한 기회가 대폭 제한될 수밖에 없죠. 학교나 직업교육 프로그램이 있지만, 많은 여성이 그런 시설들을 이용할 수 없습니다. 애들을 돌보는 게 우선이니까요. 여성이 그런 제약을 자진해서 떠맡는 것처럼 보일지도 모릅니다. 하지만 중요한 건 그런 제약이 왜 생기는지를 살펴보는 겁니다.

여성의 권리와 성 평등은 단지 남녀 간의 문제로만 취급될 수 없습니다. 지구 상에서 수 세기 동안 확장된 정치·경제적 질서가 그 문제들과 무관하지 않다는 것을 알 필요가 있습니다. 여성이 당하는 이중 착취에 대해 이야기하고, 여성폭력 문제를 인식해야 합니다. 하지만 이 문제가 한 나라나 세계 차원의 정치·경제적 현실과 유리된 채 다뤄져서는 안 됩니다. 마킬라도라를 보죠.[4] 마킬라도라에서 일하는 사람들은 누구인가요? 세계 어디를 보더라도 그런 곳에서 일하는 사람은 여성입니다.

단지 남성들이 남성우월주의자이기 때문에 여성으로서 그들에게 저항해야 한다는 얘기가 아닙니다. 미디어, 생산수단, 국가, 교회 등 모든 것이 불평등을 유지하는 데 기여하고 있습니다. 그렇기 때문에 결국 남성우월주의는 단지 여성에게만 피해를 주는 것이 아닙니다. 그것은 부메랑이 되어 남성에게도 피해를 줍니다. 적어도 이곳 베네수엘라와 빈민가에서 보면 죽은 사람도 남자고 죽인 사람도 남자입니다.

---

4 마킬라도라는 멕시코 북부에 많이 있는 공장이다. 이 공장에서는 미국 같은 외국으로부터 수입 관세 없이 재료를 수입해서 완제품을 다시 해당 국가로 수출한다. 마킬라도라에서는 주로 여성이 일을 하는 것으로 알려져 있는데, 극심한 노동 착취로 악명이 높기 때문에 저임금 노동 착취 현장을 일컬을 때 일반적으로 사용된다.

여성, 민중권력을 이끌다

여성이 지역 공동체의 지도자가 될 필요가 있습니다. 이것이 역사를 바꾸는 길입니다. 라 페드레라의 공동체 여성들은 당면한 심각한 문제들을 풀기 위해 집단 내에서 스스로를 조직하고 있습니다. 교육부에서는 저와 밀다 비냐^{Milda Viña}를 공동체의 교사로 임명했습니다. 저는 라디오 페롤라에서 밀다를 만났어요. 그녀는 함께 일할 사람으로 저를 추천했습니다. 지역 공동체 출신인 안토니아 리베라^{Antonia Rivera}와 로우르데스 히메네스^{Lourdes Jiménez}도 함께 사업을 시작했습니다. 우리는 공동체로 들어가서 학교에 다니지 않는 아이들이 얼마나 되는지 조사했습니다.

우리가 처음 담당한 두 지역에서는 교육받지 못하고 있는 초등학생 나이의 아이들이 100명 있었어요. 다른 지역을 조사하면서 이 숫자는 점점 커졌죠. 단기간에 학교를 지을 수는 없었기 때문에, 2005년 9월부터 임시학교로 쓰기 위해 몇몇 가정집을 개조하는 공사를 시작했습니다. 널빤지, 함석, 벽돌, 콘크리트로 지어진 판잣집을 얻어서 거실을 증축했죠. 그런데 문제가 발생했어요. 비가 오면 물과 진흙이 집으로 새어 들어오더군요. 미처 예상하지 못한 일이었습니다. 그래서 우리는 유아와 임산부를 위한 공간인 루도테카(일종의 놀이방―옮긴이)를 활용할 수밖에 없었어요. 지금 그곳은 서로 나누고 배우는 공간입니다.

루도테카는 다른 나라의 사례를 바탕으로 나온 개념입니다. 예를 들어, 우리는 콜롬비아 메데인의 빈민가에 있는 루도테카에 대해서 알게 되었는데요. 거기서는 루도테카가 주로 폭력을 줄이는 목적으로 운영되고 있죠. '루도테카'라는 용어는 '놀다'라는 뜻의 라틴어에서 유래했습니다만, 대개 공동체의 요구에 맞춰 다양한 방식으로 운영됩니다. 유럽에도 루도테카가 있지만 주로 부자들을 위한 곳이죠. 아이들이 가서 노는 곳인데, 변혁 사상과는 관련이 없습니다. 하지만 우리는 '루도테카'라는 용어와 개념을 우리의 역사·정치·사회적 맥락과 요구에 맞춰 사용하고 있습니다.

루도테카는 기존 학교와는 다릅니다. 지역 공동체 어느 곳이나 루도테카가 될 수 있어요. 망고나무 아래가 될 수도 있고, 빈민가의 방이 될 수도 있고, 폐쇄된 길 한복판이 될 수도 있습니다. 루도테카는 교사나 기관이 운영하지 않습니다. 민중이 운영합니다. 부모가 참여하는 거죠. 놀이를 통해 가족이 함께 모이는 공간입니다. 가족은 교육 과정, 그러니까 학습 과정의 일부입니다. 모든 것은 아이와 가족과 공동체의 이익을 위해 결정됩니다. 이곳에서 하는 놀이를 통해 다른 세상을 만들 수 있습니다. 루도테카는 단순히 칠판과 책상이 있는 장소가 아닙니다. 민중이 만들어나가는 공간입니다.

루도테카의 목적은 가족 간에 감정적 유대를 강화하고, 놀이를 변혁을 위한 교육 수단으로 활용하는 데 있습니다. 인지 교육뿐 아니라 사회적·정서적 교육을 실시합니다. 유아 교육은 전적으로 정치적일 수밖에 없습니다. 왜냐하면 아이들이 현재와 미래의 혁명 과정을 담보하고 있기 때문입니다.

라 페드레라에서 최우선 과제는 유아를 위한 공간을 여는 것입니다. 하지만 우리는 정규 교육을 받지 못한 8~15세의 아이 역시 많다는 걸 알고 있습니다. 아이들은 빈민가에서 일어나는 폭력 때문에 놀 권리를 빼앗기고 있어요. 어른이 돼서야 놀 수 있죠. 게다가 어머니가 일하러 가야 하기 때문에, 일곱 살짜리 소녀가 어린 동생을 돌봐야 합니다. 그래서 아이들의 창조성과 상상력이 억눌립니다. 놀이를 통해 세상을 배울 기회가 없어요. 즐겁고 정서적인 놀이를 하지 못한 채 억눌리고 있죠. 아이들의 삶에서 이 시기가 존중되어야 합니다. 그래야만 아이들이 건전한 어른으로 성장할 수 있기 때문입니다.

보통교육

우리는 공동체가 학교를 운영하고, 어머니들이 공동체에서 교사가 되는 좋은 사례를 계속 만들어가기 위해 여성 조직화 사업을 지원했습니다. 당시 저는 시몬로드리게스 국립부속대학[UNESR][5]에서 교육학 학사를 받았습니다. 볼리바리안 정부가 추진한 정책 중에는 대학 졸업 예정자를 대상으로 한 것이 있습니다. 대학에서 자신이 배운 지식을 기반으로 지역 공동체 지원 사업에 참여해야 하는 것이죠. 저와 몇몇 학생들은 공동체 사업의 일환으로 라 페드레라에서 일했습니다. 우리는 대학 시절 연구하고 실습한 내용을 바탕으로 그곳에서 사업을 진행했고, 이를 통해 빈민가 여성들도 많은 경험을 쌓을 수 있었습니다. 그 사업은 어머니들에 관한 것이었고, 사업의 주체 역시 어머니들이었습니다.

우선 어머니들이 아이들을 데리고 우리가 만든 공간으로 왔습니다. 어머니들은 아이들과 더 적극적인 관계를 맺게 됐어요. 단순히 한 아이의 어머니인 데 그치는 것이 아니라 자발적으로 나서서 아이들의 권리를 보호하게 된 거죠. 처음에는 각기 다른 빈민가에서 온 여성 열 명이 참여했는데, 이사를 가거나 일 문제 때문에 조직을 떠난 사람이 있어 지금은 여덟 명이 참여하고 있어요.

참여한 여성들은 이전에 이런 식의 교육을 받아본 적이 없었습니다.

---

5   UNESR은 전국적으로 캠퍼스가 있는 국공립대학이다.

처음에 그들은 밀다와 제가 하는 것을 보기만 할 뿐이었죠. 하지만 곧 자발적으로 참여하기 시작했어요. 그래서 동요를 배우고, 아이들과 노는 법을 배우고, 임산부를 돕는 방법을 배웠습니다. 우리가 이들을 가르친 게 아니었어요. 그들이 스스로 실천하면서 배웠죠.

학교에서는 인권 문제와 식수, 교육, 안전, 여가, 식생활을 비롯한 여러 필수적인 문제를 풀기 위해 공동체 내에서 스스로를 조직하도록 독려합니다. 루도테카는 여러 형태의 폭력, 이를테면 생존 본능에서 비롯된 폭력이라든가 가부장제와 자본주의의 악순환에서 비롯된 폭력을 피할 수 있는 안전한 공간으로서 기능하고 있습니다. 이곳에서 여성은 남성우월주의가 어떤 영향을 끼치고 있는지 돌아보며 서로 뭉칠 수 있습니다. 우리의 양육 습관에 대해서도 다시 생각해볼 필요가 있습니다. 여기에도 남성우월주의가 작용하고 있기 때문입니다. 우리는 아이가 자궁 안에 있을 때부터 말을 겁니다. 이때 앞으로 어떻게 행동하며 살아야 할지에 대해서도 얘기하죠. 따라서 우리가 아들딸에게 무슨 얘기를 하는지 되돌아볼 필요가 있습니다. 해방에 대해 얘기하는지 억압에 대해 얘기하는지 말이죠.

우리는 이곳이 태아 때부터 15세까지 아이들의 보통교육^{Popular} ^{Education}에 대해 연구하는 중심 공간으로서 기능한다고 봅니다. 또한 우리는 이런 식으로 보통교육을 확산시켜나갈 수 있다고 생각합니다. 즉 공동체의 지혜와 희망에 기초해 가르치면서, 가족과 공동체가 활발히 참여할 때 비로소 보통교육이 실현될 수 있다는 거죠. 이렇게 우리는 여성으로서 겪는 억압에 맞서고 있습니다.

이 사업은 여성이 여성 자신을 위해 만들어낸 것입니다. 우리는 이를 통해 남성을 교육할 수도 있을 겁니다. 남성들에게 돕지 말라는 게 아니에요. 그들도 이를 통해 더 성장하게 될 테니까요. 더 많은 남성들이 참여해야 합니다. 여전히 어머니가 육아를 도맡고 있거든요. 불평등이 여전히 존재한다는 얘깁니다.

첫걸음

우리는 법률에 근거해서 '첫걸음'Primeros Pasos이라는 시민협회를 만들었습니다. 첫걸음은 구체적이거나 형식적인 틀 없이 만들어졌어요. 하지만 우리가 일을 추진하기 위해서는 여러 자원을 확보할 필요가 있다는 걸 인식하면서, 좀더 구체화된 조직으로 구축하기 시작했습니다. 체계적이지 않은 계획은 곧 실패하기 십상이라는 걸 깨달았어요. 왜냐하면 많은 어머니들이 당장 먹고살 문제를 고민하느라(예를 들어 식료품비나 병원비를 지불하느라) 바쁘기 때문입니다. 그래서 우리는 우선 여성이 기본적인 생활여건을 충족할 수 있도록 필요한 자원에 접근할 방법을 찾기 시작했습니다. 여기에는 아이 문제도 포함돼 있죠. 아이들에게도 식비, 교통비, 외출비 등 많은 비용이 드니까요.

우리는 경제적·도덕적으로 지원받을 수 있는 제도가 있다는 걸 알게 되었습니다. 하지만 교육부는 우리를 제대로 지원해주지 않고 있어요. 그들은 여전히 보수적이고 부르주아적인 교육 정책을 고수하고 있거든요. 교육부 사람들은 교육이 단지 교실에서만 이루어진다고 생각해요. 당장 도움이 필요한 공동체에 어떻게 지원해줘야 할지 고민하지 않아요. 산꼭대기 빈민가에 사는 아이들은 교육받기가 어렵습니다. 그래서 우리가 이곳에서 일어나는 불평등에 대해 얘기하고 있는 거죠.

하지만 우리는 푼드아야쿠초에서 지원을 받을 수 있었습니다. 푼드아야쿠초는 교육부가 관리하는 재단입니다.[6] 이것이 우리 정부 안에 있는 모순입니다. 푼드아야쿠초에 있는 사람들은 이 사업을 이해하지만, 교육부에서 일하는 사람들은 이해를 못하는 거죠. 푼드아야쿠초는 우리에게 10만 볼리바르 푸에르테[Bs.F]를 지원했습니다.[7] 그 덕분에 어머니들이 계속 활동을 할 수 있었습니다. 우리의 자존심이 걸린 문제이기도 해서 정말 기뻤습니다. 우리가 검토해달라고 제안서를 넣자, 빈민가 사람들로서는 만나기조차 어려운 정부 기관에서 답신이 온 것이거든요. 이 기관과는 관계가 아주 좋아요. 함께 많은 일을 해왔습니다. 단순히 자금 지원만 받은 게 아니라 사업 목표를 달성하는 데 필요한 다양한 지원을 받았습니다.

문을 '조금' 열다

차베스와 함께 이 문을 열었습니다. 여성의 삶을 향상시킬 수 있는 길이 열린 것이죠. 하지만 우리의 실제 관심은 그저 성 평등 언어를 쓰거나 여성이 정치에 참여하는 수준을 넘어섭니다. 문화를 바꾸려면 더 큰 투쟁이 필요합니다. 진정한 정의를 실현하기 위해서는 싸워야 해요. 우리는 가족의 책임을 부담하는 방식이 변화하기를 바랍니다. 즉 우리 사

6 　푼드아야쿠초(아야쿠초 재단)는 '고등교육을 위한 인민권력부' 산하의 정부 재단이다. 1999년 이래 푼드아야쿠초는 조직된 공동체들에 보통교육을 지원하는 일과 저소득층 학생들이 고등교육을 받을 수 있도록 장학금을 지원하는 일에 초점을 맞추고 있다.

7 　볼리바르 푸에르테Bolívar Fuerte(강한 볼리바르화)는 2008년 1월 1일부터 도입된 베네수엘라의 새로운 화폐다. 기존의 1000Bs(볼리바르화)는 1Bs.F(볼리바르 푸에르테)에 해당한다. 미국 달러에 환율을 고정했으며 1달러에 2.15Bs.F다. 10만 Bs.F는 약 4만 6511달러(한화 약 5400만 원—이하 한화 단위로 변환된 금액은 모두 옮긴이 주)다.

회가 여성의 가치를 존중하고, 남녀 간에 책임을 나누기를 바라는 거죠. 이를 위해서는 우리 문화의 심장부로 파고들어야 합니다.

차베스 정부는 가난이 여성에게 더 큰 영향을 미친다는 것을 이해하고 있고, 그래서 빈민가 여성과 주부를 고려하는 정책을 중요하게 생각하고 있습니다. 이를테면 국가여성원INAMUJER이 설립됐죠. 또한 여성개발은행BANMUJER은 사회-생산적socio-productive 대출을 제공합니다. 그리고 2007년에 '폭력 없는 삶을 누릴 여성의 권리에 관한 법안'이 통과되면서 여성과 가족에 대한 보호 조치가 강화됐습니다. 이 과정에서 문화적·이데올로기적 체제로서의 가부장제 및 남성우월주의가 낳은 다양한 폭력의 형태를 구체적으로 조사했습니다. 2009년에 '여성과 성 평등부'가 생긴 것 역시 중요한 한 걸음입니다. 정부가 이 새로운 비전을 기꺼이 받아들인다는 건 매우 고무적인 일입니다. 하지만 관료제가 본래의 좋은 의도를 무색하게 만든다는 걸 지적하고 싶어요. 국가 기구만 강화하는 건 오류라고 생각합니다. 지역 공동체들은 변화할 준비가 돼 있습니다. 국가 기구와 민중권력 사이에 차이가 있는 한 갈등은 계속될 겁니다.

미래

제 삶을 보면 계속 진보해왔다는 걸 알 수 있습니다. 고무적이죠. 하지만 저는 또한 두려운 마음으로 미래를 봅니다. 우리의 눈을 가리고 있던 장막은 떨어져 나갔습니다. 이제 우리가 가능하다고 믿는 걸 실현하지 못하면 변명할 여지가 없어진 셈이죠. 우리를 자본주의의 극심한 고통 속으로 밀어 넣는 경제적 종속이 여전히 존재합니다. 자본주의의 맹렬한 공격, 그리고 그것과 함께 생겨나는 가치들이 젊은 세대에게 많은 영향을 끼치고 있습니다. 하지만 우리 자신의 가치를 담아낸 보통교육이 우리를 다음 단계로 이끌어줄 것입니다. 그것이 없다면 우리가 추구하는 사회주의, 진정한 민주주의적 가치를 지닌 사회주의를 달성할 수 없어요. 길을 벗어나지만 않는다면 그 목표를 달성할 수 있을 거라고 생각합니다. 우리 내부에는 스스로를 혁명가라 부르지만 사실은 개량주의자인 사람들이 많지요. 우리는 그러한 사람들이 혁명을 이끌지 못하도록 계속 밀어붙여야 합니다.

05

성 정체성은 무지개처럼 다양하다

★

마리아넬라 토바르

- 콘트라나투라 -

1년에 단 한 번 열리는, 베네수엘라에서 가장 화려한 행진이 열렸다. 이 행진에서는 레즈비언 커플이 손잡고 웃으며 걷는다. 발랄한 행진 참가자들은 몸에 무지갯빛 페인트를 칠한 채 음악에 맞춰 춤을 추며, 너무 놀라 말문이 막힌 행인들에게 손을 흔든다. 또한 한 무리의 아름다운 남자들이 높은 하이힐을 신고 길게 흘러내리는 가운을 입은 채, 카라카스 동쪽 지역을 통과해 베네수엘라 광장으로 향하는 행진 대열에 보조를 맞춘다. 젊은 체조선수 헤오르히 마르티네스 토레스^{Georgi Martinez Torres}는 상의를 벗고 경쾌하게 걸어간다. 그는 말했다.

"많은 사람들이 우리가 밤에만 돌아다닌다고 생각하는데, 그렇지 않다는 것을 보여주려고 나왔습니다."

"우리가 얼마나 많은지 보여주고 싶어요. 우리는 점점 더 많아지고 있습니다. 사람들도 이를 알고 있고요. 상황이 그렇다는 걸 보여주고 싶습니다."

게이인권단체 람브다를 조직한 토레스는 매년 베네수엘라에서 열리는 LGBT(레즈비언Lesbian, 게이Gay, 양성애자Bisexual, 성전환자Transgender를 지칭하는 축약어—옮긴이) 프라이드 행진의 코디네이터다. 람브다는 1999년 차베스 집권 직후 베네수엘라에 등장한 10여 개의 '성性 다양성' 조직 중 하나다.

2000년 베네수엘라에서 처음으로 LGBT 프라이드 행진이 열렸을 때 참가한 사람은 극소수였다. 하지만 2008년에는 참가자가 4만 명으로 늘었고, 친차베스 성향인 카라카스 시 측에서 지원도 했다.

"정부는 우리가 조직화하는 것을 돕고 있습니다. 이전에 느꼈던 억압은 더 이상 없어요."

마리아넬라 토바르Marianela Tovar가 말했다. 그녀는 오랜 기간 LGBT 활동가였으며 성 다양성 조직 '콘트라나투라'의 설립자다. 그녀의 조직은 지난 7년간 학문·정치·운동 영역에서 베네수엘라의 LGBT 인권 향상을 위해 일해왔다.

베네수엘라 LGBT 공동체의 정치적 상황은 지난 10년간 엄청나게 나아졌다. 하지만 토바르는 "여전히 성차별 및 동성애자, 성전환자에 대한 혐오가 많이 남아 있다"고 말한다.

콘트라나투라는 창립 이후 동성애 혐오 분위기에 맞서 대학과 정부를 상대로 투쟁해왔다. 심지어는 차비스타(차베스 지지) 운동 내부의 보수적 입장과도 맞서 싸워야 했다.

그들은 최근 국회에 제출된 '성 형평과 평등에 관한 기본법'에 성 다양성 문제(동성혼 합법화 및 성전환자의 성 정체성 인정 등)를 포함시키기 위해 힘겨운 투쟁을 벌이고 있다. 그들은 또한 급속히 퍼지고 있는 에이즈

와도 맞서 싸우고 있다. 베네수엘라 전역에 에이즈 감염자가 약 4만 명 있으며, 그중 약 70퍼센트는 자신이 감염된 사실을 모른다.[1] 다행히 베네수엘라 정부는 에이즈 환자들에게 무료로 치료약을 제공하고 있다. 토바르는 작은 조직을 이끌며 앞으로도 많은 어려움에 직면하겠지만, 그래도 "미래에 대해 낙관한다"고 말한다.

 마리아넬라 토바르

"차베스 집권 이전에는 게이 행진이 없었어요"

개인사

저는 카라카스 출신 Caraqueña입니다.[2] 지금까지 이곳 카라카스에서만 살았어요. 어머니는 멕시코 사람이고, 아버지는 베네수엘라 사람이에요. 저는 석유 호황 세대의 일원입니다. 1973년에 태어났죠. 정치적으로 자각한 이후 좌파 조직 활동가로 살아왔습니다.

대학 시절, 저는 레즈비언이란 사실을 숨기지 않았어요. 대학 다닐 때 동성 애인이 있었고 이후에도 파트너가 있었는데, 한 번도 그 사실을 숨기지 않았죠. 하지만 성 다양성 조직에서 활동하진 않았습니다. 1980년

---

1   Michael Fox, "6th Annual Gay and Lesbian Pride Celebrated in Venezuela," *Venezuelanalysis*, July 3, 2006, http://www.venezuelanalysis.com/news/1816.

2   카라케냐Caraqueña : 카라카스 출신 여성.

대에 생긴 '엔텐디도'라는 조직이 있었는데, 실질적으로 모든 회원이 남성이었습니다. 1990년에 알게 된 '주변부 운동'이라는 조직 역시 남자들이 이끌었고요.[3] 그래서 거기에 소속되어 활동할 만큼 동질감을 느낄 수 없었죠.

1980년대에 활동한 조직은 그리 오래 명맥을 유지하지 못했습니다. 많은 활동가들이 에이즈에 걸린 상황이었거든요. 이런 상황은 확실히 LGBT 공동체의 정치적 견해에 영향을 줬습니다.

저는 1986년에 대학을 졸업했습니다.[4] 그 후 처음에는 공산당에서 활동했어요. 당시 선전부에서 일을 시작했는데요. 당내 활동가나 직원 들이 여성을 비하하거나 성차별적인 언행을 하는 걸 많이 봤어요. 제가 당을 떠나는 데 많은 영향을 줬죠.

1993년에 저는 공부도 하고 일도 할 겸 미국으로 갔습니다. 정치적인 활동과는 관련 없이 지냈죠. 저는 일곱 살 때 미국에서 1년간 산 적이 있었어요. 당시 아버지가 하버드에서 박사 과정을 밟고 있었죠. 아무튼 미국에 갔을 때, 어떤 면에서는 제 내면에 있는 괴물을 만나고 싶었던 것 같습니다.

저는 미국에서 LGBT 좌파 활동가들을 만났습니다. 그들과 만났을 때 제 성적 취향을 숨기지 않았어요. 하지만 여전히 어떤 LGBT 조직에서도 활동하지 않았죠. 당시 저는 사회 변혁을 위한 활동이 성 다양성 문제보다 중요하다고 생각했거든요.

---

3   1980년에 결성된 '주변부 운동'은 초창기 베네수엘라 게이 인권 조직 중 하나다. Federico Fuentes and Kiraz Janicke, "Struggling for Gay and Lesbian Rights in Venezuela," *Green Left Weekly*, December 5, 2005.

4   마리아넬라는 베네수엘라중앙대학을 졸업했다.

마리아넬라 토바르

좌파 진영과 좌파 활동가 모두가 동성애를 혐오하는 건 아님을 알게 된 것이 제겐 중요한 경험이었습니다. 베네수엘라와는 다르다는 사실을 알게 됐죠. 거기서는 좌파 정당이 여성주의 의제와 성 다양성 단체의 의제를 채택하고 있었어요. 거부하지 않고 말이죠. 멕시코와 다른 라틴 아메리카 나라에서도 그렇게 하고 있었고요. 하지만 베네수엘라에서는 그렇지 않았죠.

심지어 베네수엘라에서는 여성이 여성 관련 의제를 밀고 나가려면 좌파 정당을 떠나야 했습니다. 공산당에서 분당한 사회주의운동당만이 당내에 여성주의 단체를 두고 여성 문제를 의제에 포함시켰죠.

1996년 말 미국에서 돌아왔는데, 그때 역시 어떤 조직에서도 활동하지 않았어요. 성차별과 동성애 혐오 분위기, 그리고 성 다양성에 대한 온갖 차별이 제게 영향을 주기 시작했습니다. 그래서 지금은 물론 앞으로도 이런 차별과 맞서 싸우지 않는 정당에서는 활동하지 않을 겁니다. 그건 곧 제게 후퇴를 의미하기 때문입니다.

콘트라나투라 결성

2002년에 저는 두 친구 로드리고 나바레테[Rodrigo Navarrete]와 카를로스 구티에레스[Carlos Gutiérrez]와 함께 콘트라나투라를 결성하기로 했습니다.[5] 당시 몇몇 성 다양성 조직들이 있었지만 이론과 정치 교육에서 문제가 있었어요. 그래서 교육과 이론에 초점을 맞춘 조직을 만들 필요가 있다고 느꼈습니다.

우리는 스터디 그룹으로 시작했어요. 매주 우리가 읽은 것을 공부하고 토론하기 위해 만나기 시작했습니다. 당시 매주 함께 공부한 사람들이 스무 명 정도 됐습니다. 거의 대학생이었어요. 레즈비언, 게이, 성전환자뿐 아니라 이성애자도 있었습니다. 우리는 많은 일을 벌였습니다. 모두 학술 분야와 관련이 있었어요. 그리고 몇 년 후 콘트라나투라는 대학을 벗어나 정치활동으로 나아갔습니다.

우리가 한 가장 중요한 일은 2007년 개헌 과정에 참여한 겁니다. 그 한 해 내내 우리는 LGBT 공동체의 권리를 보장하는 여러 조항을 헌법에 포함시키기 위해 애썼습니다. 예컨대 결혼에 대한 조항의 경우, 기존 헌법은 결혼을 남녀 사이에서 벌어지는 일로 표현합니다. 우리는 결혼이 두 '사람' 간의 일로 바뀌기를 원했어요. 우리에게 가능성이 열릴 수 있도록 말이죠.

---

5   나바레테와 구티에레스는 베네수엘라중앙대학의 교수다.

헌법 제21조는 우리가 차별당하지 않을 권리를 보장하고 있습니다. 하지만 우리는 성차별뿐 아니라 성적 기호에 대한 차별 금지를 명시하기 원했습니다.

우리는 개헌안에 성 정체성 관련 내용을 포함시키기를 바랐습니다. 또한 여성주의 의제를 지지했으며, 국회의원들이 낙태를 합법화하고 주부들에게 가사수당을 보장하기를 바랐습니다. 이미 헌법 제88조에 가사노동에 대한 보상이 명시되어 있지만, 실제로 이뤄지지는 않고 있는 상황이에요. 따라서 우리는 가사노동에 대한 명백한 보상을 원했습니다. 또한 동성혼 가족이 아이를 입양할 수 있는 권리를 원했어요. 헌법 개정 논의 당시 이러한 의견들을 제안했죠.

우리는 대학에서 포럼을 개최하고, 투쟁하고, 발언하고, 거리에 낙서(그래피티)도 했습니다. 국회의원들도 만났죠. 성 다양성과 여성주의 의제를 알리기 위해 최대한 많은 사람을 만났습니다. 우리는 이런 목적을 위해서 '그룹 에세'라는 연합체로 한 해 동안 뭉쳤습니다.[6] 헌법 개정이 부결된 후 우리는 각자의 길을 갔죠.[7]

우리는 중앙대학에 '성 다양성 과정'을 만들고 있습니다. 대학에서 처음 생기는 과정입니다. 학부나 대학원 어디에도 그런 과정은 없었죠. 우리는 또한 학부 졸업 여성을 대상으로 한 학습 프로그램에서 성 다양

---

6   그룹 에세Grupo S : "S"는 'sex'의 S다.

7   2007년 12월 2일에 있었던 베네수엘라 헌법 개정 국민투표에서 찬성 49.3퍼센트 대 반대 50.7퍼센트, 기권율 44.1퍼센트로 헌법 개정이 무산되었다. 차베스가 33개 개정안을 제출하고 의회가 36개 개정안을 제출해서 총 69개 개정안으로 이뤄졌다. 개정안에는 주당 노동시간을 36시간으로 낮추고 자영업자를 위한 사회보장기금을 창설하며, 아래로는 베네수엘라의 공동체평의회에 그리고 위로는 차베스 대통령에게 더 많은 권력을 넘기는 등의 내용이 있었다. CNE, *Statistics*, December 2, 2007, http://www.cne.gob.ve/divulgacion_referendo_reforma/.

성에 대해 가르치고 있습니다. 이 역시 최초죠.

우리는 성 다양성 단체가 소집한 모든 정치적 활동에 참여합니다. 조사 작업도 하고, 대학 간행물에 기고도 합니다. 거리에서 정치 투쟁만 하는 것이 아니라 학계에도 뚫고 들어갑니다. 성 다양성과 여성주의가 부차적인 주제가 돼서는 안 됩니다. 대학에서 중요하게 다뤄야 할 주제입니다.

무엇보다 콘트라나투라는 국가여성원^{INAMUJER}에서 성 다양성에 관한 다양한 워크숍을 열었습니다. 우리는 국가여성원장 마리아 레온^{María León}과 만났습니다. 그녀는 우리의 성 다양성 의제를 지지해왔어요. 하지만 우리는 베네수엘라 여성 문제를 담당하는 직원들이 레즈비언이나 성전환자 관련 문제에 좀더 민감해져야 한다고 생각합니다. 언젠가는 그들이 이 문제를 실질적으로 다루게 될 것이고, 그때 담당 직원들이 차별적인 반응이나 언사를 보여서는 안 되기 때문입니다. 그래서 우리는 이와 관련한 워크숍을 몇 번 진행했습니다. 미션 마드레스 델 바리오에서도 워크숍을 몇 차례 진행했고요. 빈민가에는 정부의 경제적 지원이 필요한 레즈비언이나 성전환 어머니들이 있거든요. 그래서 담당 직원들이 이런 문제에 좀더 민감해질 수 있도록 워크숍을 연 거죠. 단지 레즈비언이나 성전환자라는 이유로 문전박대당하면 안 되잖아요. 이는 매우 중요한 부분입니다. 국가여성원 같은 기구들은 취약 계층을 대상으로 일하기 때문에 성 다양성에 더 민감해져야 한다는 거죠.

성 다양성에 마음을 연 정부

정부와 우리의 관계는 긍정적입니다. 저는 불만 없습니다. 스스로 활동

가임을 드러내고, 두려움이나 속임수로 사람을 대하지 않는 존중받을
만한 자세를 지니고 있다면 정부 기관들은 열려 있다고 생각합니다.

차베스 정부 기관들은 우리를 문전박대하지 않았습니다. 그들은 문
을 열었어요. 우리는 워크숍을 열었고요. 하지만 정책의 지속성이 없
어요. 그게 문제입니다. 저는 국가여성원에 레즈비언과 성 다양성 문
제를 전문적으로 다루는 직원들이 있어야 한다고 생각합니다. 분명 모
든 사람이 이성애자는 아니니까요. 미션 마드레스 델 바리오나 취약 계
층을 대상으로 일하는 다양한 정부 기관 역시 그래야 한다고 생각해요.
LGBT 공동체를 위한 부서가 있었던 것은 후안 바레토Juan Barreto가 카
라카스 시장으로 있었을 때뿐입니다.[8] 당시 카라카스 시에는 이 문제를
다루는 시민관심부서Office of Citizen's Attention가 있었죠. 굉장히 훌륭한
계획이었고 잘 돌아갔습니다. 그런데 안토니오 레데스마Antonio Ledezma
가 시장이 되면서 부서가 폐지됐죠.[9]

차베스와 LGBT 운동의 성장

차베스는 1998년 선거에서 승리하고 1999년에 취임했습니다. 2000년
이후로 성 다양성 관련 조직들이 번창하기 시작했다는 게 중요합니다.
2000년부터 지금까지 10여 개 조직이 생겼죠. 이건 중요한 사실입니다.

---

8   후안 바레토는 2004년부터 2008년까지 카라카스 시장을 지냈다.

9   반대파 지도자 안토니오 레데스마가 현재 카라카스 시장이다. 그는 2008년 11월 23
     일 지방선거에서 PSUV 후보 아리스토불로 이스투리스Aristóbulo Iztúriz를 52.45퍼센
     트 대 44.92퍼센트로 꺾고 시장에 당선됐다. 레데스마는 이전에 1996년부터 2000년
     까지 카라카스 리베르타도르 구의 지자체장을 지냈다. CNE, "65,45% de Participación en
     Elecciones Regionales," November 24, 2008, http://www.cne.gob.ve/noticiaDetallada.php?id=4662.

차베스 집권 이전과 이후로 구분했을 때 정치적 분위기가 변했다는 표시니까요. 왜 차베스가 집권하기 전에는 이런 조직이 없었을까요? 왜 차베스가 집권하자마자 그런 조직이 생겼을까요? 전국적으로 정치 조직을 지원하는 분위기가 형성됐기 때문입니다. 차베스 집권 이후 생겨난 분위기죠.

새로운 헌법이 여러 요인 중 하나일지도 모릅니다. 하지만 그게 가장 큰 이유라고 생각하지는 않아요. 차베스 집권 이후로 전국에 새로운 정치적 분위기가 생겨났어요. 말 그대로 정치적 불꽃이 일어난 거죠. 예전에는 사람들이 정치에 무관심했고, 나라의 장래에 대해 매우 비관적으로 생각했어요. 하지만 차베스가 등장하면서 완전히 바뀌었습니다. 상황이 더 나아질 거라고 긍정적으로 생각하게 됐죠. 더 나은 미래가 올 것이고, 사회가 변화할 거라고 말이죠. 전례 없이 정치에 관심을 가지기 시작했습니다. 조직화에 대한 새로운 움직임이 일어났어요.

정부가 성 다양성이나 여성주의를 지향하는 정책을 수행한다는 게 아니라, 정부가 우리 스스로 조직하도록 돕는다는 얘기입니다. 이전에는 억압이 있었지만 지금은 없습니다. 물론 성차별 및 동성애, 레즈비언, 성전환자에 대한 혐오가 여전히 강하게 남아 있습니다. 하지만 우리는 조직화할 수 있고, 더 이상 그런 것 때문에 고통당하지는 않으리라는 걸 느낍니다.

이러한 성 다양성 조직 중 다수가 차베스를 지지하지 않는다는 점을 짚고 넘어가야 합니다. 그들 대다수는 차베스에 반대합니다. 반대파죠. 그들이 드러내놓고 차베스에 반기를 드는 것은 아니지만, 얘기할 때 보면 정부에 대한 자신들의 입장을 스스럼없이 표현합니다. 그렇다고 해서 그들에 대한 무슨 억압이 있진 않습니다.

왜 차베스에 반대하냐고요? 그들은 여성, 아프리카계 베네수엘라인, 선주민처럼 경제적으로 취약한 계층에게 주어지는 혜택들을 보려 하지 않아요. 그저 성 다양성 문제에만 관심 있을 뿐이죠. 그래서 그들은 차베스를 반대합니다. 게다가 그들은 극우보수에 반공주의자입니다. 차베스건 누구건 간에, 좌파로 찍히면 반대하는 거예요. 정치 교육을 하지 않으면, 많은 사람들이 주류 미디어의 영향을 받아 올바른 판단을 할 수 없습니다.

베네수엘라 LGBT 프라이드 행진

차베스 집권 이전에는 게이 행진이 없었어요. 게이 행진은 차베스 집권 후에 생긴 새로운 분위기 중 하나예요. 첫 행진 때는 그다지 많은 사람이 참여하지 않았지만, 점점 성장하고 있습니다. 이제는 많이들 참여해요. 저는 이번 행진에 참여하지 않았지만, 카라카스에서 약 4만 명이 모였다고 들었어요. 카라카스에서 열리는 행진이 베네수엘라에서 유일한 행진이에요. 예전에 열린 행진 때는 두 번 모두 무대를 비롯한 모든 것을 카라카스 시에서 지원했습니다. 시에서는 열린 마음으로 행진을 준비하는 조직들과 함께 참여했어요. 하지만 레데스마가 시장이 되면서 상황이 바뀌었죠. 이전과 같지 않습니다. 저는 이번 행진에 대해 의견 차이가 있었어요. 제 생각엔 너무 탈정치화된 것 같아요. 그래서 참여하지 않은 겁니다. 마치 성대한 파티를 여는 듯 행진했지만, 정치적 내용은 없었거든요.

LGBT 프라이드 행진

베네수엘라의 성 다양성 단체

여전히 남자들이 단체를 대부분 주도하고 있어요. 이를테면 차별철폐
행동, 베네수엘라 람브다 연합, 동성애 사회주의자 블록 등 말이죠. 동
성애 사회주의자 블록은 PSUV에서 활동하는 젊은 동성애자 단체입니
다. 대다수가 남자죠. 다행히 '베네수엘라 성전환 여성'과 '베네수엘라의
여신' 같은 성전환자 조직이 생겼어요. 이전에는 없던 조직이죠. 레플레
호스('성찰'이라는 의미)나 호세파 카메호 레즈비언 공동체 같은 레즈비
언 조직들도 있고요. 물론 우리 콘트라나투라도 있습니다. 우리는 레즈
비언이나 게이 조직으로 특화돼 있지 않은 성 다양성 조직입니다. 우리
는 이성애자를 포함해 모든 성 다양성을 받아들입니다. 그렇지 않을 경

우 매우 한정된 조직이 될 테니까요.

1999년 헌법

제헌의회 기간 동안 성 다양성 단체들은 새로운 헌법 조항에 관한 의제를 준비했습니다. 우파 정치세력과 가톨릭교회가 격렬히 반대했죠. 교회와 보수층의 압력이 무척 거셌습니다. 그렇다고 성 문제에 관한 보수적 입장이 꼭 우파 쪽에서만 나온 것은 아닙니다. 차베스주의Chavismo 안에도 성적 취향과 성 다양성에 대한 보수적인 입장이 존재합니다. 굉장히 보수적이죠.

성 형평과 평등에 관한 기본법

'성 형평과 평등에 관한 기본법' 상정 계획은 국회 안에서 시작됐습니다. 특히 PSUV 소속인 마르카노가 이끄는 가족·여성·청소년 위원회가 주도했어요. 이 법은 남녀 간 불평등에 관한 모든 일을 다룹니다. 이를테면 생식권이나 가사노동 등 헌법으로 보호받는 주제들 말이죠.

국회의원 로멜리아 마투테Romelia Matute의 제안으로 모인 성 다양성 조직은 이 법에 우리의 요구를 포함시키는 것이 중요하다고 생각했어요. 특히 동성 결혼 합법화와 성전환자의 성 정체성 인정 문제 말입니다. 마투테의 제안에는 정부가 성전환 수술비를 지원해줘야 한다는 요구사항이 포함됐는데요. 그녀가 이 제안을 공표하자 마르카노는 즉시 그 조항이 들어가는 것에 반대한다고 선언했습니다.

그래서 우리는 다양한 전선에서 투쟁하기 시작했습니다. 미디어, 학계, 거리에서 말이죠. 어떻게 성 평등 기본법을 이성애 중심적 시각에서 접근할 수 있나요? 그런 법은 우리와 아무 관련이 없어요.

2009년 8월 중순, 우리는 여러 성 다양성 조직과 함께 행진했습니다. 행진 막바지에는 마르카노에게 제안서를 전달했죠. 하지만 그녀는 성 다양성 조직의 요구사항을 법에 반영할 수 없다고 잘라 말했어요. 그녀는 이 주제가 베이징 세계여성회의[10]에서 논의되지 않았다고 변명하더군요. 따라서 우리는 그녀에게 베이징에서 이 주제가 논의됐으며, 이후 열린 모든 국제 회의에서도 논의됐다고 알려줘야 했습니다. 하지만 설사 논의되지 않았다 하더라도 우리가 베이징 회의 결과에 갇혀 있어야 하는 건 아니잖아요. 마치 모든 것이 거기서 끝난 것처럼 말이죠. 우리는 그녀에게 성 평등에 관심을 기울이는 많은 나라에서 이 주제를 법에 포함시키고 있다고 말했습니다.

사실 마르카노는 가톨릭교회 신자들이 반대하고 나서면 자기가 표를 잃을지도 모른다고 걱정하는 것뿐이에요. 물론 그녀의 편견과 동성애 및 성전환자에 대한 혐오도 작용하고 있겠죠. 그녀는 어떤 정치적·법적 주장도 하지 않아요. 하지만 베네수엘라는 성 다양성 문제를 국가가 인정해야 한다는 국제협약에 서명했습니다. 그렇다면 당연히 협약에 부응하는 조치를 취해야죠. 이를 정치적 이해관계의 관점에서만 접근

---

10   제4차 세계여성회의는 1995년에 베이징에서 열렸다. 이전 회의 결과를 토대로 베이
      징 여성회의에서는 "여성 역량강화 의제"로서 "행동강령"을 내놓았다. 행동강령에서
      는 여성, 빈곤, 여성 보건, 여성에 대한 폭력 같은 열두 가지 주요한 주제하에, 미래
      를 위한 '주요 관심분야'Critical Areas of Concern와 '전략목표와 행동'Strategic Objectives and
      Actions을 강조했다. 2010년 3월에 베이징 행동강령 15주년 평가회의가 뉴욕에서 열
      렸다. UN Division for the Advancement of Women, "Beijing and its Follow-Up," http://www.un.org/
      womenwatch/daw/beijing/.

한다면 더 이상 할 말이 없습니다. 그건 그녀의 개인적 문제일 뿐이죠.

그 법안은 계류 중입니다. 방치하고 있는 셈이죠. 우리가 법안 내용에 대해 또 이의를 제기할까 봐 그러는 건지, 아니면 국회가 지금 다른 문제에 관심이 있어서 그러는 건지는 모르겠습니다. 아마 지금으로서는 다른 법들이 더 중요하다고 생각하는 것 같아요. 설사 우리를 공개적으로 지지하는 국회의원이 있다 하더라도 상황이 달라질 것 같지는 않습니다.

차베스와 성 다양성

차베스는 〈알로 프레시덴테〉[11]에서 동성애자를 차별해서는 안 된다고 말했습니다. 제가 지금까지 직접 보고 들은 바로는, 차베스가 공개 석상에서 동성애 혐오 발언을 한 적은 없습니다. 차베스 지지자들은 그런 발언을 하지만요. 그렇다고 차베스가 성 다양성에 관한 중요한 정책을 내놓고 있지는 않습니다. 차베스는 그냥 동성애를 혐오하지 않을 뿐이에요. 그가 관심을 가지는 주제는 아닙니다. 우선순위가 아닌 거죠.

PSUV와 성 다양성

PSUV 안에는 동성애를 혐오하는 지도자들이 아주 많습니다. 그들은 종종 동성애 혐오 발언을 하죠. 텔레비전 토크쇼 〈라 오히야〉[12]를 진행하는 마리오 실바Mario Silva가 그런 사람입니다. 그는 자신이 진행하는 프

---

11 〈알로 프레시덴테〉Aló Presidente : '안녕하세요, 대통령'이라는 의미로, 차베스가 매주 진행하는 토크쇼.

로그램에서 동성애 혐오 발언을 했어요. 실바는 글로보비시온(우파 반 차베스 언론—옮긴이)에서 프로그램을 진행하는 언론인에 대해 농담을 했는데요. 그의 성적 취향을 언급하며 조롱했습니다. 실바를 비롯한 여러 사람들은 앞뒤가 맞지 않는 주장을 합니다. 그들은 우익 반대파에 대해 동성애 혐오자라고 비난하면서, 자기들 역시 같은 발언을 하거든요. 반대파가 동성애 혐오 발언을 하는 장면을 보여주며 비난하지만, 정작 자신이 그런 발언을 한다는 사실은 모르는 것 같아요.

모두가 동성애 혐오자라는 건 아니에요. 하지만 PSUV 활동가 대다수가 여성주의, 성 이론, 성 다양성 등에 대해 교육받을 기회가 부족합니다. 그들은 자신이 얘기하는 사회주의 담론과 동성애 혐오 및 성 차별적 태도가 모순된다는 것을 모릅니다.

정부 내 성 다양성

정부 내에도 LGBT인 사람들이 있습니다. 막중한 책임을 지는 공직자 중에도 있다는 얘기죠. 하지만 그들은 드러내지 않습니다. 공개적으로 게이라고 말하지 않아요. 순전히 개인적인 일일 뿐이며 공적인 사안은 아니라고 생각하는 것 같아요. 정부 고위직에 레즈비언이 있습니다. 여성 장관이죠. 모두들 그녀가 레즈비언이라는 걸 알아요. 하지만 그녀는 그렇게 말하지 않죠. 그녀 스스로 레즈비언이라고 말해야 합니다. 왜냐하면 그렇게 말하는 것이 곧 정치적 행동이고, 그렇게 함으로써 정부 내에 레즈비언이 없다는 오해와 맞서 싸울 수 있기 때문이죠.

---

12 〈라 오히야〉La Hojilla : 국영 텔레비전 채널인 VTV의 친차베스 토크쇼. http://www.vtv. gov.ve/programas-videos/la-hojilla.

성 다양성 존중 분위기의 변화

베네수엘라 사람들은 지금 이 문제에 대해 더 많이 얘기합니다. 알다시피 누구보다 젊은이들이 더 스스럼없었어요. 훨씬 더 용감하죠. 젊은이들은 스스로를 더 많이 표현하고 공개적으로 성적 기호를 밝힙니다. 하지만 여전히 동성애 혐오가 많아요. 정말 많습니다. 우리 베네수엘라 사람들은 이 문제에서 크게 나아지지 않은 것 같아요. 물론 이들이 직접적으로 공격하지는 않겠지만, 동성애 혐오와 거부는 여전해요.

직장에서의 차별

여전히 직장에서 차별이 존재합니다. 이 부분에서 성 다양성 조직들은 무척 취약해요. 모든 조직이 여전히 홀로 문제를 해결하려 합니다. 우리는 파편화돼 있어요. 넓은 기반을 갖고 있지 않습니다. 이를테면 한 조직이 그저 두세 명일 뿐이에요. 그래서 LGBT 대중과 탄탄히 연계되지 못하죠. 우리는 소수인데다 고립된 방식으로 일해요. 명확한 정치적 의제도 없고, LGBT 대중과 함께 영향력 있는 일을 도모하지도 못합니다. 이래서는 사람들이 보호받고 있다고 느낄 수 없어요. 동성애자는 분명 차별받고 있습니다. 하지만 직장 내에서 차별받고 성폭력이나 폭행을 당해도 고발할 엄두를 내지 못합니다. 그래서 누군가 차별 행위를 해도 고발당하지 않기 때문에 처벌받지 않고, 그 일이 외부에 알려지지도 않습니다. 실제 고발로 이어지는 건 극소수예요. 동성애자로서 당한 차별을 이야기하기 위해 자신의 성 정체성을 드러내기는 어렵기 때문입니다.

성 정체성을 밝히기 어려운 사회

이곳에서는 많은 사람들이 성 정체성을 숨깁니다. 이 문제는 정말 심각해요. 너무나 큰 문제입니다. 레즈비언이든 게이든 다 마찬가지예요. 그들은 성 정체성을 숨기기 위해 이런저런 구실을 댑니다. 레즈비언이나 게이로 알려지는 것이 너무나 두려운 거죠. 그래서 우리가 정치적 활동을 하는 데 큰 어려움이 있습니다.

저는 외모 때문에 차별받습니다. 여자 같지 않다는 거죠. 당신도 알다시피 베네수엘라에서는 이렇게 생긴 것이 죄악입니다. 화장도 안 하고, 하이힐도 안 신고, 미용실에도 안 가는 것이 사실상 인간성에 반하는 죄악으로 취급받아요. 그래서 저는 모욕적인 말을 듣습니다. 다행히 다른 레즈비언들이 당하는 직접적인 폭력을 겪진 않았어요. 하지만 모욕적이고 무례한 말을 듣죠. 이를테면 여자화장실에서도 외모 때문에 거부당했어요. 여자들조차 저를 남자라고 생각하고 놀라는 겁니다. 그러고선 그들은 웃죠. 이런 식이에요.

제가 직장에서 공개적으로 차별당하고 있다고는 생각지 않습니다. 아마 그건 두려워하지도 부끄러워하지도 않는 제 태도 때문일 겁니다. 오히려 저처럼 당당한 사람에게는 함부로 대하지 않는 거죠. 그래서 저는 성 정체성을 숨기는 것이 결국 스스로에게 큰 해악을 끼치는 행동이라고 말합니다. 숨는 것은 자신을 죽이는 행위입니다. 숨었다고 생각하는 사람은 자기 자신뿐이에요. 다른 사람은 모두 그의 성적 기호를 알고 있습니다. 그래서 그를 공격하고 함부로 차별합니다. 그가 자꾸만 숨기기 때문입니다. 그가 아무것도 할 수 없으리라는 점을 아는 거죠. 그뿐 아니라 그 스스로도 동성애 혐오를 느끼게 됩니다. 자신이 게이이거나 레즈비언이라는 사실이 수치스러워지는 거죠.

성전환자에 대한 폭력

지금도 성전환자들에게 폭력이 많이 일어납니다. 경찰이나 성매수하는 사람들이 폭력을 행사하죠. 많은 성전환자들이 성노동(성매매)을 할 수밖에 없어요. 왜냐고요? 그것만이 진짜 자신의 성 정체성을 지킬 수 있는 유일한 방법이기 때문이죠. 여성으로 성전환한 사람은 자신의 새로운 성 정체성을 가지고는 하던 일을 계속할 수 없습니다. 제가 아는 사람 중에 여성으로 성전환한 간호사가 있는데요. 간호사 일을 할 수 없게 됐어요. 왜냐하면 직장에서 남자 모습으로 다니라고 요구했거든요. 그래서 많은 사람들이 미용실에서 일하거나 성노동을 할 수밖에 없어요. 원래 하던 일을 계속하려면 자신의 성 정체성을 어겨야 하거든요. 그들은 절대 그럴 수 없어요. 자신의 성 정체성이 절실한 삶의 문제니까요. 경찰은 다양한 방식으로 그들에게 폭력을 행사합니다. 강간하고 때리고 성희롱하죠. 그러면 도대체 어디에 고발을 해야 하나요? 사실은 바로 얼마 전에도 문제가 발생했습니다. 이곳 카라카스에서 경찰이 성전환자 다섯을 죽였어요. 하지만 아무도 관심이 없습니다. 어떤 신문에도 나오지 않아요.

미디어와 성 다양성

그래요, 변화가 있습니다. 바로 지금 우리 레즈비언, 게이, 성전환자 들이 미디어에 더 많이 나옵니다. 그리고 특별 프로그램에서 인터뷰 요청도 이전보다 더 많이 들어와요. 항상 그런 건 아니지만 적어도 우리의 이야기에 귀를 기울입니다. 전과 다르죠. 전에는 동성애자가 시사 프로그램에 나오거나 인터뷰하는 것이 손가락으로 꼽을 정도였어요. 정말

드문 일이었습니다. 지금은 종종 있는 일이에요. 이런 측면에서 분명 변화가 있어요. 그러면서도 미디어는 정형화된 동성애자의 모습을 통해 동성애 혐오 메시지와 입장을 드러냅니다. 그들은 이런 식의 전통적인 태도를 유지하면서도, 정치적으로 올바르기 위해 때로 우리에게 문을 열기도 하는 거죠. 하지만 우리는 그들이 우리에게 열어주는 그 틈을 이용합니다. 적어도 가끔씩은 우리의 목소리를 들을 수 있도록 말이죠.

운동의 취약성

정치적 기반을 가진 몇몇 좌파 성 다양성 조직들은 공통의 의제를 통해 다른 라틴아메리카의 조직들과 비전과 전략을 공유합니다. 하지만 베네수엘라의 성 다양성 운동은 멕시코나 아르헨티나, 브라질의 비슷한 운동들에 비해 정치적으로나 양적으로나 매우 취약합니다. 그 나라 조직들의 대중 동원 능력에 비하면 우리는 우스울 뿐이에요. 그쪽은 회원도 많고 행동강령도 다양하고 분명한 정치 전략을 가지고 있지만, 우리 쪽은 대부분 안 그래요.

우리는 기층에서 충분히 활동하지 못하고 있어요. 여전히 우리가 대변해야 할 사람들로부터 너무나 괴리되어 있습니다. 인터넷이나 페이스북에서만 활동가일 수는 없잖아요. 거리에서도 활동해야죠. 일부 게이인권단체의 경우 바에 가서 콘돔을 나눠주는 봉사 활동을 했습니다……. 뭐 좋아요. 하지만 그건 단지 성병을 예방하는 임시방편일 뿐입니다. 레플레호스(성찰)라는 조직은 심리상담을 제공하는 등 몇몇 프로그램을 운영합니다. 하지만 정치활동은 아니에요. 바에 가서 사람을 조직하려고 노력하는 것이 정치활동이죠.

사회운동과의 연관

우리는 우리가 조직하고 있는 새로운 단체 '성 해방'Sexualidad Liberada 회
원들과 모임을 가져왔습니다. 남자도 두 명 있지만 다수는 여성주의에
초점을 맞추고 있어요. 한 회원은 무토지 운동 출신이고, 파차마마 전선
출신도 있습니다. FNCEZ 출신도 있고 다른 사회운동 출신도 있고요.
즉 성 다양성 운동이나 여성주의 운동 쪽보다 농민전선 출신들이죠. 우
리는 현재 이런 연계를 구축하고 있어요. FNCEZ와도 모임이 있을 예정
입니다. 우리는 그 모임에서 성적인 쟁점을 제기할 거예요.

차베스 정부하의 에이즈 정치학

에이즈 양성 반응자에 대한 지원이 질적으로 변했습니다. 예를 들어 국
가는 감염자에게 무상으로 약을 제공합니다. 이건 매우 중요해요. 에이
즈 환자가 약을 쉽게 받을 수 없는 다른 나라들과는 다릅니다. 이곳에서
는 무상으로 제공됩니다. 보편적 접근권이 보장되는 것이죠. 보건부의
분명한 정책입니다. 에이즈 환자만을 위한 조직이 많이 있습니다. 이
문제에 대해서는 중요한 변화가 있었던 거죠. 하지만 예방 정책은 거의
변하지 않았어요.

성교육

성교육과 예방 정책이 있긴 하지만, 많은 사람들이 성병에 걸린 상황에
비하면 부족해요. 많은 사람들이 인유두종 바이러스HPV에 감염되어 있

습니다. 콘돔을 쓰지 않아서 그래요. 에이즈 발병률은 이성애 여성에게
도 매우 높은데, 남편이나 남자 친구가 옮기는 겁니다. 그래서 가능한
한 공세적으로 정책을 추진하고 대규모로 성교육을 실시해야 합니다.
에이즈를 비롯한 모든 종류의 성병 예방, 그리고 원치 않는 출산 예방에
국가가 책임이 있습니다. 베네수엘라는 라틴아메리카에서 십대 임산부
가 가장 많습니다. 성교육 정책이 실질적으로 전무한 것이죠.

　고등학교 교육과정에 성교육이 있지만 여전히 성 다양성을 다루지
는 않아요. 수업에서 다뤄야 하지만 교육과정에 없지요. 교육과정은 주
로 성적 권리나 재생산권에 맞춰져 있습니다. 콘돔 사용법 같은 것 말이
죠. 대학 내부에서는 이제서야 우리 같은 단체들이 성 다양성 문제를 제
기하고 있고요.

콘트라나투라와 전망

저는 미래를 매우 낙관합니다. 우파뿐만 아니라 좌파의 상당수가 성 문
제에 대해 보수적인 입장을 취하고 있긴 하지만, 저는 미래를 매우 낙관
합니다. 베네수엘라에서 매우 중요한 변화가 일어나고 있어요. 민중의
경제 상황이 전체적으로 변화하고 있을 뿐만 아니라 정신적인 영역에
서도 변화의 조건이 무르익고 있습니다.

　문화와 세계관의 변화는 항상 매우 느리게 일어납니다. 아주 많은 시
간이 걸리죠. 어쩌면 제가 이 변화를 보지 못할지도 모릅니다. 하지만
우리는 이론을 연구하고, 입법 제안 같은 활동을 통해 정치활동에 참여
하고, 성 다양성을 차별하는 상황을 근절하기 위한 제안을 하면서 변화
에 기여하고 있습니다. 현재 상황은 좋아요.

어쨌든 단기적으로는 대학에서 성 다양성 과정을 개설하기 위해 노력하고 있습니다. 우리는 엘 페로 이 라 라나^{El Perro y la Rana} 출판사와 성 문제와 관련한 시리즈를 출판하는 것에 대해 이야기하고 있어요. 장기적으로는 여성 및 성 다양성 관련 문제가 국가의 정치적 의제에서 최우선이 될 수 있도록 노력할 겁니다. 다른 계획들도 곧 가시화될 거예요. 동성애 혐오를 그냥 둘 수 없습니다. 조금이라도 기여할 겁니다.

3

노동자 조직과 노동운동

06

노동자들이 60일간 공장을 점거하다

★

펠릭스 마르티네스, 리차르드 라 로사

– 미쓰비시 새세대노동조합 –

수많은 화물트럭이 끊임없이 바르셀로나 중심부의 아스팔트 도로를 달리고 있다. 화물트럭들은 콘크리트 정글을 따라 늘어선 자동차 부품 가게와 차체 공장을 빠르게 지나, 자동차와 다양한 부품을 베네수엘라 북부 해안가 항구들로 실어 나른다. 항구에서는 자동차와 부품이 세계 각지로 운반된다. 무더위에 화물트럭이 내뿜는 매연으로 참기 힘들다. 도로와 먼지에 둘러싸인 공장으로 가득한 바르셀로나의 로스 몬토네스 산업지구에는 인도를 찾아보기 어렵다.

일반적으로 바르셀로나는 해변가와 잘 보존된 식민지 시절의 건축물로 유명하지만, 바르셀로나의 산업지구는 억센 노동자 밀집 지역이다. 허름한 건물, 번잡한 도로, 그리고 밀집한 자동차 및 부품 공장 노동자들의 강성 노동운동으로 악명 높다. 최근 몇 년간 이 지역 공장 노동자들은 사측이 하청노동자를 고용하고 단체협상을 파기하는 행태에 맞서 끊임없이 직접 행동과 시위, 파업, 공장 점거 등을 해왔다.

사회주의 사회를 건설하자는 차베스 대통령의 요청을 받아 안고, 노동자들은 사회주의를 실현하기 위해 회사뿐만 아니라 정부 관료들과도 맞서고 있다. 빈민과 노동자를 지원하는 정부 정책들이 시행될 때조차도 베네수엘라의 노동운동 활동가들은 관료주의와 총알에 맞서야 한다. 하지만 무엇보다도 가장 큰 장애물은 분열된 노동운동이다. 노동운동의 분열이 단결을 가로막고 있다. 바르셀로나 '미쓰비시 새세대노동조합'SINGETRAM 리더인 펠릭스 마르티네스Felíx Martínez와 리차르드 라로사Richard La Rosa는 내부 관료주의를 극복하고 새로운 노조를 건설하는 것만이 단결을 이룰 수 있다고 말한다.

2003년까지 최대 노조였던 베네수엘라 노동자연맹CTV은 지난 반세기 동안 베네수엘라의 주요 보수 정당들과 밀접한 관계를 맺으면서 베네수엘라 노동운동을 좌지우지했다. 1995년에 라파엘 칼데라 대통령이 신자유주의 정책을 시행하면서 노동자들의 이익이 침해되고 산업시설이 민영화되어도 CTV는 소극적일 뿐이었다.[1] 펠릭스와 리차르드는 무척 화가 나서 당시 무시당했던 이야기를 했다.

"노동법도 노조도 소용없었어요. 우리는 두 눈으로 우리 권리가 침해당하는 것을 똑똑히 보았지요."

푼토피호 체제가 붕괴되고 기존 권력이 무너지면서 차베스가 대통령이 되자, CTV 지도부는 차베스 정부를 세차게 공격했다. CTV 지도자들은 지지 기반인 노동자 계급을 배신하고 페데카마라스(상공회의소)와 연합해서 차베스를 축출하려던 2002년 쿠데타를 지지했다. 연이어 국영

---

1   Steve Ellner, "The Labor Movement and the Challenge of Chavismo," *Venezuelan Politics in the Chávez Era: Class, Polarization and Conflict* (Boulder: Lynne Rienner Publishers, 2004), 161-178.

석유회사 PDVSA의 경영진이 일으킨 석유 공장 폐쇄에도 함께했다. 차베스를 지지하는 노조 지도자들은 CTV가 더 이상 구제불능이라고 의견을 모아서 2003년에 따로 모여 새로운 노조인 전국노동조합[UNT]을 설립했다.

1200명이 넘는 대표자가 참석한 가운데, UNT의 첫 전국 회의에서는 노동자 계급과 민주적인 토대에 기초한 새로운 노동운동에 대해 제안과 계획이 쏟아져나왔다.[2] 하지만 이들은 창립 때부터 이미 정부와의 관계나 조직적 목표에 있어서 다른 다양한 견해를 가진 노동운동의 경향들[Labor tendencies]로 분열되어 있었다.[3] 이런 분열은 점점 더 심해져, 결국 내부 분파 중 하나인 볼리바리안 사회주의노동자전선[FSBT]이 새로운 노조 창립을 추진하기에 이르렀다.[4]

기존 공장 노조들에 맞서 이의를 제기하고 실제로 노조를 갈아 치우면서, 펠릭스와 리차르드를 비롯한 노동자들은 참여적인 노조 설립을 통해 노동자 계급을 자주적이고 단결된 힘으로 통합하려고 노력하고 있다. 그들은 '혁명적 마르크스주의 흐름'[CMR] 소속인데, 이 조직은 주로 공장 점거 운동을 벌였고, 지금은 '신新 노조'[new type of union] 개념을 발전시켜서 노동운동 내부에 새로운 영역을 구축하고 있다. 이 '신 노조'의 중요한 특징은 지역 공동체에 뿌리를 내린 기층 민중이 공동체평의회를 통해 노조를 추동하는 수평적인 구조라는 점이다. CMR은 UNT에서 소수파이지만 새세대노동조합 같은 소속 조합들의 과감한 행동으로 주

---

2   Steve Ellner, *Rethinking Venezuelan Politics: Class, Conflict, and the Chávez Phenomenon* (Boulder: Lynne Rienner Publishers, 2008), 155-158.

3   노동운동의 경향들Labor tendencies은 종종 노동운동의 흐름들labor currents이라고도 불린다(스페인어로는 corrientes sindicales).

4   FSBT는 예전에 볼리바리안 노동자전선FBT이라고 불렸다.

목을 받고 있다. 미쓰비시 자동자 공장 노동자들은 "우리는 두렵지 않다!"는 구호로 총알과 관료주의에 맞서 투쟁하면서 전국적으로 중요한 모범이 되고 있다.

 펠릭스 마르티네스, 리차르드 라 로사

"조합원 883명 중 860명의 찬성으로 공장을 점거했습니다"

삶과 노동조합

펠릭스 제 이름은 펠릭스 마르티네스이고 노조 사무처장을 맡고 있어요. 생산라인에서 품질관리 검사를 합니다. 무엇부터 얘기해야 할까요. 우리는 2003년부터 투쟁하고 있습니다. 저는 카라카스의 카라피타에서 왔어요. 열심히 공부해서 고등학교를 졸업하고 베네수엘라중앙대학에 지원했는데, 힘든 일을 겪었어요. 가난한 사람들은 대학에 가는 것이 엄청 부담이 되거든요. 대학교 입학시험에 합격했는데, 제가 지원했던 어학대학의 학장과 면접을 했어요. 학장이 제 가족에 대해 묻더군요. 정말 주눅 드는 질문이었어요. 왜냐하면 제가 괜찮은 집안 출신인지 아닌지를 물어보는 질문처럼 들렸거든요. 그래서 어학대학 입학이 힘들 것 같았어요. 학장이 그러지 말고 저에게 사립학교에 가라고 하더군요. 제가 그럴 돈이 어디 있겠어요. 부모님께 너무 많은 신세를 졌어요. 부모님은 노점상을 하시거든요. 카라카스에 있는 엘 세멘테리오 시장에서 아야카[5]와 주스를 파십니다.

어쨌든 한동안 옷가게에서 일을 하다가 바르셀로나로 옮겨야겠다고 생각했어요. 제 아버지는 원래 여기 동쪽에 있는 카루파노 출신입니다. 어머니는 콜롬비아 출신이고요. 부모님께 바르셀로나에 가서 일할 거라고 말했어요. 제가 가족을 꾸리게 됐고 여기에 아는 사람들도 있었거든요. 그리고 월요일부터 금요일까지만 일하는 직장을 얻고 싶었습니다. 카라카스에서는 거의 쉬는 날 없이 일을 해서, 완전히 지쳤거든요. 처음 여기에 왔을 때 마레마레스 호텔에서 일했는데 일이 너무 거칠더군요. 거기서 한 여섯 달 일하다가 여행 비수기 때 회사가 감원을 했는데 그때 그만뒀어요. 좀 있다가 미쓰비시 자동차 회사에서 일하게 됐죠. 그리고 석유 파업이 있었던 2002년 말쯤부터 투쟁을 준비하기 시작했어요. 2003년 1월 무렵부터 회사가 우리 노동자들의 권리를 침해하기 시작했습니다. 월급을 절반으로 깎으려고 했는데 노조에서 그걸 받아들였어요. 노조는 온갖 협박과 부당해고를 용인하더군요. 그때 노조는 CTV 소속이었는데, 노조 위원장은 공장이 원래 포드 자동차 소속이었던 시절부터 위원장을 하던 사람이었어요. 노조가 노동자의 권리를 보호하기는커녕 권리를 팔아먹은 거죠.

반면에 정부에서는 어떤 회사도 근로기준을 저하시킬 수 없고 정당한 이유 없이 노동자를 해고할 수 없다고 말했습니다. 정부가 말하는 것과 회사가 벌이고 있는 일에 모순이 있다는 것을 알았죠. 그뿐만 아니라

---

5   보통 크리스마스 때 먹는 베네수엘라 음식.

자본가들이 정부를 공격하려 한다는 것도 알게 되었습니다. 오직 정부만이 노동자와 빈민을 도와줬습니다. 그래서 우리는 노조 임원들에 맞서기로 했습니다. 우리 중에 지도자감을 찾기 시작했죠. 회의를 소집했는데 전체 직원 800명 중에서 186명만이 기존 노조에 맞서 새로운 조직을 건설하는 데 동참했습니다. 기존 노조에서는 민주적인 선거를 치를 수가 없었어요. 회사는 우리 중 몇몇을 해고하려고 했습니다. 우리는 스스로를 보호할 방법을 찾아야 했죠. 그래서 우리를 대변할 새로운 노조를 결성했습니다. 그것이 바로 새세대노동조합입니다.

리차르드 제 이름은 리차르드 라 로사입니다. 노조에서 언론홍보부장을 맡고 있습니다. 우리집은 가난했어요. 아버지는 농장에서 일했고 어머니는 노점상이었습니다. 제 형제는 여섯이었고요. 부모님이 헤어져서 어머니가 우리 여섯을 모두 키우셨죠. 어머니는 길에서 옷이나 엠파나다, 핫도그 같은 것을 파셨어요. 저는 고등학교를 졸업하기 1년 전에 중퇴하고 돈을 벌기 시작했어요. 어머니께 제가 열심히 벌어서 어머니가 동생들 키우는 일에만 전념할 수 있도록 하겠다고 말했습니다. 정말 열심히 일했어요. 한 4년간 건설 현장에서 일했습니다. 무척 힘든 일이었어요. 그 후 비벡스라는 회사에서 일하게 됐는데, 자동차 창문을 만드는 회사였어요. 거기서 9년 정도 있었는데, 그곳 사장이 노동자를 너무 함부로 대하더라고요. 참기 힘들었어요. 그래서 그러지 말라고 했죠. 그랬더니 그 정도도 못 참느냐면서 저를 해고하더군요. 그리고 나서 마쿠사라는 자동차 부품 공장에서 일자리를 얻었습니다. 미쓰비시에 의자를 납품하는 회사인데요. 거기서 한 네 달 일하다가 또 같은 이유로 해고됐어요. 노동자들한테 너무 함부로 하기에 제가 동료들에게 이렇게 애기했어요.

"이봐 친구들, 더 이상 이런 취급을 받을 수는 없어. 뭐라도 하자고. 조직을 만들자."

어땠는지 알아요? 다들 무서워하면서 그러다가 잘리느니 그냥 낮은 임금을 받고 무시당하는 게 낫다더군요. 당시 그 회사에는 노조가 없었거든요.

한 대여섯 달 일 없이 지냈어요. 그러다가 우연히 미쓰비시 공장에서 일자리를 얻었죠. 펠릭스와 함께 조립라인 기사로 일했는데요. 말도 못 할 정도로 착취가 심했습니다. 노동법도 노동조합도 무용지물이었어요. 우리의 권리가 침해당하는 것을 두 눈으로 똑똑히 봤죠. 우리는 고충이나 요구사항을 말할 권리도 없었어요. 노조에 애로사항을 전하려고 갔는데, 노조 임원들이 우리에게 그러더군요.

"가서 일이나 해. 너희 말고도 일할 사람은 많아."

정말 황당했죠. 우리는 참을 수밖에 없었어요. 펠릭스와 저는 이렇게 자문했죠.

"도대체 우리가 언제까지 이런 취급을 참아야 하지? 누가 와서 노조가 뭐라도 좀 하게 만들면 안 될까?"

그런데 펠릭스가 저에게 말하더군요.

"이봐, 우리 스스로 해야 돼."

이런 이야기는 무척 조심스러웠어요. 잘릴 수도 있으니까요. 펠릭스가 말했어요.

"믿을 만한 사람들을 모으자."

펠릭스는 저에게 조립라인에서 누가 믿을 만한지 물어봤어요. 라인에는 50명에서 60명 정도 있었어요. 라인 양쪽을 주욱 내려 봤는데 밑

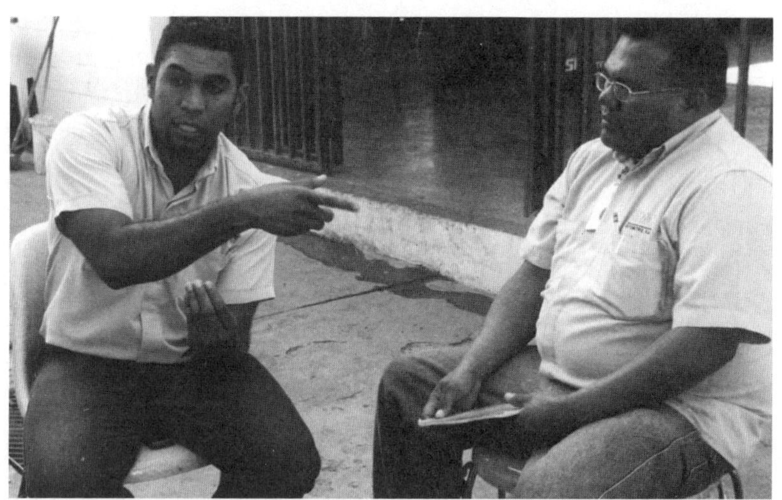

펠릭스 마르티네스와 리차르드 라 로사

을 만한 사람이 아무도 없는 거예요, 저를 빼고 말이죠. 끔찍했죠. 누가 모임을 만들려 한다고 들으면 관리자나 노조에게 일러바칩니다. 그러면 모임을 만들려고 한 사람은 잘려요.

당시 회사는 우리한테 반일^{半日} 근무를 시켰어요. 우리가 얼마나 착취를 당했는지 알아요? 반일 근무를 하면서 전일^{全日} 근무량을 채우라는 거예요. 월급은 반만 주면서 말이죠. 하지만 저는 오히려 하늘이 돕는구나 하고 생각했어요. 자유 시간 동안에 다른 노동자들과 만나서 이야기하고 토론할 수 있었거든요. 처음에는 다들 우리를 피했어요. 무서웠던 거죠. 노조가 협박하기도 했고. 하지만 열심히 하니까 조금씩 우리 편이 늘어났어요.

신 노조

펠릭스 우리는 노조를 만들면서 기존 방식으로 노조를 운영하지 않겠다고 다짐했습니다. 이전에 노조 임원들은 잠깐 공장에 들러서 밥만 먹고 다시 나갔죠. 설사 공장에 남아 있더라도 사무실에 가서 담배 피우고 신문이나 봅니다. 누가 애로사항을 이야기하면 관심도 없어요. 우리는 이런 식으로 하지 않으려 한 거죠. 우리는 짬이 날 때마다 노동자들과 회의하고 토론하려고 했어요. 우리가 세운 사업 계획들은 기존 노조의 그것과는 달랐습니다. 결국 반년 만에 노동자 대다수가 우리 노조에 가입했습니다. 우리 노조는 다수 세력이 되어서 노동부의 공식 승인을 받았습니다. 우리는 노동자의 권리를 찾기 위한 투쟁을 시작했고 그동안 잃은 모든 것을 되찾기 위해서 나섰습니다. 노동자들은 우리의 태도와 의견을 신뢰하기 시작했어요. 우리는 노동자와 함께했고 노동자의 요구에 답했고 노동자의 권리를 위해 이의를 제기했습니다. 사측이 갖은 방법으로 우리를 탄압해도 버텨냈어요. 그러자 사측은 퇴직수당을 주면서 노동자 스스로 그만두도록 했습니다. 그때 노동자 200명 정도가 회사를 떠났습니다. 남은 600명 중에서 약 25명이 당시 남아 있던 기존 노조에 소속돼 있었어요. 기존 노조 조합원 중 몇몇은 몰래 사장과 협상해서 얼마간의 돈을 받고 회사를 떠났습니다. 2002년에 단체협약이 만료되고 새로 협상을 해야 했습니다. 기존 노조 쪽은 겨우 간부 넷만 남은 상태였죠. 우리는 새 단체협약을 체결했고 기존 노조 측 네 간부는 우리가 따낸 새로운 혜택들을 수용했습니다.

2004년에 새로 단체협약을 체결한 후, 우리는 고민했습니다.

"우리 조직이 무엇을 해야 하지?"

새로운 형태의 노조를 만들어보자는 의견이 나왔어요. 신 노조의 비전과 임무, 일반적 · 구체적 목표에 대해 고민했죠. 이런 과정을 통해 규약을 개정했습니다. 신 노조는 문서상으로는 수직적 구조를 취하지만, 실제 그렇게 돌아가지는 않습니다. 조정^{coordination}팀이 있어서 완전히 수평적으로 운영됩니다. 조정팀에는 사무국, 총무국, 조정국 이렇게 세 개의 국^局이 있는데요. 이들은 위원회들과 끊임없이 함께 일합니다. 조정팀과 별개로 네 개의 위원회가 있거든요.

문화체육위원회에는 조합원이 27명 있습니다. 거기서는 조합원들을 위한 문화체육사업을 논의하고요. 또 편집위원회가 있습니다. 리차르드가 거기 소속인데 여러 생산라인에서 27명이 모였어요. 우리 노조나 다른 노조들에 관한 정보를 모아서 노보를 만듭니다. 조합원들은 그것을 읽고 토론하고 의견을 개진하기도 하죠. 또 보건복지위원회가 있는데 주로 산재 예방 등 직업안전보건^{occupational safety and health}을 담당하고 있고, 조합원에게 영향을 미치는 사회문제도 다룹니다. 조합원이 집에 문제가 생기면, 예컨대 애가 아프면 보건복지위원회로 갑니다. 또 이 위원회는 장애가 있는 노동자들을 도와줍니다. 그리고 조합원 27명이 참여하고 있는 단협 이행 및 고충위원회가 있습니다. 거기서는 사측이 단협을 준수하는지 감시하고 노동자들의 불만사항을 처리합니다. 이 위원회는 노조 교육도 맡고 있습니다. 이렇게 조합원 150명이 노조 활동에 참여하고 있지요.

노동조합 내 민주주의

펠릭스 이제 노조를 만든 지 6년이 됐어요. 다음 단계로 나아갈 준비를 하고 있습니다. 현재 노조 대표들은 조합원 회의를 통해 선출되었습니다. 당시에 직접 비밀 투표 규정은 없었어요. 2005년부터 우리는 조금씩 발전해왔습니다. 이제 노조를 개혁해서 틀을 확립해야 합니다. 제대로 된 틀을 만들기 위해서는 조합원 토론을 통해 규약을 손봐야 합니다. 조합원들은 회의에서 우리가 원하는 노조의 상을 토론하고 합의해서 결정해야 합니다. 개혁 과정은 최대한 민주적이어야 합니다. 올해 말에 공장 노동자 1200명 중에서 선거를 통해 대의원 150명을 선출합니다. 대의원은 말 그대로 조합원을 '대변'할 뿐입니다. 조합원의 지시에 따라야 하죠. 조합원들은 지도부가 일을 제대로 하는지 잘 지켜봐야 합니다. 조합원은 지도부 중 누구라도 소환할 수 있거든요. 우리는 노동운동을 민주화하고 강화해야 합니다.

사상 의식의 문제

리차르드 노동자들에게 계급의식을 심어주는 것은 매우 중요합니다. 자본주의 체제와 싸워야 하는데, 왜 투쟁해야 하는지를 정확히 알아야 하거든요. 우리는 평등하게, 건강하게, 그리고 안락한 집에서 살 수 있는 공정한 체제를 원합니다. 그런데 어떻게 그걸 획득할 수 있을까요? 노동자 계급을 교육해야 합니다. 노동자를 해방시킬 수 있는 부를 생산하는 것은 노동자 자신입니다. 우리가 공장을 통제하고 정치권력을 틀어쥐어야 합니다.

펠릭스 노동자 계급이 무엇인지를 알아야 합니다. 물론 노동자 계급이 투쟁해온 역사도 알아야 합니다. 마르크스주의는 노동자 계급의 이론적 무기중 하나입니다. 공산당 선언과 역사 유물론을 공부해야 합니다.

물론 우리가 처한 구체적인 현실을 잊지 말아야죠. 우리는 이 나라, 베네수엘라의 역사적 조건 속에 있으니까요. 이렇게 우리는 더욱 강해지고 있습니다. 공장에서 스스로를 보호하기 위해 우리는 직업안전보건과 관련된 '이탈리아 노동자 모델'을 이용해 깊이 연구했습니다.[6] 이곳 베네수엘라에서 노동자 계급의 취약점은 연맹체가 없다는 점입니다. 우리를 하나로 묶어주고, 필요한 것들을 자세히 알려줄 강력한 연맹체 말이죠.

사내하청에 대한 투쟁

리차르드 우리는 하청노동에 대해서 강하게 문제를 제기하고 있습니다. 미쓰비시는 단협을 어기고 노동자의 권리를 무시할 뿐만 아니라, 인두세르비스라는 하청업체를 통해 하청노동자 135명을 고용해서 유지보수 작업을 맡겼습니다. 이 하청노동자들은 직접 고용된 정규직 노동자와 똑같은 일을 합니다. 그런데 정규직 노동자들은 일당이 46볼리바르 푸에르테[Bs.F]이지만 하청노동자들은 26볼리바르 푸에르테밖에 안 됩니다.[7] 베네수엘라 헌법에는 동일노동 동일임금이 명시되어 있어요.[8] 원

---

6 직업안전보건에 관한 이탈리아 노동자 기반 모델(종종 짧게 '이탈리아 노동자 모델'이라 부른다)은 작업장에서 위험요소와 보건 문제를 발견하는 데 있어 노동자의 역할을 우선시하는 직업보건에 관한 참여연구방법이다. Francisco J. Mercado-Martínez, "Qualitative Research in Latin America: Critical Perspectives on Health," *International Journal of Qualitative Methods* 1, no. 1 (Winter, 2002): http://www.ualberta.ca/~iiqm/backissues/1_1final/html/mercadoeng.htm.

7 볼리바르 푸에르테Bs.F는 미국 달러화에 환율이 고정돼 있으며, 1달러에 2.15Bs.F이다. 46Bs.F는 21.40달러(한화 약 2만 5000원)이고, 26Bs.F는 12.09달러(한화 약 1만 4000원)다.

래 이 하청노동자들은 우리와 같은 임금을 받아야 합니다. 하청노동자들은 사측이 보건기준을 위반하고 있다는 사실을 알게 됐어요. 그래서 그들은 노조를 결성하기로 했습니다.

그들은 보건안전과 관련해서 대표자 세 명을 선출했습니다. 법에는 이런 방법으로 노조를 결성할 권리를 보장하고 있거든요. 회사는 노조가 결성되는 것이 싫었기 때문에 이 세 대표자를 해고했습니다. 나머지 하청노동자들은 사측에 보상을 요구하며 파업에 들어갔습니다. 이전에 미쓰비시는 하청업체인 인두세르비스 측에 하청노동자들이 우리 노조와 접촉하지 않도록 요구했어요. 그래서 전에는 하청노동자들이 우리와 말도 섞지 않았죠. 그런데 결국에 그들은 우리 노조와 함께하기로 결정했습니다. 그러자 미쓰비시는 인두세르비스와 계약을 해지했어요. 하청노동자들이 자신의 권리를 지키기 위해 나서면서 회사에게 골칫덩어리가 되었으니 말이죠.

투쟁에 대해 명확히 하기 위해서 조합원 토론을 진행했습니다. 우리는 하청노동자들에게 이 상황은 우리의 고용 안정과도 관련이 있다고 말했습니다. 왜냐하면 베네수엘라 자동차 산업 전반에서 조립라인 노동자를 하청으로 전환하는 추세이기 때문입니다. 고용도 불안해지고 단협으로 따낸 이익도 무용지물이 되는 상황인 거죠. 하청노동자들은 단협에서 배제되고 노조도 만들 수 없거든요. 우리는 135명의 가장家長들이 거리로 쫓겨나는 것을 두고 볼 수 없었기 때문에 하청노동자들을 지키기로 결정했습니다. 하청노동자들이 이런 일을 당하면 결국 우리도 당하게 되어 있습니다. 우리는 같은 노동자 계급이고 형제니까요.

---

8   볼리바리안 헌법 제91조에는 "동일노동 동일임금이 보장되며 자격을 가진 노동자에게는 일정량의 회사 이익이 분배되도록 정한다"라고 나와 있다.

그래서 우리는 노동부에 가서 여러 불만사항과 단협 위반뿐만 아니라 해고된 우리 동료들 문제도 이야기했습니다. 그리고 미쓰비시에게 하청노동자 135명을 정규직으로 전환하라고 요구했습니다. 그들은 우리와 똑같은 일을 하기 때문입니다.

펠릭스 우리는 노동부에서 미쓰비시 측 대표, 인두세르비스 대표와 모임을 두 번 가졌는데, 그들은 법제도와 노동자들을 조롱했습니다. 회사 대표들은 첫 모임에서 노동부가 요구한 관련 서류를 가져오지 않았습니다. 두 번째 모임에는 아예 나오지도 않았어요. 그 다음 주까지 아무런 결정도 나지 않았고 노동부가 아무런 조치를 취하지 않을 것이 명백해졌습니다.

공장 점거

리차르드 이후에 우리는 회의를 소집해서 하청노동자 문제가 해결되기 전에는 일터에 복귀하지 않기로 조합원 투표를 통해 결정했습니다. 관리직들만 일을 계속했고 조립라인 노동자들은 복귀하지 않았습니다. 하지만 회사는 반응이 없었습니다. 투쟁의 수위를 높여야 했어요. 우리는 결정을 할 때 항상 조합원 토론을 했습니다. 그래서 최선의 결정을 할 수 있었죠. 우리 노동자들은 단결해야만 존중받을 수 있습니다. 조합원들은 공장 밖에서 파업을 진행하는 것이 과연 효과가 있는지 고민했습니다. 사업주에게는 기계, 그러니까 그들의 재산이 가장 중요하잖아요. 그래서 조합원 총투표를 했는데 883명 중 860명이 찬성해서 공장을 점거하기로 결정했습니다.

우리는 아주 구체적인 공장 점거 계획을 세웠어요. 당신이 그것을 봤어야 해요! 한 사람이 공장 문을 열자마자 누가 문을 닫지 못하도록 문에 차를 갖다 댔습니다. 그리고 모든 조합원이 공장으로 뛰어 들어갔죠. 우리는 모든 시설을 점거했습니다. 관리자를 모조리 쫓아냈어요. 우리 조합원들만 안에 있었죠. 그때가 2009년 1월 20일이었습니다.[9]

피의 1월 29일

펠릭스 사측 대표들이 공장 문에 두 번 찾아 왔습니다. 우리는 그들에게 언제든 대화할 준비가 되어 있다고 이야기했어요. 그 대신 꼭 노동부 측에서 배석해야 한다고 말했죠. 사측에서는 아무런 이야기가 없었습니다. 그래서 우리는 점거를 계속했죠. 사측에서 세 번째로 공장에 왔을 때 우리 동료 중에 호세 마르카노José Marcano와 페드로 수아레스Pedro Suarez가 암살당했습니다. 1월 29일의 그 일은 명백히 학살입니다. 노동자 계급에 대한 학살이에요. 전국적으로 화제가 되고 있었던 우리의 점거농성을 끝내기 위해서 모든 것이 치밀하게 계획되어 있었어요. 그날 공장 바깥에 적외선 광선을 이용하는 저격수가 있었다는 증거가 있어요. 그날 거기서 저격수가 도대체 뭘 하고 있었나요?

우리는 주지사, 안소아테기 주의 법무책임자, 경찰 책임자를 격렬하게 비난했습니다. 2005년에 시위에서 경찰이 총기를 소지해서는 안 된다는 결정에 함께했던 그 주지사가, 어떻게 평화로운 집회에서 주州 경찰들이 총기를 소지하도록 허용할 수 있습니까? 베네수엘라에는 아직

---

9 미쓰비시 자동차 공장 점거 및 새세대노동조합 투쟁의 근황에 관한 자세한 내용을 알려면 다음 웹사이트를 참고하라. http://www.marxist.com/venezuela.

시위행진

도 우파가 많습니다. 법원에도 있고 경찰 내부에도 있지요. 이들이 부르주아 국가체제와 사측을 계속 비호하고 있습니다. 이 우파들은 개량주의자들의 묵인하에 정부 내에 침투해 있습니다. 우리 동료들의 피값을 받아낼 수 있는 유일한 방법은 암살 사건의 몸통을 잡아 넣는 겁니다. 경찰이 쏜 것으로 보이지만 그들은 깃털입니다. 경찰은 그저 시키는 대로 했을 뿐이죠. 이 살인에 뒷돈을 댄 자들이 바로 감옥에 가야 할 놈들입니다.

리차르드 자본주의 체제, 부르주아 체제가 계속되는 나라에서 자본가 계급이 만든 법은 그들을 보호하고 자본주의 시스템을 영속화합니다. 부르주아, 관료, 개량주의자 사이에 끼어 있는 상황에서 우리는 자본가 계급을 대체하기 어렵습니다. 하지만 권력을 가진 이들 역시 우리가 이렇게 계속 전진하고 투쟁한다면 언젠가는 자신들을 대체할 것을 알고 있습니다. 지역 공동체 구성원들이나 노동자들이 우리가 하는 일의 진정한 의미를 알게 된다면, 과연 누구를 신뢰할까요? 민중은 진정한 지도자, 함께 투쟁하면서 기층에서 검증되어 올라온 지도자들을 신뢰할 겁니다.

노조에 가해진 정치적 압력

펠릭스 당시 우리는 60일 동안 공장을 점거했습니다. 정치적 압력 때문에 점거를 풀었어요. 노동부 고위 관료, 그러니까 마리아 크리스티나 이글레시아스María Cristina Iglesias 장관과 리카르도 도라도Ricardo Dorado 차관이 압력을 행사했습니다. 그들이 우리에게 점거를 풀어달라고 했습니다. 장관이 제게 직접 말했어요, 이번 건은 다른 노조에게도 안 좋은 선례가 될 수 있다고 말이죠. 국가 자체가 계약직 노동자를 엄청나게 고용하고 있는데, 그건 결국 이번에 우리가 겪고 있는 인두세르비스 건처럼 노동법 제77조를 명백하게 위반한 것이거든요.[10] 자기네들이 약점이 있는 거죠. 노동부를 포함해서 모든 부처가 계약직을 많이 고용하고 있습니다. 우리는 정부가 오히려 다국적기업들에게 노동자 아웃소싱의 모범을 보이고 있다고 지적했죠. 생각해보세요! 계약직 교사 있죠, 계약직 의료진이 있죠, 국영 석유회사PDVSA와 시도르SIDOR[11]에도 계약직이 있

---

10 노동법 제77조에는 법에 구체적으로 명시된 특정한 상황에서만 정해진 기간 동안 계약직 노동자를 고용할 수 있다고 되어 있다. *Ley Organica del Trabajo*, Gaceta Oficial N° 5.152 de fecha 19 de junio de 1997.

11 시도르는 과야나 지역의 철강회사다. 노사 간에 16개월 동안 충돌이 계속되다가 2009년 4월에 재국유화됐다. 노동자 중 70퍼센트 이상이 노조에 소속되지 않은 계약직이었다. James Suggett, "Venezuela and Ternium Reach Final Compensation Agreement for SIDOR Steel Plant," Venezuelanalysis.com, May 8th 2009, http://www.venezuelanalysis.com/news/4432.

습니다. 확실히 우리의 사례는 정부에게 심각한 문제가 될 만하죠.

대통령은 최근에 국제 행사에 참여해서 세계적인 경제위기를 극복하기 위해 여러 경제협정에 서명했습니다. 더 많은 투자를 끌어오고 정부 재정도 관리하기 위해서였는데요.[12] 협정을 체결한 나라 중에 일본이 있었어요, 특히 미쓰비시 말이죠. 정부가 일본과 협상할 때 미쓰비시 공장 점거가 일본 쪽에 안 좋은 인상을 줬겠죠. 일본 대사관에서 점거 내내 베네수엘라 정부에 압력을 넣었습니다.

점거를 끝내다

펠릭스 다른 노조 지도자를 통해서 이야기를 전하더군요. 우리가 점거를 풀지 않으면 회사는 공장을 접수하기 위해 국가수비대에 요청을 할 것이고, 노동부는 회사가 우리를 해고하도록 승인할 거라고 했습니다. 무척 어려운 상황이었어요. 사측, 개량주의자, 민간 언론 모두가 우리를 공격했습니다. 3월 21일에 합의를 했는데요, 우리 요구안이 모두 관철되지는 못했습니다. 하지만 노동자들이 사측에 제기한 문제 중에 85퍼센트는 해결됐다고 생각합니다. 사측은 더 이상 다른 하청계약을 하지 않기로 했습니다. 인두세르비스 소속 노동자들과의 계약도 갱신하고요. 우리는 계속 투쟁할 겁니다. 인두세르비스와 계약이 만료되면 미쓰비시는 이 노동자들을 정규직으로 흡수해야 합니다. 우리는 이 입장을 굽히지 않을 겁니다.

헌법에 파업이 끝난 후 사측이 노동자들에게 파업수당을 지불해야

---

12   Shigeru Sato and Alex Emery, "Japan, Venezuela Sign Orinoco Oil Cooperation Deal," *Bloomberg. com*, http://www.bloomberg.com/apps/news?pid=20601086&sid=ax33EbHc4AoQ&.

한다는 내용은 없습니다. 하지만 우리는 사측에게 파업으로 밀린 임금과 단협 혜택을 요구할 수 있습니다. 우리가 파업을 한 것은 사측이 잘못했기 때문이니까요. 따라서 회사는 우리에게 파업수당을 줘야 합니다. 이것은 전체 노동자 계급에게 중요한 일이며 기준이 됩니다. 회사는 다른 여러 단협 위반사항에 대해서도 보상해야 합니다. 18년간 회사는 연월차 수당을 준 적이 없습니다. 우리는 연월차 수당을 지급할 것을 요구하고 있습니다.

노동자는 단결해야 한다

펠릭스　노동자 계급의 사상을 수호하고 우리를 하나로 이끌 정치적 지도력이 부족한 것은 정말 우리의 큰 약점입니다. CTV, UNT, CUTV[13], FSBT 같은 연맹에서 우리를 대표한다는 그 사이비 지도자들에 대해서는 별로 할 말이 없습니다. 하나의 노조로 뭉친다면 우리가 얼마가 강해질지 생각해보세요! 베네수엘라의 노동자를 하나로 묶는 것은 우리 앞에 놓인 중요한 과제입니다. 자동차 부문에서도 단결해야 하고, 전국적으로도 단결해야 합니다. 대통령이 우리에게 끊임없이 요청하는 것을 해내려면 단결해야 합니다. 그래야만 도약할 수 있고 부르주아 국가의 틀에서 벗어날 수 있습니다.

　우리는 UNT 연맹의 안소아테기 지부 소속입니다. 내부적으로 문제가 좀 있어요. 전국구 차원의 문제인데 지부에도 영향이 있는 그런 것들이 있죠. 지역 회의, 전국 회의를 소집하거나 아니면 제헌의회를 소집해

13　CUTV : 1963년에 CTV에서 떨어져나와 결성된 좌파 노동자연맹.

서라도 문제를 해결하려고 합니다. 노동자들이 모여서 단일 연맹체의 상想과 투쟁 사업에 대해서 토론하는 거죠. 현재 연맹의 전국 지도부는 조합원 대중의 뜻을 따르지 않고 있습니다. 그들이 우리를 진정 대변하고 있는지 모르겠네요. 지도부가 그래서는 안 됩니다. 우리는 스스로에게 묻습니다.

"지도부는 어느 공장에서 일하는가? 지도부는 매일 매시간 누구에게 복무하는가?"

우리는 수평적인 구조를 원합니다. 그래야 조합원 대중의 자주성을 실현할 수 있습니다.

우리 노조 내부에는 특정 정파에 소속된 조합원들이 있습니다. 어떤 정파에도 참여하지 않는 조합원도 있고요. 저는 '혁명적 마르크스주의 흐름'CMR에서 활동하고 있습니다. 물론 저는 다른 정파들을 비판합니다. 하지만 또한 서로에게 배우는 것도 있습니다. 우리는 의견 차이가 있더라도 공개적으로 토론하고, 다수결로 결정합니다. 노동자는 하나입니다. 우리는 단결해야 합니다.

노조와 공동체평의회를 통합하다

리차르드 우리는 공동체평의회와 통합 계획이 있습니다. 우리는 빈민가에 예방접종이나 치과진료 사업 같은 사회사업을 해왔습니다. 민중이 공동체평의회를 통해 뭉쳐야 하듯이 우리 노동자도 그들과 합쳐야 합니다. 노동자는 심장입니다. 이 나라와 온 세상을 움직이는 모터 같은 것이죠. 우리는 활동과 투쟁을 통해 지역 공동체와 강력한 유대를 만들어왔습니다. 이 지역 사람들은 우리 일을 자기 일처럼 여기게 됐어요.

1월 29일에 공동체평의회가 보여준 행동에 대해 정말 고맙게 생각합니다. 공장 주변에는 네 개의 공동체평의회가 있는데, 그들 모두가 소음과 총소리를 들었습니다. 공동체 사람들은 인간띠를 만들어서 우리를 공격하려는 경찰이 공장에 들어오지 못하도록 막았습니다. 공장 옆 빈민가 사람들은 화물트럭을 세우고 운전사에게 열쇠를 빼앗아서 공장으로 통하는 도로를 막았죠. 현재 공동체평의회와 지역 노조 들이 함께 만나서 논의하는 위원회가 운영되고 있습니다. 조만간 만나서 세계 경제 위기 상황에서 노조와 공동체평의회가 함께 무엇을 할 수 있을지 논의하기로 했습니다.

사회주의 건설

펠릭스 사회주의 국가를 건설하기 위해서는 노동자와 공동체평의회의 통제하에 계획 경제를 실시해야 합니다. 민중이야말로 사회주의 계획을 제대로 준비해서 보건, 주거, 먹을거리, 교육, 치안 문제를 해결할 수 있는 당사자입니다. 우리는 이 혁명을 더욱 심화할 제안들을 지지합니다. 정치 사업은 제쳐두고 단협 투쟁만 하는 분열된 노조가 많이 있습니다. 물론 자본주의 사회에서는 단협 투쟁을 해야 하죠. 하지만 사회주의 이행 과정에서 우리가 바라는 조국을 건설하기 위해 계속 새로운 아이디어를 제안해야 합니다. 어느 공동체평의회에서 안소아테기 주에 있는 버려진 산업단지를 인수하겠다고 제안했습니다. 공동체평의회는 그곳을 고쳐서 문 닫은 공장들을 다시 가동하기를 원합니다. 이런 게 노조와 지역 공동체가 함께해나갈 수 있는 일이죠.

좌파는 대중과 함께하는 공동 사업을 만들고, 대통령은 그것을 도와

쥐야 합니다. 2월 15일 국민투표(대통령 연임 제한을 철폐한 투표―옮긴
이) 이후 차베스 대통령은 다수가 결정하면 그것에 따르겠다고 했습니
다. 상황은 노동자 계급에게 노조 관료주의를 극복하고 새로운 지도자
를 세워내기를 추동하고 있습니다. 우리는 이미 농민운동과 공동체 운
동 같은 사회운동이 그 어떤 관료주의에도 굴복하지 않고 자주적으로
투쟁하는 모습을 지켜봤습니다.

　민중은 좋은 계획을 가지고 있습니다. 이 계획을 경청하고 실현할 지
도자는 어디에 있나요? 차베스만이 우리가 아는 유일한 지도자입니다.
하지만 차베스 혼자서 온 나라를 지도할 수는 없잖아요? 대통령도 다른
혁명 지도자가 필요하다고 생각할 겁니다. 그래서 우리는 바로 여기서
투쟁하고 있습니다. 이 투쟁 과정을 통해 지도자가 나오고, 결국 사회주
의 계획은 현실이 될 수 있을 겁니다.

07

노동자가 회사를 운영하는 게
불가능하다고?

★

칸디도 바리오스, 마누엘 멘도사
– 페드로 페레스 델가도 협동조합, 오스피노 도축장 –

베네수엘라의 여느 시골이 그렇듯, 상쾌한 아침 공기가 어느새 습해지기 시작했다. 오스피노에 있는 도축장의 노동자들은 흰 유니폼, 고무장화, 헬멧, 고글을 착용한다. 농담을 주고받으며 팔뚝만 한 칼을 마치 식사용 나이프인 양 간다. 소들이 줄지어서 들어오자 노동자들은 각자 자기 작업 라인을 찾아간다. 라 마탄사('도축인'을 부르는 말)는 거의 기계처럼 효율적으로 반복 작업을 수행한다. 물론 조합원 회의 때는 그렇지 않지만.

도축하는 모습은 그다지 볼 만한 장면은 아니다. 하지만 노동자들은 이 사업을 인수한 것이 얼마나 멋진 일인지 끊임없이 이야기한다. 지금 이 회사는 노동자들이 직접 회사를 경영하는 협동조합 기업인데, 이전에 사기업이었던 시절에는 회사 운영이 부실하고 방만했다고 노동자들은 이야기한다. 설비는 거의 유지보수되지 않았고, 노동자의 안전과 복지는 뒷전이었다. 몇 년째 일터의 여건와 근로조건이 나빠지던 가운데 몇 달간 함께 일해온 계약직 다섯 명이 해고되자 노동자들은 한계에 다다랐다. 나중에 이 계약직 노동자들은 모두 법정 투쟁에서 승리하여 정규직으로 전환되었다.

마누엘 멘도사Manuel Mendoza는 이 계약직들 중 한 명이다. 당시 그는 일당을 받고 일했는데 일이 있나 없나 알아보려고 거의 매일 도축장에 왔다. 멘도사는 자신이 회사의 공동 소유자가 될 거라고는 전혀 생각지도 못했다고 말한다. 예전에는 그저 일자리나 지켰으면 좋겠다고 생각했다. 하지만 노동자들은 자신들이 사기업보다 도축장을 더 잘 운영할 수 있음을 알게 되었다. 그리고 소위 경영자란 작자들이 실제로는 회사와 노동자들의 생계를 파탄냈다는 것도 깨달았다.

2006년 5월 1일, 오스피노 도축장의 노동자들은 회사를 인수했다. 그리고 우고 차베스 대통령의 증조부이자 마이산타Maisanta로 알려진 전설적 인물 페드로 페레스 델가도Pedro Prez Delgado의 이름을 딴 협동조합을 설립했다.[1] 현재 노동자 150명이 회사를 운영한다. 사장은 없다. 관리자도 없다. 조합원들은 동료와 함께 작업라인에서 일한다. 그들은 임금으로 얼마를 받을지 무엇을 할지를 함께 결정한다.

경제위기로 인해, 매출에 큰 비중을 차지하는 소가죽 값이 원래 가격

---

1   마이산타는 시프리아노 카스트로Cipriano Castro 통치 시기인 19세기 말에 군대의 장교로 시작해서 나중에 차베스가 태어나는 사바네타 지역의 통치자로 임명됐다. 후안 비센테 고메스Juan Vicente Gómez가 카스트로 정권을 전복한 후 마이산타는 야노스 지역의 농민 세력을 규합해서 고메스 독재정권에 투쟁하는 게릴라 조직을 결성했다. 세월이 흘러 2004년 대통령 소환투표에서 차베스는 자신의 "No" 선거운동본부에 '마이산타'의 이름을 붙여서 전설을 다시 불러냈다. Richard Gott, *In the Shadow of the Liberator: Hugo Chávez and The Transformation of Venezuela* (London: Verso, 2000), 36-37.

오스피노 도축장에서 일하는 노동자

의 10퍼센트 밑으로 떨어져서 재정적 어려움을 겪고 있었다. 조합원인 칸디도 바리오스^{Candido Barrios}는 소금에 절여져 엄청나게 쌓여 있는 소가죽을 짜증 난 얼굴로 쳐다본다. 자동차 회사들이 차의 시트 용도로 소가죽을 구입한다. 하지만 국제 시장에서 자동차 판매가 급감하면서 소가죽 수요가 바닥을 쳤다.

그러나 칸디도는 다른 협동조합들이 바라는 것처럼 정부가 소가죽을 구매해주기를 바라지는 않는다. 그들은 단지 자기 조합이 도축장 영업권자로 인정을 받아서, 사업을 유지할 수 있도록 대출을 받고 설비를 확장할 수 있기를 바란다. 3년간 도축장을 운영해왔지만 정부는 아직 협동조합을 법적인 영업권자로 인정하지 않고 있다. 지방 정부는 베네수엘라의 도축장 대부분을 소유하고 있기 때문에, 협동조합에 영업권을 부여하는 것은 어렵지 않은 일이다. 오스피노의 노동자들은 부패하고 자기 잇속만 차리는 관료들과 지방 정부 때문에 자신들이 어려운 처지에 있다고 생각한다.

오스피노 도축장 노동자들의 상황은 베네수엘라 공장 점거 운동이 겪는 어려움을 대변한다. 공장 점거 운동은 공식적으로는 카라보보 주에 있는 베네팔에서 시작돼서, 카라카스에서 약 30킬로미터 떨어진 로스 테케스 시에 위치한 산업용 밸브 제조회사 CNV로 이어졌다.[2] 민간 경영자들이 회사를 포기하자, 단결한 노동자들은 정부에게 회사를 국유화하고 조직된 노동자와 함께 '공동 경영'co-management 방식으로 공장 운영을 재개할 것을 요구했다. 차베스는 2005년에 사회주의로 나아가겠다고 선언하면서 노동자들의 투쟁에 응답해, 그해 1월에 베네팔('인베팔'로 개칭)을 국유화한 데 이어 4월에는 CNV('인베발'로 개칭)를 국유화했다.[3]

차베스는 이어서 다른 민간기업 소유주들에게도 만약 정당한 이유 없이 공장을 폐쇄한다면 국유화할 것이라고 경고했다. 인베발 노동자들은 의사결정에 노동자의 참여를 보장하는 공동 경영 모델을 적용하면서 시행착오를 겪었고, 그런 경험을 통해 노동자 조직이 자신들의 요구를 밀고 나가는 것뿐만 아니라 공장을 접수하려는 다른 노동자들을 지원하는 데에도 함께해야 한다는 것을 깨달았다. 그래서 인베발의 노동자들은 2006년에 '공장점거 공동경영 노동자혁명전선'FRETECO을 설립했다. 여러 공장에서 다양한 모습을 띠면서 실시되고 있는 공동 경영

2 　베네팔 : 베네수엘라 펄프 · 종이 회사.
　　CNV : 국영 밸브 제조회사.
3 　인베팔 : 베네수엘라 내생적 제지산업.
　　인베발 : 베네수엘라 내생적 밸브산업.

은 여전히 논쟁거리다.

베네수엘라 정부 내 일부 인사들은 공동 경영을 단순히 노동자가 기업의 지분 일부를 소유하는 것으로 보지만, FRETECO는 노동자가 실질적으로 공장 운영을 완전히 통제하는 것을 목표로 삼는다. FRETECO는 이를 '혁명적 공동 경영'이라 칭한다. 하지만 FRETECO는 기업의 소유권은 국가가 그대로 가지고 있기를 바란다. 노동자가 공장을 소유하는 것은 또 다른 자본주의적 방식이라고 보기 때문이다. 오스피노 도축장 노동자들은 FRETECO의 정식 회원은 아니지만 같은 생각을 가지고 있다. 그들은 도축장이 정부 소유로 남아 있기를 원한다. 하지만 회사 운영은 지난 3년간 해온 대로 전적으로 자신들이 하기를 바란다. 지방 정부 대표자가 오스피노 노동자들에게 다시 민간 기업과 함께 회사 지분을 공동으로 소유하는 제안을 강요하지만, 오스피노 노동자들은 이를 거부한다.

노동자가 점거한 공장 중 상당수가 여전히 정부로부터 더 많은 지원을 기다리고 있다. 노동자들은 부패한 관료들이 공장 점거 운동의 진정한 잠재력을 억누른다고 주장한다. 어떤 노동자들은 자본가가 포기해서 접수한 자기들의 회사를 국유화해달라고 계속 정부에 요구하고 있다. 차베스 역시 노동자의 공장 운영을 옹호한다. 차베스는 2009년 5월에 여러 철강 회사를 국유화한 후, 노동자들이 이 국유화된 공장들을 실질적으로 완전히 통제할 것이라고 선언했다.[4] 오스피노 도축장의 노동자들은 열의에 넘치지만, 지원 없이는 자신의 경제적 운명을 스스로 결정하는 이 계획이 실패할 가능성이 높다는 것을 알고 있다. 그들은 이

4   Federico Fuentes, "Venezuela: Class Struggle Heats Up over Battle for Workers' Control," *MRZine*, July 28, 2009, http://www.monthlyreview.org/mrzine/fuentes280709.html.

실험이 실패한다면 베네수엘라의 경제적 변혁과 많은 노동자의 공장
운영에 심각한 타격을 주게 될 거라고 걱정하고 있다.

 칸디도 바리오스, 마누엘 멘도사

"사장이 오더니 우리더러
회사를 가지라고 하더군요"

개인사

칸디도 제 이름은 칸디도 바리오스입니다. 바리나스 주의 사바네타에서
태어났는데요, 차베스 대통령도 여기서 태어났지요. 어릴 때 오스피노
로 왔는데, 여기서는 미성년자도 일하는 게 허용됩니다. 아버지가 어머
니를 버리고 다른 여자와 살림을 차려서 저는 일곱 살 때부터 일을 했어
요. 형제가 여섯인데 제가 맏이예요. 그래서 동생들 때문에 열심히 일
했습니다. 이후에 카라카스에서 4년 반 정도 일했지요. 그리고는 다시
오스피노로 왔습니다. 곧 결혼했고 도축장에서 일을 시작했습니다.

마누엘 제 이름은 마누엘 멘도사입니다. 협동조합 대의원으로 뽑혔고
요. 오스피노 태생이에요. 원래 도축장에서 계약직으로 일했어요. 그전
에는 실업자였고요. 종종 일거리가 있나 해서 공장에 와서 기다렸어요.
일이 있을 때도 있고 없을 때도 있었죠.

칸디도 도축장이 들어서기 전부터 여기서 일을 했는데요. 예전에 이곳은 사실상 버려진 창고였어요. 건물을 고치더니 1998년 11월 9일에 첫 회사가 문을 열었습니다. '오스피노 축산업 컨소시엄'CIGO이라는 회사였는데, 5년 정도 지나서 당시 오스피노 시장이었던 아밀카르 페레스Amilkar Pérez가 경영진을 쫓아냈어요. 페레스가 도축장의 영업권을 탐냈던 거죠. 하지만 겉으로는 그가 단지 동업자 중 하나지 회사의 공식 대표는 아니었습니다. 그래서 회사를 지배하는 것처럼 보이지 않았어요. 페레스는 다른 사람을 회사의 공식 대표로 임명해놨죠. 회사 이름은 포르투게사 육가공사FIPCA였습니다.

회사는 이전 회사와 마찬가지로 노동자들을 계속 착취했습니다. 게다가 사측이 설비를 유지보수하지 않아서 상황은 더 나빠졌어요. 이전 회사도 우리한테 잘하지는 않았지만 적어도 도축장에 설비 투자는 했거든요. 고기 저장소를 수리한다든지 기계를 정비한다든지 말이죠. 그런데 FIPCA 때는 기계가 고장 나서 이삼 일씩 쉰 적이 여러 번 있었습니다. 임금도 형편없었어요. 도축장 시설이 늘어나고 우리는 더 많이 일했지만 월급은 절대 안 올랐습니다. 이런 상황에서도 당시에는 우리 스스로를 보호할 방법이 없었어요. FIPCA 때는 회사가 복지 혜택도 없애버리고, 우리의 업무 상황을 감시하는 온갖 장비를 구입했어요.

마누엘 당시 회사는 죽은 소를 도축했어요. 이건 불법이죠. 죽은 소는 격리해서 전문가들이 검사해야 하거든요. 절대 도축해서는 안돼요! 매우 주의해야 하는 것이, 소는 한 번 감염되면 주변 소들까지 전부 감염될 수 있거든요. 그런데 회사는 개의치 않고 죽은 소를 사용했습니다. 회사는 그저 소를 도축해서 돈을 버는 것에만 관심 있었죠. 우리가 문제

칸디도 바리오스

제기를 했더라도 회사에서는 조용히 있으라고, 우리 문제가 아니라고 했을 겁니다. 그뿐만 아니라 회사는 INPSASEL(예방, 보건, 노동안전을 담당하는 국가 기구) 안전기준도 어겼습니다.

회사 측과 싸우다

칸디도 이 모든 것에 너무 화가 났습니다. 어느 순간 나 자신, 직장동료, 내 가족을 보호해야 겠다고 느꼈습니다. 그래서 최선을 다해 동료들을 조직해서 사측과 싸우기 시작했습니다. 저는 고등학교 졸업장도 없을 정도로 배운 게 없습니다. 하지만 적어도 이건 압니다. 도축장에서 제가 하는 일이 회사 입장에서 매우 중요하다는 사실 말입니다. 저는 소의 머리를 제거하는 일을 맡고 있습니다. 물론 누구나 할 수 있는 일이지만 저만큼 숙련된 사람은 없습니다. 그래서 회사 입장에서는 제가 없으면

안 되거든요. 제가 항상 불만을 제기해도 회사에서는 다른 사람을 고용하느니 제가 계속 일하기를 원했습니다.

우리는 두 번째 회사가 문을 연 지 1년 만에 노조를 만들어서 등록했어요. 무척 힘든 과정이었지요. 우리는 항상 관리자가 사무실로 가기를 기다렸다가 재빨리 화장실에 뛰어들어가 필요한 서식과 법적 서류들에 서명했습니다. 우리는 모두에게 무엇을 어떻게 해야 하는지 이야기했습니다. 제 가족은 작은 가게를 하는데, 우리가 노조 서류를 등록할 때 자금이 부족해서 제 가족 저금에서 빼서 썼어요. 다른 친구들이 여유가 있을 때는 저를 도와주기도 하죠.

마누엘 칸디도는 노조 위원장이었습니다. 사측이 칸디도를 사무실로 불러서 그에게 수천 볼리바르(구화폐)를 주려고 했습니다. 사장은 칸디도에게 백지수표를 건네며 이야기했죠.

"여기에 원하는 액수를 적으시오."

사장은 칸디도에 승용차를 제공해 단협을 무력화하려고 했습니다. 하지만 칸디도는 우리 모두를 위해 단협을 지켰어요.

회사를 접수하다

마누엘 모든 문제를 해결하기 위해, 우리는 회사를 접수하기로 결심했습니다. 당시에는 우리 중에 계약직 노동자가 많았습니다. 저는 다섯 달 동안 회사에서 일을 했는데, 관리자가 저를 포함해 다섯 명을 해고하려고 했어요. 우리가 정규직이 되지 못하게 하려고 말이죠. 이렇게 회사는 계약직을 자르고 새로 계약직을 고용했어요. 우리는 항의하려고 근로감독관을 찾아갔습니다. 반년을 싸워서 마침내 복직 판정을 받았지요. 하지만 근로감독관은 사측에 복직을 명령할 권한이 없었습니다. 관리자는 복직시킬 수 없다고 말하더군요. 하지만 우리에게는 동지애가 있었습니다. 바로 그날 정규직을 포함한 노동자들이 공장 점거를 결의했죠. 2006년 5월 1일에 모두 함께 공장으로 들어갔습니다. 여기서 먹고 잤지요. 사장이 오더니 우리더러 회사를 가지라고 하더군요. 그날 이후로 우리는 사장을 본 적이 없습니다. 회사가 사라진 것이죠.

칸디도 우리가 회사를 인수해서 협동조합을 만들기로 하자 많은 사람들이 우리보고 미쳤다고 했어요. 사람들이 말했죠.

"당신들, 저 사람들한테서 회사를 인수할 수 있다고 생각해요? 저들은 돈이 엄청 많다고요!"

특히 한 목장 주인이 우리보고 미쳤다고 하더군요. 그래서 그에게 우리가 도축장을 운영하게 되면 초청을 할 테니 소를 데리고 여기 와보라고 이야기해줬죠. 나중에 그 목장 주인은 와서 이렇게 얘기했죠.

"와, 진짜로 해냈잖아!"

우리는 아무도 못한 일을 해냈습니다. 노력해서 성공했죠. 우리가 생산을 하지 않으면 지역 식량 체계^{local food chain}에 큰 타격이 있을 거라는 걸 알기에, 도축장을 접수한 첫날부터 협동조합 체제로 회사를 운영했습니다. 우리는 이제껏 근무일에 단 하루도 쉰 적이 없어요!

재정적 어려움

마누엘 도축장의 재정 상황은 매우 어렵습니다. 늘 소가죽 매출에 의존해왔거든요. 자동차 제조업체들이 자동차 시트에 쓰려고 소가죽을 많이 구매합니다. 하지만 세계 경제위기 때문에 자동차 생산이 감소했어요. 전에는 장당 100~120볼리바르 푸에르테$^{Bs.F}$에 팔았는데요, 지금은 고작 15볼리바르 푸에르테에 팝니다. 완전 똥값이죠. 지금은 아예 팔리지를 않아요. 여기에 현재 2000장이 쌓여 있습니다. 사기업이 운영했을 때, 그들은 소가죽으로 엄청 돈을 벌었습니다. 하지만 시설에 투자하지는 않고 자기들 주머니에만 돈을 쑤셔 넣었죠.

칸디도 아쉽지만 우리는 도축 서비스만 제공합니다. 재원이 없어서 우리가 직접 판매용으로 소를 살 여력이 없어요. 소가죽은 우리 협동조합에는 단지 미봉책일 뿐이에요. 이 지역 차원에서도 그렇고요. 한 달에 소 600마리를 도축해서 소가죽을 장당 120볼리바르에 팔 때는 증기보일러, 물탱크를 새로 살 수 있었고 울타리도 고치고 건물에 페인트칠도 하고 모터도 고쳤죠. 지금은 한 달에 2400마리를 도축하는데도 목구멍에 풀칠하고 있어요.

정부 승인

마누엘 우리는 농업토지부나 다른 정부 기관에 여러 계획을 제출했어요. 하지만 법적 근거가 없어서 우리를 지원해주지 못하더군요. 베네수엘라에서 도축장 대부분은 지방 정부 소유입니다. 여기도 마찬가지고요. 하지만 사기업이 영업권을 가지고 있기 때문에 사실상 사기업이나 마찬가지예요. 이 도축장도 여전히 공식적으로는 FIPCA가 영업권을 가진 것으로 되어 있어요. 이전 시장인 아밀카르 페레스는 이 사업의 이해

작업장에 들어가는 칸디도 바리오스

당사자였기 때문에 우리를 승인해주려 하지 않았어요. 지금은 새로운 시장과 주지사가 있는데, 둘 다 PSUV 소속입니다. 선거 때 우리가 지지했던 사람들이죠. 그들은 PDVAL[5]의 조정관을 데려왔습니다. 그리고 합작 사업을 제안했어요. 실질적으로는 PDVAL에서 일하게 되는 거죠. 회사는 국가, 노동자, 민간 기업이 공동으로 소유하고요. 우리는 그들에게 지난 11년간 이 회사를 민간 기업이 운영했는데 거의 아무것도 개선된 것이 없다고 말했습니다. 우리가 직접 운영할 때만 설비 투자와 유지보수가 이뤄졌죠.

칸디도 우리는 합법적이기도 하고 비합법적이기도 해요. 합법적인 이유는 우리가 인데파비스INDEPABIS(상품과 서비스에 대한 민중의 접근권을 보호하는 기구)의 승인을 받아서 공장을 인수했기 때문인데요. 인데파비스는 당시에는 인데쿠INDECU(소비자 교육 및 권익 보호 기구)로 불렸습니다.[6] 그들은 우리가 공장 운영의 책임이 있기 때문에 승인했다고 말했습니다. 첫날부터 우리는 그 책임을 다해왔어요. 비합법적인 이유는 법적 문서가 없어서입니다. 우리 협동조합이 이 도축장을 합법적으로 운영하고 있고 영업권이 협동조합에 주어졌다는 법적 문서 말이죠. 하지만 그런 문서 한 장이 우리를 방해할 수는 없어요.

---

5 PDVAL은 베네수엘라 식품 생산·분배 회사로, 국영석유회사인 PDVSA의 자회사이며 우유 등 전국적으로 생산되는 식료품의 사재기에 대응해서 정부가 식료품을 직접 분배하기 위해 2008년 1월에 설립했다. James Suggett, "Venezuelan Government's Strategies for Confronting Food Supply Shortages," *Venezuelanalysis.com*, February 7, 2008, http://www.venezuelanalysis.com/analysis/3129.

6 식료품 사재기에 대응해서 시민의 참여와 법적 보호를 강화하기 위해 2008년 7월 '상품과 서비스에 대한 인민의 접근권 보호법'이 통과된 후, 인데쿠는 인데파비스로 바뀌었다. Clara Nunez, *Venezuela Agricultural Situation Consumer Defense Law 2008, GAIN Report Number: VE8089*, USDA Foreign Agricultural Service, November 6, 2008.

마누엘 우리는 정부의 지원이 필요해요. 돈을 달라는 게 아닙니다. 도축장은 실질적으로 정부 소유이기 때문에 설비 투자에 필요한 대출만 있으면 돼요. 새로운 수입원을 창출하기 위해 정부가 투자를 해줄 필요가 있습니다. 부가가치를 창출할 방법이 필요해요. 예컨대 지금은 그냥 버리고 있는 소기름으로 비누를 만들 수도 있습니다. 그래서 비누를 만드는 장비가 필요한 겁니다. 쓰레기를 자체적으로 처리할 설비도 필요합니다. 그러면 소득이 늘어나는 데 도움이 될 거예요. 도축장은 정부 소유이기 때문에 정부가 지원을 할 의무가 있습니다.

사회주의 혼합 기업

마누엘 베네수엘라에서 사회주의 혼합 기업mixed socialist enterprise[7]은 잘 돌아가지 않는다고 생각합니다. 제 눈으로 직접 본 사례들은 다 실패했어요. 운영 비용도 감당하지 못했죠. 결국 국가에 또 다른 짐이 되는 거고요. 이런 방식은 피해야 합니다. 라라 주의 키보르에 있는 도축장에 갔는데 협동조합이 있긴 했지만 이름뿐이었어요. 실제로는 정부 관료들이 운영하고 있었습니다. 관리자들은 도축장을 운영해본 경험도 없고 노동자들은 착취당하고 있었죠. 완전히 비효율적이었어요. 노동자들은 돈이 될 만한 소의 부위를 마구 버리더군요. 이러건 저러건 정부 지원금이 나오니까 전혀 신경 쓰지 않는 겁니다. 도축장 노동자들에게는 주인의식이 없었어요. 결국 비용이 너무 많이 들어서 도축장이 문을

---

7   사회주의 기업은 혼합 기업인 경우가 많다. 베네수엘라에서 혼합 기업(스페인어로 empresas mixtas)이란 일반적으로 정부가 과반의 지분을 갖고, 민간기업이나 노동자 협동조합 혹은 외국 정부가 지분에 참여하는 합작투자 기업을 일컫는다.

닫아야 했습니다. 운영하는 데에 필요한 모든 것이 다 있었는데도 말이죠. 그런데 이곳 오스피노에서도 정부 관료들은 노동자가 운영하는 것을 그만두게 하려는 것 같습니다.

칸디도 우리는 베네수엘라에서 스스로 생산하고 벌어서 운영할 수 있다는 것을 보여준 몇 안되는 협동조합 중 하나입니다. 지금까지 도축장이 100퍼센트 가동될 수 있도록 투자해준 정부 기관은 단 한 군데도 없었어요. 주지사, 시장, 장관, 국회의원이 와서는, 정부 기관에서 지원을 받을 수 있도록 해주겠다고 합디다. 그러고서는 아무런 조치도 없었어요. 그저 말뿐이었죠. 약속만 하고는 우리가 지쳐 나가떨어지기를 바라는 거예요. 그러면 자본가 두세 명한테 공장이 쉽게 넘어가니까요.

하지만 우리는 침착합니다. 그냥 하는 말이 아니에요. 우리는 어떻게 스스로 꾸려나가야 하는지 알고 있어요. 계속 이 일을 할 겁니다. 국가 관료들은 우리 일이 잘 안되기를 바랄 겁니다. 그래서 우리는 우리 스스로의 힘으로 밀고 나가야 합니다. 대통령이 여기서 무슨 일이 일어나는지를 직접 보고 깨닫는 때가 올 겁니다. 그럼 대통령이 그의 주변에 있는 소위 혁명가를 자처하는 무리들에게 조치를 취하는 것을 우리는 볼 수 있을 겁니다. 공적인 자리에서 혁명가 행세를 하는 사람들이 많아요. 하지만 나중에 보면…… 우리는 그들이 어떤 사람들인지 잘 모르겠어요. 물론 정부에는 좋은 사람들도 있겠죠. 모두를 비난하는 건 아니에요. 하지만 최소한 여기 온 사람들 중에는 단 한 명도 제대로 된 사람이 없었습니다.

관료들은 노동자 계급에게 더러운 짓을 하고 있어요. 혁명이 투명하게 진행되고 있다고 떠들면서 말이죠. 우리는 진보하고 있기 때문에 이 과정에 대해 나쁘게 말할 생각은 없어요. 하지만 우리가 직면한 문제는 정말 중요합니다. 우리 경제가 석유에만 의존할 수는 없거든요. 그들의 행태를 정말 이해할 수 없어요. 포르투게사 주에서만 매달 150톤의 고기가 소비됩니다. 이 도축장은 전략적으로 중요한 곳이에요. 오스피노는 야노스로 가는 관문 같은 곳이거든요. 그리고 우리 도축장은 소가 가장 많이 생산되는 바리나스 주 바로 옆에 있어요. 도축장은 주요 고속도로에서 50미터 거리에 있습니다. 소를 실어 나르기에도 좋지요. 게다가 이 지역의 다른 도축장에 비해 시설이 가장 좋습니다.

협동조합 운영

마누엘 처음 시작할 때는 협동조합에 대표와 회계 담당자를 두었어요. 그런데 그런 직책에 있는 사람들이 노동자들 위에 군림하려 들어서 생각처럼 잘 되지 않았어요. 일은 안 하고 지시만 내리며, 의사결정에서 조합원들의 참여를 배제했어요. 그래서 그런 자리를 없앴습니다. 현재 여덟 조합원으로 구성된 공식적 위원회가 있는데, 이들은 재무적으로 우리를 대표해서 은행 측에 공식 서명을 할 수 있는 권한이 있습니다. 모든 결정은 조합원 총회에서 이루어집니다. 어느 누구도 나머지 노동자들의 참여 없이 조합에 영향을 미치는 결정을 내릴 수 없습니다. 결정은 다수결로 하고요.

여기에는 사장이 없습니다. 우리가 책임을 지는 것이죠. 스스로 모든 결정을 합니다. 처음에 우리 머릿속에서 '사장'을 지우는 것이, 즉 우리가 이 공장의 운영자라는 것을 인식하기가 매우 힘들었습니다. 각자가 모든 것에 책임을 져야 한다는 것을 깨달아야 했지요. 필요한 물품을 들이는 데 비용을 지불해야 하고 설비의 유지보수 비용도 감당해야 합니다. 은행에 돈은 얼마나 있는지, 그리고 경제 상황에 따라서 지불 능력은 얼마나 되는지를 파악해야 하죠. 공장이 몇몇 사람 소유일 때 우리는 이런 것을 전혀 몰랐습니다. 우리는 단지 월급만 받고 작업 일정에 전념했습니다. 그게 전부였죠. 회사는 정당한 보상 없이 연장근로를 시키는 등 우리를 착취했었고요. 지금 이 상황이 만만치는 않지만, 우리는 잘해나가고 있어요.

우리는 모두 임금이 똑같습니다. 보건부에 등록된 수의사는 빼고요. 수의사들은 전문직에 해당하는 임금을 받습니다. 수의사들은 보건부에 등록되어 있지만, 정부가 수의사들에게 임금을 줄 책임이 있는 건 아닙니다. 우리가 수의사들의 임금뿐만 아니라 수당과 크리스마스 보너스까지 지급해야 합니다.

지역 공동체 돕기

마누엘 우리는 단순히 국가에 짐이 되지 않는 것을 넘어, 우리 지역 공동체에 도움이 되고자 합니다. 우리는 목장주에게 소 대여섯 마리를 구입해서 도축한 후에 고기를 지역 공동체에 저렴한 가격으로 제공하기도 합니다. 이윤을 붙이지 않고 원가에 파는 거죠. 이런 방식으로 사회적 노동을 제공할 수 있습니다.

칸디도 이를 통해 우리는 지역 공동체에 보여주고자 합니다. 고기를 아주 저렴하게 먹는 게 가능하다는 것, 하지만 그러려면 우리 모두 큰 위험을 감수해야 하고, 자본주의에 맞서 일어나야 한다는 것을요. 자본가

마누엘 멘도사

들은 우리가 성공하기를 바라지 않죠. 우리가 성공하면, 민중이 불가능하다고 여긴 일을 현실로 상상할 수 있으니까요. 우리는 조합원들이 집을 살 때 저리로 대출을 제공하기도 합니다. 아픈 조합원들이 있었는데 치료에 보태라고 2000~3000볼리바르 푸에르테를 무상으로 지원했습니다. 오스피노의 노인정에 선풍기, 텔레비전, 믹서, 도미노 테이블, 식탁, 안락의자, 500볼리바르 푸에르테 상당의 식품을 기증했고요. 노인정 건물에 페인트칠을 하고 물탱크도 설치했습니다. 총 7500볼리바르 푸에르테 상당의 물품을 기부했어요. 또 지역의 모든 학교에 냉장고를 제공했습니다. 전에는 오스피노에 냉장고가 있는 학교가 한 군데도 없었죠. 한 학교에는 제대로 된 화장실을 지어줬어요. 전에는 학교 뒤편의 구멍을 화장실로 사용했거든요.

향후 투쟁

칸디도 이 협동조합이 사라질까 봐 걱정됩니다. 기본적인 생활이 보장되지 않으면 노동자들은 직장을 옮겨야 할 테지요. 우리 협동조합이 생존할 수 없다면 베네수엘라에서 협동조합은 더 이상 설 자리가 없어질지도 모릅니다. 저는 여기저기 다니면서 정부의 지원을 받는 협동조합을 많이 봤습니다. 하지만 정부가 협동조합에 돈을 줄 수 없는 상황이 오면 그런 협동조합은 다 망할 거예요. 우리는 자력으로 운영하고 있다는 점이 다릅니다. 하지만 그것만으로는 부족합니다. 우리 아이들의 장래가 걸려 있고 아이들이 필요한 것을 챙겨줘야 하니까요. 일부 노동자는 민간 기업을 받아들일 수밖에 없지 않겠느냐고 생각하고 있습니다. 그것은 곧 시장이나 도지사의 유일한 관심사이기도 하지요. 시장이나 도지사 입장에서는 협동조합보다 몇몇 소유주가 운영하는 것이 더 이익이 될 테니까요. 마치 생일 케이크를 10명이 나눠먹느냐, 50명이 나눠먹느냐 하는 상황과 비슷한 거죠. 시장이나 도지사는 케이크를 10명이 나눠서 더 많이 먹고 싶은 거고요. 우리는 좀 적더라도 50명이 함께 나눠먹자는 것입니다. 그게 행복하잖아요.

08

사회주의로 이행하는 징검다리, 협동조합

★

알폰소 올리보

- 레우포그룹 협동조합 -

베네수엘라에서 2005년 5월 1일 노동절의 슬로건이 '공동 경영'이라고 한다면 이듬해의 슬로건은 '협동조합'이라고 할 수 있겠다. 2006년 친차베스 세력의 노동절 행진은 전[前] 인민경제부와 국가연수교육원[INCE][1] 본부 건물에서 시작해서 번잡한 수도 카라카스를 가로질러 구불구불 나아갔다. 같은 달에, 전국에서 수백 협동조합원들이 협동조합평의회 설립의 기초를 다지기 위해 카라카스에 모였다. 그들은 협동조합평의회가 빠른 시일 안에 자주적인 운동으로 자라나서 빠르게 성장하고 있는 협동조합 부문을 지원할 수 있기를 바라고 있다.

2001년에 차베스 대통령은 새 협동조합법을 통과시켰고, 3년 후 베네수엘라 정부는 미션 부엘반 카라스를 통해 수천 명에게 기술을 가르치

---

1   INCE는 1960년에 설립됐으며 현재 공동체 경제부 산하에 있다. 미션 부엘반 카라스나 미션 체 게바라를 통해 협동조합 사람들을 교육하는 주요 교육기관이다.

고 협동조합 운영 방법을 교육해서 노동자 스스로 협동조합을 설립할 수 있도록 했다.[2] 차베스 대통령은 자본주의를 극복하는 도구로서 민주적으로 운영되는 기업을 독려하기 시작했다. 교육이나 기술적인 지원뿐만 아니라 재정 지원, 세금 공제 등 다양한 방식으로 적극 지원했다. 부엘반 카라스 협동조합 직업 연수 프로그램은 수천 명에게 가난에서 벗어나 자신의 삶을 스스로 꾸려나갈 수 있도록 지원했다. 2007년까지, 그러니까 프로그램이 시작되고 첫 3년간 거의 30만 명이 부엘반 카라스 프로그램을 이수했고 거의 8000개에 이르는 협동조합을 설립했다.[3]

차베스가 대통령에 당선된 1998년 당시에는 협동조합이 1000개도 안 되었는데, 2009년 초까지, 즉 지난 10년간 26만 개가 넘는 협동조합이 공식적으로 등록을 했다.[4] 베네수엘라는 등록된 협동조합이 세계에서

---

2   부엘반 카라스 : '뒤로 돌아!'라는 의미.

3   28만 6687명이 졸업을 했으며 이들이 7917개의 협동조합을 설립했다. "Logros del MINEP 2006" End of year report. MINEP, Ministerio de Poder Popular para la Economía Popular(인민 경제를 위한 인민권력부).

2007년에 미션 부엘반 카라스는 미션 체 게바라로 전환되었다. 두 미션 사이의 차이에 대해 올리보는 다음과 같이 말한다.

"체 게바라 협동조합은 지역 공동체의 특정한 필요에 맞춰 설립합니다. 부엘반 카라스 협동조합을 설립할 때는 무엇에 쫓기듯이 했고 온갖 협동조합을 다 만들었습니다. 하지만 지금은 지역의 필요에 특별하게 맞춰서 설립해요. 예를 들어 이곳에서 콘크리트 블록 회사가 필요하면 콘크리트 블록을 만드는 체 게바라 협동조합을 설립하는 거죠. 이런 협동조합들이 부엘반 카라스 협동조합들과 다른 건 없습니다. 어쩌면 조금 더 낫죠. 정부 투자를 받기 위해 더 잘 계획되고 준비되어 있습니다. 하지만 여전히 같은 문제를 가지고 있어요. 협동조합을 만들었는데 협동조합주의자는 없는 거죠."

4   국가협동조합감독원SUNACOOP 원장인 후안 카를로스 바우테Juan Carlos Baute에 따르면, 베네수엘라에서 2008년까지 공식적으로 26만 2000개의 협동조합이 등록을 했다. SUNACOOP news, January 16, 2009, www.sunacoop.gob.ve/noticias_detalle.php?id=1361.

알폰소 올리보는 실제로는 그보다 훨씬 많을 수도 있다고 말한다.

2006년 3월에 있었던 SUNACOOP 감독관 카를로스 몰리나의 인터뷰에 따르면, 차베스 정부 이전에는 전국에 공식적으로 협동조합이 762개 있었다.

제일 많은 나라이며, 수십만 베네수엘라 사람들이 이 민주적인 기업에서 일하고 있다. 사실 베네수엘라 정부의 통계를 보면 전체 등록된 협동조합 중에 제대로 돌아가고 있는 곳은 4분의 1에도 미치지 못한다.[5] 그래도 수많은 사람들의 삶이 바뀌고 있다.

베네수엘라의 라라 주는 카라카스와 메리다의 중간쯤에 있다. 라라 주는 언덕과 농지가 많은 지역인데 베네수엘라 협동조합 부문의 심장으로 알려져 있다.[6]

전통적인 협동조합은 20세기에 걸쳐 소비자, 의료, 장례, 공제조합의 영역에서 성장했다. 전통적인 협동조합들은 주 단위의 연맹체로 조직되었고, 나아가 '베네수엘라 전국협동조합연합'CECONAVE이라는 전국 협동조합 연맹으로 뭉쳤다.[7] 차베스 정부가 추진하는 새로운 볼리바리안 노동자 협동조합들이 생겨나면서 일부 차베스 지지자들은 전통적인 협

---

5   2009년 1월에 SUNACOOP의 원장인 바우테는 등록된 협동조합 26만 2000개 중에서 대략 6만 개가 잘 돌아가고 있다고 말했다. SUNACOOP news, January 16, 2009, www.sunacoop.gob.ve/noticias_detalle.php?id=1361.

     2006년에 실시된 협동조합 전수조사census에 따르면, 등록된 협동조합 중에서 3분의 1만이 제대로 운영되고 있었다. 알폰소 올리보를 비롯해 여러 사람들은 여전히 그 정도 수준으로 유지되고 있을 거라고 생각한다. 또한 올리보는 실제로는 15퍼센트 정도만이 실제 생산을 하고 있다고 말한다. 라라 주 내에 등록된 협동조합은 거의 9000개에 이른다. 하지만 알폰소에 따르면 그중 2200개만 실제로 돌아가고 있다. 이 실제로 운영 중인 협동조합 대다수는 라라 주 협동조합평의회에 참여하고 있다.

6   라라 주 협동조합 설립은 1960년대에 예수회 사제들과 '진보를 위한 미국 동맹'에 의해 광범위하게 추진됐다. '진보를 위한 미국 동맹'은 쿠바의 영향을 받은 게릴라들에 대한 지지를 막기 위해 미국이 추진한 계획이다.

7   베네수엘라의 전통적 협동조합 대다수는 18개 지역협동조합연합CECO 네트워크로 묶여 있다. 1975년 이래 이 CECO의 전국 단위 협동조합인 CECONAVE가 조직됐다. CECONAVE의 전前 회장인 올가 데 아모로소Olga de Amoroso에 따르면, 2006년에 대략 40만 조합원 가구가 CECONAVE에 소속되어 있었다.

동조합을 떠났다. 전통적인 협동조합들은 '제4공화국'(차베스 이전의 보수 정권들)과 관련이 있기 때문이다. 이런 차이는 전통적 협동조합과 새로운 협동조합 사이에 균열을 만든다. 이 균열을 극복하는 것은 매우 어렵지만, 라라 주의 몇몇 협동조합들은 성공적으로 통합을 하기도 했다.

중년의 나이에 말이 빠른 알폰소 올리보Alfonso Olivo는 조합원 열 명에 6년 된 정부 소속 협동조합 '레우포그룹'의 조합원이다. 바르키시메토 시내에 있는 창 없는 방 두 개짜리 사무실에서 그는 옛 협동조합과 새 협동조합을 아우르고 있는데, 이는 베네수엘라 협동조합 운동에서 보기 드문 강점이다. 올리보는 협동조합 운동에 깊이 관여해왔다. 그의 아버지는 어업 협동조합을 했고 올리보는 국제 앰네스티Amnesty(국제사면위원회)와 함께 8년간 베네수엘라중앙대학UCV에서 연구를 했다. 대부분 1980년대의 중앙아메리카 연대 활동에 초점을 맞춘 연구다. 그는 25년간 협동조합 운동을 했으며, 지금은 3년 된 라라 주 협동조합평의회의 코디네이터다. 협동조합평의회는 전국과 지역 차원으로 나라 곳곳에 설립되어 있다. 하지만 라라 주만큼 옛 협동조합과 새 협동조합 양쪽 사람들을 포괄하는 곳은 드물다.

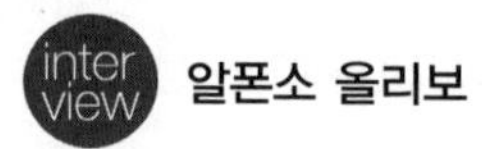

알폰소 올리보

"옛 협동조합에서 배우는 동시에,
그들이 놓친 가치를 더 담아내야 합니다"

배경

저는 아버지의 영향을 받았습니다. 아버지도 협동조합 운동가였어요.
지금은 미국에 사시는데 예전에는 오랫동안 베네수엘라 동부지역에 사
셨어요. 아버지는 수크레 주의 마리기타르라는 작은 마을에서 어업 협
동조합을 시작했습니다. 저는 아버지가 협동조합 활동을 하면서 사람
들을 조직하고 어민들을 모으고 마을 공동체의 서로 다른 성원들, 그러
니까 어민, 노동자, 기능공 들 사이에서 사업을 조율하려고 노력하는 것
을 봤습니다.

1976년에 저는 카라카스로 이주해 베네수엘라중앙대학에서 공부를
시작했어요. 그리고 니카라과, 엘살바도르, 칠레, 콜롬비아의 민중과 연
대하는 운동에 참여했습니다. 그러면서 좌파가 된다는 것, 진보적으로
일한다는 것의 의미를 배우고 이해하기 시작했어요.

우리집은 부자가 아니었어요. 물론 저는 돈을 좋아해요. 좋은 직업을
갖고 싶죠. 하지만 다른 사람을 착취하거나 다른 사람에게서 빼앗지 않
고 돈을 벌고 싶어요.

제가 무슨 간디 같은 사람이라는 이야기는 아니에요. 그런 사람처럼
되고 싶지도 않고요. 저는 알폰소 올리보입니다. 시민이고 협동조합주
의자Cooperativista이고 투사입니다. 저는 이 삶이 지속가능하다고 생각해

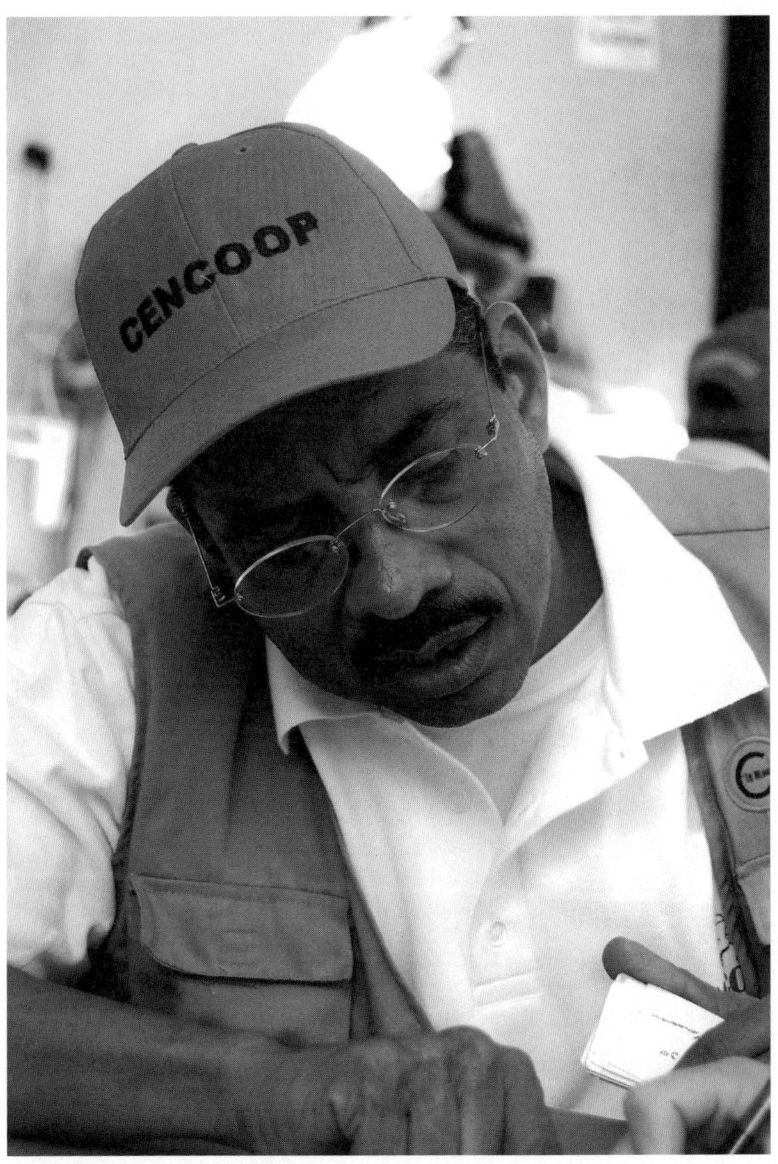

알폰소 올리보

요. 우리가 의지만 있다면 가능합니다. 그래서 저는 협동조합주의를 깊이 신뢰합니다. 이해 못하는 사람들도 있지요. 급진 좌파들은 우리를 프티부르주아(부르주아적 사고방식을 가진, 부르주아와 프롤레타리아 사이의 중간계급-옮긴이)라고 하면서 협동조합주의를 여전히 사적 소유의 한 형태라고 말합니다. 반면에 자본주의자들은 우리보고 사회주의자라고 하고요. 그래서 우리는 중간에 있어요. 협동조합주의는 체제의 중간에 있습니다.

베네수엘라 협동조합의 역사

이곳 베네수엘라에서 협동조합 운동은 1902년 아니면 1904년에 시작됐어요. 두 이론이 있습니다. 한 이론은 1902년에 마르가리타와 포를라마르에 협동조합이 있었다고 말하고요. 다른 이론은 1904년에 안데스에서 협동조합이 시작되었다고 합니다. 어쨌든 이것이 우리 협동조합 운동의 기원입니다. 베네수엘라까지 도달한 협동조합 운동은 유럽 이론과 함께 왔습니다. 유럽인들이 우리에게 협동조합주의를 가르쳤지요. 그래서 누가 베네수엘라에서 협동조합을 만들었을까요? 예수회 사제들입니다. 그들은 협동조합주의를 극빈자들을 구제하는 방법으로 봤습니다. 그래서 예수회 사제들이 이곳으로 온 것이죠.

협동조합 운동은 또한 쿠바혁명의 승리에 대한 대응 차원에서 미국으로부터 베네수엘라로 전해졌습니다. 1959년과 1960년에 쿠바혁명으로 촉발된 혁명 운동은 라틴아메리카로 퍼져나갔습니다. 이를 막기 위해 미국은 혁명이나 전쟁 말고도 가난에서 벗어날 수 있는 협동조합이라는 방법이 있다고 사람들이 생각하도록 라틴아메리카 정책을 펴나갔습니다.

그래서 사제들이 이곳에 왔습니다. 1960년대에 말이죠. 당시 협동조합은 초보적인 수준이었습니다. 우리 방식과는 다르고 유럽식에 가까웠어요. 그들은 협동조합주의란 아주 작은 공동체 단위에서 극빈 상태로 사는 것, 그러니까 낡은 옷을 입고 비천하게 입에 풀칠할 만큼 생산하는 것이라고 가르쳤습니다. 하지만 그런 건 사회 발전을 고려하는 협동조합주의가 아닙니다.

당시 이곳 라라 주에 큰 협동조합들이 생겨났어요. 생산품으로 매주 4만 명을 지원하는 세코세솔라[8], 그리고 의료 서비스를 제공하는 코로 지역의 세코코로, 엘디아 협동조합, 페코세벤 협동조합, 알리안사 데 사나레 협동조합 등등 말이죠. 이 협동조합들은 조합원이라는 제한된 영역을 넘어서서 거리로 나갔습니다.

몇십 년 뒤 새로운 시대가 왔습니다. 1999년 차베스의 시대 말입니다. 새로운 협동조합주의가 시작됐습니다. 새로운 협동조합주의는 어떤 면에서는 기존 협동조합주의를 거부하는 것이었습니다. 기존 협동조합주의를 폐쇄적이라고 봤거든요. 정부는 기존 협동조합주의에 연대 정신이 없다고 봤습니다. 그래서 국가가 미션 부엘반 카라스를 통해 새로운 협동조합주의를 만들었습니다. 라라 주에서만 협동조합이 1500개 정도 생겼지요.

---

8   세코세솔라는 CECONAVE 산하의 18개 지역 협동조합연합 중 하나다. 전통적인 협동조합 대다수는 서비스나 금융 관련 협동조합인데 반해, 새로운 '볼리바르' 협동조합(차베스 집권 후 생긴 협동조합)은 대부분 노동자 협동조합이다.

미션 부엘반 카라스

이 운동은 국가의 지원하에 엄청난 힘으로 시작됐습니다. 하지만 돌아보면 기대한 만큼 과실을 맺지는 못했습니다. 라라 주의 1500개 협동조합 중에서 약 15퍼센트만이 제대로 운영됩니다. 나머지는 와해되고 중단되고 해산됐습니다. 실수를 많이 저질렀지만, 무엇보다도 가장 큰 문제는 사람들이 협동조합주의자가 될 준비가 전혀 안 되어 있었다는 점입니다.

개인은 각자의 이해관계가 있습니다. 사람들은 공동체에서 각자의 특수한 상황과 개성에 따라 행동합니다. 돌이켜 보면, 이곳 모임들은 공부할 때와 장학금을 받을 때에는 단합이 잘 됩니다. 하지만 실제로 협동조합을 만들고 재정 지원을 받고 일을 시작하게 되면 분열합니다. 미션 부엘반 카라스 때도 이런 일이 일어났죠. 하지만 긍정적인 부분도 남아 있습니다. 이런 상황에서 살아남은 몇몇 협동조합이 있었어요. 우리는 이곳 라라 주에서 많은 협동조합들에게 조언을 했고, 그들은 결국 살아남아 뭉쳐서 일하고 있습니다.

이런 경험이 중요하죠. 정말 좋은 경험이에요. 국가에서 이를 받아들여야 해요. 사람들은 이런 것을 찾고 있습니다. 혁명이 시작됐을 때, 우리는 실업률이 12~15퍼센트인 나라를 인수했고 극빈자가 넘쳐났다는 것을 기억할 필요가 있습니다. 엄청난 빈곤 덕에 여러 미션이 성공했죠. 왜냐하면 미션들이 이런 필요에 부응했기 때문입니다. 하지만 이는 임시방편일 뿐이에요. 단기 처방은 될 수 있겠지만 장기적인 해결책은 아닙니다.

공동체평의회 – 혁명적 조치

미션 부엘반 카라스를 시작한 후, 국가는 공동체평의회 사업에 착수했어요. 왜 이 얘기를 꺼내냐고요? 공동체평의회 안에 협동조합이 있기 때문입니다. 공동체평의회에는 세 개의 분과가 있습니다. 집행분과, 사회감사분과, 재정분과입니다. 공동체평의회의 재정분과가 협동조합입니다. 집단적 혹은 사회적 소유, 즉 공동체에 귀속하는 방식이라는 점에서 전통적인 협동조합과 다릅니다.

이 협동조합 또는 공동체 은행은 국가 기금 운영을 책임지고 있습니다. 국가가 일정한 기금을 협동조합에 넘겨주면, 협동조합은 기금을 공동체에 줍니다. 그 돈으로 도로도 보수하고 학교도 짓는 거죠. 이런 식으로 공동체평의회는 정부의 역할을 하게 됩니다. 이것이야말로 혁명적인 조치입니다. 저는 차베스 정부의 가장 혁명적인 조치가 바로 이 공동체평의회 창설이라고 자주 이야기합니다. 왜냐하면 관료나 시장, 국회의원 들이 통제하던 자본을 민중 스스로 관리하도록 직접 건네주기 때문입니다.

협동조합평의회

국가협동조합감독원SUNACOOP은 협동조합 부문의 정책을 조율하는 국가 기관입니다. 그런데 SUNACOOP는 지시를 내리고 교육 연수를 진행하고 법률안도 만듭니다. 모든 것을 다 하는 거예요. 그래선 안 되죠. 운동은 자주성을 가져야 합니다. 우루과이, 아르헨티나, 콜롬비아의 사례를 보십시오. 이들의 운동은 자체적인 방향을 갖고 있었습니다. 그런데 베네수엘라에서는 그렇지가 않아요.

1998년에 베네수엘라에는 고작 760개의 협동조합이 있었는데, 5년 만에 15만 개로 늘었어요. 지금은 등록된 협동조합이 28만 개 있습니다. 하지만 이렇게 성장하는 부문의 요구를 품을 수 있는 구조가 없습니다. SUNACOOP의 전前 감독관이자 미래지향적인 사회학자 카를로스 몰리나Carlos Molina는 이렇게 말했습니다.

"협동조합 운동이 스스로의 힘으로 방향을 찾아나가도록 하는 것이 해결책입니다. 스스로 조직해야 합니다."

그는 운동이 스스로를 지도하도록 할 것을 제안했습니다. 그러면서 협동조합평의회 창설을 제안했지요.

이 개념은 지역 단위, 구 단위, 전국 단위로 평의회를 건설하는 것입니다. 이곳 라라 주에도 이 세 가지 구조가 있어요. 3단계 방식인거죠.

왜 이런 식으로 하냐고요? 예를 들어 라라 주에는 바르키시메토에서 약 150킬로미터 떨어진 꽤나 먼 지역이 있는데요, 그 협동조합원들은 여기로 오기가 굉장히 어렵습니다. 그래서 예컨대 지역 차원의 협동조합평의회가 중개자가 되어 멀리 떨어진 협동조합들이 기금을 얻고 일을 할 수 있도록 도와주는 것입니다. 또한 지역 협동조합평의회는 각 지역의 협동조합을 위해 연수회나 교육훈련을 제공할 수 있습니다.

협동조합평의회는 SUNACOOP 같은 국가 기구와 협동조합 사이에서 연결통로 역할을 할 수 있습니다. 이게 우리가 지향하는 바입니다. 우리는 정부가 되기를 원하지 않아요. 정말입니다. 일을 하면서 이 운동이 스스로 정체성을 확보해나가며 입지를 다져가길 바랄 뿐입니다.

이행인증서라는 서류 발급 때문에 협동조합이 깨지고 있습니다. 그 서류를 받는데 시간이 너무 오래 걸려서 협동조합 대부분이 그 서류가 없어요. 왜 정부 기구인 감독원이 이 서류를 발급해야 하나요? 협동조

회의 중인 전국협동조합평의회(CENCOOP) 조합원들

합 운동 단체에서 직접 이 서류를 발행하면 안 되나요? 20년 전에는 협동조합이 정부와 약정을 맺는 데 5단계가 필요했는데 지금은 20단계가 필요해요. 하지 말라는 것과 다를 바 없죠. 겉으로는 협동조합 운동을 지원한다고 하면서 다른 한편으로는 관료제로 협동조합 운동을 방해하는 거예요! 그래서 우리는 관료제와 싸웁니다. 관료제는 운동이 자주성을 가지는 것에는 관심이 없어요.

협동조합평의회의 구성

협동조합평의회 구성원 대다수는 활동한 지 얼마 안 된 사람들입니다. 협동조합 운동에서 사오 년 정도의 경험이 전부죠. 여기에 오래된 협동

조합들이 고립된 상황을 벗어나서 함께하고 있어요. 전통적인 협동조
합들은 실제로 상황에 대한 이해력과 높은 수준의 지식을 통해 기여할
수 있습니다. 이렇게 라라 주에서는 특이하게도 라라 주 협동조합평의
회 체계 안에서 옛 협동조합 운동과 새 협동조합 운동이 공존하면서 의
사결정을 해나가고 있습니다.[9] 이것이 라라 주의 현재 상황이고, 비슷한
일이 팔콘, 볼리바르, 술리아, 타치라에서도 일어나고 있는 듯합니다.
상징적인 주州들이죠. 다른 주에서는 아직 상황이 썩 좋지 않아요. 제가
설명한 이유들 때문에 운동이 아직 단결하지 못하고 있거든요.

볼리바리안 협동조합 대 전통적인 협동조합

새로운 부엘반 카라스 협동조합(볼리바리안 협동조합)들은 정부의 올바
르고 건전한 의지가 뒷받침되어 만들어졌습니다. 새로운 협동조합주의
를 구현하기 위해서는 이런 상황을 잘 이용해야 합니다. 또한 옛 협동
조합의 경험과 원칙도 배워야 합니다. 그들의 전통, 투쟁, 운영방식, 인
적·물적 자원을 말입니다. 이 가치들을 그들이 어떻게 융합해냈는지
도요. 나아가 우리는 옛 운동이 놓친 사회적 비전을 협동조합주의에 더
담아내야 합니다. 공동체 발전에 대한 헌신 같은 것 말입니다. 협동조
합의 제5원칙이죠. 공동체에 대한 헌신.

　신구新舊의 이 두 가지 비전을 서로 보완할 필요가 있다고 생각하니

9　라라 주 협동조합평의회의 최근 프로젝트는 협동조합 은행 설립이다. 이 협동조합 은
　행은 '협동조합연대경제시스템'으로 불린다. 올리보는 다음과 같이 말한다. "우리 협
　동조합의 모든 경험을 모아 체계를 세우고 있습니다. 계획을 실행하고 은행처럼 기능
　하도록 만들어서 협동조합들을 지원하도록 할 겁니다." 그들은 2011년에 은행 영업을
　시작하는 것을 목표로 하고 있다.

다. 그러면 결국에는 수식어를 붙이지 않고[10] 그냥 단순히 '협동조합'이라고 부를 수 있는 결과물을 내놓을 수 있을 겁니다. 협동조합은 그냥 협동조합일 뿐이에요. 하지만 그것은 토론의 결과물이어야 합니다. 교육의 결과물이어야 하고요. 신뢰의 결과물이어야 하죠. 우리는 민중을 믿어야 합니다.

혁명적 변화

누군가 거리에서 "이것은 혁명이다. 나는 차비스타(차베스 지지자)다"라고 말하는 것만으로는 부족합니다. 그런 건 중요하지 않아요. 우리가 국가를 바꾸기 위해서 뭘 하는지가 중요합니다. 이전에는 권력자들이 착취와 도둑질로 통치를 했지만, 이제 우리 민중이 통치 방식을 바꿔야 합니다. 바꾸는 데는 두 가지 방법이 있습니다. 하나는 권력을 민중에게 주는 겁니다. 다른 하나는 겉만 그럴 듯하게 바꾸는 거고요.

아마 다른 나라에서는 상황이 다를 겁니다. 쿠바나 니카라과와 우리를 비교한다면 서로 상황이 다르겠지요. 우리는 이전에 50년간 보수양당체제 Adeco-Copeyano 하에서 살았습니다.[11] 보수 양당은 5년마다 권력을 번갈아 가졌고 민중은 이런 상황에 익숙했습니다. 국가는 민중에게 부스러기만 주고 착취했는데, 어느샌가 민중은 자신이 부스러기보다 더 많이 받을 가치가 있다는 것을 스스로 깨닫게 되었습니다. 석유로부터

---

10   이를테면 옛 협동조합과 새 협동조합, 또는 전통적인 협동조합과 볼리바리안 협동조합.
11   보수양당체제 : 푼토피호협약하에 민주행동당과 기독사회당은 번갈아 정부 권력을 나눠 먹는 것에 합의했다. 소수 정당인 민주공화연합도 대통령직을 얻을 수는 없었지만 협약에 참여했다. 협약은 1990년대까지 지속됐다.

나오는 이익이 천연자원의 진정한 주인인 민중 자신에게 직접 와야 한다는 사실 말이죠. 이 사실을 알게 되자 민중은 저항에 나섰습니다.

이제 우리는 천연자원이 민중의 것이라는 사실뿐만 아니라, 천연자원을 평등하고 정의로운 체제하에서 합리적으로 사용하고 잘 보존해야 한다고 이야기해야 합니다. 협동조합은 바로 그런 일을 할 수 있는 수단입니다.

협동조합과 개발

협동조합주의는 이런 의식을 형성해나가는 작은 모래 한 알과 같습니다. 사상적 도구죠. 경영자들이 자신의 이윤 중 일부를 떼어내서 사회에 환원하는 것도 연대의 한 형태이며 일종의 사회주의라고 할 수 있습니다.

한편으로, 생산성이 없다면 국가는 살아남을 수 없죠. 생산을 해야 합니다. 베네수엘라는 석유에 크게 의존하고 있어요. 국가의 투자는 전부 석유산업으로 벌어들인 돈에서 나오죠. 지금 이 순간 그 돈을 민중에게 넘겨주고, 석유로 번 돈으로 다른 생산물을 만들려면 무엇을 해야 할까요? 석유 활황이 끝나더라도 우리 미래 세대가 계속 풍요롭게, 아니 적어도 부족한 것 없이 함께 살 수 있으려면 과연 무엇을 해야 할까요.

모순, 그리고 중간계급 혁명

정부는 좋은 의도로 이 일을 하고 있습니다. 적어도 차베스 대통령은 좋은 의도가 있다는 것을 보여줬습니다. 그렇다면 지금 어디서 잘 안 되고 있는 걸까요? 차베스와 함께하는 집단에 문제가 있습니다. 우리가 새로운 방식의 경제활동을 발전시키려 할 때 이를 방해하는 사람들이 정부 내부에 분명히 있습니다. 이 혁명 과정을 베네수엘라의 프티부르주아, 그러니까 중간계급이 주도하고 있거든요.

이것이 바로 지금 이 정부에 존재하는 모순입니다. 이 혁명 과정을 대체 누가 주도하는가? 중간계급입니다. 그들은 이 사업을 추진하면서 자본가에게 피해가 가지 않기를, 그러니까 대기업이나 다국적기업, 그리고 대토지 소유자에게 피해가 가지 않기를 원합니다. 저는 혁명가입니다. 협동조합주의자이고요. 그들이 이런 식으로 일을 추진하는 것이 마음에 들지 않습니다. 우리가 극복한 그 체제로 다시 돌아갈 수 있는 실마리가 되니까요.

10년의 볼리바리안 혁명 과정

지난 10년간 정부의 협동조합 정책은 아주 성공적이진 않았어요. 그렇다고 실패도 아니고요. 정부는 협동조합을 건설하자고 제안했고 집단주의 정신을 널리 전하려고 노력했습니다. 전에는 사람들이 단지 개인적인 목적만을 생각했잖아요. 차를 산다든지 새 집을 구입한다든지 말이죠. 그 사람들한테 갑자기 "학교를 짓자고 요구합시다. 우리 모두를 위한 일을 찾아봅시다" 이렇게 말할 수는 없거든요. 그런 의미에서는 (사람의 의식을 바꾸는 데 있어서는—옮긴이) 정부의 노력이 유효했고 성공적입니다.

사회주의

자본주의 사회보다 사회주의 사회에서 사는 것이 더 좋습니다. 서로 나누는 것이 더 좋지 않나요? 민간 병원에 돈 내는 것보다 무상의료가 더 좋지 않나요? 비싼 등록금 내고 사립대학에 다니는 것보다 무상교육이 더 좋지 않나요? 사회주의가 더 좋죠. 하지만 사람들이 아직도 이를 이해하지 못하고 있고, 그것을 이용하는 세력이 있습니다. 이해관계의 충돌이 있죠. 정부라는 것은 그 자체로는 사회주의적이지도 미래지향적이지도 않습니다. 단지 지금 정부가 차베스라는 지도자에 의해 움직이고 있으며, 차베스가 사회주의적 전망을 가지고 있는 것이죠. 하지만 차베스 주변에 있는 사람들이 다 차베스와 같은 전망을 가지고 있는 것은 아닙니다. 이것을 잘 구분해야 합니다. 그러면 우리는 뭘 해야 할까요? 프티부르주아적 전망도 물론 진전이 있는 것이지만, 그것을 상쇄하고 균형을 잡으려면 우리를 더욱 전진하게 할 급진적 사상을 지지해야 합니다.

협동조합주의는 이제 막 한창입니다. 이 정책을 펼쳐서 사회의 다른 부분에까지 영향을 미치게 하려면 뭘 해야 할까요? 우리는 말합니다.

"여러분 스스로 조직하세요."

협회든, 단체든, 조직이든, 민중은 조직되어야 합니다. 민중이 조직돼서 자신들의 권리를 요구하는 것은 물론 책임까지도 말해야 합니다. 우리 민중과 우리의 혁명이 실패하는 주된 이유는, 민중의 의식이 충분히 성숙하지 못해서 자기 자신이 주체라는 것, 한 사람이 하는 게 아니라 모두가 주체라는 것을 이해하지 못하기 때문입니다. 어떤 '사람'을 따르는 것이 아닙니다. 사상을 따르는 것입니다. 올바른 사상을 따르는 거예요. 이것이 우리가 말하고자 하는 것입니다.

이 운동은 계속돼야 합니다. 협동조합주의는 평생이 걸리는 사업이기 때문입니다. 하루, 혹은 한 정부의 집권 기간 정도가 아닙니다. 평생이 걸립니다. 어느 곳에서 협동조합주의가 더 잘 돌아갈까요? 물론 사회주의 사회에서 잘 돌아갑니다. 우리에겐 사회주의 정부가 훨씬 더 좋습니다. 바로 지금 이 정부는 협동조합 운동을 지원하고 있고, 그래서 우리는 정부를 신뢰합니다. 차베스 같은 정부는 우리가 맞서 싸우는 자본주의 정부보다 훨씬 좋습니다. 예전에, 그러니까 1964년에 우리는 보잘것없었습니다. 사람들은 우리를 믿지 않았어요. 협동조합은 그저 도로 청소나 했지요. 지금은 민중이 협동조합을 결성하고 있고 협동조합주의를 신뢰합니다. 상황이 매우 긍정적입니다. 그리고 이 과정은 끝이 없습니다. 무슨 일이 일어나든, 우리는 계속 나아갈 것입니다.

베네수엘라 민주주의

공동체평의회에 권력을 준 것은 이 정부가 취한 가장 혁명적인 조치입니다. 전에는 시장이나 도지사가 하던 일을 공동체평의회가 할 수 있도록 했죠. 민중은 국가나 관료적인 공무원들이 개입하지 않아도 스스로 잘할 수 있습니다. 이것이 민주주의입니다. 매일 토론하고 거리에서 투쟁하고 학생들과, 노동자들과 이야기하는 것 말입니다. 다양한 의견이 있고, 그래서 토론은 풍부해집니다. 저는 우리가, 사회주의까지는 아니더라도 최소한 매우 민주적인 국가를 만들어가는 과정에 있다고 생각합니다. 민주주의 수준이 높아지고 있어요. 아무런 의사 표현도 없이 단지 4년에 한 번 투표나 하는 것을 넘어서고 있죠.

기억해보세요. 베탕코우르트, 페레스, 칼데라[12] 정부에서도 민주주의를 이야기했습니다. 하지만 그건 대의민주주의였어요. 지금 민중은 의사결정에 직접 참여하고 있습니다. 대통령은 참여민주주의를 이야기하고요. 지금까지 말한 것, 즉 민주주의의 발전, 정치적 행동의 확장, 단순한 투표를 넘어서는 참여, 경제·사회·정치적 이해관계에의 개입, 이런 게 결국 사회주의예요. 바로 이게 사회주의죠.

물론 모든 것이 장밋빛이지만은 않습니다. 400만 반대파가 있고, 그들도 고유의 민주주의 전망을 가지고 있습니다. 그들은 예전 민주주의를 이용해서 부자가 된 사람들입니다. 미국에 대저택을 가지고 있으며 문 앞에 마차가 있고 최신형 자동차를 서너 대씩 가지고 있으며 하인을 몇십 명씩 부리는 사람들입니다. 이 사람들은 그런 삶에 익숙해져 있지만 그건 올바른 일이 아니에요. 이런 일을 없애야 합니다.

카라카스에는 판잣집이 가득해요. 이곳 라라 주의 바르키시메토에도 판잣집들이 있습니다. 여기 사는 사람들은 공장에서 일을 하거나 노점상을 하기도 하고 음성적인 일에 종사하기도 합니다. 그들은 일하러 갔다가 판잣집에 돌아와서 잡니다. 물도 없고 전기도 안 들어오고 교육도 받지 못합니다. 아무것도 없지요. 하지만 그들도 베네수엘라인입니다. 국가가 직접 챙겨줘야 해요. 이 사람들과 함께 가는 것, 그것이 높은 수준의 민주주의입니다. 그리고 그것이 사회주의입니다. 간단하죠.

---

12   푼토피호협약하에서 대통령을 지낸 사람들.

4

공동체 매체·예술·문화

09

역사가 없는 민중은 미래가 없습니다

★

네그로 미겔, 호세 냐녜스 이바라, 엑토르 랑헬
– 마누엘 폰테 로드리게스 재단, 산 카를로스 병영 –

이곳에 더 이상 재소자는 없지만, 2층의 차가운 복도는 별로 달라진 것이 없다. 감옥 문은 여전히 달려 있지만 더 이상 잠겨있지 않다. 재단은 왼쪽 세 번째 방을 사무실로 쓰고 있는데, 그 옆방은 우고 차베스가 1992년 쿠데타에 실패하고 잠시 갇혀 있던 방이다. 복도 끝에 있는 방은 사용하지 않고 있다. 그 방은 마누엘 폰테 로드리게스^{Manuel Ponte Rodríguez}가 1962년 푸에르토 카베요 지역에서 일으킨 반란에 실패한 후 죽은 방이다. 창문 밖으로 보이는 마당에는 뜨거운 아침 햇살이 내리쬐고 있다.

뒤편에는 두터운 돌담 곳곳이 서서히 무너지고 있다. 허벅지까지 오는 잡초가 바람에 살랑거리고, 한때 감방이 있던 곳은 돌무더기로 덮여 있다. 인근 대부분이 최근에 보수되었지만, 산 카를로스 병영은 여전히 4세기 전부터 지금까지 베네수엘라 정치의 최전선에 있는 역사, 그 긴

격동의 과거를 생생하게 증거하고 있다.

1777년에 스페인 사람들은 국왕 카를로스 3세의 이름을 딴 병영을 짓기 시작했는데, 그들은 이 병영이 중요한 곳이 될 거라고는 전혀 생각지 못했다. 당시 이 병영은 아빌라 산을 끼고 카리브 항구 도시인 라 과이라에 이르는 일련의 요새 최후방일 뿐이었다.[1] 16세기 말에 영국 해적 아미아스 프레스톤Amyas Prestón에게 카라카스가 약탈당한 적이 있었다. 스페인인들은 다시는 그런 일이 일어나는 것을 원하지 않았다.[2] 그 후 30년 동안 스페인인들은 많은 시설을 요새와 병영으로 사용하다가, 1808년에 자신들에게 반대해 봉기한 저항군을 가두는 감옥으로 바꿨다. 오랜 투쟁 끝에 1811년 7월 5일, 프란시스코 데 미란다Francisco de Miranda가 이끄는 제헌의회는 베네수엘라가 스페인으로부터 독립했음을 선포했다. 그리고 일주일 뒤 병영에 새로운 베네수엘라 깃발을 게양했다.[3] 스페인 측은 즉시 대응했다. 독립전쟁이 계속되던 1812년 3월 26일, 큰 지진으로 베네수엘라 도시들이 붕괴돼 1만 5000명이 사망하고 산 카를로스 병영이 일부 무너졌다. 병영은 다시 지어졌고, 이후 대통령 암살범, 정치범, 좌익 게릴라, 미국이 배후에 있는 테러리스트 등이 수감되면서 20세기 베네수엘라에서 가장 유명한 감옥이 됐다.[4]

---

1 Efraín Valenzuela, "El Cuartel San Carlos," *Aporrea*, February 17, 2007, http://www.aporrea.org/actualidad/a30844.html.

2 Leonard V. Dalton, *Venezuela* (Whitefish, MT: Kessinger Publishing, 2008), 77.

3 Portal ALBA (*Alianza Bolivariana para los Pueblos de Nuestra América*),"Venezuelan History," http://www.alternativabolivariana.org/.

4 반反카스트로 쿠바 테러리스트인 올란도 보쉬Orlando Bosch와 루이스 포사다 카릴레스Luis Posada Carriles에게 그 감옥은 집이나 다름없었다. 1976년 10월에 이들이 쿠바 여객기를 폭파해서 승객 73명이 사망했다. 포사다 카릴레스는 1985년에 탈옥했다. 이들은 현재 마이애미에 살고 있는데, 베네수엘라와 쿠바는 지금도 미국에 보쉬와 포사다의 신병 인도를 요구하고 있다.

1994년에 새로 당선된 라파엘 칼데라 대통령은 1992년 쿠데타를 주도했던 우고 차베스를 사면한 후 산 카를로스 병영 감옥을 폐쇄했다. 이후 감옥은 역사적 기념물로 지정됐다. 10년 뒤, 차베스 정부 산하의 문화부가 병영을 박물관으로 바꾸는 개조를 시작했다. 하지만 개조 작업에 고용된 협동조합은 역사적 유물을 보존하기는커녕 100년도 더 된 병영 내 건축물을 팔아치우기 시작했다. 그러자 예전에 정치범으로 거기 수감되었던 사람들이 약탈 행위를 막으려고 즉시 행동에 들어갔다. 2006년 7월 26일에 10여 명이 병영을 점거한 것이다. 이런 우여곡절 끝에, 병영이자 감옥이었던 그곳이 이제는 인민 문화센터인 '인민권력을 위한 산 카를로스 자유 병영'이 됐다.

예전에 정치범이었던 사람들이 이곳에 정치 교육과정을 개설했다. 미션 마드레스 델 바리오의 활동가들은 이곳에서 모임을 가진다. 몇몇 PSUV 조직들도 여기서 모임을 가진다. 2009년에는 카라카스 시 소속 정치 사무국이 이곳에서 공동체평의회 결성을 돕는 주민 교육과정을 열었다. 그 밖에도 페레스 히메네스 정부 전복 50주년 기념 국회 특별회의 같은 다양한 이벤트와 무료 콘서트가 개최되었다.

복도를 따라 대형 흑백 초상이 죽 늘어서 있는데, 이들은 1960년대와 1970년대에 실종되거나 고문받거나 암살당한 사람들이다. 이들 상당수는 당시 학생이었다. 짧은 머리에 스포츠 재킷을 입은 한 젊은이가 무슨 일 있냐는 듯 무표정하게 사진 밖을 응시하고 있다. 설명을 읽어보니 다음과 같다.

"루이스 라파엘 티네오 감보아Luis Rafael Tineo Gamboa, 농민 운동가. 1965년 10월 25일 실종. 반란에 가담했다는 혐의로 에디토 오르다스Edito Ordaz 대위에게 구금되었다. (베네수엘라 보안부대는) 그를 구금하자마자

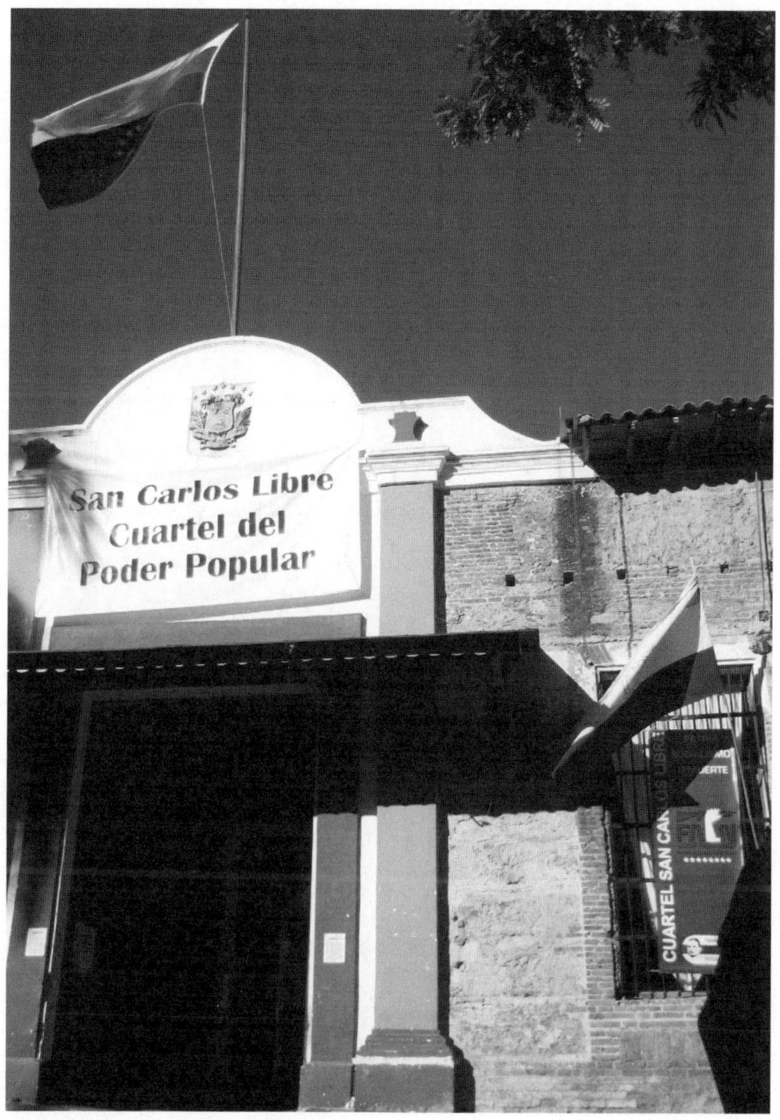

인민권력을 위한 산 카를로스 자유 병영

야만적인 고문을 가하고, 그에게 자신이 묻힐 무덤을 파도록 명령했다. 보안부대는 그의 귀, 코, 손, 성기를 잘라내고 그를 무덤에 던져 넣었다. 13개월의 수색 끝에 그가 묻힌 곳을 발견했는데, 산 채로 묻혔다는 흔적이 나타나 있었다.”

“역사가 없는 민중은 미래가 없습니다.”

네그로 미겔Negro Miguel이 말했다. 그의 진짜 이름은 엔리케 벨라스케스Enrique Velásquez다. 그는 50년 만에야 실명을 밝힐 수 있었다. 미겔은 1960년대에 민주행동당AD－기독사회당COPEI 연립정부에 맞서 싸웠던 민족해방군FALN의 게릴라 전사였다. 그는 당시 2년간 이곳 산 카를로스 병영에 투옥됐다. 그리고 2년 반 전에 약탈행위로부터 이 병영을 되찾은 정치범 출신 사람들 중 하나로, 지금은 이곳을 운영하고 있다.

산 카를로스 병영은 지난 10년간 베네수엘라 전역에서 자라난 수많은 자치운동 중 하나다. 라 파스토라의 ‘문화의 집’이나 발렌시아의 정치문화 공동체인 FRAPOM, 그리고 티우나 엘 푸에르테의 NUDE[5] 같은 자치운동들처럼 말이다. 베네수엘라 사람들의 손길이 닿으면 모든 게 ‘문화적’인 것이 된다.

차베스 정부는 문화와 예술을 중시한다. 지난 5년간 전국의 공동체들은 수많은 문화 공동체를 설립하여 문화 활동과 스포츠 활동을 돕고 지역 주민들의 공동체 역사를 기록하고 있다. 공동체 라디오와 텔레비전

5　NUDE : ‘자생적 발전의 핵’이라는 의미. 베네수엘라 정부는 2004년에 카라카스의 카티아 지역에 시범적으로 ‘파브리시오 오헤다 NUDE’를 시작했다. 지난 몇 년 동안, 한 지역의 협동조합, 공동체위원회, 공동체평의회, 정부 사회사업 모두를 아울러 결성된 NUDE가 전국적으로 수십 군데에 이른다.

도 관련이 있다. 카티아 TV의 ECPAI 프로그램 멤버들(10장을 보라)은 지역 공동체의 역사에 관한 내용으로 공동체 구성원들을 인터뷰한다. 이런 조직들이 생기기 전에는 각 공동체평의회가 공동체 조사 작업을 실시해야 했다. 또한 문화 공동체들은 감춰지고 잊힌 과거를 되살리기 위해 빈민가의 역사를 기록할 예정이다. 그것이 곧 정치범 출신 사람들이 이곳 산 카를로스 병영에 있는 이유이기도 하다.

"나는 이곳의 모든 감방에 다 갇혀봤죠."

바를로벤토에 사는 호세 냐녜스 이바라^{José Ñañez Ibarra}가 말했다. 그는 FALN의 도시 게릴라에 가담하기 전인 1960년까지 건설노동자였다. 그는 수년간 카라카스 외곽에서 활동하다가 총에 맞고 잡혀서 고문을 당했고, 군사재판에서 즉결로 이 감옥에 갇혔다. 그때가 1966년이었다.[6]

엑토르 랑헬^{Hector Rangel}은 긴 죽마 타는 법을 배우고 있는 십대 청소년 대여섯을 지나 병영 쪽으로 걸어가서, '구멍'이라 불리던 3피트 폭의 작은 감방으로 올라갔다. 그 공간은 여전히 남아 있는데, 철봉은 녹슬어 있었다. 수십 년 전 재소자들이 자신의 고통을 새겨 넣은 문구가 검은 감옥 벽 여기저기 새겨져 있다. 한 문구가 눈에 띈다.

"저항하는 사람이 역사를 기록하리라."

6　호세 냐녜스는 자신이 산 카를로스 병영에 갇혀 있던 13년 동안, 정치범 300여 명이 20차례 단식 투쟁을 벌였다고 말했다. 그가 감옥에 있는 동안 산 카를로스 병영에서 유명한 탈옥 사건이 두 번 있었다. 첫 번째 탈옥은 1967년 초반에 있었는데 공산당 지도자 세 명이 1년 반 동안 판 굴을 통해 밖으로 기어나갔다. 이들 중 한 명은 예전에 게릴라 활동을 했던 테오도로 페트코프Teodoro Petkoff다. 페트코프는 현재 차베스 반대파의 지도급 인물이며, 반대파 신문인 '탈 쿠알'을 창간했고 차베스 대통령을 노골적으로 비판한다. 두 번째 탈옥은 1975년 1월 18일 자정쯤에 일어났는데, 정치범 23명이 인근 집으로 연결된 150피트 길이의 굴을 통해 기어나갔다. Pedro Reyes Millán, "1975: la fuga del Cuartel San Carlos," *Soberania*, January 16, 2004.

옆방에서 랑헬은 예전에 보안대^{SIFA} 사무실이었던 망루를 가리킨다. 그 건물은 이제 없다. 유일하게 남아 있는 망루 주변에는 빈민가가 들어섰다.

"저곳이 고문과 죽음의 중심부였어요."

랑헬은 말했다.

"붙잡히면 저기로 끌려가서 고문을 당하는 거죠. 몇몇은 실종되거나 옮겨지기도 하고 시체가 되어 저 산에 버려지기도 했습니다. 나머지는 군사재판을 받고 감옥에 갇혔습니다."

랑헬은 좌파혁명운동^{MIR}에서 활동하던 중, 오랜 시간은 아니었지만 산 카를로스 병영 감옥에 갇혔다. 그는 군인도 아니었는데 군사 반란으로 유죄 판결을 받고, 감옥 여섯 곳을 전전하다가 발렌시아 호수에 있는 타카리과 섬에서 2년의 시간을 보냈다.

"우리는 그곳을 라파엘 칼데라 강제 수용소라고 불렀죠."

그가 말했다.

미겔, 냐네스, 랑헬은 모두 현재 마누엘 폰테 로드리게스 재단 사무국의 일원이다. 예전 재소자들과 그 가족들이 이 병영을 관리·감독하기 위해 재단을 설립한 것이다. 이들은 잊힐지 모를 역사적 사실을 보존하기 위해 투쟁하고 있다.

"우리는 역사적 기억을 지키기 위해 이곳에 있습니다"

병영의 역사

미겔 오늘 우리가 서 있는 이곳은 200년도 더 된 곳입니다. 1777년에 짓기 시작했지요. 첫 구역이 1784년에 완공됐어요. 요새, 병원, 병영으로도 쓰였지만, 거의 감옥으로 사용됐습니다. 노예제도를 옹호하는 스페인에 맞선 위대한 해방 투쟁의 역사에서 이곳은 병영이었습니다. 하지만 독립 이후에는 감옥이었죠. 어떤 역사학자들은 베네수엘라 독립의 영웅들도 여기에 갇혔다고 말합니다.

세월이 흘러 20세기 초에 이곳은 대통령 후보 카를로스 델가도 찰바우드 Carlos Delgado Chalbaud[7]를 암살한 사람들이 갇혔던 곳이죠. 1960년대에는 미국에게 지원받고 시키는 대로 하는 나쁜 정부가 들어섰고, 우리는 이에 대항해 게릴라 전사로서 맞서 싸우다가 여기에 갇혔습니다.

당시 우리 베네수엘라는 단품 생산국 mono-producer이라는 이야기를 들었죠. 석유만 생산했으니까요. 시골 사람들은 유전을 찾아 대규모로 이동했습니다. 결과적으로 북미 쪽 사람들이 재미를 봤죠. 우리는 총을 들고 이들과 맞서 싸우기 시작했습니다. 한 50년 전 일이에요.

다양한 민간-군부 연합 운동이 있었습니다. 가령 푸에르토 카베요

---

7   1945년과 1948년에 쿠데타를 일으켰던 군사정부의 일원. 대통령 후보였으나 1950년 11월 13일에 암살당했다.

시에서는 엘 포르테냐소라 불린 민간-군부 연합 운동이 있었습니다. 베네수엘라 동부에 있는 도시 카루파노에서는 카루파나소가 있었죠. 역시 동부에 있는 바르셀로나에서는 바르셀로나소가 있었습니다. 다 민간-군부 연합 운동이었어요. 하지만 나라에 헌신하는 군인은 드물었고, 군인들은 항상 손발이 묶여 있었습니다. 외국 이익단체에 매수된 사람들이 군인들을 꼼짝 못하게 만든 거죠. 그래서 우리는 패배했어요. 한편 베네수엘라에서 가장 중요한 민간-군부 연합 운동이었던 포르테냐소의 영향으로 우리는 게릴라 군대를 조직했고 FALN을 결성했습니다.

우리는 이런 시대에서 생존했습니다. 아까 살해당한 이들을 기리는 갤러리를 보셨죠? 10년간 투쟁하면서 300명 넘게 고문당하고 실종되거나 살해됐습니다. 그놈들은 이곳에서 아메리카군사학교 School of the Americas에서 배운 것을 실행했어요. 배운 고문법을 이곳 베네수엘라에서 써먹은 것이죠. 정치적 이유로 행방불명되는 것은 흔한 일이었습니다. 헬리콥터에 태워 밖으로 던져버리거나 산 채로 파묻었어요. 재소자들의 손을 자르는 일도 흔했지요. 그런 일이 일어난 게 바로 여기예요.

이 병영 감옥에 있었던 마지막 로맨티스트는 현 공화국의 대통령이죠. 그는 이 감옥에서 야레로 이감됐다가 거기서 풀려났어요. 우리가 지금 앉아 있는 이 병영은 매우 다채로운 역사를 지니고 있습니다. 우리의 이런 특수한 상황들이 곧 역사인 거죠. 그래서 지금 우리가 마누엘 폰테 로드리게스 재단의 일원으로 이곳에 있는 겁니다. 다른 무엇보다도 지금 제가 이야기한 이 모든 역사를 보존하기 위해서 말이죠.

산 카를로스 병영의 복도를 따라

호세 우리는 여기서 여러 해를 보냈기 때문에, 복도를 따라가다 보면 마치 여기가 고향인 듯 느낍니다. 진심으로요. 그래서 어떤 대가를 치르더라도 이곳을 지킬 겁니다. 여기는 마땅히 우리에게 속해 있고, 역사가 담긴 곳이거든요. 그런데 저들은 산 카를로스 병영을 파괴하려 합니다. 용납할 수 없는 일이에요. 이곳은 우리의 일부거든요. 저는 이 살아 있는 역사의 일부인 것이 자랑스럽습니다. 우리는 여전히 살아 있습니다. 오래도록 살면서 더 많은 것을 이야기할 겁니다.

이 병영은 유서 깊습니다. 1945년에 봉기가 일어났고, 1945년 10월 18일에 대학살이 있었죠. 이 병영이 최후의 보루였습니다. 우리가 가진 역사적 기억의 일부죠. 베네수엘라 역사의 일부고요.

저는 여기서 13년을 보냈습니다. 여기 있는 모든 감방에 있어봤죠. 고문은 끔찍했어요. 하지만 이 병영에서 하지는 않았어요. 그래서 여기 왔을 때 우리는 "이제 살았다. 우리를 죽이지는 않을 거야"라고 말했습니다. 아무튼 잡히면 온갖 고문을 다 당했습니다. 그들은 숨 막히게 하려고 머리에 비닐봉지를 씌웠어요. 물고문을 하고 때렸지요. 저는 가슴 언저리에 총을 맞고 잡혔는데, 그 상처 부위에 고문을 가했습니다. 때로는 구슬리려고 돈을 주기도 하고 여권을 주기도 했어요. 아는 것을 털어놓게 하려고 모든 짓을 다 했습니다. 저는 계속 거부했습니다. 그리고 지금 그 사실을 숨기지도 않아요. 우리가 겪은 이런 과정을 통해, 전에는 적들의 폭압 앞에서 말하지 않았던 것들을 말할 자유를 얻었습니다. 그래서 저는 자유롭습니다.

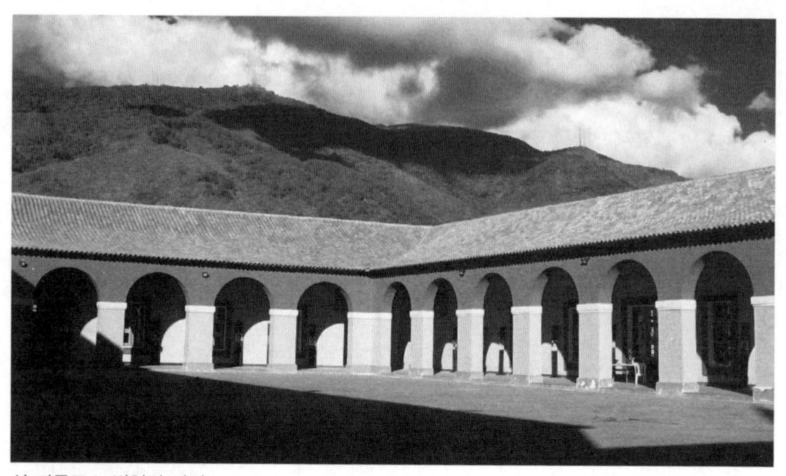

산 카를로스 병영의 마당

네그로 미겔

미겔 제 진짜 이름요? 50년이 지나고 나서야 말할 수 있었죠. 제 진짜 이름은 엔리케 벨라스케스입니다. 수년간 저를 알던 이 동지들도 최근에야 제 이름을 알게 됐죠. 우리는 가명을 썼거든요. 저는 항상 네그로 미겔로 불렸습니다. 옛 친구들은 지금도 저를 네그로 미겔로 부르죠.

점령

미겔 2년 반 전부터 여기를 지키고 있습니다. 고문받고 싶어 받은 것도 아니고 이 감옥에 갇히길 원하지도 않았지만, 그렇다고 우리를 희생자로 봐주기를 원하지도 않아요. 그 어떤 것도 원하지 않습니다. 한동안 우리는 역사적 기억을 없앤 사람들이 우리가 맞서 싸우던 제4공화국 사람들이라고 주장해왔습니다. 그런데 차베스 지지자 roja rojita[8]라고 자칭하고 스스로 혁명적이라고 하는 사람들과도 함께할 수가 없습니다. 그들도 제4공화국과 똑같은 길로 가고 있거든요. 이 사람들은 현 정부하에서 이 병영을 파괴하기 시작했어요. 7월 26일에 저기에 있는 무덤, 호르헤 로드리게스[9]의 무덤 앞에 서서 말입니다. 그래서 우리는 그때 여기에 오기로 결심했죠.

쉽지 않았죠. 정말 쉽지 않았어요. 우리가 여기 도착했을 때 그들에게는 100명의 랑세로[10]가 있었으니까요. 이 랑세로들은 우리가 이 역사 유물을 보존하려 한다는 것을 이해하지 못했습니다. 그저 밥줄을 빼앗으러 왔다고 생각했어요.

호세 우리도 인원이 좀 있었어요. 대략 열두 명 정도였던 것 같습니다. 상대에겐 사설 경호원이 있었죠. 우리는 뒤편으로 들어갔어요. 우리는 권총을 가지고 있었습니다. 어떻게 해서든 이곳을 되찾으려 했죠. 한 사람이 보초를 서고 있었습니다. 우리는 말했습니다.

"움직이지 마! 이곳에서 아무것도 못 가져간다. 여기는 점령됐다."

뭐, 이 작고 매우 공격적인 남자는 물론 돈 때문에 왔던 거죠. 그는 말했습니다.

---

8   로하 로히타roja rojita : 차베스 지지자를 일컫는 말. 문자 그대로의 뜻은 '붉은' '약간 붉은'이며, 볼리바리안 혁명의 색을 나타낸다. 이 용어는 2006년 대통령 선거 기간에 사용됐다.

9   호르헤 로드리게스는 사회주의자연합을 설립했으며, 카를로스 안드레스 페레스의 첫 대통령 임기 시절이었던 1976년 7월 25일에 국가 정보기관인 DISIP 건물 지하에서 고문당하다가 살해됐다. 그는 차베스 정부에서 2007년에 부통령을 지낸 호르헤 로드리게스의 아버지다. 아들은 2008년 말 카라카스 리베르타도르 구의 지자체장에 취임했고, '사회주의 카라카스 계획'을 추진하고 있다. www.jorgerodriguez.psuv.org.ve.

10   미션 부엘반 카라카스의 취업 및 협동조합 교육을 이수한 졸업생을 일컫는 이름. 랑세로는 미션을 졸업하고 협동조합을 결성하는데, 이 협동조합들은 종종 정부 측과 계약을 맺는다.

"알겠소. 그런데 정말 날 죽이려는 거요?"

저는 그에게 말했습니다.

"죽일 거요. 바로 여기서. 여기를 방어해야 하는데, 당신을 죽여야 한다면 그렇게 할 거요."

음, 원래 있던 건축물들이 없어졌어요. 그들이 훔쳐갔죠. 가져갈 만한 모든 걸 훔쳐갔습니다. 타일도 떼어갔어요. 200년이나 된 건데. 바닥은 테라코타(유약을 바르지 않고 점토를 구운 것―옮긴이)로 됐는데 뜯어서 트럭에 싣고 갔습니다. 창살과 창틀도 떼어갔어요. 모조리 해체해버렸습니다. 모든 것을 훔쳐갔어요.

미겔 200년 된 목재 문과 창틀도 다 가져갔어요. 200년 된 것들 중에 남은 거라고는 이 문짝과 다른 두 개뿐이에요. 그들은 내부에 있는 걸 죄다 가져갈 심산이었죠. 밖에서 보면 멀쩡해 보이도록 말이에요. 그러고는 여기 이 문짝과 창틀을 들여다 놨습니다. 쇠로 만들어 페인트칠한 것 말이죠.

우리는 문화부에 항의했습니다. 문화부는 국가 유산을 보호할 의무가 있는데 문화유산이 파괴되고 있으니까요. 특히 호르헤 로드리게스의 무덤 때문에라도 우리는 문화부에 항의해야 했습니다. 로드리게스를 밀고해서 정보안보국^{DISIP}에게 살해당하도록 만든 사람이 바로 현 문화부 차관 이반 파디야 놀라스코^{Ivan Padilla Nolasco}[11]로 밝혀졌거든요.

우리는 이런 일 때문에 너무 혼란스러웠습니다. 어떻게 그들이 우리의 역사적 기억들을 파괴할 수 있는지……. 무엇보다도 밀고자가 어떻게 문화부 차관이죠? 혁명정부라고요? 무슨 소리를 하고 있는 거죠? 무슨 신종 정부인가요? 정부는 이런 사실들을 알 필요가 있어요. 물론 우리가 바라던 모습에 가장 가까운 사령관이 우리와 함께하지만, 잘못된 구석이 있는 것은 명백하니까요.

산 카를로스 자유 병영

미겔 이곳은 죽음의 장소, 눈물의 장소, 가족과 헤어지는 장소였습니다. 하지만 우리는 이곳을 접수하고 '산 카를로스 자유 병영'으로 부르기로 했습니다. 누구를 위한 자유냐고요? 조직된 민중을 위한 자유입니다. 공동체를 위한 자유입니다. 사회주의 운동뿐만 아니라, 우리 국민이 요구하는 방향으로 역사를 발전시키는 데 일조하는 모든 운동을 위한 자유입니다.

어떤 면에서, 우리는 관리인이 됐습니다. 다행히 정부는 우리에게 기금을 할당해주려고 합니다. 지금까지 우리는 자비로 사무국 직원, 시설 관리인, 수위를 고용했어요. 최근에 우리는 이 지원금 일부를 이용해 혁명 학교를 열었습니다. 지금 이 나라 국민의 의식 속에 이런 사상이 부족하거든요. 제국과 사회주의는 어울리지 않아요. 사회주의는 한 사람 한 사람을 존중하고 개개인의 이익에 기초한 사회이지만, 제국은 이 개개인을 무시하고 취득할 수 있는 상품에 기초한 사회입니다. 이것은 공존할 수 없어요. 사람들에게 그 이유를 가르쳐야 합니다. 지금 가르치

---

11 현 베네수엘라 문화부 차관. 설명에 따르면, 파디야와 다비드 니에베스David Nieves는 다국적기업 오웬스－일리노이의 임원인 윌리엄 니하우스William Niehaus를 납치한 사건으로 베네수엘라 경찰에 체포됐다. 니에베스는 고문에 저항했지만 파디야는 굴복하고 니에베스와 호르헤 로드리게스를 지목했다. DISIP는 즉시 로드리게스를 체포했고, 고문 끝에 살해했다. Ramón Freites, "Memoria histórica para no olvidar ni al traidor ni al héroe," *Aporrea*, April 7, 2008, http://www.aporrea.org/ddhh/a54620.html.

지 않으면 나중에는 바로잡을 수 없을지 모릅니다.

문화

엑토르 민중의 문화는 매우 광범위합니다. 역사는 문화를 배제하지 않아요. 우리가 학교를 열려는 것은, 문화를 만들고 싶다는 이야기이기도 합니다. 이곳이 그저 기괴한 박물관이나, 논쟁과 토론이 없는 단순한 문화 공간으로만 남는 것을 원하지 않습니다. 더불어 혁명적 방향성이 있어야 합니다. 그래서 이런 시설은 민중이 원하는 대로 이용할 수 있어야 합니다. 여기에서는 민중 스스로가 결정을 합니다. 이곳을 혁명 사상의 보급소로 만드는 것, 그것이 우리의 목표입니다.

마누엘 폰테 로드리게스 재단

호세 마누엘 폰테 로드리게스는 푸에르토 카베요에서 봉기했던 동지입니다. 그는 체포돼서 여기로 끌려왔다가 심장마비로 사망했습니다. 그는 군대의 장교였다가 이후에 FALN 측에 가담했는데, 군인들이 복수를 하고 죽인 거죠. 우리는 이 훌륭한 동지의 이름을 따 이곳 명칭을 마누엘 폰테 로드리게스 재단이라고 지었습니다. 우리가 여기에 속한 것이 자랑스럽습니다.

엑토르 우리는 계속 일해왔고, 여전히 할 일이 많습니다. 최근에는 멋진 공간을 열었습니다. 정치 교육을 하는 혁명 학교죠. 현재 학생은 대략 30명에서 35명이 있습니다. 참여하는 이들이 혁명 과정을 더 깊이 이해하고 사상적으로 흔들리지 않도록 하기 위해 노력하고 있습니다. 우리는 이 사업이 확대되었으면 합니다. 참가자들이 이 과정을 마치고 여기를 떠나 혁명적 사상을 전파하기를 바랍니다. 우리는 이들이 의식을 가지고 확고하게 혁명 투쟁을 할 수 있도록 사상적인 기초를 제공하고 싶어요. 이런 이론적 관점에서 혁명이 무엇인지, 사회주의가 무엇인지 논해야 합니다. 이론 없이는 혁명도 없기 때문입니다. 이것이 우리가 이 일을 열심히 하는 이유입니다. 우리 대통령은 의식의 씨앗을 뿌리기 위해 수많은 정치 학교를 설립해야 한다고 말했습니다. 의식이 있으면 사안을 명확하게 볼 수 있기 때문입니다. 그래서 이 일을 하고 있어요. 머지않아 전국에 혁명교육을 하는 이런 센터가 더 많아지도록 할 수 있을 겁니다.

사실 이 프로젝트만 해도 재정적으로 한계가 있는데, 다른 일도 벌이고 있어요. 처벌받지 않은 채 남아 있는 범죄행위에 관한 일이죠. 입법부에 이미 제안서도 제출했습니다. 우루과이나 칠레 같은 나라들은 이런 기억이 잊혀 사라지지 않도록 하고, 죽은 이들을 위해 정의가 실현될 수 있도록 노력하고 있습니다. 도덕적 배상에 관한 법률이 필요합니다. 경제적 배상이 아니라 도덕적 배상 말입니다. 혁명가의 목숨은 값을 매길 수 없으니까요. 이 혁명가들은 투쟁 과정에서 사망했습니다.

우리는 여기서 이런 여러 가지 일을 열심히 하고 있습니다. 혁명 사상을 사람들에게 전파하기 위해 공동체 방송국을 설립할 계획도 세우고 있습니다. 이것이 재단의 일입니다. 무엇보다도 과거의 기억을 잊지 말아야 합니다. 역사적 기억이 잊히지 않도록 할 거예요.

역사적 기억을 잃는다는 것

호세 저들은 산 카를로스 병영의 역사적 역할, 그리고 이곳에서 오랜 시간을 보낸 우리 모두를 감춰버렸습니다. 젊은이들은 몰라요. 많은 사람들이 모릅니다. 누가 누구인지, 우리가 왜 여기에 있는지, 우리가 여기에 있는 의미가 무엇인지, 우리가 왜 투쟁을 했는지를 말이죠. 이런 역사를 이야기하지 않아요. 사람들은 그 희생과 고통을 모릅니다. 우리는 아이, 아내, 가족을 포기했었어요. 극한의 배고픔을 겪었습니다. 혁명가는 자신의 신념에 모든 것을 바치기 때문입니다. 모든 것이요. 신념을 위해 가족조차 버리는 거예요. 우리는 이 모두를 희생했어요.

요즘 젊은이들은 이런 사실을 모릅니다. 여기에 와서는 "와, 멋진데!"라고 할 뿐이죠. 그러면 우리는 페인트칠 때문에 수녀원처럼 보이는 거라고 말해줍니다.

젊은이들이 우리에게 다가올 수 있는 연결고리가 없어요. 지금 우리는 전국적으로, 그리고 국제적으로 우리 이야기를 전파하고 있습니다. 과거에 우리가 누구였고, 지금은 어떠하며, 우리가 무엇을 하려는지 말이죠. 이 이야기가 벌써 세계로 퍼져나갔습니다. 산 카를로스 병영은 가능성을 열었습니다. 베네수엘라를 하나로 이어주는 집합점 같은 것이죠.

볼리바리안 혁명 과정

미겔 볼리바리안 혁명 과정은 우리가 젊은 시절에 이곳에서 위험을 무릅쓰며 품었던 꿈에 가장 가깝습니다. 많은 동지들이 이 길을 가다가 희생되었어요. 볼리바리안 혁명 과정은 이런 어려움에서 우리를 구해냈

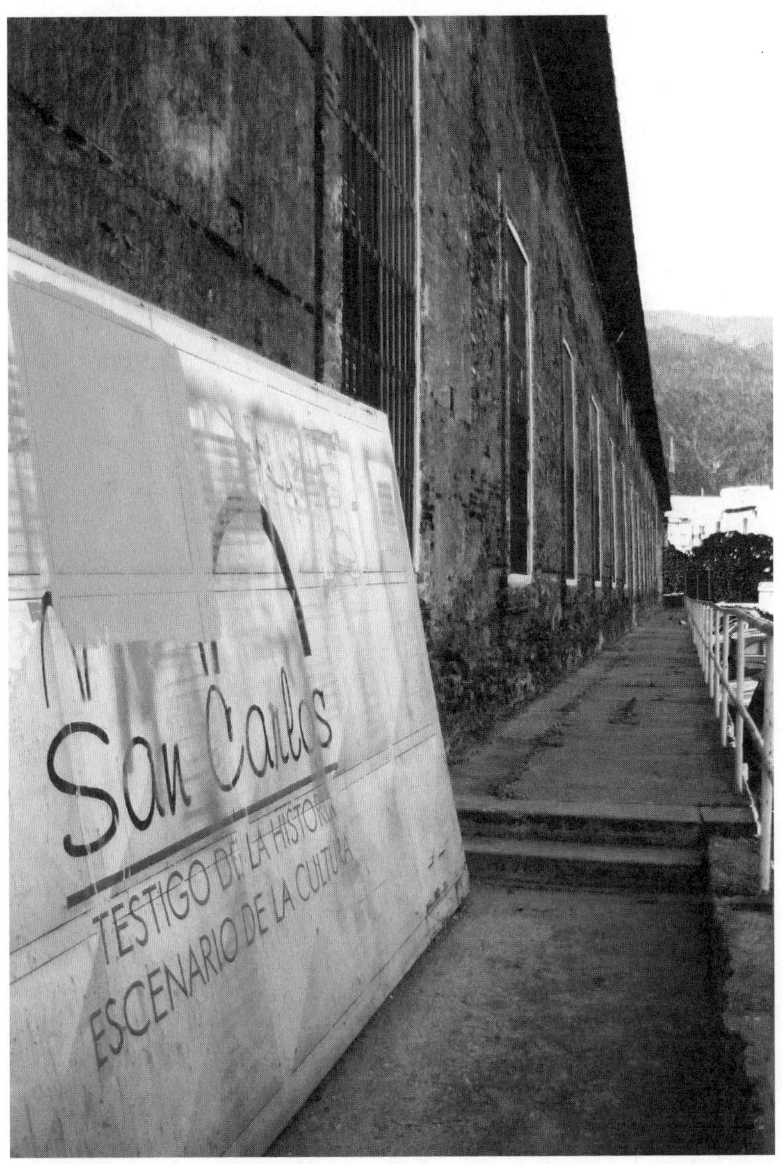

"산 카를로스 – 역사의 목격자, 문화 공간"

고, 우리 늙은이들 viejitos에게 계속 꿈꿀 수 있는 기회를 줬습니다. 한 철학자 동지가 예전에 이렇게 말했습니다.

"우리는 항상 손으로 하늘을 만지길 원했다."

혁명은 너무 멀어 보였습니다. 하지만 우리는 지금 이 혁명 과정을 보고 있습니다. 우리는 새로운 숨을 쉬고 있어요. 그래서 혁명 학교를 세운 것입니다. 물론 언젠가는 제 인생시계가 멈추겠죠. 그것이 삶의 법칙이니까요. 그래도 이 모든 것은 끝나지 않기를 않기를 바랍니다. 동지들의 노력, 다른 많은 이들의 노력, 이 길을 가다 희생당한 이들의 노력, 이 모두가 허사가 되지 않기를…….

이 기억은 보존돼야 합니다. 우리가 얻은 작은 지식이라도 나누어야 해요. 역사가 없는 민중은 미래가 없기 때문입니다. 그래서죠.

호세 이 역사는 2월 4일(차베스의 좌익 쿠데타 사건일—옮긴이)에 탄생한 것이 아닙니다. 반제국주의 혁명가들의 첫 이야기는 스페인 제국주의에 맞선 선주민에서 시작합니다. 우리가 활동했던 1960년대에는 5만 명이 넘게 살해당했습니다. 사람들은 진짜 역사를 몰라요. 제가 이 역사의 일원인 것이 자랑스럽습니다. 여기 우리 모두가 그래요. 그래서 이 일을 하고 있는 겁니다. 여기 있는 제 동지는 이렇게 말합니다.

"현 정부는 지금까지 정부 중에서 가장 좋다. 그렇기 때문에 우리는 짧은 여생을 이 정부를 방어하는 데 쓸 것이다."

우리는 이 정부를 방어할 준비가 돼 있습니다.

미겔 우리는 여전히 꿈을 꾸고 있습니다. 끊임없이 성찰하고 있고요. 우리가 항상 말해온 것이 옳다고 믿어요. 현재 우리가 목표에 더 많이

다가갔다는 것을 확인할 수 있습니다. 지금은 사람들이 제국주의에 대해 이야기하고, 미국 정부가 베네수엘라에 부당하게 개입하려 한다고 말하고 있으니까요. 그런 이야기는 우리가 지난 50년 동안 끊임없이 한 거거든요. 그런데 당시 사람들은 우리를 '미친놈들'이라고 불렀죠.

호세 어느 시대, 어느 나라를 막론하고 위대한 사람들은 미쳤다는 얘기를 들었지요. 왜냐하면 그들은 혁명적이었기 때문입니다. 차베스도 미쳤다는 소리를 듣습니다. 볼리바르도 그랬고요. 우리가 내·외부의 군대와 싸웠더니 우리보고 미쳤다고 했습니다. 하지만 이 시대의 '미친놈들'은 미래와 연결되어 있습니다. 우리가 바로 미래와 연결되어 있죠. 우리는 계속할 겁니다.

혁명 과정의 모순

미겔 현 정부에 있는 일부 사람들은 우리를 좋아하지 않아요. 왜냐고요? 우리가 그들의 정체를 알기 때문입니다. 문화부 차관의 경우처럼 말이죠. 장관이나 도지사 중에도 있습니다. 4공화국 시절에 우리를 억압하던 사람들 말이에요. 이름을 말하지는 않겠습니다. 하지만 스스로가 잘 알 겁니다. 그 사람들은 길을 가다가 나녜스를 만나면 싫어합니다. 네그로 미겔을 만나도 싫어하고요.

　우리도 그들이 우리를 싫어하는 것을 압니다. 우리가 드러나지 않기를 바라는 사람들이 있습니다. 하지만 우린 신경 안 써요. 왜냐고요? 우리가 옳기 때문입니다. 우리는 언제나 옳았고 지금도 옳습니다. 혁명적이라 할 수 있는 이 공간에서 우리는 한결같은 입장이었습니다.

저는 여기 우리 동지들을 존경합니다. 동지들은 저를 존경한다고 하더군요. 제가 지난 50년 동안 이상을 잃지 않고 여기까지 왔기 때문이랍니다. 50년 동안 붉은 옷을 입지 못했어요. 그 50년 중에 3년은 아예 산에서 살았습니다. 하루 24시간 내내 말이죠. 중요한 것을 위해 투쟁한다는 만족감 외에 그 어떤 대가도 바라지 않고 제 목숨을 걸었습니다. 그래서 우리 해방자가 했던 말, "이제는 편안히 죽을 수 있다"를 빌어 말합니다. 여기 이 운동과 함께라면, 저는 편안하게 눈을 감을 수 있습니다.

10

보고 듣기만 하는 방송에서
직접 만들고 참여하는 방송으로

★

윌프레도 바스케스

- 카티아 TV -

"보지만 말고, 만들자!"

이 말은 카라카스 서부 지역에 위치한 텔레비전 방송국인 카티아 TV 의 표어다. 이 방송국은 베네수엘라 대통령궁 미라플로레스가 위치한 언덕 바로 아래, 스프레이 벽화가 그려진 다 무너져가는 담장과 카라카스 시를 휘감아 도는 과이레 강 사이에 위치해 있다. 밝은색으로 칠해진 방송국 내부 분위기는 느긋하면서도 떠들썩하다. 방송국 정문 로비는 인터뷰를 하러 가는 지역 공동체 활동가들과, 방송국이 무료로 운영하는 지역 공동체 언론 훈련 프로그램을 마치고 돌아가는 사람들로 붐빈다. 4개월 동안 운영되는 '독립 지역 공동체 시청각팀'[ECPAI]이라는 이 프로그램을 통해 많은 사람들이 지역 언론인으로 거듭났다. 프로그램을 통해 이들은 디지털 영상을 제작하는 기술을 습득하게 되는데, 이런 식으로 제작한 것들 가운데 일부는 해당 방송국을 통해 방송되기도 한다.

사교적인 성격의 윌프레도 바스케스^{Wilfredo Vásquez}는 방송국의 공동 창립자인데, 자기가 진행하는 주간 프로그램에서 활발하게 손짓을 써 가며 게스트에게 질문을 던진다. 그는 오랫동안 지역 공동체에서 활동 가로 일해왔으며, 카티아 TV에서도 헌신적으로 일하고 있다. 그는 방송 중에 자기들이 운영하는 프로그램과 기존 방송을 비교하면서, 그런 주류 방송국들이 보여주는 완고함이 얼마나 비^非베네수엘라적인지에 대해 농담조로 말한다. 그가 카라카스에 사는 몇몇 외국인들과 인터뷰를 마치자, 음향 담당 기사는 방금 전 학교에서 발생한 충돌을 알리려고 대기하고 있던 대학생 다섯에게 재빨리 마이크를 돌렸다. 방송국은 늘 지역 내에서 일어난 소식을 속속들이 알고 있고, 이를 끊임없이 긴급 뉴스로 제작해 내보낸다.

카티아 TV는 지난 1980년대에 억압적인 경찰과 투쟁하는 과정에서 마니코미오 영화연구클럽을 모태로 탄생했다. 당시 경찰은 카라카소 봉기를 진압하면서 수많은 지역 공동체 지도자를 체포하고 투옥했고, 이 과정에서 실종된 사람들도 있었다. 윌프레도와 그의 동료들은 이처럼 한 치 앞도 내다볼 수 없는 시기에 영화 제작 일을 시작했는데, 당시 이들은 기본적인 기능을 갖춘 카메라만 들고 다니면서 지역 주민 스스로 자기 삶에 관해 말하도록 하는 방식으로 인터뷰를 진행했다. 주민들은 영상에서 아는 사람들이 나오자 재미있어 했다. 윌프레도와 공동체 미디어 활동가들은 이런 활동을 계속해왔는데, 지역 주민 스스로가 자기가 사는 곳의 문제에 대해 말해야 한다는 믿음이 이들을 움직이는 원동력이었다.

지난 2001년에 법적인 허가를 받으면서 카티아 TV는 베네수엘라에서 가장 먼저 탄생한 공동체 텔레비전 방송국이 되었고, 지금은 전국적으로 활발하게 벌어지는 지역 미디어 운동의 일부이다. 지난 10여 년간 차베스 정부의 지원하에 수백 개의 공동체 라디오와 열 개가 넘는 공동체 텔레비전 방송국이 생겨났다. 카티아 TV의 경우 뉴스의 70퍼센트 정도를 카티아 지역 주민들이 제작하고 있으며, 카라카스 거의 전역에서 수신이 가능하다.[1] 이 방송국은 카티아 지역 공동체와 주민들의 삶을 반영하고, 그들의 의견을 거리낌 없이 방송한다.

베네수엘라에서 미디어는 열띤 논란을 불러일으키는 쟁점이 되었다. 차베스 정부 초기부터 네 개의 주요 민영방송국들은 대통령을 향해 혹독한 비난을 퍼부어왔다. 그 방송국은 베네비시온, 글로보비시온, RCTV, 텔레벤이다. 차베스 정부는 정부 방송인 VTV를 통해 정부 입장을 내보내며 대응했으나, 폭넓은 영향력을 가진 민영방송국들의 상대가 될 수는 없었다.

2002년, 민영방송들이 반차베스 논조를 더욱 강화하면서 베네수엘라 미디어는 더 양극화되었다. 이 방송들은 차베스 반대파의 시위행진을 지지하면서 차베스 타도를 호소했다. 짧게 끝난 2002년 쿠데타는 역사상 최초의 "미디어 쿠데타"로 불리게 되었다. 주류 민영방송들이 연루되었기 때문이다.[2] 그러나 쿠데타가 발생하자, 공동체 미디어들은 사건

---

1   Liz Migliorelli, "Community Media: The Thriving Voice of the Venezuelan People," *Venezuelananalysis*, July 31, 2009, http://www.venezuelanalysis.com/analysis/4678.

2   몇몇 주류 민영방송은 반대파들의 시위를 부추기고, 반대파의 시위에 차베스 지지자들이 총을 쏜 듯이 보이게끔 뉴스를 조작했다. 쿠데타를 일으킨 군 장교들은 이를 이용해, 여세를 몰아 차베스를 권좌에서 끌어내리고 상공회의소 회장 페드로 카르모나를 수반으로 하는 임시 정부를 수립했다. Naomi Klein, "Venezuela's Media Coup," *The Natton*, February 13, 2003, http://www.naomiklcin.org/articles/2003/02/venezuelas-media-coup.

의 전말을 베네수엘라 국민에게 정확히 알리는 데 일조했다. 당시 카티아 TV는 차베스가 사임한 게 아니라 자신의 의사와 상관없이 구금되어 있다는 소식을 전파하는 데 큰 기여를 했다.

권좌로 다시 돌아온 차베스 대통령은 신속하게 움직였다. 장비를 공동체 미디어 측에 제공하거나 방송 허가를 내주며 지원하기 시작했고, 때로는 자금을 제공하기도 했다. 또한 지난 7년 동안, 차베스 정부는 자신이 "미디어 전쟁"이라고 부른 것에 대항하기 위해 여러 공영 텔레비전 방송국을 개국하기도 했다. 이렇게 해서 탄생한 것이 텔레수르, 비베, 아빌라 등이다.

그 후 2007년 5월에 민영방송인 RCTV가 거듭 '텔레비전 및 라디오의 사회적 책임에 관한 법'을 어기자, 이에 대항해 차베스 정부는 이 방송국이 지난 50여 년 동안 통제해온 공영방송 인허가를 갱신해주지 않기로 결정했다.[3] 이에 세계 언론들은 일제히 차베스판 "언론 권력 장악"이라고 보도하면서, 차베스가 언론의 자유를 검열하고 있다고 비난했다. 차베스 반대파들은 차베스 정부를 비판해온 RCTV에 대한 보복이라고 주장했다. 반면 차베스 대통령을 지지하는 사람들은 지속적으로 법을 어겨온 방송국을 제재한 것에 대해, 베네수엘라의 방송 민주화를 향한 급진적인 전진으로 받아들였다. 또 어떤 사람들은 정부의 조치가 지난 2002년 쿠데타 당시 대중을 기만했던 한 민간 회사에 대한 적법한 요구라고 생각했다. 그러나 방송 인허가를 내주지 않았는데도 RCTV는 여전히 케이블을 통해 방송 중이며, 2008년에도 여전히 베네수엘라 텔레비

3　　Gregory Wilpert, "RCTV and Freedom of Speech in Venezuela," *Venezuelanalysis*, June 2, 2007, http://www.venezuelanalysis.com/analysis/2425.

전파 라디오 전파의 75퍼센트가 이들 민영 언론의 손아귀에 있었다.[4]

이에 반해, 카티아 TV 같은 10여 개의 공동체 텔레비전 방송국은 미디어를 베네수엘라 시민의 직접적인 통제하에 두려 하는데, 주류 언론들은 이를 무시한다. 어쨌든 베네수엘라의 공동체 미디어는 차베스 정부 기간 동안 전례 없이 성장했다. 윌프레도 바스케스는 이 운동의 초기부터 참여해왔다.

---

[4] 그러나 이런 현실은 재빨리 바뀌었다. 2009년 8월, 베네수엘라 국회는 논란을 불러일으킨 통신법 개혁에 대한 토론에 들어갔는데, 이는 민간 사업자가 소유할 수 있는 텔레비전과 라디오 방송국을 최대 세 곳으로 제한하여 "미디어 독점"media latifundios을 깨려는 것이었다(원래 라티푼디오latifundio란 노예를 써서 경영하는 광대한 사유지, 대농장를 일컬음—옮긴이). 당시 사회기반시설부 장관이자 베네수엘라 국가통신위원회CONATEL의 수장이기도 했던 디오스다도 카베요에 따르면, 베네수엘라의 30여 가문이 텔레비전과 라디오 전파의 3분의 1을 통제하고 있다. 카베요는 방송 인허가가 이미 만료되었거나 규정을 위반하던 34개 민영 텔레비전과 라디오 방송국을 추가로 폐쇄했다. 카베요는 이 방송국의 다수가 불법적으로 운영되고 있었고, CONATEL에 등록하지 않거나 사용료를 내지도 않았다고 주장했다. 그러면서 그는 폐쇄한 민영방송국에서 되찾아온 방송 인허가권을 공동체 미디어에 넘겨줄 것이라고 덧붙였다. 정부의 이 조치에 대해 세계 언론과 베네수엘라 반대파들이 보인 반발은 RCTV의 방송 인허가를 갱신하지 않았을 때와 유사했다. 반면에 공동체 미디어 진영에서는 정부의 이런 조치를 환영했다.
Andrew Kennis, "What is the Venezuelan News Media Actually Like?" *Media Accuracy on Latin America*, NACLA, July 15, 2008, http://www.mediaaccuracy.org/node/62. Tamara Pearson, "Venezuelan National Assembly Discusses Combating Media Terrorism," *Venezuelanalysis*, August 6, 2009. Kiraz Janicke, "Venezuela to Transfer Private Media Concessions to Community Media," *Venezuelanalysis*, August 3, 2009.

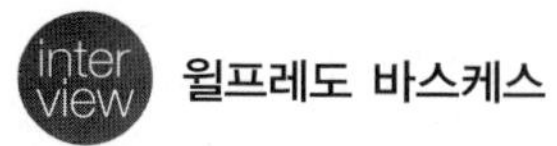 **윌프레도 바스케스**

"베네수엘라에서는 세 가문이
미디어를 통제해왔어요"

초기

저는 엘 마니코미오로 알려진 파스토라 교구^{Paróquia}에 속한 시몬 로드리게스 빈민가에서 자랐습니다. 특히 라스 바라카스('판잣집'이란 뜻)라고 불리는 지역에서요. 이름 그대로 그곳 집들은 온통 판잣집이었거든요. 합판과 나무 조각으로 벽을 세웠고, 양철로 지붕을 얹었죠. 방바닥은 그냥 맨땅이었고요. 집에 화장실도 없어서, 공동으로 사용하는 야외 화장실을 써야 했죠.

당시에는 나무가 무성했고 공간도 넉넉했습니다. 시몬 로드리게스 빈민가도 아빌라 산 위에 지어져 녹지 공간이 많았죠. 지금은 죄다 집이 들어서 있지만요. 아버지는 페레스 히메네스 독재정권 시절에 경찰이셨습니다.

제가 자란 시몬 로드리게스 빈민가에는 공산주의자인 노인이 많았습니다. 저는 그분들 중에 파블로 무뇨스^{Pablo Muñoz}와 가까운 사이였죠. 지금은 고인이 되셨지만요. 그는 이름을 카를로스 로하스^{Carlos Rojas}로 바꾸었는데, 이 노인들 가운데 많은 분이 그렇게 이름을 바꾸곤 했습니다. 그분은 알콜 중독자여서 독한 술을 굉장히 많이 마셨어요. 그래도 그분은 어떤 말이라도 주의 깊게 들어주고 이끌어주려고 했습니다. 그분과 대화를 나눌 때 제대로 이해하진 못했어요. 그래도 저는 이런 노인분들을 통해 많은 것을 배웠습니다.

정치 교육

하지만 제가 진짜 정치 교육을 받았던 건, 카티아에 있던 루이스 에스펠로신 고등학교에 입학하고부터였습니다. 당시에 사람들은 이 학교를 "서부 지역 꼬마 대학"이라고 불렀죠. 왜냐하면 1980년대 초에 룹투라나 혁명적 학생투쟁위원회CLER5, 베네수엘라 공산당PCV, 사회주의를 향한 운동MAS, 반데라 로하 같은 좌파 조직들이 이 지역의 공장들과 더불어 그 고등학교에서도 매우 강력했기 때문입니다. 이전에 이 지역 출신 학생이었던 많은 좌파 활동가들이 계속해서 제가 다니던 학교의 교사가 되곤 했죠. 제가 다니던 학교에서 좌파의 영향력은 확고했어요. 우리는 학교에서 발행한 소책자로 공부했는데, 연극이나 스타니슬라프스키Constantin Stanislavski, 브레히트Bertolt Brecht에 대해 배웠습니다.6 그 후, 노동자 극장이나 가무 무대에서 그들의 아이디어를 실제로 실천해보기도 했죠.

저는 당시 한 학생 단체의 회원으로 활동했는데, 마침 그 단체가 학생 센터 선거에서 당선되었습니다. 우리는 공통의 관심사를 가진 다른 고등학교 단체들과 연계망을 형성했고, 베네수엘라중앙대학UCV의 '혁명적 노동자운동'MRT에서 활동하던 사람들과도 같이 일했어요. 그때 우리는 대학생들이 정부에 대항하여 거리에 나와야 한다고 주장하곤 했는데, 그즈음 실제로 대학생들이 가두시위를 벌였습니다. 그러던 중에

---

5   룹투라는 베네수엘라 혁명당PRV과 연계를 맺고 있는 합법 전선 조직이고, CLER은 1980년대 카라카스의 많은 고등학교와 대학에서 적극적으로 활동한 반데라 로하와 연계를 가졌던 학생 조직이다.

6   콘스탄틴 스타니슬라프스키는 독창적인 러시아 배우이자 연극 연출가다. 베르톨트 브레히트는 독일 출신의 시인이자 극작가이고, 정치극 발전에 중요한 기여를 한 연극 연출가다.

블랑카 에코우트를 만났습니다.[7] 그녀는 베네수엘라중앙대학에 다니면서 함께 전략을 짜기 위해 우리가 살던 빈민가에 뛰어들었어요. 대중적 운동과 함께하는 학도라는 건 정말 재밌는 결합인데, 저도 그런 경험을 했습니다. 일례로, 우리는 모두 목요일이면 시위를 조직하곤 했는데, 그러면 수업이 취소되곤 했어요. 이 때문에 경찰도 목요일이면 늘 시위가 계획되어 있다는 걸 알 정도였죠. 이 시위는 전국적으로 일어나기 시작했습니다.

이 모든 걸 경험하면서, 우리는 카티아에 '그루포 콘시엔시아'라는 단체를 결성했습니다. 대학생들이 지역 주민이 사는 빈민가로 가자고 호소했던 것처럼, 우리도 고등학생들에게 그래야 한다고 호소했어요. 사실 우리는 다 애들이었죠. 우리 단체 회원 중에 리카르도 마르케스Ricardo Márquez도 있었는데, 현재 그는 비베 TV의 회장입니다. 그는 카티아 TV를 공동으로 창설하고, 4년 동안 회장도 역임했죠.

당시 우리 목적은 우리가 살던 빈민가에서 청소년 범죄와 마약 거래를 근절하는 것이었습니다. 민주행동당이나 기독사회당은 이런 문제들을 뻔히 알면서도 그저 못 본 척했어요. 우리는 〈토마 콘시엔시아〉('자각'이라는 뜻)라는 신문을 만들어서 지역에서 발생하는 문제를 비판하고 이를 해결하기 위한 제안을 했어요. 이를 통해 토론을 활성화하려고 했던 거죠. 우리는 새벽같이 일어나 엘 마니코미오의 모든 집에 우리 신문을 배포했습니다. 개미들마냥 부지런히 돌아다녔던 당시 경험이, '시몬 로드리게스 문화센터'를 창립하는 기반이 되었죠.

7　블랑카 에코우트는 카티아 TV를 공동 창립했고, 회장을 지냈다. 이어서 블랑카 에코우트는 국영 텔레비전 방송국인 비베 TV의 회장을 역임했고, 지난 2009년 4월엔 정보통신부MINCI 장관에 임명되었다.

시몬 로드리게스 문화센터

우리는 문화센터에서 매주 월요일 학습 모임을 열었고, 카라카스에서 많은 동지들이 참석하곤 했습니다. 우리는 이 자리에서 정치극을 기획하거나 전국적으로 쟁점이 되는 정치 사안을 토론했고, 국제 정치를 분석하기도 했어요. 우리는 운동에 문화를 연결하면서, 동시에 사회적이고 정치적인 토론을 끼워넣었습니다. 당시 우리 생각과 정부에 대한 비판의식을 민중에게 표현하는 공간은 극장이었어요. 이러한 문화 형식을 통해 정부를 비판하고, 우리가 사는 지역의 문제를 지적할 수 있었죠. 그러면서 주민들의 지지를 얻기 위해서는 과거에 대해 배우고 우리가 사는 지역을 잘 알아야 한다는 것을 깨달았어요. 서로 배우고 가르칠 수 있다는 것도 알게 되었고요. 그래서 문화센터는 마치 지역 공동체 위원회 같은 구실을 했고, 우리는 지역에 영향을 미치는 문제들의 진짜 원인을 철저하게 파헤쳤습니다.

우리를 감옥에 보낸 적들도 있었습니다. 이들은 우리가 극장을 통해 무엇을 하려고 하는지 알고 있었어요. 이 때문에 저는 여러 차례 감옥에 가야 했고, 많은 지역 주민들이 이에 분노하여 더욱 우리를 지지했습니다. 당시 베네수엘라의 주요 정당은 민주행동당과 기독사회당이었는데, 이들은 막강한 권력을 휘둘렀어요. 이들은 헤파투라 시빌과 훈타 파로키알을 통제했고, 모든 억압의 배후에 있었죠.[8] 한번은 우리가 라 파스토라 플라사에서 열린 영화 포럼에 가고 있었는데, 헤페 시빌[9]이 다가와서는 우리에게 허가를 받았냐고 물었어요. 우리가 그런 허가 받은 적

---

8   헤파투라 시빌 : 민원상담소.
　　　훈타 파로키알 : 지역협의회.
9   헤페 시빌은 훈타 파로키알의 수장이다.

없다고 말하자, 그들은 우리를 삥 둘러싸 벽으로 밀어붙이곤 허가증을 요구하더군요.

우리가 머리가 장발인 데다가 나이도 어려서 만만하게 본 건지, 자주 우리 장비를 압수하거나 사람들을 감방에 처넣곤 했어요. 우리는 이에 맞서 싸웠습니다. 그 일환으로 문화센터에서 국제 엠네스티와 함께 많은 워크숍을 개최했습니다. 그러다 보니 우리 자체가 라 파스토라 지역의 인권 단체가 되었고, 그들도 결국 물러나야 했죠.

이후 기층 조직에서 활동하는 많은 동지들이 찾아와 스스로 연구하고 공부해서, 라 파스토라에다가 인권위원회를 결성했습니다. 당시는 민주행동당과 기독사회당이 악독한 탄압을 자행하던 때여서, 시위를 벌일 때마다 늘 구금과 습격, 실종 사태가 잇따랐어요. 이런 일은 끊임없이 일어났습니다. 경찰이 매번 노골적으로 인권을 유린할 때마다 우리도 사람들을 규합해 우리의 정당한 권리를 요구했죠. 물론, 이럴 때조차 경찰과 주 방위군, 국가수비대, 정보부가 끊임없이 우리를 둘러쌌지만요. 이런 일이 나라 전체에서 자행되고 있었습니다.

여기, 엘 마니코미오는 그런 억압이 특히 심했던 곳이에요. 그들은 저를 가두거나 두들겨 팼어요. 정말 힘들었습니다. 하지만 그들이 우리에게 무슨 짓을 해도, 결코 우리 지역 사람들이 가진 꿈을 가로막을 수는 없었죠. 우리는 다른 사회를 바랐습니다. 이를테면, 모든 사람이 차별 없이 공부할 수 있는 사회, 억압과 착취가 판치는 살인적인 체제에 반대의 목소리를 내는 사회요. 우리는 그 당시 베네수엘라에 존재했던 소위 대의민주주의 제도에도 맞섰습니다. 많은 헤페 시빌들이 이런 활동가들을 알고 있었어요. 그래서 활동가의 뒤를 밟아, 그가 지역 지도자일 경우엔 잡아 감옥에 가뒀죠.

빌프레도 바스케스. "보지만 말고, 만들자!"

영화연구클럽에서 공동체 미디어로

우리는 전국의 시네클루브(영화연구클럽)들과 함께 시몬 로드리게스 문화센터에서 시네클루브 마니코미오를 조직했습니다. 이 과정에서 '베네수엘라 문화영화예술센터연합'FEVEC을 활용했어요. 마르코스 포르드Marcos Ford라는 친구를 통해 FEVEC와 관계를 맺게 되었는데, 그도 베네수엘라중앙대학에서 카티아로 온 사람이었습니다. 실제로 그는 빈민가에 머물렀고, 지금도 라 파스토라에 살고 있어요. 그는 연극 강사였고, FEVEC에서 일하다가 나중엔 이 조직의 사무총장이 되었습니다. 우리가 영화 연구를 하는 데 큰 도움을 준 사람이었어요. FEVEC는 전국의 모든 시네클루브들이 연합하는 데 도움을 주었고, 전국 영화 포럼을 개최하곤 했어요. 그 당시엔 전국적으로 많은 시네클루브가 있어서, 예술과 문화, 정치 등 다양한 주제를 다뤘답니다. 정당 정치가 아니라 저항의 정치를 다뤘죠. FEVEC는 국가문화위원회[10]가 자금을 지원하는 정부 재단이었는데요, 이 기구를 통해 좌파들이 제4공화국 정부 내에서도 활동할 수 있었어요. 당시엔 좌파들이 문화 영역을 좌지우지했죠.

FEVEC에서의 경험은 매우 재미있었지만, 나중에 많은 시네클루브가 우리처럼 공동체 라디오나 텔레비전 방송국으로 발전하면서 이 기구는 결국 해산했습니다. 시네클루브 마니코미오에선 카티아 TV가, 카리쿠아오에 있던 시네클루브 카라 엔 콘트라에서는 라디오 페롤라가 각각 탄생했죠. 또, 지금 엘 바예에 있는 라디오 알리 프리메라는 한때 매우 유명했던 시네클루브 과라이라 레파노에서 발전한 것이고요.

우리는 마르코스 포르드를 통해 '벨 앤드 하웰'Bell & Howell 16mm 비디오 프로젝터를 손에 넣을 수 있었습니다. 우리는 이 프로젝터로 지역 중앙에 자리잡은 운동장에서 영화 포럼을 개최했어요. 멕시코 영화의 황금기 시절을 대표하는 〈칸틴플라스〉Cantínflas 같은 영화들을 상영했죠. 그 외에도 쿠바나 벨기에 대사관에서 입수한 영화들도 상영했고, 심지어 한국 영화도 상영했어요. 물론 이 영화들엔 자막이 없었지만, 우리는 그 영화가 표현하고자 하는 생각을 잘 이해했고 사람들도 좋아했어요. 이를 통해 우리는 몇몇 젊은 베네수엘라 영화 학도나 FEVEC와 선이 닿아 있는 영화감독들과 인연을 맺기 시작했습니다. 이들이 만든 영화는 주로 사회적 내용을 담은 것들이었죠. 우리는 이런 베네수엘라 장·단편 영화를 여러 빈민가에서 상영했습니다. 영화를 상영하기 전에 우리는 영화의 내용에 대해 토론하는 자리를 마련했어요. 이런 토론은 보

---

10 국가문화위원회CONAC는 지난 1975년 이래로 정부의 문화 프로그램과 정책을 책임져왔다. 그러나 지난 2005년 문화부가 신설되면서 관련 책임을 넘겨받았고, 이에 따라 CONAC는 2007년에 없어졌다.

통 영화의 영역을 벗어나 전개되는 경우가 많았고, 사람들을 조직하도록 독려하는 역할을 했죠.

다음으로, 우리는 카메라를 들고서 지역 주민들을 인터뷰하기 시작했습니다. 자신의 삶에 대해 말해달라고 요청하니 처음엔 다들 부끄러워했어요. 그래서, 서먹서먹한 분위기를 깰 요량으로 어떤 야구팀을 좋아하는지 물었죠. 그러자 일은 일사천리로 진행되어, 우리가 미처 깨닫기도 전에 주민들이 자기 삶과 가족, 그리고 입에서 입으로만 전해진 역사를 끝도 없이 말해주었습니다. 우리는 이렇게 제작한 다큐멘터리를 지역에 상영하기로 했는데, 이번에도 베네수엘라 국민 모두가 열광적으로 좋아하는 야구를 활용했습니다.

우리는 발렌시아의 마가야네스와 카라카스의 레오네스가 맞붙는 빅매치와 함께 우리의 다큐멘터리를 첫 상영한다고 홍보했습니다. 이 소식을 인근 지역에 널리 알렸는데, 사람들이 구름같이 몰려들어 무려 2000명에 육박했답니다. 우리는 제작한 단편 다큐멘터리의 시작 부분을 잠시 스크린에 틀었다가, 야구 중계 화면으로 돌아갔습니다. 야구 경기 중간중간에 쉬는 시간을 이용해 다큐멘터리를 더 보여주었죠. 사람들은 커다란 스크린에 자기가 아는 사람들이 나오니 몹시 흥분했습니다. 어느새 사람들은 우리가 제작한 다큐멘터리에 더 관심을 보이더니, 야구를 집어치우고 다큐멘터리나 계속 보여달라고 요청할 지경이었죠. 바로 이거였어요. 지역 주민들이 평범한 사람들의 이야기를 듣고 싶어 한다는 걸 확인한 거죠. 우리의 꿈이 마침내 생명력을 얻은 겁니다.

카라카소 봉기와 차베스의 등장

베네수엘라의 최근 역사는 1989년 2월 27일, 카라카소 봉기로 촉발되었다고 할 수 있습니다. 1989년만이 아닙니다. 1989년부터 1992년까지 학생들의 죽음이 계속되었으니까요. 카라카스에서는 경찰과 국가수비대가 학생 12명을 살해한 일도 벌어졌습니다. 당시 학생들은 학생 특별할인 교통카드를 요구하며 투쟁하고 있었습니다. 이런 일은 1992년 2월 4일에 차베스가 무대에 등장하기 전까지 계속 벌어졌어요. 베네수엘라 민중은 당시의 지배 체제와 신자유주의적 세계화 구조조정 계획을 더는 감내할 수 없었던 겁니다. 민중의 요구가 봇물같이 터져나왔습니다. 베네수엘라는 세계 최초로 신자유주의에 반대하는 국가가 되었어요. 그 시발점이 카라카소 봉기인 거죠.

1992년 2월에 차베스가 쿠데타를 시도했을 때, 베네수엘라 민중은 그가 정부의 잘못을 바로잡으려는 것으로 생각했어요. 정부는 카라카소 봉기 때 자국 시민에게 총구를 겨눴고, 이후에도 계속 그랬습니다. 차베스가 출옥하여 대통령 선거에 출마하자, 우리는 전국을 돌면서 유세 활동을 필름에 담았습니다. 결국 차베스가 당선되었고, 우리는 유사한 작업을 하는 단체들과 계속 만났습니다. 우리는 전국의 시네클루브들과 협력자들을 얻게 되었죠.

카티아 TV의 탄생

1999년에 우리는 '카티아 콘스티투옌테 재단'이라는 프로젝트를 시작했는데, 이 프로젝트는 바르가스 참극[11]으로 인해 거리에 내몰린 피해자들과 연대하기 위한 것이었습니다. 우리는 이 프로젝트를 통해 피해자들이 다시 살 집을 얻을 수 있도록 지원했어요. 저는 이 프로젝트에서 문화 부문에 참여했고, 우리는 라디오 레벨데의 전신인 라디오 오레히타를 만들었습니다. 이 라디오 방송은 바르가스 참극으로 집을 잃은 2000여 명이 있던 임시 대피소 네 곳에서 전파가 아닌 스피커로 송출되었습니다.

그즈음에 리카르도 로하스^{Ricardo Rojas}가 카티아 콘스티투엔테 재단의 한 팀에서 일했는데, 그와 협력했던 '사회통합기금'^{Fondo Único Social}12이 우리가 진행하던 여러 프로젝트 가운데 하나에 자금을 지원하겠다고 제안했습니다. 그래서 블랑카, 리카르도와 논의한 끝에 텔레비전 방송국을 설립하기로 결정했어요. 우리가 그동안 쌓아온 모든 경험의 열매로 마침내 카티아 TV가 태어나는 순간이었죠. 기금 측에서는 4만 7000볼리바르를 지원했고, 우리는 이 자금으로 안테나와 여러 장비를 살 수 있었습니다. 안테나를 설치한 건물에 피뢰침도 없어서 달았죠. 계획을 추진하던 중에 안테나를 카티아에서 가능한 가장 높은 곳에 설치해야 한다는 것을 알게 되었습니다. 그 가장 적합한 곳은 리디스 헤수스 예레나 병원이었고요. 우리는 병원 원장을 만나 이런 사정을 이야기했고, 병원 측은 우리 방송을 위해 조그마한 공간을 내주었습니다. 그 결과 우리는 지난 2000년에 UHF 채널 25로 방송을 시작할 수 있었습니다. 허가 없이요.

그런데 초기엔 차베스를 지지했다가 나중엔 극우파로 돌아선 알프레도 페냐^{Alfredo Peña} 카라카스 시장이 2003년에 병원에서 우리를 쫓아

---

11 1999년 12월에 바르가스 주의 해안 지방에서 폭우가 쏟아졌는데, 이때 산비탈에 자리 잡은 빈민가에 살던 수천 명이 죽거나 난민이 되었다.

12 성부 정책에 따라 프로젝트에 자금을 지원하는 정부 기구.

냈어요. 그 병원의 의사들이 다 반차베스주의자들^{escualidos}('더러운, 불결한'이라는 뜻인데, 차베스가 자신의 반대파들을 지칭할 때 썼다.—옮긴이)이었는데, 이들이 우리가 볼리바리안 서클과 협력하고 있다고 시장에게 말했거든요. 심지어 우리가 권총과 기관총을 사무실로 들여온다고 중상모략까지 했죠. 하지만 그들이 총이라고 말한 건 기타였을 뿐이에요. 우리는 아직도 이러한 부당한 비난에 맞서기 위해 법정을 들락날락하는 중입니다. 어쨌든, 당시에 쫓겨나는 바람에 현재 사용하고 있는 이 공간을 얻을 때까지 1년 동안 방송을 할 수 없었어요. 그 사이에 우리는 카라카스 여기저기서 미디어 관련 워크숍을 개최했고, 법무부로부터 현재 쓰고 있는 건물을 기증받을 수 있었습니다. 애초 이 건물은 다 허물어져가는 상태였지만, 우리가 보수를 했어요. 이 건물은 옛날에 여기 있었던 카뇨 아마리요 역에 정차했던 열차의 차고지로 쓰인 곳입니다.

합법화된 공동체 미디어

마침내 2001년 3월 30일, 우리는 합법적으로 방송을 할 수 있게 되었습니다. 카라카스에서 최초로 합법화된 공동체 텔레비전이 된 겁니다. 우리는 이전에도 차베스 대통령을 우리 방송국에 초청했어요. 하지만 당시 그는 우리가 법적인 허가를 얻기 전이라, 자신이 방송국 개국식에 참석하는 건 곤란하다고 전해왔습니다. 당시 차베스 대통령은 공동체 혹은 대안 미디어에 대해 언급하진 않았어요. 블랑카 에코우트가 차베스 대통령을 만나 공동체 텔레비전 방송국의 비전이 무엇인지 설명하고 나서야 그는 그 중요성을 이해했죠. 그 후 차베스 대통령은 공동체 미디어에 대해 언급하기 시작했습니다. 블랑카가 현재 관련 부서의 장관이 그냥 된 게 아니에요. 그녀가 정보통신부MINCI에서 핵심적인 위치에 있는 지금, 우리는 그동안 우리가 주장해왔던 것들을 실현하기 위해 앞으로 더 나아가야 합니다.

우리는 다른 공동체 라디오와 텔레비전 방송국도 합법화할 수 있도록 법률 조항을 만들기 위해 각종 토론을 이끌어왔습니다. 토론에서 우리는 공동체 미디어가 합법적으로 방송할 수 있는 구조가 전혀 없다고 주장했어요. 우리는 이러한 구조를 만들려고 했고, 정부도 이런 우리를 지지했죠. 당시 차베스 대통령은 국가통신위원회CONATEL13 의장이었던 디오스다도 카베요에게 우리와 협력하여 '공동체 텔레비전 및 라디오 방송에 관한 규정'을 만들도록 지시했습니다. 2002년에 우리는 CONATEL과 다양한 모임을 가졌습니다. 차베스 대통령이 이렇게 사람들을 규합했던 것은, 아직도 우리가 하려는 작업을 미친 짓이라며 의심하는 자들이 있었기 때문이에요. 실제로 CONATEL 측은 우리와 만난 초기에는 우리의 주장을 받아들이려 하지 않았어요. 우리가 제안한 것들이 모두 자기들에게 생소하다고 말하곤 했죠. 이들은 법률적 수준에서 공동체 미디어를 위해 무얼 할 수 있는지 전혀 모르고 있었어요. 그래도 우리는 이들과 많은 시간 토론을 거듭했고, 결국 오늘날 시행 중인 관련 규정을 만들어낼 수 있었습니다.

그 과정에서 전국의 많은 공동체 미디어가 토론에 참여했습니다. 예컨대 텔레탐보레스나 라디오 페롤라, 타치라에 있는 텔레루비오, 페타레에 있는 콜렉티보 라디오포니코 등이요. 우리에게도 국가의 관료적

---

13 CONATEL은 지난 1991년에 통신을 규제하기 위해 만들어진 베네수엘라 국가 기관이다. 새 이동통신 영업 허가를 내주거나 통신 서비스의 질을 모니터링하며, 시설장비 기준을 실징하고 통신 관련 정책을 만든다.

수단들을 이용하는 일이 생소하기는 마찬가지였어요. 하지만, 이렇게
노력해서 제정된 법 규정들 덕에 많은 공동체 라디오와 텔레비전 방송
국이 허가를 받아 방송을 할 수 있게 되었습니다. 오랫동안 많은 공동체
미디어들이 은밀하게 방송을 해야 했는데 말입니다. 기본적인 여건이
마련된 거죠. 이 규정 덕분에 많은 방송국들이 법적 허가를 얻어 방송을
계속했습니다.

주류 방송에 도전하는 공동체 미디어

많은 동지들은 민영방송 기업들이 우리를 대수롭지 않게 여길 거라고
생각해요. 하지만 저는 이들 민영방송 기업이 우리 같은 방송국들을 분
명히 골칫거리로 생각하고 있을 거라고 봅니다. 주류 미디어들이 권력
구조에서 지배적인 위치에 있긴 하죠. 공동체 혹은 대안 미디어들은 이
들과 달리 저출력 주파수로 운영하고, 방송이 미치는 범위도 더 작고요.
하지만 우리는 참여민주주의를 실천하고 있어요. 이 점이 주류 미디어
에게 문제가 되는 거죠. 실제로 우리는 참여민주주의를 실천하고 있습
니다. 예컨대 우리는 상품을 판매하려고 여성을 대상화하지 않아요. 사
람들도 그걸 알고 있고요. 물론, 우리의 영향력이 제한되어 있다는 것은
여전히 아쉬운 일이에요. 우리 방송의 영향력이 아직까지 전국적 수준
으로 미치지는 못하니까요. 그래도 특정한 지역에서는 영향력을 가지고
있기 때문에, 주류 미디어들은 분명히 우리를 위험하게 생각할 겁니다.

　민영 미디어들의 운영 논리는 절대 바뀌지 않습니다. 그들의 논리란
소비하고 파는 것, 그게 다거든요. 즉 누가 말했듯이 "매스컴을 더 자주
타면 탈수록 사람들은 그 제품을 더 많이 소비하게 되고, 결국 그 제품

을 만든 사람은 더 많은 돈을 벌게 된다"는 거죠. 이게 그들이 가장 중요하게 생각하는 일입니다. 그래서 그들은 여성을 계속해서 성적 대상으로 삼고, 인종주의도 부추깁니다.

2002년 4월에 쿠데타가 발생했을 때, 실제로 무슨 일이 벌어지고 있는지를 방송한 것이 공동체 미디어였다는 점을 기억해야 합니다. 이는 공동체 미디어가 사익私益에 맞섰던 아주 구체적인 사례니까요. 이렇게 해서 우리는 사람들을 자유롭게 했고, 민영 텔레비전과 다른 민간 미디어들이 행사해오던 속박을 깨뜨렸습니다. 쿠데타 당시, 공동체 미디어 활동가들은 폐쇄된 국영 채널 8을 복구하여 방송했습니다.[14] 공동체 미디어는 역사의 한 부분이었어요. 민영 미디어들은 위협을 느끼고 있습니다. 민중이 역사에서 한 부분이 되고자 하고, 미디어에 스스로 참여하길 원하거든요. 민중은 방송 제작에 직접 참여하고 싶어하고, 드라마나 뉴스를 직접 기획하려고 합니다. 그리고 그것이 실행되고 있죠.

누가 방송 전파를 통제하는가?

민중의 참여와 볼리바리안 혁명 과정에 힘입어, 지역 공동체 주민들은 방송 전파가 지역 공동체와 베네수엘라 민중의 것이라는 점을 알게 되었습니다. 베네수엘라에서는 오래전부터 세 가문이 미디어를 통제해왔어요. 그들은 그 과정에서 엄청나게 돈을 벌어 다국적기업으로 변신했습니다. 민중을 착취하는 데 전혀 거리낌이 없었어요. 이들의 관심사는

---

14 2002년 쿠데타로 이틀간 권력을 잡은 페드로 카르모나 임시 정부가 가장 먼저 취한 조치가 바로 국영 텔레비전 방송 VTV의 채널 8을 폐쇄한 것이다. 하지만 공동체 미디어 활동가들이 이 방송국을 정상화하여 보도를 재개히는 데 일조했다.

오직 상품을 얼마나 팔 수 있는지, 또 사람들이 자기 상품을 얼마나 소비할지 계산기를 두드리는 것뿐입니다. 민영 미디어들은 사회주의를 지향하는 정부를 찬성하지도, 조건의 평등이나 정의 같은 것이 옳다고 생각하지도 않습니다. 그들에게 중요한 딱 한 가지는 자기 재산이에요.

RCTV에 대한 방송 인허가 갱신이 거부되었을 때, 이들이 차베스 대통령과 정부에 대해 맹공격했던 것도 다 이유가 있었죠. 이전 같으면 매년 약 1400만 달러씩 꼬박꼬박 받았던 정부 지원금을 더는 받을 수 없게 되었으니까요. RCTV를 소유한 몇 사람 안 되는 가문이 열받은 거죠. 하지만 RCTV와 다른 주류 미디어들이 쿠데타 기간 동안 베네수엘라 민중을 배신하고 거짓말을 했을 때, 이미 이들은 공중파 방송을 할 권리를 상실했다고 봅니다. 깊게 생각할 것도 없어요.

4차 세계대전

민영 미디어들은 계속 베네수엘라 민중을 공격하느라 여념이 없습니다. 이들은 라틴아메리카와 전 세계를 대상으로도 이런 일을 하고 있어요. 현대 전쟁은 그 핵심이 미디어 전쟁이라는 점에서 과거와 다릅니다. 사람들이 앉아서 텔레비전을 시청할 때, 민영 미디어는 소비를 조장합니다. 누군가의 말처럼 "생각하지 말고, 만들지도 말라"는 거죠. 사람들이 민영 미디어가 퍼뜨리는 말을 곧이곧대로 믿는 안타까운 일이 생기기도 합니다. 이런 유형의 전쟁은 훨씬 비용이 싸게 먹힙니다. 전함도 폭탄도 필요 없으니까요. 그냥 위성안테나와 카메라를 설치하고 텔레비전을 통해 방송만 하면 그만입니다. 2002년 쿠데타에 연루된 사람들도 미디어 전쟁을 벌였는데, 그것은 우리가 흔히 봐왔던 쿠데타가 아니었습니다. 베네수엘라의, 그리고 전 세계의 거대 민영 미디어 기업들이 공모해 적법하게 들어선 민주정부를 전복하려 한 것입니다. 그들은 우리를 적으로 보며, 우리도 마찬가집니다.

국제주의

베네수엘라 공동체 미디어와 전 세계 다른 공동체 미디어들 간의 관계는 민영 기업 사이의 관계와는 완전히 다릅니다. 단지 정보 공유에만 기초를 둔 관계가 아니라, 형제애와 연대에 기반하고 있으니까요. 예컨대, 우리는 아르헨티나와 브라질의 동지들과 연계를 맺고 있는데, 이 나라에는 이들을 보호하는 법이 없습니다.[15] 어쩔 수 없이 몰래 방송을 하고 있죠. 우리는 전 세계에 걸쳐 이런 다양한 상황 속에 있는 조직들과 관계를 맺고 있습니다. 우리는 이런 나라들을 직접 방문하기도 하고, 베네수엘라의 혁명 과정과 카티아 TV의 운영 과정에 대해 배우려고 다른 나라에서 오는 많은 사람들을 적극 맞이합니다. 우리는 늘 국제적으로 접촉을 하려 합니다. 이런 연대가 우리 모두를 지킬 수 있기 때문이죠.

---

15 이후에 아르헨티나 상원은 아르헨티나 공동체 미디어에게 기회를 열어주는 새로운 법안을 압도적인 지지로 승인했고, 소수 기업에게 아르헨티나 전파를 독점하도록 해준 독재 정부 시절의 규정을 폐지했다. 새로운 법은 라디오와 텔레비전 주파수 영역의 3분의 2를 비상업적 미디어들에게 할애하고, 정부 프로그램도 늘리도록 하는 내용이다. Mayra Pertossi, "Argentine Senate Overwhelmingly Approves Media Law," *AP*, October 10, 2009.

되돌아갈 수 없는 과거

우리는 여기 베네수엘라에서 흥미로운 과정을 겪고 있습니다. 저는 차
베스 대통령이 있든 없든, 과거로 되돌아가지는 않을 거라고 단언합니
다. 때로 민중은 고통과 무지를 통해 배워야 합니다. 베네수엘라에 존
재하는 모든 공동체 미디어는 1980년대에 시작된 투쟁으로부터 탄생했
습니다. 우리 스스로 역사를 창조하고 있습니다. 우리는 역사에 스스로
가 주인공이 되고자 하는 열망으로 실제로 역사를 직접 써내려가고 있
어요. 누군가가 역사를 우리에게 말해주는 게 아니고요. 차베스 대통령
은 이 모든 것을 합법화하는 매개 역할을 해왔습니다. 그는 우리 모두
의 경험과 카라카소 봉기에서 터뜨린 요구의 산물입니다. 볼리바리안
혁명은 하나의 과정이고, 우리가 그 일부를 수행하기 때문에, 우리는 이
나라에서 벌어지는 일에 책임이 있습니다. 차베스가 있든 없든, 무릎을
꿇고 살아가느니 당당하게 서서 죽는 편이 더 낫습니다.

11

어느 작은 라디오 방송국이 가진 큰 힘

★

발렌티나 블랑코, 라울 블랑코, 아르투로 소사

- 라디오 리베르타드 -

발렌티나 블랑코^{Valentina Blanco}는 일찍 방송국에 도착한다. 산에서 불어 내려온 서늘한 바람이 텅 빈 거리를 쓸고 지나간다. 발렌티나가 녹색 차고 철문을 두드리자, 몇 분 후에 남동생 라울 블랑코^{Raúl Blanco}가 문을 연다. 그는 발렌티나에게 재빨리 인사를 하고는, 이내 사운드보드^{soundboard}로 한달음에 달려간다. 그는 음향기사인 아르투로 소사^{Arturo Sosa}가 도착하기 전에 오늘 아침 방송에 틀 노래를 선곡하고 있다.

차고를 개조한 이곳은 어수선하긴 해도 독특한 멋이 있다. 발렌티나와 라울은 방송국을 자랑스레 내보이며 연신 서로의 말에 끼어든다. 널빤지로 둘러싸인 스튜디오를 열고 들어가니, 방이 세 개가 있고 사운드보드와 마이크, 비교적 새 것으로 보이는 전자 데크^{electronic deck}가 층층이 쌓여 있다. 송출 장비들도 보이는데, 이것을 통해 조그마한 이 방송국에서 나오는 신호가 지붕 안테나로 옮겨가, 보코노 같은 예스런 산악 마을과 동부 트루히요 주의 나지막한 산과 주변 계곡으로 퍼진다.

"보코노 사람들은 캄페시노 음악(농민 음악)을 많이 듣는 터라, 여기 농민들은 이 프로그램을 빼놓지 않고 들어요. 보코노 어디를 가든지 우리 방송이 흘러나오는 걸 들을 수 있죠."

발렌티나의 말이다.

2002년 말, 라디오 리베르타드('자유'라는 뜻)는 트루히요 주의 공동체 라디오 중에서 최초로 법적 허가를 받았다. 이들은 라디오 무선 송신기를 쿠바–베네수엘라 협정[1]을 통해 제공받았다. 협정에 따라 석유를 비롯한 베네수엘라 제품과 쿠바의 의료인 등 지원 품목이 맞교환된다. 라디오 리베르타드는 지금도 정부가 운영하는 베네수엘라 방송 네트워크 RedTV의 라라 주 지국으로부터 기술적 지원을 받고 있다.

24시간 방송하는 라디오 리베르타드는 1999년 차베스 대통령 집권 후에 생겨나 합법적으로 방송 중인 240여 개 공동체 라디오 가운데 하나다.[2] 그중 많은 방송국들은 '베네수엘라 공동체 미디어 네트워크' 같

---

1   쿠바–베네수엘라 협정 : 2000년 후반에 체결된 이 협정에서, 쿠바는 베네수엘라에 농업, 관광, 교육, 보건 등 열 가지 분야에서 지원과 전문적 지식을 제공하고, 베네수엘라는 쿠바에 매일 석유 5만 배럴 이상을 제공하기로 합의했다. 이 협정의 보건 조항에 의거해 2006년에는 1만 명이 넘는 베네수엘라 저소득 환자가 쿠바로 가서 치료를 받았다. 이제 이 협정은 두 국가 간에 이루어지는 광범위한 협력에서 작은 한 부분이 되었으며, '아메리카 대륙을 위한 볼리바리안 대안'ALBA이라는 큰 틀에 포함되어 있다. Michael Fox, "Felix's Miracle and the Convenio Cuba-Venezuela," *Venezuelanalysis*, August 24, 2006, http://www.venezuelanalysis.com/analysis/1907.

2   베네수엘라 라디오방송원 원장인 넬슨 벨포르트Nelson Belfort와 국가통신위원회 CONATEL에 따르면, 2009년 7월 현재 베네수엘라에서 합법적으로 운영되는 공동체 라디오가 243개에 이른다. 베네수엘라 공동체 미디어 네트워크의 사무총장인 루이스 페냐Luis Peña는 허가 없이 운영하고 있는 공동체 라디오가 적어도 600개는 더 될 거라고 말한다. Daniel Uzcátegui and Soniberth Jiménez, "La Radio No Es Comunitaria," *El Universal*, July 26, 2009.

은 자체 네트워크를 만들었다. 라디오 리베르타드는 이제 7년 된 '전국 자유 및 대안 공동체 미디어 협회'[ANMCLA]의 주요 회원일 뿐만 아니라, 트루히요 주 ANMCLA의 본부 역할도 하고 있다.[3] 지난 2002년 이후 ANMCLA는 적극적이고 자주적으로 공동체 미디어들을 조직해, 현재 이 조직에는 200개가 넘는 공동체 미디어가 참여하고 있다. 이들은 때로 다른 베네수엘라 사회운동과 연대하여 서로의 투쟁을 지원하기도 하는데, 그런 운동으로는 FNCEZ와 도시토지위원회, 와유 선주민 운동 등이 있다.[4]

에너지가 넘치는 에드문도 카데나스[Edmundo Cadenas] 신부는 조그마한 이 라디오 방송국의 창립자 가운데 한 명이자, 방송국을 운영하는 집단 공동체[collective](지역을 기반으로 한 공동체 조직―옮긴이) 35명의 일원이기도 하다. 마침 카데나스 신부가 잠깐 들렀는데, 지역의 한 커피 협동조합에 들르고 몇 마을 떨어진 곳에서 열리는 장례식에도 참석하러 가야 한다며 몇 분 후 자리를 떴다. 카데나스는 베네수엘라에서 여전히 해방신학을 설교하는 급진적인 가톨릭 신부다. 이런 신부는 이제 베네수엘라에 대여섯 명밖에 없다.

---

3   트루히요 주에 있는 23개 공동체 방송국 가운데 6개 방송국이 ANMCLA의 회원이다. ANMCLA 네트워크는 카라카스나 다른 지역에서는 훨씬 더 강력하다.

4   2006년에 ANMCLA는 "우리 모두의 투쟁을 위해"라는 슬로건으로 전국적인 캠페인을 벌였는데, 이 기간에 이들은 카라카스와 전국 각지에서 수많은 시위행진을 조직했다. 최근에 ANMCLA는 라틴아메리카 전역에서 풀뿌리 운동들과 국제적인 연대를 활발히 조직해왔다. 볼리비아, 팔레스타인, 2006년 이스라엘에게 침공받을 당시의 레바논, 그리고 로베르토 미첼레티[Roberto Micheletti] 임시정부하의 온두라스 등지에 있는 통신원들은 중요한 역할을 해왔다. 이들은 공동체 미디어를 통해 잘 알려지지 않은 현장의 사건과 상황을 베네수엘라와 남미 전역에 보도했다. 더 많은 정보를 알고 싶다면 다음을 참조. http://www.medioscomunitarios.org.

얼마 지나지 않아 발렌티나도 나서야 했다.

"입에 풀칠하고 살아가려면 뭐라도 해야 하잖아요. 휴, 먹을 거 사야지, 집세 내야지, 이것도 해야지, 저것도 해야지."

디오 리베르타드는 2007년 상반기까지 통신부의 광고를 받아 방송에 내보냈지만, 그런 자금 지원도 끊겼다. 그래서 라디오 코디네이터와 제작자, 음향 기사 모두 거의 무보수로 방송 일을 하고 있다.[5]

하지만 발렌티나는 먹여 살려야 할 식구가 많다. 그녀는 딸 둘에 세 살 먹은 손녀, 그리고 연로하신 어머니까지 돌보고 있는데, 어머니의 다리가 예전 같지 못한 상태다. 지난 25년 동안 발렌티나는 판매직과 그래픽 디자인 일을 해왔고, 2000년부터는 보코노 지방 지도 제작과 여행 가이드로도 일하고 있다. 발렌티나가 쌓은 이런 다년간의 경험에도 불구하고, 발렌티나와 아르투로는 미션 리바스를 통해서 최근에야 고등학교 졸업장을 받을 수 있었다. 중년 나이에 이른 수십만 베네수엘라인이 미션 리바스의 지원 덕에 고등학교 교육을 마저 마칠 수 있었다. 발렌티나는 현재 미션 수크레의 지원을 받아 법률을 공부하고 있다.

서부 안데스 산지 높은 곳에 위치한 트루히요 주는 카라카스로부터 멀리 떨어진 곳이다. 이곳의 마을들은 서로 수 시간 떨어진 거리에 있고, 일부 외진 마을pueblo[6]은 오로지 걸어서만 갈 수 있다. 1960~1970년대, 이런 산지에서 보코노의 전설적인 영웅 파브리시오 오헤다 같은 혁명적 투사들이 정부의 억압에 맞서 게릴라 투쟁을 벌였다. 라울과 발렌티나의 어머니 역시 당시 총을 들었던 사람들 가운데 하나였다.

---

5   일부 프로그램 제작자나 호스트들은 자기 프로그램을 만드는 데 지역 공동체의 지원을 받기도 한다. 이들은 그 일부를 라디오 리베르타드에 전달하는데, 이 돈으로 음향 기사 세 명의 봉급을 지불한다.

6   푸에블로pueblo : 조그만 마을이라는 뜻. '엘 푸에블로'에는 민중이라는 뜻도 있다.

발렌티나 블랑코, 라울 블랑코, 아르투로 소사

"상업방송에서 틀어주는 음악은
방송하지 않으려고 합니다"

혁명적 뿌리

발렌티나 우리 엄마는 보코노에서 태어났고, 열여섯 살이 되었을 때 카라카스로 이주해 국립도서관에서 일하셨습니다. 그곳에서 파브리시오 오헤다 같은 사람들을 만나곤 하셨는데, 나중에 여기 보코노에서 함께 싸웠던 사람들이죠. 그러고는 활동가로 나섰고, 게릴라 투쟁에도 참여하셨어요. 엄마는 아주 어릴 때 그런 활동을 시작했고, 오랜 세월 적극적으로 참여하셨는데, 1959년과 1960년엔 쿠바에서 군사학교를 다니기도 하셨대요. 아버지와 함께 게릴라 부대에서 통신을 담당했는데, 상업방송과 국영방송을 교란하는 임무를 수행하셨어요.

그러다가 제가 다섯 살 때 엄마가 투옥되었어요. 그전까지는 우리 남매가 부모님의 은폐막 역할을 해서 이분들의 게릴라 활동이 드러나지 않았던 거예요. 부모님은 도시 게릴라여서, 카라카스나 바를로벤토 같은 여러 곳에서 활동하셨대요. 제 생각엔 그분들이 대통령궁 뒤편에 있는 아파트에서 기거한 것 같은데, 그곳에서 국영방송을 방해할 수 있었던 것 같아요. 아버지는 라디오 방송인이였어요. 여러 라디오 방송국에서 일하셨고, 여러 번 결혼해서 아이들을 많이 낳았죠.

제가 이런 활동을 하는 건 그런 피를 물려받아서인 것 같아요. 전염됐거나 유전이거나, 뭐 그런 비슷한 것임에 틀림없어요.

그래서 저는 과거 부모님의 활동이 어느 정도 라디오 리베르타드를 만드는 데 영감을 줬다고 생각해요. 라울이 공동체 라디오를 만드는 꿈을 실현하는 데 앞장선 걸 봐도 그렇고요.

발렌티나 블랑코

발렌티나 저는 우리 엄마가 카라카스에 살고 있을 때 태어났어요. 제가 이곳 보코노에 온 건 9년 전인 2000년이었습니다. 엄마한테 맡겨놓았던 제 막내딸을 데려오려고 6주 정도 여기에 머물렀죠. 그런데 아무리 근사한 곳이라 해도 가족과 함께 있는 것만 못하잖아요. 그래서 보코노에 아예 정착했어요. 맨 처음 여기 왔던 때부터로 치면 14년 만이었죠. 제 남동생이 이 라디오 프로젝트를 준비하고 있었고, 저도 관심을 갖게 되어 이곳에 눌러앉은 거예요.

아르투로 소사

아르투로 예전에 라디오 일을 해본 적은 없었어요. 저는 미션 리바스의 학생이고, 이 방송국이 저에겐 학교나 마찬가지예요. 동료들에게 많이 배우고 있습니다. 이곳에서는 누구도 다른 사람에게 상사 행세를 하지 않아요. 라울도, 발렌티나도 제 상사가 아니에요. 우리는 다 그저 동료고, 한 팀으로 일합니다. 프로그램 프로듀서든 누구든 마찬가지죠. 우리 라디오 방송은 지역 공동체에 보탬이 되고자 늘 문을 열어두고 있습니다. 이 팀과 함께하는 게, 그리고 민중의 의식을 일깨우는 일을 한다는 게 얼마나 행복한지 몰라요.

라디오 리베르타드를 운영하는 발렌티나 블랑코, 라울 블랑코, 아르투로 소사

라디오 리베르타드의 시작

라울 2002년 쿠데타가 일어나기 얼마 전, 오랫동안 혁명 활동을 해온 몇 사람이 모여 공동체 라디오를 설립하는 문제를 두고 논의하기 시작했습니다. 저는 통신 규제 기관인 국가통신위원회^{CONATEL}에 지원을 요청했는데, 위원회 측은 우리가 트루히요 주 보코노에 이런 라디오 방송국을 설립하려면 먼저 법적인 공동체 재단^{community foundation}으로 등록되어 있어야 한다고 답해왔어요.

그래서 공동체 재단 등록을 준비하여 쿠데타 후인 2002년 8월 즈음에 재단 조직을 마치고, CONATEL 측이 요구했던 법적·기술적·사회적·경제적 계획 같은 일체의 관련 자료를 마련했습니다. 우리는 필요한 모든 것을 제출하고, 실제 방송국을 설립하는 작업에 들어갔습니다. 법적인 인정을 받는 게 가장 중요하긴 했지만, 라디오가 지역 내에서 잘 받아들여지도록 하는 것 역시 중요했죠. 이를 위해 우리는 지역에서 조

사를 실시하여 공동체 라디오에 대한 의견을 물었어요. 예컨대 라디오
설립에 동의하는지, 우리와 함께 협력할 용의가 있는지 같은 거요. 그
동안 우리 내부적으로는 하나의 공동체로서 체계를 다졌습니다. '라디
오 리베르타드'라는 공동체 라디오 설립 프로젝트는 계속 추진되었고,
CONATEL은 기술적 타당성 검토를 마친 후에 마침내 우리에게 FM 99.3
주파수를 할당해줬어요.

초기엔 어려움이 많았습니다. 물론 지금도 여전히 쉽진 않지만, 우린
이런 어려움을 잘 극복해왔어요. 정보통신부MINCI로부터 받은 지원이
큰 힘이 됐습니다. '전국 자유 및 대안 공동체 미디어 협회'ANMCLA 측의
도움도 빼놓을 수 없는데, ANMCLA는 우리가 제출한 계획안뿐만 아니
라, 우리가 가진 정치적 입장에 대해서도 자신감을 가지도록 도와주었
어요.[7] 그런데 이런 일이 가능하게 되니까 지역 라디오를 만들고 싶어
하는 기회주의적인 사람들이 많이 생겼어요. 이런 사람들이 만든 건 결
국엔 종교 라디오나 상업 라디오였고, 심지어 이 새로운 흐름에 반대하
는 라디오도 있어요.

우리 방송은 우리가 경험하고 있는 혁명적 과정이 진정으로 의미하
는 바가 무엇인지 지역에서 이해할 수 있도록 돕습니다. 지역에서 활발
하게 참여하고 민중의 목소리를 진심으로 대변하는 우리만의 미디어

---

7   ANMCLA는 2002년 6월에 구성되었다.
  "공동체 미디어는 베네수엘라에서 수년간 운영되어왔다. 라디오 콘비테, TV 미첼
  레나 같은 곳이 10여 년 전에 그 길을 열었고, 나중에 라디오 카티아 리브레 FM 93.5
  로 바뀐 라디오 모로코이가 1995년에 방송을 시작하면서 카라카스 라디오 방송
  의 개척자가 되었다. 뒤를 이어 라디오 알테르나티바, 라디오 페롤라, 라디오 악티
  바 데 라 베가가 등장했고, 1990년대 내내 전국적으로 유사한 많은 실험이 이루어졌
  다." — ANMCLA 홈페이지의 소개 글 중에서 : *Somos expresión de la multitud*, http://www.
  medioscomunitarios.org/pag/index.php?id=48.

없이 미디어 전쟁에서 싸운다는 건 애당초 가능하지 않으니까요. 물론 부족한 점도 많았어요. 무엇보다도 이데올로기 수준에서 그렇고, 정치 의식 측면에서도 마찬가지고요. 이런 게 공동체를 약하게 합니다.

우리 공동체 재단의 이름은 '부라테 아리바'이고, 방송국은 트루히요 주 보코노의 라디오 리베르타드 FM 99.3이에요. 우리는 일부 정부 기구 로부터도 지원을 받을 수 있었고, 우리를 시작으로 보코노 지역의 다른 교구에서도 집단 공동체가 엄청 늘어났어요. 우리는 우리와 비슷한 일 을 추진해보려는 공동체 라디오 다섯 곳을 도울 수 있었는데, 우리 경험 은 이들이 자기 지역에서 작업을 시작하는 데 발판 역할을 했습니다. 보 코노는 트루히요 주에서 매우 큰 구에 속하는데, 교구만 해도 열두 개에 이르고, 탄탄한 기반을 마련하려 애쓰는 공동체 라디오 방송국이 다섯 개나 되는 곳이에요. 몇 군데는 이미 방송 중이고, 나머지는 방송국을 설립하는 과정에 있죠. 이 방송국들은 모두 결국 한 팀이고, 저는 이 집 단 공동체의 일원입니다.

발렌티나 우리가 정부에 불평을 늘어놓을 입장은 아녜요. 우여곡절도 많 았고 오랜 투쟁도 했지만, 결국 우리는 법적인 허가를 받았고, 방송할 능 력을 갖췄고, 방송국을 설립한 최초의 공동체 라디오가 되었거든요. 물 론 이를 위해 우리 동료들은 머물 곳도, 먹을 것도 없이 카라카스까지 갔 었고, 그곳에서도 정부 사무실에 앉아 하염없이 기다리는 수고를 했죠. 하지만 결국 우리는 ANMCLA의 지원을 받게 됐습니다. 차베스 대통령 은 정해진 어느 날까지, 90개 공동체 라디오가 적법하게 개국하길 바란 다고 말했어요. 그래서 공무원들이 전국의 다양한 지역을 순회하기 시 작했고, 우리는 정부의 이런 노력으로 혜택을 받은 겁니다. 결국 애초 대통령이 언급한 90개 라디오 모두가 허가를 받아 설립되지는 못했습니다. 그중에 53군데가 그러한 과정을 마쳤죠. 부라테 아리바 공동체 재단으로서든, 라디오 리베르타드로서든 우린 정부에 불만 없습니다.

"우리는 지역 공동체와 같은 길을 간다"

발렌티나 사람들이 공동체 라디오에 대해 잘못 이해하고 있는 경우가 있습니다. 공동체 라디오를 '차바카노'chabacano, 즉 조잡하고 조악한 무엇이라고 생각하곤 해요. 하지만 리베르타드 공동체 라디오가 보코노 지역 청취자들로부터 폭넓은 관심을 받고 있다는 점을 말해주고 싶네요. 가끔은 우리 방송 전파가 산지 계곡을 타고 가서 트루히요 주의 일부 외곽 지역까지 닿기도 해요. 이 지역 사람들도 관심 있게 듣는데, 이는 우리 방송이 전하는 메시지가 늘 긍정적인 데다가 청취자들이 참여하여 함께 발전시키자고 요청하기 때문입니다. 또한 비판적인 메시지를 담고 있기도 한데, 지역에서 나타나는 잘못된 점들을 들추어내는 거죠. 그래서 지역의 기득권 세력들이 우리를 구아림베로스guarimberos라고 부르기도 합니다. 반혁명 폭도라는 뜻이에요. 하지만 사람들은 그런 주장을 믿지 않습니다. 우리가 베네수엘라 혁명 과정을 지지하며, 지역 공동체와 같은 길을 걸으려 한다는 걸 알거든요.

"우리는 지역 공동체와 같은 길을 간다."

이 말은 우리가 ANMCLA에서 거듭 반복하는 구절 가운데 하나이기도 하죠.

우리는 지역 공동체와 함께 협력하고 있고, 지역 공동체도 우리 방송을 이용하면 그들의 문제를 알리고 해결하는 데 도움이 된다는 것을 알아요. 이런 점들이야말로 우리가 내는 수익 따위로는 평가할 수 없는 성과라고 봐요. 주민들은 이런 성과에 관심을 가지고 있고, FM 99.3 청취자라면 누구나 공감할 수 있는 다른 비전으로 우리를 평가합니다.

지역 공동체는 공동체평의회의 회의를 통해 서로 무슨 일이 있는지 공유하고 중요한 일을 결정합니다. 회의 후 이들은 방송국에 와서 라디오를 통해 지역에서 무슨 일이 벌어지고 있는지 알리죠. 우리 방송을 듣는 청취자가 많다는 걸 알거든요. 가장 높은 청취율을 자랑하는 프로그램은 오후 두 시부터 네 시까지 방송하는 캄페시노 음악 프로그램이에요. 여기 보코노 주민들이 이 음악을 즐겨 듣는지라 이 프로그램을 놓치지 않고 듣거든요. 보코노 일대를 돌아다니다 보면, 어디가든 이 프로그램이 흘러나오는 걸 들을 수 있을 정도예요.

라울 그건 보코노의 경우이고, 다른 시골 지역을 생각해보자면…….

발렌티나 그런 곳들은 지역 공동체라고 할 만한 게 거의 없죠. 이를테면 한 집과 이웃집 사이의 거리가 몇백 미터이거나, 심지어 몇 에이커당 집이 한 채뿐인 곳도 있거든요. 이 지역에 사는 사람들도 죄다 우리 방송에 주파수를 맞추고 음악을 들어요. 이 음악은 바로 우리 농민 자신이 만들어낸 것이니까요.

프로그램 제작

라울 우리는 상업방송에서 틀어주는 음악을 방송하지 않으려고 하는데, 이런 음악은 들어봐야 우리에게 남는 게 아무것도 없어서예요. 그런 음악은 아무런 교육적 효과도 없고, 우리가 성장하는 데 도움을 주지 않거든요. 우리도 란체라^{ranchera}(라틴풍의 컨트리·웨스턴 음악—옮긴이) 같은 음악은 트는데, 지역 주민들도 좋아해요. 그 밖에도 정말 괜찮은 살사나 캄페시노 음악, 카라카스의 카리쿠아오에서 만들어진 레게 음악도 틀고, 아르헨티나에서 칠레에 이르는 다양한 라틴아메리카 음악도 내보내요. 라틴아메리카나 베네수엘라의 음악을 많이 트는 거죠. 골페 라렌세나 야네라 음악도 틀고요.[8] 라디오 리베르타드의 각종 프로그램에서 다 이런 음악을 틉니다. 우리가 직접 만드는 프로그램은 물론, 지역 공동체 프로듀서나 전국 각지에서 온 독립 프로듀서가 제작하는 프로그램도요.

아르투로 매주 약 30개 프로그램이 방송되는데요, 어떤 프로그램은 자리를 잘 잡았지만, 어떤 것은 생겼다가 없어졌다가 해요. 그래도 좋은 프로그램은 늘 자리를 지키죠.

라울 맞아요. 이 점을 명확히 하는 게 좋겠네요. 초기엔 프로그램이 넘쳐나요. 일주일에 50여 개라든지 하루에 10여 개 정도로요. 하지만 그중에 많은 프로그램이 과거에 형성된 관념에서 출발한 것이에요. 아쉽더라도 그들은 과거의 한정된 경험에서 벗어나야 합니다. 새로운 대안 라디오를 시작하려면 그렇게 해야 해요. 더 독창적인 방식으로요. 이런 점에서 ANMCLA는 우리가 겪고 있는 이 혁명적이고 변화무쌍한 정치에 기반한, 좀더 독창적인 것을 자체적으로 만들어내야 합니다. 또한 방송

---

8   골페 라렌세Golpe Larense : 베네수엘라 라라 주의 전통 음악.
　　야네라llanera : 야노스 평원의 바리나스나 아푸레 지방 등에서 유래한 음악.

국들이 그러한 프로그램을 만들 수 있도록 지원해야 할 의무도 있고요.

ANMCLA

발렌티나 ANMCLA는 전국 협회인데, 여기엔 정말 다양한 집단 공동체들이 참여하고 있습니다. ANMCLA에 참여한 사람들의 사고방식은 다각양각색이지만, 그럼에도 언제나 공통된 합의점이 있고, 서로 다른 생각을 토론하고 해결책을 찾습니다. 다양성 속의 통일성이라고 할 수 있죠. ANMCLA에는 각종 신문과 잡지, 라디오, 웹사이트, 시청각물 등 대안 미디어들이 많이 있습니다. 각 공동체가 활동하고 있는 투쟁 현장에서 민중을 더 많이 조직하고, 서로 간에 교류를 강화하고, 나아가 네트워크를 발전시킨다면, 민중에게 아무짝에도 쓸모없는 주류 미디어들을 이길 수 있습니다.

ANMCLA는 이를 위한 기술적인 기반은 물론, 기층에서 미디어 운동을 하는 사람들을 교육하는 학교도 갖추고 있습니다. 라디오 송신자 협동조합이나 인쇄 · 잉크 · 제지 협동조합, 그래픽 디자인 워크숍과 시청각물 · 오디오 편집 워크숍이 있죠. 그 밖에 공동체 라디오 제작 워크숍도 있습니다. 정말이지, 우리에겐 무언가를 만들어낼 수 있는 무한한 가능성이 있습니다. 이건 우리의 해방자들(남미 독립 영웅들—옮긴이)이 지녔던 믿음과 시몬 로드리게스의 슬로건에 기반한 겁니다. 그 슬로건이란, "오 인벤타모스 오 에라모스"o inventamos o erramos, 즉 "창조하든지 잘못되든지, 둘 중 선택해야 한다" 이죠.

공동체 라디오

발렌티나 라디오는 도구예요. 이 도구를 통해 말을 할 수 있고, 바깥에 있는 사람들은 그것을 듣습니다. 이런 과정을 통해 전하려는 메시지를 확산할 수 있죠. 우리가 바라는 게 뭐냐고요? 지역 공동체의 의식 수준을 향상시키고, 지역 공동체 내에서 상호 이해를 높이는 겁니다. 우리 주민들이 매우 현명하기 때문에 가능하다고 봐요. 주민들은 이해력이 뛰어나고, 식견도 넓어요. 각자의 지혜를 공동체 라디오를 통해 공유하면 우리 모두가 매일 조금씩 성장하는 데 도움이 되죠.

사람들이 공동체 라디오에 귀 기울일 때, 그들이 듣는 것은 방송국을 찾아 마이크에 대고 말하는 한 사람 한 사람의 가슴에서 우러나오는 목소리라고 생각합니다. 우리는 끊임없이 무엇을 사라, 어디를 가라라고 떠드는 그런 방송국이 아닙니다. 잘 들어보세요. 방송 전파를 규제하는 정부 기구인 CONATEL의 규정에 따르면, 베네수엘라의 상업 라디오는 방송 한 시간당 광고를 15분 할 수 있습니다. 그런데 상업방송들은 이를 남용하여 광고를 시간당 25분이나 해요.

주류 미디어

발렌티나 주류 미디어들은 모든 최신 기술과 경제적 자원을 가지고 있어서, 상업적 대중매체를 잘 운영할 수 있어요. 그리고 거기 앉아 있는 머리 좋은 인간들은 온갖 날조한 이야기를 내보내는 대가로 보수도 두둑이 받지요. 그에 비해 우리는 작죠. 하지만 사실 우리는 작지 않아요. 우리 방송을 듣는 민중의 규모는 매우 거대하고, 이해력과 지혜를 비롯한 많은 것에서도 크고 넓죠. 우리는 아직 만들어나가고 있고, 실수를 해 쓰러지기도 해요. 하지만 이내 다시 일어서고 우리가 가진 지식을 나눕니다. 물론 주류 미디어들이 가진 장비를 가지고 있진 못하지만요.

민중이 방송 전파의 주인입니다. 그런데 베네수엘라 방송 전파가 FM 라디오들 사이에서 어떻게 분배되는지 살펴봅시다. 저는 전문가는 아닙니다만, 거의 모든 FM 주파수는 상업방송들의 손아귀에 있고, 이들은 매우 경쟁적입니다. 이들의 무선 송신기는 우리보다 더 멀리까지 방송돼요. 공동체 라디오 중에서는 자기 지역 내에서조차 충분히 전파가 닿지 않는 방송국들이 있는데, 이는 CONATEL 측이 해당 지역 전체에서 들을 수 없는 전파를 공동체 라디오에 할당하기 때문이에요. 지역 공동체가 스스로 말하게 되는 것이 두려워서 그러는 걸까요? 지역 공동체가 무엇을 원하는지 말할까 겁나서요? 우리는 모두 베네수엘라에 사는 사람들이기 때문에, 어떤 목소리든 같이 경청해야 합니다.

주류 미디어들은 많은 이해관계로 얽혀 있기 때문에, 이들은 자기 사람들을 정부 기관에 침투시켜 우리의 접근을 막습니다. 이들이 우리의 움직임에 제동을 걸려고 하지만, 누구도 중단시킬 순 없어요. 설사 우리가 순전히 우리 힘으로만 무선 송신기를 구해야만 하거나, 침실에 송신기를 숨겨놓고서 허가 없이 방송 전파를 내보내는 상황이라 해도 마찬가지일 겁니다. 우리는 어디서든 무선 송신기를 가동할 수 있는 법을 배우려 합니다. 사람들이 우리의 목소리를 계속 들어야 하니까요. 그리고 우리는 서로 간에 연계를 구축해야 해요. 이런 과정을 멈추지 않을 겁니다. 누구도 막지 못해요.

내부의 적

라울 볼리바리안 혁명 과정에서 자기 이익만 차리는 사람도 많습니다. 점차 그들의 가면이 벗겨져 진짜 모습이 드러나게 되면, 혁명의 대의에 동의하지 않는 사람과 동의하는 척만 하는 사람, 그리고 혁명 과정을 교란시키려 하는 사람이 누구인지 알 수 있을 거예요.

CONATEL, MINCI 같은 기관을 통해 정부가 우리에게 지원을 해줍니다. 그런데 유감스럽게도 도지사나 이런 기관의 책임자들은 이 과정에 반대하고 있어요. 하지만 이들은 개의치 않고 공직을 유지하고 있습니다. 우리는 그동안 다른 많은 조직과 함께 이들의 행동을 비판해왔어요. 그래서 그들은 우리를 부정적으로 바라보죠. 그래도 우리는 계속 의문을 제기하고 비판을 가했는데, 이로 인해 그들은 우리를 대단히 곤란한 지경에 빠트리기도 했어요.

발렌티나 때때로 그들이 우리 지역 공동체나 우리를 대상으로 장난을 친다는 생각이 들 때가 있어요. 그들은 우리에게 산더미 같은 양의 문서를 요구하곤 하거든요. 우리가 그걸 준비해서 제출하면, 이 자료들을 쌓아두기만 할 뿐이에요. 이 공무원들은 같은 직무에서 삼사십 년을 일해온 사람들인데, 지역에 필요한 것들에 민감하기는커녕 그러한 요구를 처리해주려고도 하지 않아요. 이러니 사람들이 분통을 터트리며 다른 대안을 찾아 나서게 되는 거죠. 우리가 ANMCLA에서 하는 일이 바로 그런 거예요. 우리는 이런 정부 기구들이 가진 문제점을 철저히 파헤치고 있는데, 필요하다면 즉각 투쟁하고 전국적인 시위와 행진을 추진할 겁니다.

RCTV

발렌티나 이런 목적으로 가장 최근에 조직한 시위행진이 2007년에 있었는데, 정부가 RCTV의 텔레비전 방송 인허가 갱신을 거부한 것에 지지를 표하기 위한 것이었어요. ANMCLA는 이러한 계획이나 미디어 전략과 관련해 아주 많은 일을 했습니다. 우리도 다양한 활동을 했고요. 2007년 3월 27일에 이 시위를 했는데, RCTV 앞에서 밤샘 철야 농성을 했습니다. 우리는 방송국 벽에 페인트칠을 했어요. RCTV 측은 그걸 보고 우리에게 야만인이니 뭐니 비난했지만, 우린 개의치 않았죠. 우리는 RCTV 사장 마르셀 그라니에르^{Marcel Granier}에게 보여줄 수천 가지 항의의 메시지를 쓰면서 재미난 시간을 보냈어요. 거기엔 무대가 있어서 문화 공연도 했는데, ANMCLA는 RCTV 측에 방송 인허가를 갱신해줄 필요가 없다고 주장하는 비디오를 틀었죠. 이처럼 방송 전파는 민중의 것인데도, 혁명 과정이 지향하는 바와 다른 경제적 이해관계를 가진 몇몇 사람들이 그간 방송 전파를 형편없이 운영해왔습니다. 저는 이 시위에서 민중의 목소리가 반향을 얻었고, 정부와 민중, 지역 사이에 진정한 조직화가 이루어졌다고 생각합니다.

차베스와 공동체 라디오

발렌티나 베네수엘라의 공동체 미디어들이 죄다 차베스의 손아귀에 있다는 주장은 거짓말이에요. 실제로는 이름만 '공동체'일 뿐인 공동체 라디오가 많죠. 이들은 외양만 공동체 라디오처럼 꾸민 저속한^{vile} 상업방송이에요. 이들은 지역을 위해 아무것도 하지 않고, 광고 수입으로 먹고 살고 있습니다. 이들은 다른 상업방송들과 똑같은 음악을 틀어요. 지역 공동체들과 아무런 관련이 없는 거죠.

물론 대다수 공동체 라디오는 독립적일 거라고 봅니다. 진정한 공동체 라디오라면 볼리바리안 혁명 과정을 지지할 거고요. 만약 이 혁명 과정이 없었다면, 우리 역시 공동체 라디오로 존재하지 않았을 테니까요. 하지만 사상의 자유가 있어서, 공동체 라디오들은 혁명 과정에 대해 비판하기도 합니다. 나아가 민중은 자신들이 생각하는 바를 그대로 말합니다. 이들은 이렇게 비판하죠.

"보라고, 이건 잘못됐어. 대체 여기서 무슨 일이 벌어지고 있는 거야? 이걸 고쳐야 돼."

이런 점에서 우리가 성숙해졌다고 생각해요. 트루히요 주 당국이 이따금 보복 조치를 취하기 때문에, 일부 사람들이 다소간 동요할 때도 있어요. 하지만 일반적으로 공동체 라디오들은 아주 믿을 만합니다. 이들은 앞으로 벌어질 일에 대해 자신의 생각을 독립적으로 말하거든요.

베네수엘라에 표현의 자유가 있을까?

라울 베네수엘라에는 표현의 자유가 절대적으로 보장되어 있어요. 절대적으로.

발렌티나 그렇죠, 완전히요.

라울 심지어 적들은 지금 진행하는 식의 미디어 전쟁을 계속하지 않고 공동체 미디어를 통해 자기들의 의사를 표현할 가능성도 있어요. 우리는 우리 자신만의 관점을 가지고 싸워야 합니다. 매우 힘든 싸움이에요. 저들은 경제적 힘을 가지고 있고, 사람들을 잘못된 방향으로 이끌어 혼란에 빠뜨리려고 하거든요.

RCTV가 공영방송에서 사라지니 상황이 더 좋아졌어요. 물론, 이 방송이 여전히 케이블에서 나오고, 온갖 거짓말과 비열한 중상모략을 해대면서 법률을 위반하고 있고, 그런데도 베네수엘라 인구의 5퍼센트가 여전히 이 방송을 시청하고 있습니다. 이들이 어긴 법률은 '라디오 및 텔레비전의 사회적 책임에 대한 법'Law of Social responsibility in Radio and Television과 통신 기본법Organic Law on Telecommunications의 규정 같은 것들이죠. 공동체 라디오의 경우, 라디오 및 텔레비전 방송 관련 법률과 비영리 공동체 텔레비전 관련 법률을 다 이해하지 못해 위반하는 사례가 많아요. 이에 대한 전체적인 의식이 고양되고 있긴 하지만, 여전히 법률 메커니즘을 위반하는 경우가 많죠.

그래서, 앞서의 질문, 즉 베네수엘라에 표현의 자유가 있는지에 대해 다시 말하자면……. 글쎄요. 저는 표현의 자유가 너무 많다고 생각합니다. 법률을 어기고도 계속 방송을 할 만큼 많이요. 이런 방송국들을 폐쇄해야 합니다. 유럽이나 산업화된 국가, 발전된 국가라면 어디든, 법률을 준수하지 않는 이런 방송국들은 제재를 받아요. 여기서는 그렇지 않죠.

두려움을 이겨내기

발렌티나 공동체 라디오를 만들려는 꿈을 가진 모두에게 전하고 싶은 메시지가 있어요. 여러분이 처음으로 해야 할 일은 두려움을 극복하는 겁니다. 제가 말하는 두려움은 기술 장비에 대한 두려움을 말하는 거예요. 우리는 이러한 두려움을 이겨내야 해요. 그렇지 않으면 어떤 성과도 거두기 어렵고, 무력해질 뿐이거든요. 그리고 어디에서 공동체 라디오를 운영하든, 그곳엔 방송국을 운영하는 방법을 여러분에게 알려주고 싶어할 동료들이 반드시 있을 겁니다. 이런 사람들을 모두 조직한다면, 무선 송신기를 가동할 수 있고, 전파를 창공에 쏘아 지역 곳곳의 가정과 사무실, 각종 일터, 심지어 농민들이 논밭을 일구는 시골에까지 도달하게 할 수 있어요. 이렇게 해서 작은 라디오도 영향력을 가질 수 있는 겁니다. 사람들이 전파는 다른 것을 들을 수 있으니까요.

공동체 라디오는 어떤 세계를 보여주는 창문과 같아요. 이 행성의 거주자로서 우리가 원하는 세계, 만들고 있는 세계, 우리 마음 깊은 곳에서 꿈꿔온 세계 말이에요. 우리는 우리가 사는 지구를 사랑하고, 동시대의 인류인 모든 남성과 여성, 청소년, 어린이를 사랑합니다. 세계는 음악이나 언어 장벽과 상관없이 하나입니다. 라디오는 우리를 꿈꾸게 하고, 감각을 자극하며, 우리 안에 있는 다채로운 감정을 불러일으키죠. 불의에 대한 격렬한 분노도요. 또한 내 주변에서 바꿔야 할 것들을 일깨워줍니다. 무엇보다 자기 스스로 변해야 할 필요성을 일깨웁니다. 스스로 변화하고 두려움을 극복하는 과정 속에서 나의 현실과 내 주변의 현실을 함께 바꿔나갈 수 있어요. 이건 타오르면서 점점 커지는 불꽃 같은 겁니다. 모든 사람과 함께 나눌 만큼 멋진 거죠. 달리 무슨 말이 필요하겠어요?

5

선주민과 아프리카계 베네수엘라인 운동

12

숲 속에서 민요를 부르는 대학

★

메체두니야, 와다하니유
– 베네수엘라 선주민대학 –

예쿠아나족의 한 원로가 주변 숲에서 뽑아온 길고 푸른 야자수 잎으로 모자를 짜면서, 고대의 이야기로 만든 토착어 노랫말을 느릿느릿 읊조리고 있다. 예쿠아나족 청년인 메체두니야^{Mecheduniya}는 지난 수년간 익혀온 대로 이 토착어로 된 노랫말을 주의 깊게 문자 형태로 받아 적고 있다. 한 무리의 또 다른 젊은이들은 밝고 다채로운 색깔로 꾸며진 전통 예복을 입고 있는데, 이 옷들은 순전히 잎사귀와 깃털로만 만들어졌다. 이들은 이 옷을 입고서 다음 날 공연할 고대극 연습을 하고 있다.

"우리는 여기 정글에서 가르쳐요. 정글에서 전통 곡을 부르거나 우리 부족의 일대기를 읊는 법을 배우죠."

베네수엘라 선주민대학의 창립자 가운데 한 사람이자, 학장이기도 한 와다하니유^{Wadajaniyu}의 말이다.

이 대학은 구야나 지역으로 알려진 광대한 땅에 자리 잡고 있는데, 이

지역은 베네수엘라의 중앙을 거의 정확히 사선으로 갈라 흐르는 오리
노코 강의 남쪽으로 넓게 퍼져 있다. 대다수 베네수엘라인들은 이 지역
을 사진으로만 아는 정도인데, 그도 그럴 것이 베네수엘라 인구의 90퍼
센트가 이 나라의 북서쪽에 집중해서 살고 있기 때문이다. 반면에 선주
민들은 거대한 남동쪽 아마소나스 주 인구의 거의 50퍼센트를 차지한
다.[1] 식민지 시기 초기에 황금의 땅이라는 엘도라도 신화에 혹한 스페
인 '콩키스타도레스'('정복자'라는 뜻—옮긴이)들은 탐험대를 조직한 후,
배를 타고 오리노코 강을 통해 베네수엘라 내륙까지 들어왔다. 실제로
금은 거의 발견되지 않았지만, 이 지역에 매장된 풍부한 자연자원과 수
많은 야생동물은 여전히 전설적이다.

아메리카 대륙의 다른 곳과 마찬가지로, 식민주의는 베네수엘라 선
주민에게 파괴적인 영향을 미쳤다. 근대에 들어서도 이들의 고통은 계
속되었다. 선주민 공동체가 살던 지역에 선교 사업과 개발이 진행되면
서 선주민들은 자신들의 전통과 땅을 잃어갔던 것이다.[2]

베네수엘라 선주민대학은 이러한 파괴를 막으려는 선주민들의 운동
이다. 이 대학은 볼리바르 주의 주도인 시우다드 볼리바르에서 차로 네
시간 정도 걸리는 곳에 있는데, 먼지 날리는 길을 약 2킬로미터 더 걸어
가야 도착할 수 있다. 이 대학은 베네수엘라에서 선주민의 구심점이 되
려고 애쓰고 있는데, 그들은 대의를 달성하기 위한 주된 수단으로 문화
를 활용하고 있다. 이 대학에는 교실이 거의 없고, 교육은 대부분 빽빽

---

1   Donna Lee Van Cott, *From Movements to Parties in Latin America: The Evolution of Ethnic Politics*
(Cambridge: Cambridge University Press, 2005), 183.

2   Tobias Haller, Annja Blöchlinger, Markus John, Esther Marthaler, Sabine Ziegler, *Fossil Fuels, Oil
Companies and Indigenous Peoples: Strategies of Multinational Oil Companies, States and Ethnic
Minorities* (Berlin: LIT Verlag Berlin-Hamburg-Münster, 2007), 235-280.

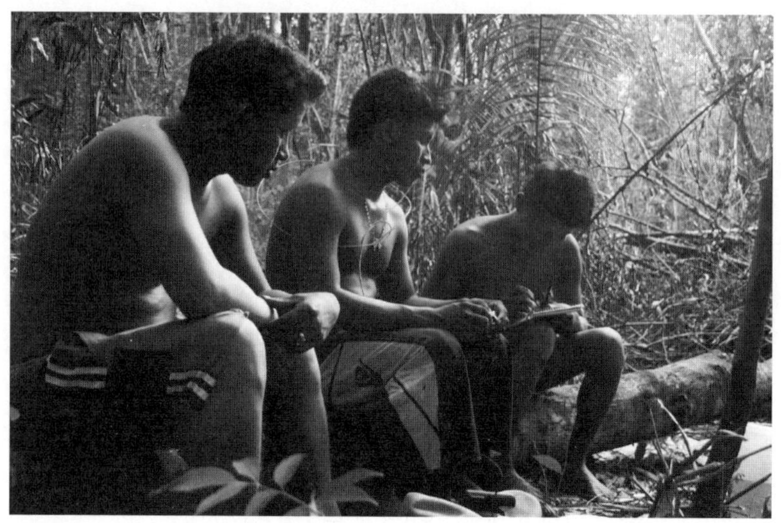

베네수엘라 선주민대학의 와라오족 학생들

한 밀림 숲 속에서 이루어진다. 대학을 다니는 선주민 학생들은 부족별로 나누어진 조그만 마을에 있는 해먹hammock(나무 그늘 같은 곳에 달아매어 침상으로 쓰는 그물이나 천─옮긴이)에서 잠을 잔다.

베네수엘라 선주민은 베네수엘라 인구의 2.2퍼센트 정도이며, 베네수엘라 전역에 걸쳐 약 28개 부족이 있다. 이처럼 베네수엘라 인구에서 작은 부분을 차지하는 탓에, 이들은 역사적으로 베네수엘라 정치에서 늘 주변부에 머물러 있었다.[3] 1990년대에 다른 라틴아메리카 국가들이 선주민에게 새로운 자유를 부여하는 관련 법을 제정하던 때에도, 베네수엘라는 이 문제와 관련해 정치적으로 가장 후진적인 헌법을 가지고 있었다. 베네수엘라 선주민들이 자신의 정치적 목적을 국가적 의제

---

3   Minority Rights Group International, *World Directory of Minorities and Indigenous Peoples - Venezuela: Overview*, 2007, http://www.unhcr.org/refworld/docid/4954ce6821.html.

로 만들기 위해 지역에서 조직을 구성하는 것 역시 더뎠다. 대표적인 조직으로는 볼리바르 주 선주민연맹[FIB]과 아마소나스 주 선주민지역조직[ORPIA]이 있다.[4] 이런 지역 조직들은 1989년에 베네수엘라 전국선주민위원회[CONIVE]를 창립하면서 전국적으로 통합되기 시작했다.

이처럼 크게 성장한 경험과 더불어, 차베스 정부가 등장하면서 선주민들은 전례 없이 좋은 정치적 기회를 맞이하고 있다. 예컨대, 선주민 조직들은 새 헌법 제정 과정에 특별한 자격으로 참여했다. 차베스 대통령이 나서서 선주민들이 표방한 대의에 지지를 표명했을 뿐 아니라, 제헌의회에서 선주민 의석을 3석이나 지정한 덕분에 이들의 운동이 활력을 얻을 수 있었다. CONIVE는 다양한 포럼과 내부 회의를 열어 이 운동을 더욱 자극했고, 제헌의회 내에 보수적인 대표자들의 반대에 맞서 자신들의 제안을 통과시키는 데 필요한 힘을 모았다.[5]

새 볼리바리안 헌법은 한 절 전체를 선주민에 할애할 정도로 비중을 두어 선주민의 권리를 상당히 향상시켰다. 새 헌법은 선주민들이 여러 권한을 행사하도록 야심찬 의제를 제시했는데, 구체적으로는 공유지 소유권[communal land titles]이나 독자적인 교육기관 설립 등이 있다. 볼리바리안 헌법 제3장 8절은 선주민의 문화와 언어, 관습, 전통적으로 살아온 땅에 대한 존중을 인정하고 보장했으며, 이러한 권리가 실행될 수 있도록 정부에게 선주민 공동체들과 협력할 것을 요구한다.

지난 2003년에는 선주민 공동체의 지역 개발과 토지 경계 설정[self-demarcation]을 지원하기 위해 미션 과이카이푸로가 만들어져 약속 이행에

4　Donna Lee Van Cott, "Andean Indigenous Movements and Constitutional Transformation: Venezuela in Comparative Perspective," *Latin American Perspectives* 30, no. 1 (January 2003): 49-69.

5　같은 책.

박차를 가했다. 2007년, 정부는 선주민의 요구를 충족시키는 데 더 많은 힘을 모으기 위해 '선주민을 위한 인민권력부'를 만들었다.

선주민들도 역사상 전례 없는 기회를 얻었다고 생각하지만, 새롭게 얻은 이런 권리들이 실제로 이행되는 과정에서 많은 장애물이 있다는 것도 절감한다. CONIVE의 지도자들이 베네수엘라 정부의 힘 있는 위치로 편입되면서 선주민의 대표성이 새로운 수준에 도달한 것은 분명하지만, 선주민의 기층 조직들에서는 이에 대한 비판도 제기되었다. 즉 이러한 과정에서 선주민 조직이 자주성을 상실해가고 있으며, 결과적으로 더욱 강하게 요구할 수 있는 능력을 잃고 있다는 것이다. 그리고 상당한 토지가 일부 선주민 단체에게 주어졌다고는 하지만, 다른 많은 선주민 공동체가 요구했던 토지에 대해서는 종합적인 대응이 여전히 미흡하다. 선주민의 토지 경계 설정이 실제로 실행되는 과정에서도, 새 헌법이나 차베스 대통령의 수많은 입장 표명으로부터 기대했던 것과 실제 현실 간의 격차는 매우 컸다.[6]

베네수엘라 선주민대학은 이처럼 기회와 장애물이 동시에 존재하는 만만치 않은 상황에 직면해 있는데, 선주민대학은 선주민 운동에 영감을 주는 주목할 만한 사례다. 베네수엘라 헌법 121조가 선주민에게 자체적인 교육기관을 발전시킬 권리를 인정하자, 이에 힘을 얻은 선주민 공동체 네 곳이 힘을 합쳐 젊은이들을 교육할 공간을 설립했다. 이를 통해 선주민에 대한 서구 세계의 공격에 저항하고, 그들의 고유한 생활방식을 지키자는 것이었다.

처음에는 그저 학생 몇 명으로 시작했지만, 지금은 여덟 부족을 대표

---

6   Kathrrin Wessendorf, *The Indigenous World 2009* (Copenhagen: IWGIA, 2009), 135-146.

하는 선주민 젊은이 70여 명이 이 대학에서 공부하고 있다. 그 여덟 부족은 와라오, 페몬, 카리냐, 푸메, 에네파, 피아로아, 사네마, 예쿠아나다. 중앙정부의 인정을 받으려는 자주적인 프로젝트인 선주민대학은 베네수엘라 사회운동과 국가 간의 깨지기 쉽고 복잡한 관계를 선명하게 드러낸다. 선주민 운동은 볼리바리안 헌법과 차베스 정부가 선주민의 권리를 중요시한다는 점에서 힘을 얻고 있지만, 베네수엘라 정치판속에서 여전히 쉽지 않은 난관을 헤쳐가고 있다. 그렇지만 베네수엘라선주민대학 같은 프로젝트와 여러 상황 속에서의 정치 투쟁을 통해 베네수엘라 헌법은 현실화되어가고 있다.

 메체두니야, 와다하니유

"서구 교육이 도래하고 우리는 선주민이라는 정체성을 잃어버렸어요"

개인사

메체두니야 제 이름은 메체두니야이고, 예쿠아나족이에요. 산 후안 데마나피아레 지역 출신인데, 태어난 곳은 브라질 옆에 있는 아마소나스주 알토 벤투아리에 위치한 카쿠리 공동체입니다. 지난 2003년에 이 대학에 다니기 시작했고, 지금은 졸업 논문을 마무리하는 과정에 있습니다. 제가 처음으로 이 대학을 알게 된 건 푸에르토 아야쿠초에 있는 한 도시에서 공부할 때였어요. 첫 선주민대학 학생들 가운데 일부는 아예 이 대학 설립을 돕기 위해 온 거였죠. 저는 이 대학에 입학하려고 마음 먹고서, 제 가족은 물론이고 마을 사람 모두와 이 문제에 대해 논의했어요. 마을 사람들은 꼼꼼히 많은 것을 물었고, 저는 그분들이 던진 질문에 빠짐없이 답변했어요. 그래서 마을 사람들은 선주민대학에서 제가 공동체에 진정으로 보탬이 될 교육을 받을 수 있겠다고 확신했죠.

이 대학에 처음 도착했을 때 스스로 물었어요. 나는 누구이며, 내가 어디서 왔으며, 궁극적으로 내가 가는 곳은 어디인가. 대학 측에서도 제게 이러한 질문을 던졌고, 매 질문을 받고 숙고할 때마다 저는 개인적으로 새로운 경험을 했어요. 이런 과정을 통해 제 자신을 선주민으로 재발견했습니다. 제게도 엄연히 문화와 언어, 교육이 존재한다는 것을 깨달았죠. 그리고 풍요로운 우리 문화를 되살려야겠다고 생각했습니다. 서구 교육이 도래하고 선주민이라는 정체성을 잃어버리면서 우리 문화는 오랜 시간을 두고 소멸해왔거든요. 이 대학에서 받은 그간의 모든 교육 과정을 통해서, 제가 그동안 우리 공동체와 문화의 바깥에 있었다는 것도 깨달았습니다. 그전까지는 기존 학교에서 공부했거든요. 선주민 젊은이들은 이 대학을 다니면서 비로소 자신의 공동체와 문화로 돌아갈 수 있었어요.

와다하니유 제 이름은 예쿠아나 말로는 와다하니유이고, 스페인어 이름은 아르투로 아시사^{Arturo Asiza}입니다. 저도 역시 아마소나스 주 산 후안 데 마나피아레에 있는 예쿠아나족 출신이에요. 현재는 이 대학 교무위원회의 일원입니다. 제가 이곳에 처음 온 게 1997년인데, 그때 이 프로젝트에 대해 처음으로 토론했고, 아이들을 교육하기 위해 무엇이 필요한지 논의했어요. 그 후 스페인 바스크 지방에서 온 예수회 신부 호세 마리아 코르타José María Korta[7]의 도움을 받아, 베네수엘라 여러 지역에서 선주민 원로를 스무 명 정도 모셔와 함께 논의했습니다. 이 자리에서 우리는 우리 문화가 점차 사라지고 있고, 우리 젊은이들이 기존 학교나 대학에서 서구문화에 노출되어 있는 상황을 문제점으로 지적했습니다. 우리는 한 달 동안 이런 상황에 대해 토론을 벌였고, 그 결과 선주민 대학을 설립하기로 의견 일치를 보았습니다.

선주민대학의 기원

메체두니야 이 대학을 설립하는 과정에서도 코르타 신부의 지도를 받았는데, 지금 그분은 베네수엘라로 귀화했어요. 그분은 이 작업을 몇 년 전에 카우카리 공동체에서 시작했는데, 단순히 도움을 주러 왔을 뿐이지 자신의 종교관을 선주민들에게 강요하진 않았습니다. 코르타 신부는 농업, 양봉업, 목축업 이렇게 중요한 세 가지 프로젝트를 기획하면서 선주민들을 도왔어요. 이후 선주민 공동체가 그 프로젝트들을 관리했는데, 굉장히 성공적이었죠.

2000년에 정부가 새 헌법으로 토착 선주민의 권리를 인정하면서, 자체적인 교육기관을 설립할 권리도 규정했습니다. 우리는 코르타 신부의 지도를 받아 예쿠아나, 푸메, 에네파, 피아로아 네 부족의 대표자들을 모두 불러 모아 4개월 동안 대학 설립에 대해 토론하면서 체계화했

---

7   호세 마리아 코르타 신부의 삶과 활동을 다룬 더 자세한 이야기를 알고 싶다면, 존 디킨슨John Dickinson이 감독하고 편집한 다큐멘터리 〈Ajishama the White Ibis〉(Documentary Educational Resources, 2003)를 참조할 것.

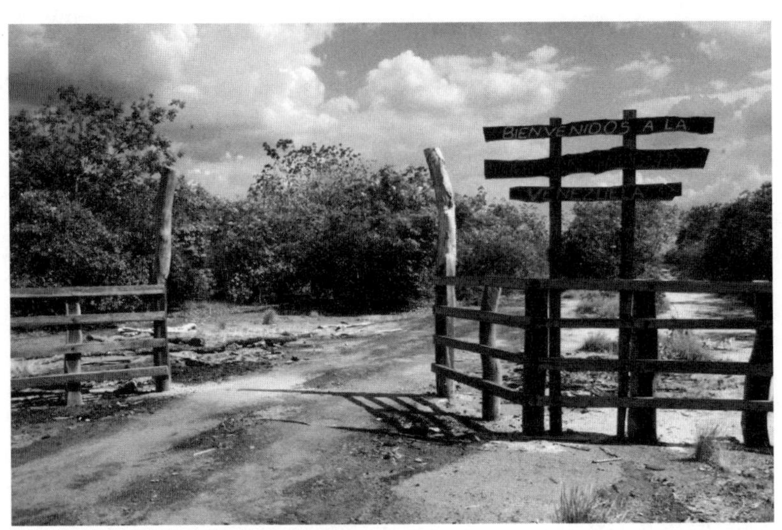

"베네수엘라 선주민대학에 오신 것을 환영합니다"

습니다. 이후 이러한 토론은 다른 선주민 공동체로도 이어져, 대학의 성격 확립과 함께 대학 창립에 필요한 것을 결정하는 논의가 이루어졌어요. 우리는 대학 창립에 공동체들이 참여할 필요가 있다고 생각했고, 학과목에 대해서도 합의가 이루어졌어요. 지금은 이 대학에 여덟 부족이 참여하고 있습니다.

와다하니유 저는 늘 기존 대학들에 비판적인 입장이었어요. 제 두 딸이 그곳에서 공부하는데, 아이들은 우리 문화를 잃어버리고 서구문화에 마음을 뺏긴 채 돌아왔습니다. 마치 가족을 잃고 있는 것 같아 심란했습니다. 그래서 2년째 이 대학 학장으로 일하고 있어요. 제가 계속해서 이 대학에 오는 이유는 선주민들이 여기에 있고, 제 두 아들도 이 대학에서 공부하기 때문입니다. 그리고 다른 선주민 원로들로부터 배우려는 목적도 있는데, 제 조부모님과 아버지에게서 배울 기회가 미처 없었거든요. 제가 너무 어릴 때 그분들이 돌아가셔서, 살아 계실 때 배울 기회가 없었습니다. 저는 기존 학교에서 쓰는 법을 배웠기 때문에 글의 형태로도 정보를 축적하고 있습니다. 하지만 아직도 많은 정보를 머리에 기억해놓고 있죠.

선교의 영향

와다하니유 선교사들이 처음 아마소나스 지역에 온 것은 아주 오래전이었어요. 그 사람들이 오기 시작했을 때 저는 어린아이였습니다. 이들이 펼친 선교 사업은 우리 공동체에 대해 극단적으로 경직된 것이었습니다. 이들은 우리의 문화와 종교를 빼앗아갔어요. 그들은 우리의 종교가 악마의 것이며, 우리 문화는 글로 쓰여 있지 않아서 아무런 가치가 없다고 말했습니다. 하지만 제 아버지는 우리의 문화와 공동체를 지켜냈습니다. 그러자 선교사들이 제 아버지를 전도하려 했는데, 부친께서는 끝내 이를 받아들이지 않으셨죠. 마을 공동체의 다른 분들과 힘을 합쳐 선교사들을 강제로 쫓아내기까지 하셨어요. 저는 이 이야기를 집에 있는 책에다 전부 써놨는데, 그래서 이 책은 제게 보물과 같습니다. 우리가 우리 땅을 위해서 투쟁할 때마다 저는 이 이야기를 떠올립니다. 제 아버지가 우리 문화를 수호한 투쟁의 지도자였기 때문이죠.

차베스가 몇 년 전에 축출한 '누에바스 트리부스'라는 선교 단체도 우리에게서 많은 문화를 앗아갔습니다.[8] 이들은 우리에게 막대한 피해를 안겨주었죠. 예컨대, 알토 오리노코에서 이들이 선교 활동을 펼치고 나

---

8   Humberto Márquez, "Venezuela expulsa a las Nuevas Tribus," Inter Press Service, October 12, 2005, http://ipsnoticias.net/nota.asp?idnews=35437.

자, 그곳 선주민들에게 아무것도 남지 않았습니다. 만약 당신이 그들에게 그들의 문화에 대해 물어본다 해도, 그들은 말해줄 게 아무것도 없을 겁니다. 그들이 말하는 것이라곤 죄다 예수 그리스도에 대한 것뿐이니까요. 누에바스 트리부스는 자기들의 믿음으로 이들을 세뇌하여 오염시킨 거죠. 제가 보기에 이 형제자매들은 자신의 문화 없이 방향을 잃고 죽어가고 있습니다.

이를 막기 위해 조상들이 했던 방식대로, 우리의 문화를 확고하게 유지하는 방법을 젊은이들에게 알려주려 하는 거예요. 예전에도 이런 방식으로 벤투아리 지역에서 우리 문화를 유지할 수 있었고, 카우라 강 상류에 사는 주민들도 그들의 문화를 확고하게 지켜냈던 겁니다. 하지만 조상들의 지식을 기록으로 남기지 못한 채 우리 원로들이 하나 둘 세상을 떠나고 있는 터라, 젊은이들을 교육하는 데 박차를 가해야 한다고 마음먹었어요. 만약 그런 지식을 잃어버린다면, 우리 젊은이들은 자신을 지킬 어떤 무기도 없이 빈손으로 남겨질 테니까요.

선주민 교육

와다하니유 우리는 여기 정글에서 가르치고 있습니다. 정글에서 우리는 전통적인 노래를 부르거나 과거로부터 전해져 내려온 이야기를 말하는 법을 배워요. 우리는 자연에서 얻은 재료를 이용해 우리 공동체에서 쓸 용도로 바꾸는데, 예컨대 북을 만들거나 요리할 때 사용하는 세부칸[9]을 만드는 거죠. 우리는 젊은이들에게 전통적인 약제 제조법이나 나무로

---

9   세부칸은 야자나무 잎으로 짠 튜브 형태의 압력여과기인데, 이것을 이용하여 카사바 뿌리로 카사베 빵을 만든다.

통나무배나 노를 만드는 방법도 가르칩니다. 우리가 자연을 돌보는 이유는 우리가 살며 먹는 것 모두가 자연으로부터 나오기 때문이에요. 우리가 학생들에게 식물과 나무들을 보여주고 각각의 이름과 효능에 대해 가르치고자 하는 것도 바로 이 때문입니다.

메체두니야 제가 자라는 동안 아버지는 저를 선주민 방식대로 가르쳤어요. 그래서 사냥이나 낚시를 하러 갈 때, 그리고 전통 공예품을 만들 때도 늘 아버지와 함께했죠. 정글에 들어갈 때마다 아버지는 매번 이런저런 언덕이나 협곡, 동물과 식물의 이름을 말씀해주셨어요. 이것이 제가 어릴 때 받은 교육이었고, 이 대학에서 다시 그런 것들을 계속 배우고 있습니다.

일반적인 기준에서 말하자면, 여기서 배우는 것은 책임감 있고 규율 있게 서로 연대하여 사는 법이라고 할 수 있습니다. 학문적 차원에서 보자면 다양한 과목을 배우는데, 예를 들면 선주민 역사와 교육, 법, 민족학ethnology, 민족식물학ethnobotany, 농업생태학agroecology 등이 있어요. 이용할 만하다면 현대 기술을 배우는 것도 마다하지 않아요. 또한 우리 공동체 각각의 상황을 분석하고 선주민대학이 어떻게 이들에 기여할 수 있을지도 고민합니다. 여기 학생 모두는 우리가 사는 공동체의 일부분이고, 공동체가 그런 목적을 위해 우리를 선택해 여기서 공부하게 했거든요. 그래서 우리는 여기서 배운 것을 우리 공동체에 되돌려주려 하고, 그런 정보를 기록하는 방법도 배웁니다.

제가 쓰고 있는 논문은 원주민들의 세계관cosmovisión을 연구하는 데 초점을 두고 있어요. 너무나 많은 지식과 신화가 기록되지 않은 채 그냥 방치되고 있다는 것을 알게 되었거든요. 사실 대학을 만들려던 목적 가

운데 하나가 이것이었어요. 우리의 역사와 신화를 기록으로 남기는 것
말이죠. 우리의 창조자는 누구였으며, 하나의 집단으로서 우리의 기원
이 어디에 있는지를 전승해야 합니다. 그러한 지식을 구해내기 위해 제
가 하는 작업이 필요하다고 생각해요. 더군다나, 이러한 정보를 가지고
있는 공동체의 원로들이 점점 세상을 떠나고 있는 상황입니다. 원로 분
들은 우리에겐 살아 있는 도서관이나 기록 보관소와 마찬가지입니다.
제 논문을 완성하려면 아직 해야 할 일이 많아요. 원로들과 마주 앉아서
인터뷰하고, 이것을 연장자 분들의 감수하에 우리 토착 언어로 기록해
야 하거든요. 그 뒤에는, 대학으로 돌아가서 교수님의 도움을 받아 이것
을 스페인어로 번역해야 하고요.

대학을 공동체에 되돌려주기

메체두니야 여기서 학업을 마치고 나면, 제가 살던 공동체로 돌아갈 거
예요. 그것이 우리가 져야 할 책임이거든요. 제가 여기서 연구한 것들
을 마을 공동체와 원로들에게 설명하고, 이들의 협력을 구해서 여기서
와 똑같은 방식의 교육을 공동체에서도 계속할 생각이에요. 그러려면
앞으로 해야 할 일이 많을 것 같아요. 비전은 있습니다. 같이 대학에 다
니는 다른 예쿠아나 동료들과 우리 공동체에 이 대학 같은 공간을 만드
는 것을 이미 논의했어요. 기존 학교가 아니라, 이 대학의 분교 같은 것
으로 말이죠. 현재 우리 대학은 선주민이 자신의 문화를 창조하고 강화
하고 체계화하는 유일한 공간입니다. 우리 공동체에는 아직 이런 교육
공간이 없어요. 언제까지 공동체 밖에 존재하는 교육부에 의존하고 있
을 수도 없고요. 젊은이들의 마음은 아직도 돈을 버는 데 팔려 있어서,

베네수엘라 선주민대학에서 선주민 지식을 배우는 예쿠아나족 학생들

많은 젊은이가 공동체 밖의 세계로 떠나버렸죠. 여기 공동체들은 이 대학에서 공부한 학생들을 매우 진지하게 받아들이고 있어요. 우리가 공동체에 도움이 되는 일을 할 수 있다는 점을 입증해 보였으니까요.

선주민들과 국가 정치

메체두니야 정부가 우리의 권리를 인정한 이후로 베네수엘라에서는 선주민에 대해 부쩍 많이들 이야기하고 있어요. 그 덕에 선주민들은 조금씩 전진해왔고요. 하지만 헌법에서 우리의 권리를 인정받았다는 것은 문서상에만 존재하는 약속일 뿐이에요. 이를 실제로 이행하게 해야 합니다.

와다하니유 이전에는 우리를 지킬 수 있는 수단이 전혀 없었지만, 차베스 정부하인 지금은 우리의 권리가 헌법에도 언급되어 있고, 우리 스스로 조직할 능력도 갖추게 되었어요. 헌법은 우리 자신만의 교육 형식을 가질 권리를 언급했다는 점에서 가장 큰 힘을 줬죠. 바로 그것이 여기서 만들어보고자 하는 것이니까요. 그간 선주민 공동체를 지원할 방법을 마련하기 위해 선주민 단체들이 조직되어왔습니다. 하지만 우리가 바라는 대로 우리 문화를 유지한다는 것이 과연 어떤 의미인지에 대해 한 번도 평가를 해본 적이 없어요. 이 때문에 많은 정치 분파들이 우리 공동체로 들어와서는, 야금야금 우리 문화를 말살해갔습니다. 저는 '아마소나스 주 선주민지역조직'ORPIA이라는 한 조직에 참여했어요. 그곳에서 늘 모두 함께 모임에 참석하고 논의를 했지만, 어떠한 해결책도 내놓지 못했어요. 그 조직을 이끄는 사람들이 선주민 출신 정치인인 경우가 많았는데, 이들이 정치계와 내통하여 우리를 배반했기 때문이죠.

메체두니야 우리 공동체가 만들어졌을 당시에는 순수한 문화와 토착 선주민 조직이 있었고, 고대의 지식이 손상되지 않은 채 그대로 있었어요. 지금 우리는 훨씬 더 복잡한 상황에 처해 있는데, 전 세계적으로 존재하는 온갖 세력들이 공동체로 침입하여 우리의 전통적인 형태를 소멸시켰기 때문입니다. 이들은 공동체에 자기 의견을 강요했습니다. 이런 식의 정당정치에 몸담은 몇몇 선주민들은 스스로를 '크리오요'(유럽계, 특히 스페인 혈통의 중남미 사람—옮긴이)로 바꿔버렸어요. 이들은 자기 공동체로 되돌아가기를 고려하기는커녕, 자기 공동체 문화에 관심조차 없습니다.

정부 지원

와다하니유 사실, 우리는 정부로부터 지원을 거의 받지 못했습니다. 물론 푼드아야쿠초나 과야나 개발공사[CVG][10] 같은 몇몇 정부 기관으로부터 일부 재정 지원을 받기도 했지만, 시와 주 정부들은 우리에게 거의 아무런 지원도 하지 않았어요. 우리는 우리 대학이 위치한 마리파 시의 지자체에 프로젝트 제안서를 하나 제출했는데, 그때가 벌써 몇 년 전으로, 지난 시장의 임기 중이었어요. 그런데 지금까지도 아무런 답을 해주지 않았습니다. 그나마 아마소나스 주 정부는 장학금으로 쓰라고 어느 정도 재정 지원을 했습니다. 주 정부는 원로 분들이 우리 대학으로 올 수 있게끔 여행 경비도 지원해줬어요. 우리 스스로는 이를 감당할 재원이 없었거든요. 하지만 전체적으로 지원은 극히 미미합니다.

정치계에 몸담고 있는 사람들은 우리를 지원하는 걸 내켜하지 않아요. 정부 내에 우리 예쿠아나족 출신도 있는데, 니시아 말도나도[Nicia Maldonado]라는 사람입니다. 우리는 그와 논의하기 위해 여러 차례 대학에 초청했었죠. 하지만 아무런 답변도 듣지 못했습니다. 우리 자매이고 정치 권력도 있으니, 니시아가 우릴 지원하려 노력했으면 합니다.

메체두니야 우리는 현재 중앙정부로부터 인정을 받는 과정에 있어요. 차베스 대통령은 이미 구두로 우리 대학을 인정했고, 고등교육부가 우리를 인정하도록 힘을 실어주기도 했죠. 우리는 이미 위원회를 조직했

---

10 푼드아야쿠초는 고등교육 인민권력부 산하의 정부 재단으로, 1975년 만들어졌다. 차베스가 집권한 1999년 이후부터 이 재단은 보통교육 프로젝트에 참여하는 공동체를 지원하거나 저소득 가정 출신 학생들이 더 수준 높은 교육을 받을 수 있도록 장학금을 제공하는 데 초점을 두고 있다. CVG는 과야나 지역에서 인간적이면서 지속가능한 개발의 증진을 공식적인 임무로 하는 개발공사다.

고, 고등교육부와의 만남을 준비하려고 관련한 자료를 알차게 만들었습니다. 지금까지 두 번, 고등교육부는 우리 대학을 찾겠다고 약속했지만, 늘 막판에 약속을 취소하곤 했어요. 참석해야 할 다른 일이 있다면서요. 우리는 여기서 하염없이 기다리는 중이고요.

많은 장관들이 선주민의 요구에 부응하려 하지 않는데, 이들 가운데 일부는 선주민 출신인 경우도 있어요. '선주민을 위한 인민권력부'를 이끌고 있는 니시아 말도나도가 그런 경우죠. 니시아는 우리 대학 문제에 주제넘게 나서서 대학의 명칭을 자기 고집대로 '베네수엘라 볼리바리안선주민대학'으로 바꾸려고 했어요. 우리는 이를 거절했습니다. 우리의 독자적인 교육에 대한 권리는 베네수엘라 정부가 비준한 국제노동기구ILO의 협정 169는 물론, 베네수엘라 헌법에도 나와 있습니다.[11] 우리는 이런 조항들로 우리 대학을 지키고 있습니다.

물론, 선주민들을 둘러싼 상황은 바뀌었어요. 지금은 이 정부가 우리를 인정하고 있으니까요. 하지만 여전히 관료주의는 견고하게 남아 있습니다. 그래서 장관들이 우리의 주장에 귀 기울이지 않거나, 우리를 지원하지 않을까 봐 우려스럽죠. 정부 내에 있는 선주민 대표들 역시 자신의 공동체에서 선출된 것도 아니고, 공동체 사람들과 대화하려고 공동체를 일일이 찾아가지도 않아요. 그들이 우리를 이해하지 못하고 우리의 요구에 응답하지 않는 이유도 이 때문이죠.

---

11   ILO 협정 169에서는 선주민의 문화적·사회적 권리는 물론, 선주민의 전통적인 토지에 대한 권리도 인정했다. 그리고 이러한 권리를 실현하기 위해 가입한 정부들이 선주민과 협의하고 공동으로 활동할 것도 의무화했다. 이것은 지난 1989년 6월 27일에 76차 국제노동기구 총회에서 채택되었고, 베네수엘라 정부는 2002년에 비준했다. 전문을 보고 싶다면 국제노동기구 홈페이지를 참조. www.ilo.org.

선주민의 토지 경계 설정

메체두니야 한때 베네수엘라에서 선주민의 토지 경계 설정 문제를 둘러싸고 아주 요란하게 논쟁이 벌어졌어요. 차베스 대통령이, 이제는 선주민들이 자신의 토지 경계를 정해도 된다고 언급했거든요. 하지만 지금껏 그와 관련해 실제적인 성과는 아무것도 없었습니다. 승인된 일부 지역이 있긴 하지만, 우리 예쿠아나족은 그 어떤 넓은 땅에도 경계를 확정하지 못했습니다. 이것은 우리에게 매우 중요한데, 땅이 없는 선주민이란 생명도 문화도 없는 것이나 마찬가지이기 때문입니다. 우리가 우려하는 것도 이 점이죠.

와다하니유 예쿠아나족은 토지 경계를 확정하려는 투쟁을 계속하고 있습니다. 오리노코—벤투아리 지역에 있는 세 군데 구역을 우리 영토로 합법화하기 위해 싸우고 있습니다. 우리가 단결하여 좀더 힘을 모은다면 가능하리라고 생각합니다. 카우라 상류 지역도 우리 영토로 정했지만, 아직 인정받지 못했어요. 작년에 우리는 우리 영토의 경계선을 확정하기 위해 필요한 모든 과정을 다 거쳤지만, 여전히 해야 할 일이 많습니다. 어떤 사람들은 너무나 넓은 영토를 선주민의 것으로 만들려는 게 아니냐고도 말합니다. 하지만 우리에게 너무 과도하다고 말할 수 없는 게, 우리가 여기에 새로 온 사람이 아니라 이 땅의 원래 주인이기 때문이에요.

국가가 지원하는 사회 미션들

와다하니유 미션 과이카이푸로에서 일하는 사람들이 있다고 듣긴 했지

와다하니유

만, 그 사람들이 성과를 내는 걸 본 적은 없네요. 그 사람들은 자기들이 원하는 것이나 미션을 통해 이루고자 하는 바가 무엇인지 우리와 소통하질 않습니다. 저는 미션 과이카이푸로가 도대체 어떻게 돌아가는지 도통 모르겠어요. 아마소나스 주에서도 일부 예쿠아나족 출신들이 이 미션과 함께 일하고 있지만, 이들은 마을에 와보질 않아요. 우리에게 정보를 제공해주지도 않고요.

일부 다른 사회 미션들도 우리 공동체에 들어왔습니다. 예를 들면 로빈슨이나 리바스, 바리오 아덴트로 같은 미션이요. 이들의 활동은 매우 긍정적이었어요. 저는 미션 밀라그로를 통해 제 눈을 치료했어요. 제가 백내장이 있었는데, 수술을 받으러 쿠바로 이송되었거든요. 미션 밀라그로 덕택에 이제 괜찮아졌습니다. 게다가 다 무료였어요. 많은 사람들

이 치료를 받기 위해 이송되었는데, 우리 공동체에서만도 스무 명이었
죠. 실은 제가 그중에 제일 나이가 어렸어요. 이런 미션들은 선주민이
든 다른 사람들에게든 좋은 혜택을 줬죠.

투쟁의 과거와 현재

와다하니유 스페인 사람들이 이곳에 도착했을 때, 우리 부족은 사방으로
뿔뿔이 흩어졌어요. 스페인인들이 노예로 삼으려고 닥치는 대로 잡아
갔기 때문에 도망쳤던 거죠. 그때 잡혀갔던 사람들은 꽁꽁 묶여 발라타
(고무) 나무 농장에서 강제노동을 했어요.[12] 누군가 아프면 그냥 죽을 때
까지 내버려뒀죠. 많은 에쿠아나 사람들이 그렇게 죽었습니다. 원로들
의 말씀에 따르면, 옛날엔 우리가 훨씬 더 큰 공동체였대요. 많은 공동
체가 없어졌습니다. 우리 조상들은 항상 우리 부족을 다시 통합하려고
애썼다고 합니다. 그런 재앙을 극복하기 위해서 우리는 이 일을 해야만
합니다. 이 재앙이 낳은 후유증을 회복하기 위해 공부도 해야 하고요.
마땅히 우리 것이었던 것들을 되찾기 위해서 우리는 공부해야만 해요.

우리는 여기 이 대학을 위해 지난 10년 동안 투쟁해왔고, 앞으로도 정
부와 기관들에게 이 대학을 인정하라고 계속 요구할 거예요. 우리는 큰
진전을 이루었고, 이 대학을 졸업한 학생들은 이곳의 중요한 일꾼이 되
었어요. 저는 우리 대학이 중앙정부로부터 인정받길 바라고, 공동체에
서 우리 대학에 더 많이 와서 공부하길 바랍니다. 우리 대학이 아직 정
식으로 인정을 받지 못한 탓에, 현재 여기서 공부한 학생들이 공식적으

12　고무 재료를 채취할 수 있는 발라타 나무는 남미 아마존 강 연안에서 재배된다.

로 인정되는 졸업장을 받을 수 없습니다. 이 점 때문에 우리 학생들의 부모 중 일부는 자기 자식이 여기서 시간만 낭비하고 있다고 생각해요. 이들의 주장은 우리 대학에 반대하는 정치인들이 떠들어대는 것과 똑같습니다. 젊은이들이 여기서 공부하고 싶어하는 이유는 다른 게 아니에요. 기존 대학에 적응하기 위해 필요했던 것을 여기서는 요구하지 않기 때문이죠. 우리 학생들은 돈이 많지 않아도 됩니다. 여기선 그저 학식을 쌓기만 하면 되거든요.

13

우리가 사는 땅을 파헤치지 마라

★

호르헤 몬티엘

– 와유 선주민 공동체의 마이키발라살리 –

햇살이 막 비추기 시작하는 이른 새벽, 와유족 여자들이 색감이 화려한 긴 드레스를 느슨하게 걸친 채 아침 식사를 준비하러 아도베 점토(짚과 섞어 벽돌을 만드는 데 쓰임–옮긴이)로 만든 집에서 나온다. 윗옷은 입지 않고 누더기가 된 바지에 고무장화만 신은 사내아이들이 언덕 아래에 수정같이 맑게 흐르는 소쿠이 강에서 플라스틱 양동이로 마실 물을 긷는다. 나이 든 남자들은 이미 후끈거리는 아침 열기 속에 땀을 흘리면서 장작을 패고 있다. 여자들은 아이들이 길어온 물로 아레파스와 치차를 만든다.[1] 소쿠이 강은 이곳에서 모든 걸 의미하는데, 이 강물로 요리나 목욕을 하며 작물도 재배하기 때문이다. 이 강을 아름답게 해주는 건 바로 강바닥에 깔린 석탄인데, 훤히 보일 만큼 깔려 있어 잠재적으로 개발

---

1 아레파스 : 베네수엘라의 전통적인 빵. 보통 옥수수로 만든다.

 치차 : 남미의 전통적인 음료. 베네수엘라에서는 보통 쌀로 만든다.

위험에 노출되어 있다.

와유족은 술리아 주 북서쪽 지방에 위치한 시에라 데 페리하 지역에 살고 있다. 베네수엘라 개발 모델의 근본적인 방향에 대한 주요 논쟁에서, 와유족과 이 지역은 그 중심에 놓여 있다. 자원 민족주의는 볼리바리안 혁명의 기본적인 특징 가운데 하나인데, 이것은 정부가 채광산업에서 가장 큰 소유주가 되는 것을 의미한다. 베네수엘라 정부는 그동안 천연자원 채굴에 덜 의존하는 경제를 만들려는 조치를 별로 취하지 않았다.

술리아 주에서 민간 다국적기업들과의 합작투자회사 설립과 광산 채굴권 허가를 책임지고 있는 것은 개발공사인 코르포술리아다.[2] 그런데 이 코르포술리아가 지난 2004년에 민간 업체들에게 소쿠이, 마체, 카치리 강 주변 지역의 석탄 채굴을 허가했다. 여기는 와유 선주민 공동체가 사는 지역이다. 이 지역에 대한 석탄 채굴권 허가가 발표된 뒤로, 와유족은 생각지도 못한 적을 맞닥뜨려 분쟁에 휘말렸고, 천연자원 채굴에 반대하는 투쟁은 베네수엘라에서조차 여전히 힘겹다는 쓰라린 현실에 직면했다.

코르포술리아는 현재 사회주의적 개발 기구라고 자임한다. 하지만 선주민 운동이나 환경운동을 벌이는 사람들은 1970년에 국회가 이 기구를 창립한 후 지금까지 본질적으로 똑같은 방식으로 운영되고 있다고 비판한다. 시에라 데 페리하 바로 북쪽 지역은 이미 그곳의 선주민

---

2   코르포술리아에 대해 더 많은 정보를 알고 싶다면, 이 기구의 홈페이지를 방문해보라. www.corpozulia.gov.ve. 석탄 채굴과 코르포술리아에 반대하는 와유족의 투쟁에 대해 알고 싶다면, 이를 훌륭하게 분석한 다음의 자료를 참조하라. James Suggett, "Will the Bolivarian Revolution End Coal Mining in Venezuela?" *Venezuelanalysis.com*, May 29, 2008, http://www.venezuelanalysis.com/analysis/3503.

공동체를 쫓아낸 전력이 있는 석탄 광산 두 군데가 있는 곳인데, 여기도 코르포술리아와 다국적기업이 공동으로 소유하고 있다. 시에라 데 페리하 주변에 사는 와유족 사람들은 이와 같은 상황이 또다시 되풀이될 것을 우려하여, 이 지역에서 채굴 활동이 벌어지는 것에 완강히 반대하고 있다. 코르포술리아는 미디어를 활용한 강력한 선전 캠페인을 벌이면서, 향후 추가적인 석탄 채굴은 친환경적으로 진행되며, 지역 경제에 몹시 필요한 일자리도 창출할 것이라고 주장한다. 반면 와유족은 과거 석탄 채굴 운영으로 발생한 삼림 벌채나 환경오염, 주민 추방 사태 같은 일이 일어날 게 이번에도 불 보듯 뻔하다고 반박하고 있다.

석탄 채굴의 표적이 된 지역에 사는 와유족은 수많은 집회를 열고, 정부 관리들과의 모임을 추진하는 등 대응했는데, 이를 통해 이들이 벌이는 투쟁에 대한 국내외적인 관심이 커져갔다. 베네수엘라에서 현재 벌어지는 선주민 운동의 복잡한 상황이 가장 극명하게 드러난 것은 시에라 데 페리하에서 투쟁이 벌어졌을 때였다. 와유족의 투쟁이 사람들의 시선을 지속적으로 끌 수 있었던 것은, 이들이 '소시에다드 오모 에트 나투라'[3] 같은 환경운동 조직이나 자주적 공동체 미디어 운동, 그리고 유크파나 바리 같은 지역의 다른 선주민 단체들과 공조했기 때문이다. 다른 선주민 단체들도 전통적으로 내려온 자신들의 토지에 대해 와유족과 비슷한 어려움에 직면해 있었다. 반면에, '베네수엘라 전국선주민위원회'CONIVE나 '선주민을 위한 인민권력부' 지도부와의 관계는 그저 좋지 않다. 양측이 상대편의 정치적 진정성을 의문시하기 때문이다. 그

---

3   소시에다드 오모 에트 나투라는 베네수엘라의 선주민 운동을 지원하는 데 중요한 역할을 했다. 특히 와유, 바리, 유크파족의 투쟁에서 활약했다. 이에 대해 더 자세히 알고 싶다면 다음 웹사이트를 방문해보라. http://nanaoaya.blogspot.com.

래도 와유족이 정부의 정치적 지원을 전혀 받지 않은 건 아니다. 이들은 차베스 대통령의 지지를 받을 수 있었는데, 차베스는 지난 2006년에 다음과 같이 유명한 연설을 했다.

"시에라 데 페리하에서 …… 삼림을 훼손하지 않을 확실한 방법이 없다면 …… 석탄을 그냥 지하에 묻어놓도록 할 것이다."[4]

차베스 대통령이 석탄 채굴에 반대한다는 선언을 추가로 내놓은 가운데, 베네수엘라 환경부도 와유족의 입장을 지지한다는 성명을 거듭 발표했다.

그동안 차베스에 반대하는 야당 소속 주지사가 술리아 주를 연이어 통치해온 것도 와유족이 처한 상황을 훨씬 더 복잡하게 만들었다. 예컨대 야당의 핵심적인 지도자이자 전직 술리아 주지사였던 마누엘 로살레스는 술리아 주가 중앙정부로부터 분리 독립하는 것을 지지하는 도발적인 언급을 빈번하게 해왔다. 볼리비아와 에콰도르의 경우에도, 자원이 풍부한 지역에서는 해당 지역 엘리트들이 이와 똑같은 주장을 내세우면서 중앙정부로부터의 분리 독립 운동을 벌이고 있다.[5] 와유족의 투쟁에 반대하는 단체들은 이러한 상황을 이용하여 와유족이 반대파에

---

4 당시 연설의 스페인어 원문은 다음과 같다. "Yo, por ejemplo, le dije al general Martínez Mendoza en Corpozulia, donde había un proyecto allá de explotación del carbón en grandes dimensiones y entonces me trajeron unas críticas, y yo dije mire, si no hay un método que asegure el respeto a las selvas y a las montañas que tardaron millones de años en formarse por allá por la Sierra de Perijá, donde está ese carbón, entonces, si no hay un método que me demuestre de verdad verdad que no vamos a destruir la selva, ni a contaminar el ambiente en esos pueblos, si no me lo demuestran, ese carbón se queda bajo la tierra, no lo sacamos de ahí, que se quede bajo tierra, digo esto como un hecho pero que marca una línea, un concepto y que cada día debe ser más realidad, debe concretarse en nuestro modelo de construcción del socialismo…" −2006년 5월 24일, 대통령궁에서 열린 차베스 대통령의 기자회견에서. 기자회견 관련 영상을 보려면 다음을 참조. http://www.aporrea.org/medios/n78660.html.

영향을 받고 있다고 비난한다. 이렇게 비난하는 단체 중에는 다른 선주민 공동체도 있다. 사실, 하나의 부족으로서 와유족은 정치적으로나 문화적으로 한동안 분열되어 있었다. 지금은 와유족 가운데 일부가 술리아 주의 도시로 유입되어 도시민으로 성격이 바뀌었는데, 그 대다수는 석탄 채굴이 이루어지면 고용이 추가로 창출되리라는 기대를 가지고 있다. 그래서 이들은 전통적인 땅에 사는 같은 와유족에 대한 반감을 숨기지 않는다. 결국 코르포술리아가 와유 공동체를 겨냥해 내놓은 일자리나 사회적 투자 같은 수많은 제안들이, 와유족의 내분을 격화시키는 중요한 전술이었던 셈이다.

와유족을 둘러싼 분쟁은 천연자원 개발과 관련하여 볼리바리안 혁명의 방향을 판가름하는 시험장으로 볼 수 있다. 와유족과 환경주의자들은 선주민의 영토와 그 환경이 존중되려면 절대적으로 해악을 끼치는 채취산업 같은 것에 맞서야만 한다고 역설한다. 석유에 절대적으로 의존하고 있는 베네수엘라에서 결코 쉽게 할 수 있는 비판이 아니다. 남반구의 많은 개발도상국들처럼, 베네수엘라 역시 오랫동안 천연자원 개발에 의존해왔던 역사를 한 번에 극복할 수 없었다. 예상대로, 다국적 광산업체들과 이들을 대변하는 각 국가들은 기업의 운영을 유지하기 위해서 베네수엘라 정부에 상당한 압력을 가하고 있다. 선주민 영토에

---

5   James Suggett, "Autonomy Proposed in State Legislature of Venezuelan Oil State Zulia," *Venezuelanalysis.com*, May 8, 2008, http://www.venezuelanalysis.com/news/3423. 베네수엘라의 분리 독립 운동을 주로 이끌어온 것은 술리아 주의 독립을 공식적인 목표로 삼아 2005년에 창립된 룸보 프로피오다. 이 조직은 '자유와 지역 자율을 위한 국제연합'CONFILAR에 속해 있다. 다음의 자료도 참조할 것. Eva Golinger and Romain Migus, eds., *La Telaraña Imperial: Enciclopedia de Injerencia y Subversión* (Caracas: Centro Internacional Miranda, 2008), 204-207.

서의 광산 채굴 시도가 당분간 답보 상태에 빠진 것으로 보이는 가운데, 와유족은 코르포술리아 측에게 채굴권 허가를 철회하라고 계속해서 요구하고 있다. 베네수엘라 헌법에 새겨진 선주민들의 권리라는 것은, 이들의 요구가 실제로 존중받기 전까지는 기껏해야 문서상의 글자에 불과하다.

 호르헤 몬티엘

"우리가 이 땅을 지키지 못하면,
우리 문화가 사라집니다"

와유 공동체

제 이름은 호르헤 몬티엘Jorge Montiel이고, 와유 공동체에 속해 있습니다. 제가 공동체에서 중요한 사람이라고 말하고 싶진 않은데요, 여기선 우리 모두가 중요한 사람이기 때문입니다. 여기서는 모두가 여러 가지 역할을 해야 하는데, 가르치는 일뿐만 아니라, 때로는 활동을 위해 출장도 가야 하고, 가끔은 행사도 조직해야 합니다. 모든 걸 조금씩 다 하는 셈입니다. 물론 제가 여기에 있는 다른 동료들보다 경험이 더 많을 수는 있겠죠. 하지만 우리의 기본적인 생각은 배운 모든 경험을 동료들과 공유하고 확산시키자는 것이에요. 공동체에 필요한 것이면 무엇이든 서로 돕는 게 우리 모두가 하는 일이거든요. 그래서 우리는 '나'보다는 '우리'에 대해서 말해요. 하지만 요즘엔 이것이 어려워졌는데, 오늘날의 생활습관 탓에 다들 개인주의화되고 있어서죠. 그래도 우리는 늘 서로 공유하고, 집단화하며, 자체적으로 조직하는 법을 익히려 합니다.

우리 땅과 물, 여기에 있는 자원과 문화를 지키는 것에서부터 우리의 투쟁은 발전해왔습니다. 우리가 이 투쟁을 하고 있는 이유는, 이 땅을 지키지 못하면 우리 문화가 사라질 테고, 문화를 상실하면 선주민으로서 우리 역시도 사라질까 봐 염려스럽기 때문입니다. 우리 문화를 보존하고 육성하여, 이를 기반으로 후손들도 우리 문화를 이어나가길 바라는 거죠.

와유 운동

현재 이 투쟁에는 여섯 와유 공동체가 참여하고 있고, 인원은 400여 명에 이릅니다. 우리는 힘을 합쳐 '마이키발라살리'라는 이름의 조직을 결성했는데, 이 말은 우리 토착 언어로 '팔지 않는다'라는 뜻이에요. 우리는 언제나 더 많은 공동체들이 함께하기를 바라고 있어요. 이런 점에서 우리가 벌이는 투쟁은 멕시코 사파티스타(멕시코 치아파스 주에 기반을 둔 무장 혁명 단체-옮긴이)들이 벌이는 투쟁과 유사한 면이 있죠. 우리와 연대하고 있는 사람들은 베네수엘라의 진짜배기 사회운동가입니다. 이렇게 말하는 이유는 일부 사회운동이 오로지 돈만을 목적으로 활동한다는 걸 알고 있기 때문이에요. 자신이 벌인 운동의 실패한 점과 그동안 거둔 성과가 무엇인지 물어보면, 이런 단체를 대번에 가려낼 수 있습니다. 요구하는 운동은 탄압을 받지만, 체제에 순응하는 운동은 그렇지 않거든요.

처음부터 우리는 환경주의자 동지들과 학생들의 지지를 받아왔어요. 이 사람들은 선주민은 아니지만 선주민 이념을 가졌고, 우리의 사상을 이해할 줄 압니다. 이 동지들은 '개발은 기업 활동 촉진을 통해 이루어진다'는 정부의 공식적인 주장에 맞서, 지난 23년 동안 여기 시에라 데 페리하에서 바리, 유크파, 북쪽의 우리와 함께 투쟁해왔습니다.[6] 우리는 여기 살면서 한동안 정부의 이 정책에서 헤어나오지 못했어요. 하지만 바리와 유크파 동료들이 벌인 투쟁에 대해 알게 되자, 정부 정책은 우리가 지향하는 개발 방식이 아님을 깨달았죠. 이런 개발이 우리 문화를 발전시키기는커녕 실제로는 끝장내고 있었던 것도 깨달았고요.

우리 조직은 2003년에 기틀을 갖추기 시작해, 2004년에는 카라카스와 마라카이보에서 시위행진도 했어요. 우리가 원하는 바를 분명히 요구했고, 어떤 상황이 닥쳐와도 우리의 입장을 굽히지 않았습니다. 우리는 석탄 채굴에 반대하는 것을 숨기지 않습니다. 싸우고, 우리 입장을 밝히고, 맡은 책임을 졌습니다. 이 때문에 우리가 벌인 투쟁은 몇몇 고비의 순간, 즉 행복과 슬픔이 교차하는 여러 순간들을 맞았죠.

우리는 술리아 주 정부와 중앙정부의 프로젝트에 반대한다는 점 때문에 비난의 대상이 되었는데, 정부 관리들이 이 프로젝트들을 신성하게 여겼거든요. 우리가 정부의 일부 개발 프로젝트를 지지하지 않는다고 알려지자, 사람들은 자동적으로 우리를 반차베스주의자라거나 반혁명가라고 비난했습니다. 하지만 우리는 받아들일 수 없었어요. 마치 고

---

6   Humberto Márquez, "Barí People Left Without Land by Oil, Cattle, Coal," *IPS News*, April 11, 2008, http://www.ipsnews.net/news.asp?idnews=41953. James Suggett, "Venezuelan Government Accelerates Yukpa Land Demarcation but Tension Remains," *Venezuelanalysis.com*, August 29, 2008, http://www.venezuelanalysis.com/news/3760.

통을 참으라고 요구하는 것과 같았거든요. 자신이 생각하는 바를 말해야 하는 것 아닌가요? 자기 의견을 제시해야 합니다. 정부 관리들은 그 누구도 정부의 의지나 정부가 정한 규칙에 반대할 수 없다고 하는데요. 그러면 우리는 이렇게 물으면서 대응하죠.

"민중이 가진 권한은 어디에 있나요? 민중을 위한다는 개발 프로젝트는요? 민중의 의견은 어디 간 겁니까?"

정부는 민중의 명령에 따라, 민중의 의견에 귀를 기울여 통치하는 법을 배워야 합니다. 우리는 정치적 야망에 골몰하는 정부를 원하지 않거든요. 우리는 수많은 비난을 받아왔지만, 국내외 다른 운동들과 공조를 구축하면서 이 모든 비난과 어려움을 극복하는 법을 배웠어요. 고립된 운동은 실패한 운동이라는 걸 우리도 이해하기 때문이죠.

정당들과는 일정 정도 거리를 둬야 했습니다. 정당들이 사회조직을 부패시킨 요인이 되는 걸 지켜봤기 때문이에요. 거리를 둔다는 의미는 정치적 자리를 얻으려는 게 아니라는 뜻입니다. 우리는 선주민을 단결하게 하는 것이 목적이고, 우리 조직 사람들이 사상적으로 더 발전하는 것을 지향합니다. 조직 동료들이 다른 정치 단체에 참여하는 것에 대해서는 상관하지 않습니다. 우리와 연대하는 사람들 가운데 일부도 정당 활동가거든요. 그들에게 우리의 의견을 강요하진 않아요. 우리 조직이 그러한 정치활동에 적합하지 않다고만 말하죠. 우리 지역에서는 정당들의 선전이나 포스터 부착을 받아들이지 않아요. 이것이 아무런 자원 없이 투쟁하면서도 살아남을 수 있었던 이유입니다.

와유 땅과 문화

와유족의 역사와 투쟁은 우리 부족이 기원한 라 과히라[7]에서부터 시작해요. 우리 부족은 광대한 영토에서 살았고, 우리만의 생활 방식과 문화를 발전시킬 수 있었죠. 이것이 강제로 추방되어 빈민가로 이주하는 것을 우려하는 이유인데, 빈민가에서는 우리 문화를 발전시킬 수가 없기 때문입니다. 우리 문화와 공동체의 발전은 농업 활동에 의존하고 있는데, 빈민가에서는 농사를 지을 수 없잖아요. 농사를 지을 수 없으면, 우리는 문화적으로 발전할 수가 없게 됩니다. 경작할 공간을 가지게 되면, 자신의 문화적 행동을 보전할 수 있어요. 왜냐고요? 농작물 수확을 위해 동료들을 불러 모으고, 모임을 갖고, 수확한 것을 같이 먹으며, 또 요나 같은 전통 춤을 함께 추고, 우리 고유의 북도 같이 두드립니다. 농작물을 재배하여 수확하는 이 같은 활동 없이는 사람들을 그런 방식으로 불러 모을 수 없어요. 빈민가에서는 불가능합니다. 우리에게 땅이 그토록 중요한 이유지요.

우리는 와유족으로서 일을 처리하는 나름의 방법이 있었어요. 예컨대 전통적으로 내려오는 우리만의 놀이도 있었고, 법률적 의미에서 우리만의 법도 있었습니다. 기존 대학을 나온 변호사는 우리 문제를 해결할 수 없어요. 법정도, 검찰도 마찬가지예요. 공동으로 결정하는 원로들의 모임이 우리 사이의 분쟁을 해결할 수 있습니다. 또한 우리가 결정을 내리는 과정도 합의를 통해서이지, 다수나 소수 투표로 결정되는 그런 회의는 아니에요. 서구 세계의 문제 해결 방식과는 매우 다르죠. 우리가 신경 쓰지 않으면 이 모든 게 사라질 수 있어서, 이런 것들을 지키

---

7   라 과히라 반도는 콜롬비아 동북쪽과 베네수엘라 북서쪽으로 나뉜 지역인데, 주로 와유족이 이 지역에 계속해서 살고 있었다.

전통 춤 '요나'를 추는 와유족 여성과 아이들

려고 노력했습니다.

우리는 종교를 가지고 있지 않습니다만, 선교사들이 이 나라 전체에 퍼트리고 있는 그런 류의 종교와는 다른 영성 치료 같은 형태를 믿습니다. 선교사들은 두려움을 주입하려고 하지만, 우리는 두려움 없이 태어난 존재입니다. 우리는 신을 마레이와Mareiwa라고 부르는데, 선주민 말로 해석하면 '물과 대지의 결합'이라는 뜻이에요. 마Ma는 대지이고, 레이와reiwa는 물을 가리키죠. 대지를 잉태하는 것은 비이고, 우리는 이 대지의 아이들입니다. 우리가 믿는 신은 그리스―로마 계 종교가 믿는 어떤 인격화된 것이 아닙니다. 선교사들은 우리에게 환각이나 몽상에 빠지는 것은 죄악이니 하지 말라고 합니다. 마찬가지로 전통적인 옷을 입거나 전통 북을 두드리는 것도 죄악이라며 하지 못하게 해요. 이런 생각이 일부 선주민 동료에게 주입되어 있다는 게 안타깝습니다. 우리는 우리만의 선주민 철학과 사고방식을 유지해왔어요. 이것이 바로 우리의 투쟁이 그토록 중요한 이유입니다. 우리는 단지 석탄 채굴만 안 된다고 주장하는 게 아니라, 우리 문화와 전통적인 약제, 선주민의 사상이 사라지는 것을 반대하는 거예요. 나아가 어머니 대지와 아버지 물이 죽어가는 것도 반대하는 거고요. 당연하게도, 이곳에 숲이 없다면 물도 흐르지 않을 테니까요.

우리 부족은 물과 생명을 찾아 과히라 상류 지역에서 지금 살고 있는 곳으로 이주해 왔습니다. 동물 무리를 따라, 비가 내리는 곳으로 왔죠. 우리는 늘 이런 식으로 살아왔어요. 우리 선주민들은 어떤 땅으로 이주해서 뿌리내리지만, 이토록 아름다운 대지를 상품으로 이용하지는 않았습니다. 오히려 땅을 후손에게 유산으로 남겨두죠. 우리가 여기 정착하기 전부터 이곳은 이미 우리 조상 고유의 땅이었어요. 여러분은 여기서 도기를 비롯해 우리 조상이 남긴 유적들을 발견할 수 있을 겁니다. 여기 와서 깨달은 것이 있어요. 수년에 걸쳐 이러한 것을 빼앗겨 왔다는 점, 그리고 이제는 그것을 되살리고 원래 우리 것이었던 걸 정당하게 되찾을 때라는 점 말입니다. 그래서 우리는 앞서 이야기한 방식으로 스스로 조직해왔습니다. 정부와 다국적기업의 프로젝트에 맞선다는 것이 절대 만만치 않은 일이니까요. 그들은 권력과 돈을 가지고 있지만, 우리는 그런 게 없잖아요. 하지만, 우리도 그들에게 없는 것을 가지고 있어요. 바로 존엄성이죠. 존엄성을 가진 사회운동은 확고한 운동이라고 할 수 있습니다.

석탄과 코르포술리아에 맞선 투쟁

우리는 이곳 소쿠이 강에 부여한 모든 채굴 허가권을 무효화할 것을 요구하고 있습니다. 이 지역에서 석탄 채굴이 허용된 면적은 모두 24만 9000헥타르로, 이는 이곳 산악 지역 전체를 차지할 정도의 규모예요. 이 석탄 채굴권은 코르포술리아가 허가해준 겁니다. 코르포술리아는 술리아 주가 운영하는 기업으로, 정부로부터 재정 지원을 받아요. 코르포술리아의 회장은 차베스 대통령이 지명하고요. 달리 말하면, 차베스 대통령이 코르포술리아 회장을 교체하거나 이 기업의 성격을 바꿀 권한도 있다는 뜻이죠. 기업의 성격을 바꾼다는 것은, 이를테면 생태 기업이 될 수도 있다는 얘기예요.

코르포술리아는 현재 소쿠이 강을 파괴할 많은 프로젝트를 추진하고 있습니다. 이런 프로젝트 가운데 하나가 '푸에르토 볼리바르'라는 심해 항구 프로젝트인데, 이 프로젝트의 실행 여부는 우리 투쟁의 결과에 달려 있죠. 그들이 그 항구에서 무얼 운반하려는 걸까요? 바로 여기 소쿠이 강 유역에서 채굴한 석탄을 가져가려는 겁니다. 여기서 채굴을 시작하면, 매년 석탄 산출량이 대략 800만 톤에서 3600만 톤으로 증가할 거예요. 즉 2800만 톤 더 캘 가능성이 있는 거죠. 현재 미나 노르테와 미나 과사레에서 800만 톤을 생산하고 있습니다. 그들이 철로를 부설하려는 것도, 채굴을 시작하면 트럭으로만 석탄을 실어낼 수 없기 때문이에요.

코르포술리아 측은 보상으로 더 많은 일자리를 만들고 학교와 병원을 지어주겠다고 말하지만, 도대체 누구와 무엇을 위한 학교와 병원이란 말입니까? 석탄을 채굴하기 시작하면, 그런 지역에 누가 살려고 하겠냔 말입니다. 이따위 제안으로 우릴 속일 순 없죠. 병을 치료하려면 그 병의 뿌리를 공격해야 합니다. 채굴을 더 많이 하면 할수록, 더 많은 사람들이 진폐증으로 고통을 겪게 될 겁니다.[8] 그러면 이들을 치료하기 위해 병원을 100개는 더 세워야 할 걸요? 그들은 지금도 더 많은 노천 탄광을 개발하고 다니면서, 계속해서 주변을 오염시키고 질병을 일으키고 있습니다. 이러니 그들이 내놓는 제안은 도대체 말이 되질 않는 거예요. 그들은 광산이 생기면 고속도로가 더 많이 들어설 거라고 말하는데, 도대체 여기서 누가 그런 고속도로를 타고 달리고 있을까요? 선주민일까요? 아니죠. 코르포술리아가 이 지역에서 가져가는 각종 자원으로 가득 찬 컨테이너 트럭일 겁니다.

헌법과 선주민 권리

새로운 헌법은 예전 헌법에 비하면 확실히 개선됐어요. 하지만 새로운 헌법도 완벽하다고 할 수 없는 게, 많은 면에서 죽은 문서에 불과하기 때문입니다. 새 헌법과 관련된 많은 법 조항이 다른 조항으로 대체되었는데, '선주민과 공동체에 관한 기본법'LOPCI의 경우가 그래요.[9] 새로운 헌법이 만들어질 때 제안된 어떤 조항이 애초 그 법안에 있었는데, 우리는 그걸 읽고 매우 기뻤어요. 그 조항은 다음과 같았거든요.

"정부는 선주민 공동체의 사전 동의하에, 선주민 땅에서 천연자원을 채취할 수 있다."

그런데 이것이 나중에 이렇게 바뀌었더군요.

---

8   진폐증Pneumoconiosis은 호흡기 질병으로, 지나치게 오랜 시간 석탄 가루를 마시다 보면 생긴다.

9   2006년에 통과된 선주민과 공동체에 관한 기본법은 베네수엘라 헌법에 쓰여 있는 선주민들의 권리를 규정하고 보호하는 데 목적을 둔 법이다.

"정부는 선주민 공동체와 협의 후에, 선주민 땅에서 운영을 시작할 수 있다."[10]

이를 달리 말하면, 당신이 나와 협상을 했는데, 내가 그 프로젝트에 반대해도, 당신은 우리 공동체에 들어와 사업을 할 수 있다는 겁니다. 법 조항을 하나하나 읽어나가다 보면, 모순이 많다는 것을 알아차리게 됩니다.

예를 들어, 헌법은 선주민의 토지 경계 설정을 양도할 수 없는 우리의 권리로 공인했어요. 그래서 우리는 토지 경계 설정을 위한 과정을 밟으려고 국가경계구분위원회를 찾았습니다. 그런데 그들은 대체 어떤 땅이 우리 것이냐고 묻더군요. 이런 상황은 바리 사람들이 토지 경계를 정하려 했을 때도 일어났는데, 바리 사람들은 여러 사유지도 그들 영토로 포함해야 한다고 요구했거든요. 국가경계구분위원회는 경계 구분 합의문에 서명을 하라고 바리 사람들에게 요구했지만, 이 합의문은 꼼수였습니다. 이 합의문에는 응당 선주민의 영토에 해당하는 토지가 포함되지 않았거든요. 대체 선주민을 보호하는 법 조항들은 다 어디 있는 겁니까? 이런 조항들은 실행되지 않고 있어요. 반면, 광업법은 모든 법보다 우위에 있습니다! 이 법의 열한 번째 조항은 심지어 광부가 선주민의 신성한 지역이나 고대 묘지에 진입하는 것도 허가하고 있어요.[11]

---

10   볼리바리안 헌법 제120조에는 다음과 같이 쓰여 있다. "국가가 선주민 거주 지역 내에서 시행하는 천연자원 개발은 이들 지역 본연의 문화 · 사회 · 경제를 해치지 않으며, 관련 선주민 공동체들에 각각 사전 통지를 하고 상의를 거친다. 선주민이 이들 개발에 의해 얻는 이익에 관하여서는 본 헌법과 법률이 정하는 바에 따른다."

11   *Ley de Minas*, Decreto Nº 295 del 5 de septiembre de 1999, http://www.defiendete.org/html/de-interes/ LEYES%20DE%20VENEZUELA/LEYES%20DE%20VENEZUELA%20II/LEY%20DE%20 MINAS.htm.

정부 안의 동맹 세력과 적

차베스 대통령은 석탄 채굴에 반대 의사를 표명해왔습니다. 대통령이 코르포술리아 측에 석탄 채굴을 중단하라고도 말했고요. 그런데도 코르포술리아는 각종 미디어를 이용한 선전 캠페인을 벌이면서 계속해서 선주민 공동체 안으로 밀고 들어오려 용을 쓰고 있어요. 코르포술리아는 신문과 각종 시청각 미디어에 내보낸 발표문에서, 민중의 이익을 위해 개발을 하려는 것이라고 말해요. 그렇다면, 이렇게 묻고 싶네요. 여기 이 땅은 도대체 누가 주인이죠? 선주민? 차베스? 코르포술리아? 아니면 다국적기업인가요? 차베스 대통령과 코르포술리아는 서로 다른 말을 하는데요, 상황이 이렇다면 코르포술리아 회장 멘도사Carlos Eduardo Martínez Mendoza 장군이 차베스 대통령보다 더 힘이 있다는 얘기가 되는 건가요? 안 그래도 정부 부처 대부분이 코르포술리아에 매수당한 상태입니다.

우리는 이런 상황이 정부에 가해지는 압력 때문에 발생하는 게 아닌가 의심하고 있습니다. 다국적기업을 대변하여 정부에 압력을 가하려는 외국 대사관들이 있거든요. 브라질 대사관이 '발레 도 리오 도세'라는 기업과 관련해 우리 정부에 압력을 가했는데, 이 브라질 회사 자본의 70퍼센트를 북미 투자자들이 소유하고 있습니다. 영국 대사관도 마찬가지였는데, '앵글로 아메리칸'이라는 광산 회사가 여기 미나 과사레에서 운영되고 있거든요. 미국 기업인 피바디Peabody도 있고요. 아일랜드 대사관도 아일랜드 투자자들이 소유한 '콤파냐 카르보니페라 카뇨 세코'라는 회사와 관련해 우리 정부에 압력을 가하고 있습니다.

이들이 그동안 국회의원이나 장관들과 긴밀한 관계를 맺어왔던 탓에, 우리를 지지하는 장관은 거의 없는 형편이에요. 차베스 대통령이 우리를 지지하고, 환경부 장관인 유비리 오르테가 데 카리살레스^{Yubirí} Ortega de Carrizales와 전 환경부 장관인 학켈리네 파리아^{Jacqueline Faria} 정도 가 석탄 채굴에 반대하여 석탄 채굴권 허가를 내주지 않겠다고 말했을 뿐이죠. 다른 부서들, 이를테면 '기간산업 및 광업부'나 국회의 '에너지 및 광업 위원회'에 속해 있는 국회의원들은 죄다 코르포술리아와 한패 예요.

우리는 에너지 및 광업 위원회 소속 국회의원들을 만난 적이 있습니다. 그런데 그 자리에서 그들은 선주민을 위한 법보다 더 상위에 있는 법이 있다며, 그게 광산법이라는 거예요. 우리는 그렇지 않다고 말했습니다. 우리가 다른 모든 것보다 먼저 여기에 존재했어요. 기업들이 여기에 들어오기 전에도, 정부가 수립되기 전에도, 베네수엘라가 독립하기 전에도 우리는 이미 여기에 살고 있었습니다. 국회에서 장시간 토론을 했지만, 아무런 진전도 보지 못했어요. 우리는 그들에게 광산법이 철폐되어야 한다고, 이 법은 우리 선주민에게 암살자와 같다고 말했습니다. 그러자 그들은 토론이 더 필요하다며 나중에 다시 연락하겠다고 말했지만, 그 후에 연락이라곤 전혀 없었죠.

이 정부 내에도 실제로 반혁명적인 요소들이 많아요. 너무 많은 이해관계가 개입되어 있어서죠. 계산에 따르면, 여기서 석탄 채굴을 시작하기만 하면 3500억 달러의 이익을 거둘 수 있다더군요. 그러니 3500억 달러에 반대하는 선주민 세력들은 반드시 제거해야 할 대상인 겁니다. 엄청나게 막대한 돈이 걸린 중요한 건이거든요.

그래서 우리가 무얼 하고 있냐고요? 차베스 대통령이 우리에 대한 방어 입장을 거둬들이지 못하게끔, 끊임없이 운동을 조직하고 있어요. 이 모든 게 어떻게 결판나느냐는 우리가 가하는 압력의 정도에 달려 있으

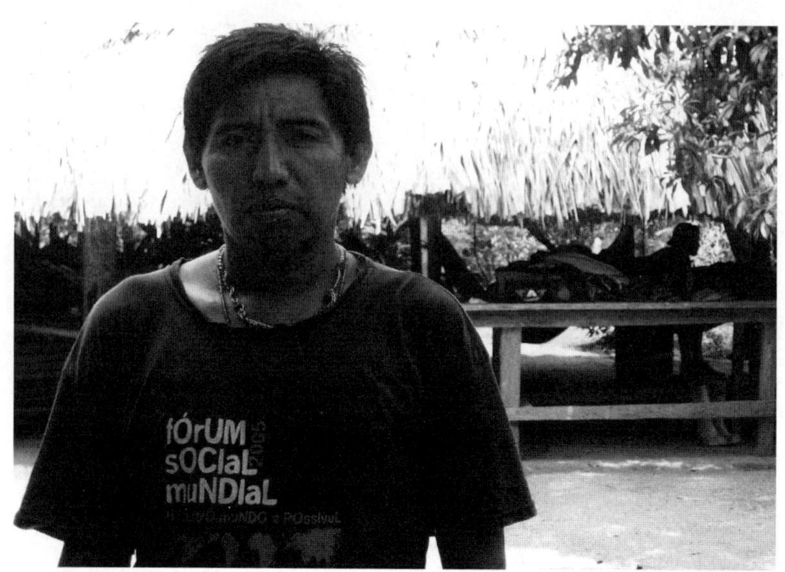

호르헤 몬티엘

니까요. 우리가 활동을 지속한다면 차베스 대통령도 입장을 유지할 테지만, 우리가 포기하면 그때는 차베스 대통령도 석탄은 좋은 것이라고 선언해버릴 겁니다. 이렇게 말하겠죠. "그 광산들을 그냥 개발합시다"라고요. 그러면 개발을 둘러싼 양측 간의 충돌이 불가피할 텐데, 우리는 이 땅을 위해 기꺼이 목숨을 버릴 각오가 되어 있습니다. 우리는 기꺼이 여기서 버틸 것이고, 필요하다면 석탄 채굴을 위해 코르포술리아 측이 들여온 장비를 죄다 홀랑 태워버릴 겁니다. 사태가 악화될 경우 이렇게 하겠다고 대통령궁에서든 어디에서든 누차 말해왔어요.

차베스 대통령은 여러 차례 석탄 채굴에 반대한다고 말했습니다. 이 것은 우리가 차베스 대통령에게 가한 압력의 결과였습니다. 2005년에 우리는 국제적인 캠페인도 조직했어요. 멕시코나 스페인, 미국 같은 세계 여러 나라의 각종 사회운동 활동가들이 참여한 캠페인이었는데, 차베스 대통령을 수신인으로 해서 석탄 채굴을 중지하라고 쓴 우편엽서를 각국 주재 베네수엘라 대사관에 보내는 것이었죠. 우리가 그런 압력을 베네수엘라 정부에 가하지 않았다면, 여기엔 이미 커다란 석탄 채굴 구멍이 나 있을 거예요.

IIRSA : '남아메리카 지역 사회간접자본 통합을 위한 계획'

정부는 세 가지 축을 중심으로 한 베네수엘라 개발을 구상 중인데, 우리 지역은 이 가운데서 서부 축에 위치하고 있습니다. 그런데요, 이 모든 프로젝트와 항구, 가스 파이프라인 건설에 자금을 대는 건 IIRSA입니다.[12] 그래서 우리는 정부가 IIRSA를 거의 언급하지 않는 점을 비판해왔어요. IIRSA가 현재 가장 큰 괴물인데도, 정부는 왜 미주자유무역협정FTAA[13]에 대해서만 이야기하는 건가요? 예컨대, '푸에르토 가바레로데 엥콘트라도'가 벌이는 개발이나 '리오 카타툼보'가 석탄을 캐기 위해 콜럼비아를 샅샅이 뒤지고 있는 것은 비판하면서도, 이런 활동을 전부 IIRSA가 벌인다는 점에 대해서는 왜 일언반구 없냐는 겁니다. 왜 핵심적인 몸통은 놔두고, 가지만을 공격하는 건가요?

---

12   남미에서 벌어지는 IIRSA 프로젝트들과 이에 대한 기층의 반응에 대해 더 알고 싶다면, '안데스–아마존 보존을 위한 깨어 있는 시민 참여 건설'BICECA이 추진하는 프로젝트의 홈페이지를 방문하라. http://www.bicusa.org/en/Biceca.aspx. BICECA는 정보은행센터가 벌이는 프로젝트다.

13   FTAA는 아메리카 대륙 34개국이 협상을 벌여 만든 자유무역협정으로, 주로 북미자유무역협정NAFTA에 기초를 두고 있다. 그러나 베네수엘라, 브라질, 볼리비아, 아르헨티나 같은 진보적 정부와 각종 사회운동들의 반대로 인해 공식 발효되지는 못했다. 이 협정의 내용과 좌절된 과정에 대해 더 알고 싶다면, 다음을 참조할 것. http://www.globalexchange.org/campaigns/ftaa.

IIRSA를 창립하려고 준비하던 시기에, 여기에 참여한 모든 나라가 참석한 회의가 열렸는데, 이 자리에서 차베스 대통령은 IIRSA에 대해 긍정적으로 언급한 적이 있어요. FTAA를 공격하면서 왜 IIRSA는 그렇게 하지 않는 건가요? FTAA나 콜롬비아 계획 Plan Colombia과 마찬가지로, IIRSA도 공격해야만 합니다. IIRSA를 지금처럼 주목받지 않는 상태로 내버려둬서는 안 됩니다. 이 기구는 남미 전역에 걸쳐 많은 프로젝트를 진행하고 있고, 그중 다수가 주요 사회간접자본 프로젝트이거든요. 그래서 우리는 IIRSA를 겨냥한 조사 기관을 구성해야 한다고 제안해왔습니다. 이들 프로젝트에 쓰이는 재원은 어디에 있는 겁니까? 그런 재원은 어디서 나오는 거죠? 세계은행이나 안데스 개발회사 Andean Development Corporation 같은 곳에서 제공하는 건가요?

베네수엘라 전국선주민위원회

'베네수엘라 전국선주민위원회'CONIVE는 선주민 공동체를 대변하는 것을 목적으로 한 국가위원회입니다. 하지만 우리는 거기를 자주적인 기관이라고 인정하지 않아요. CONIVE는 분리되어 지금은 두 개의 CONIVE가 있습니다. 하나는 국회 부의장인 노엘리 포카테라Noelí Pocaterra가 이끌고 있고, '선주민을 위한 인민권력부' 장관인 니시아 말도나도가 또 다른 CONIVE를 이끌고 있어요. 어떤 조직의 지도자가 정부 내에서 정치적 지위를 가지게 되면, 그 조직은 더 이상 자주적인 조직이 아닙니다. 국가 조직이 되는 거죠. 정부 노선을 따라야 하니까요. 이런 건 성과라고 할 수 없어요. 하지만 지도자들에게는 개인적인 이득을 가져다 주죠. 자기 지위를 선거 정치의 도구로 활용할 수 있으니까요.

CONIVE는 한 번도 우리 투쟁을 지지한다는 입장을 표명하지 않았습니다. 또 다른 국회 부의장이자 CONIVE의 회원이기도 한 아르카디오 몬티엘Arcadio Montiel은 아예 대놓고 우리 투쟁을 반대했어요.[14]

선주민을 위한 인민권력부

우리와 '선주민을 위한 인민권력부'의 관계도 최악이었어요. 이 부서 장관인 니시아 말도나도가 뭐라고 말했냐면, 우리가 선주민 주권을 주장할 수 없다는 거예요. 주권이라는 것은 오직 국가나 정부를 위한 것이라네요. 선주민 출신 사람이 이런 식으로 이야기하는 걸 듣자니, 참 슬프더군요. 니시아 말도나도는 장관이 되기 전에도, 우리를 반역적인subversive 집단이라고 비난했어요. 우리가 무장한 데다가 반대파가 그러는 것처럼 술리아 주를 중앙정부로부터 분리하려 한다면서요.

멕시코에서 사파티스타가 주최하는 어느 집회에 참석한 적이 있었어요. 거기서 저는 와유족이 처한 상황과 선주민으로서 우리의 권리에 대해 연설한 적이 있었는데, 마침 그게 베네수엘라 국영방송에 방송됐더군요. 그 후에 선주민을 위한 인민권력부는 선주민들을 미디어·통신 워크숍에 초청했는데, 정부는 이 워크숍에 참석하려는 조직은 누구든 대표를 선택해서 보낼 수 있다고 했어요. 그래서 동료들이 저를 워크숍에 보냈죠. 그런데 니시아 말도나도가 참석자 명단에서 제 이름을 보고는, 이렇게 말하며 저를 제외하라고 지시했다네요.

---

14   아르카디오 몬티엘은 전에는 차베스를 지지했지만, 지금은 차베스에 반대하는 야당인 PODEMOS에 소속되어 있다. 현재 국회 선주민 문제 상임위원회 산하의 선주민 관련 법 중재위원회 위원이다.

"이 사람은 멕시코까지 가서 우리 정부를 깎아내린 그 사람이잖아!"

정부에게 비판을 받은 건 우리만이 아닙니다. 많은 곳에서 사람들이 정부에 실망하고 있거든요. 정부에게 비판을 받지 않은 사람들은 오히려 한 번도 자기 요구를 강력하게 내세워보지 않았을 공산이 크죠.

와유족에 대한 공격

저항하며 조직화한 이후 지금까지 우리는 온갖 위협을 받아왔어요. 한 번은 우리가 여기서 행사를 연 적이 있었어요. 선주민들의 전국 모임이었죠. 그때 코르포술리아에서 온 몇 사람이 모임에 들어와서는 진행을 방해하려고 했습니다. 주먹다짐이 벌어지는 상황까지 가는 바람에, 물리적으로 그들을 밖으로 내보내야 했죠. 우리가 사는 곳에 들어와 탐사를 하려던 광산 회사 사람들도 있었지만, 그때도 마찬가지로 그들을 쫓아냈어요.

이런 시도가 먹히지 않자, 코르포술리아는 정부로부터 얻은 재원과 기계류를 제공하면서 우리를 분열시키려 했어요. 여기서 키우는 소들에게 물을 먹일 수 있는 라군^{lagoon}(오수 처리용 인공 호수—옮긴이) 만드는 장비를 우리에게 제공했거든요. 하지만 장비를 줄 거면, 정부가 직접 제공해야 한다고 그들에게 말했어요. 그건 정부가 국민에 대해 져야 할 책임이니까요. 우리를 분열시키고 약하게 만들려는 기업에게서는 받지 않겠다고 말했습니다. 우리도 이런 제안을 거부하는 게 쉽지 않습니다. 우리 역시 필요한 게 너무나 많으니까요. 그런 어려움을 알고서 코르포술리아는 우리 부족의 다른 사람들에게 이렇게 말했어요.

"여러분이 우리와 같이 일하고 저 정신 나간 사람들하고 갈라서면, 여러분에게 이런저런 것을 해드릴 수 있습니다."

우리도 가정을 유지하기 위해 일해야만 하는 부모 입장에서, 필요한 게 있다는 걸 왜 모르겠어요. 하지만 우리는 함께 일하면서 빼앗긴 우리의 전통과 관습으로 되돌아가는 방법을 찾는 중이에요. 그러한 관습으로 '야나마'라는 것이 있는데, 이것은 우리 와유족 문화에서 가장 중요한 면을 보여줍니다. 야나마란 당신의 동료에게 돈을 요구하지 않고도 하나의 집단으로서 같이 일하는 것을 의미해요. 우리는 이런 노동 양식으로 돌아가는 중입니다. 언젠가 이런 식으로 우리 스스로 충분히 강해진다면, 코르포술리아도 더는 우리를 경제적으로 분열시킬 수 없을 거예요. 아직 우리에게는 약점이 있습니다. 코르포술리아가 우리 부족 가운데 지도자급 사람들을 매수하고 있거든요. 하지만 더 이상 우리를 쉽게 속이진 못합니다. 그렇기 때문에 우리가 코르포술리아 측에 위협이 되는 것이고요. 어떤 사람들을 더는 매수할 수 없게 되면, 매수하려는 사람들도 그들로부터는 어떤 것도 더 얻어낼 수 없다는 걸 알거든요.

베네수엘라에서 우리가 처한 상황은 참 복잡합니다. 우리가 벌이는 투쟁을 진정으로 이해하고 싶다면, 투쟁에 참여해야 해요. 누군가 베네수엘라에 와서 정부 장관들에게 여기서 벌어지는 일을 물어본다면, 뭔가 제가 얘기한 것과 다른 이야기를 듣게 될지도 모릅니다. 하지만 여기서 실제로 무슨 일이 벌어지고 있는지 알려면, 직접 선주민 공동체로 가야 합니다. 그것만이 상황을 깊이 이해할 수 있는 유일한 방법이에요. 여기서는 수많은 이해관계가 얽혀 있고, 너무나 많은 돈이 걸려 있어요. 진정으로 선주민과 투쟁하고, 연대하고, 수호하는 활동가라고 자부하는 사람이라면, 공동체가 무엇인지, 땅이 무엇인지 직접 와서 몸으로 배우길 바랍니다.

베네수엘라인의 피에 흐르는 아프리카

★

루이스 페르도모, 프레디 블랑코

– 아프리카계 베네수엘라인 조직 네트워크 –

산 호세[San José]에 있는 작은 지역 공동체에 도착하자 가장 먼저 이목을 끄는 것은, 바로 고속도로 옆에 우뚝 솟은 거대한 카카오 콩 조각상이다. 산 호세는 바를로벤토에 위치한 곳으로, 이 지역은 카라카스 동부 해안에 연이어 있는 여섯 개 중소 지역을 포괄하고 있다. 이곳은 베네수엘라에서 석유가 개발되기 전부터 오랫동안 카카오 산업이 번창하던 곳으로, 이 산업을 지배한 부유한 지주들은 수천 명의 아프리카 노예들에게 강제노동을 시켰다.

바를로벤토에는 아프리카계 베네수엘라인[Afro-Venezuelan]의 문화가 곳곳에 스며 있어 생기가 넘친다. 언어, 요리, 자주 열리는 축제 그리고 팔로 마욤베[Palo Mayombe]나 마리아 리온사[María Lionza] 숭배 같은 여러 종교적 전통에도 그 문화는 살아 있다. 이 모두는 수백 년에 걸쳐 아프리카 전통과 신대륙의 현실이 융합되어 만들어진 것이다.[1] 그러나 베네수엘라의 많은 농촌 지방이 그래왔던 것처럼, 이 지역도 대체로 과거 정부들에게 무시당해왔다. 이는 이 지역에 있는 도시들의 열악한 기반시설 환경만 봐도 알 수 있다. 하지만 이렇게 황량한 곳에서도 지난 10여 년 사이에 새로운 정치 세력이 등장했다. 이들은 국가 차원의 정치에 자신들도 포함시켜줄 것을 요구하면서, 베네수엘라 전체의 문화 지형을 바꾸고 있다.

베네수엘라의 많은 조직과 운동이 그렇듯이, '아프리카계 베네수엘라인 조직 네트워크'도 1999년에 새 헌법이 만들어지면서 등장했는데, 새 헌법에서 진정으로 다문화적이며 참여적인 공화국을 만들어야 한다고 규정했기 때문이다. 네트워크의 활동은 베네수엘라 국민 앞에 들이댄 일종의 거울과 같았다. 베네수엘라 국민으로 하여금 자신의 아프리카적 유산을 인정하게 하고, 수백 년에 걸쳐 식민주의와 착취에서 물려받은 제도적 · 내부적 인종주의의 유산을 극복하도록 자극해왔기 때문이다. 하지만 베네수엘라에서 인종을 언급한다는 것은 결코 쉬운 과제가 아닌데, 베네수엘라 문화에는 인종 간 조화라는 신화가 깊게 뿌리박혀 있기 때문이다. 이러한 믿음에 따르면, 식민 시기부터 유럽인과 아프리카인, 선주민이 상호 융합하여 공존해왔기 때문에, 이제는 이 모든 민족적 요소가 동등하게 공존하는 수준이 되었다는 것이다.[2] 베네수엘라 사람들이 일상적으로 경험하는 것들도 이런 믿음을 강화하는데, 어디서나 인종적으로 가지각색의 용모를 지닌 사람들을 쉽게 볼 수 있기 때문

---

1 H. Micheal Tarver and Julia C. Frederick, *The Greenwood Histories of the Modern Nations: The History of Venezuela* (Santa Barbara: Greenwood Press, 2005), 42-45.

2 Marixa Lasso, *Myths of Harmony: Race and Republicanism During the Age of Revolution, Colombia 1795-1831*, Pittsburgh: University of Pittsburgh Press, 2007, 9-15.

이다. 그래서 베네수엘라 사람들은 보통 인종주의는 고사하고, 인종 사이에 분열도 없다고 말하곤 한다.

하지만 아프리카계 베네수엘라인 조직 네트워크에 소속된 많은 단체 사람들은 베네수엘라에서 인종주의가 명백하게 눈에 띄는 형태로 존재하지는 않을지라도, 아프리카계 베네수엘라인들이 정치와 역사에서 배제된 것은 분명하다고 역설한다. 이들은 '인종주의 및 차별 방지법'부터 '아프로 TV'라는 이름의 지역 텔레비전 방송국 설립에 이르기까지 다양한 프로젝트와 제안을 통해 지역 공동체나 정부와 활동하면서, 이러한 현실을 바꾸고자 노력했다. 이들은 차베스 대통령이 등장하면서 전례 없는 정치적 기회를 맞이하고 있다고 생각하는데, 차베스 대통령이 자신의 뿌리가 아프리카계 베네수엘라인과 선주민에 있다고 끊임없이 선언해왔기 때문이다. 이들은 베네수엘라 헌법에 선주민의 경우처럼 뚜렷이 구별되는 인종 집단으로서 자신들을 포함시켜달라고 요구했고, 그들만의 독자적인 교육과 자주적인 조직 형태를 확실하게 발전시킬 수 있는 권리를 원했으나, 아직 이를 쟁취하진 못했다. 아프리카계 베네수엘라인 조직 네트워크는 수많은 포럼과 프로젝트, 캠페인을 조직하면서 인종 문제를 계속 정치적 의제로 만들고 있다. 인종적 착취라는 역사적 실체를 마주하지 않고서는 진정한 혁명 과정이 가능하지 않다는 것이 이들의 주장이다.

"아프리카계 베네수엘라인 조직 네트워크의 역사는 노예 저항의 역사입니다"

소개

루이스 제 이름은 루이스 페르도모^{Luis Perdomo}이고, '아프리카계 베네수엘라인 조직 네트워크'의 창립자 가운데 한 명이에요. 또, '산 호세 데 바를로벤토' 쿰베의 코디네이터이기도 합니다. '쿰베'^{Cumbe}란 우리 네트워크 내에 있는 조직 구조인데, 원래 이것은 시마로네스^{cimarrones}, 즉 해방된 노예들이 만든 해방된 공간을 뜻합니다. 그래서 우리는 아프리카계 베네수엘라인들의 정치 교육 공간과 조직 구조를 지칭하는 이름으로 쿰베를 채택했어요.

프레디 제 이름은 프레디 블랑코^{Freddy Blanco}입니다. 안드레스 배요 지역에 있는 산 호세 데 바를로벤토 쿰베 내에서 루이스와 함께 활동하는 아프리카계 베네수엘라인 청년 네트워크의 대표예요. 우리는 매우 활동적인 쿰베에서 일하고 있는데, 시간이 지날수록 이 나라 정치의 한 부분으로 성장하고 있습니다.

아프리카계 베네수엘라인들의 저항의 역사

루이스 아프리카계 베네수엘라인 조직 네트워크의 역사에 대해 말한다는 건, 우리의 역사적·문화적 선조들과 노예로 끌려온 우리 형제자매가 이 나라에 기여한 것에 관해 이야기하는 것과 같습니다. 우리 조직에 관해 말하려면, 먼저 아프리카인들이 여기서 벌인 최초의 저항에 대해서 언급해야 해요. 1552년에 야라쿠이에서 미겔 데 부리아^{Miguel de Buria}가 이끈 저항과 1732년 야라쿠이에서 발생한 중요한 봉기가 그것입니다.[3] 그 후 여기 바를로벤토에서 해방노예들이 일으킨 봉기와 1768년에서 1771년 사이에 기예르모 리바스^{Guillermo Ribas}의 지도하에 만들어진 망고 데 오코이타 쿰베도 있죠. 그리고 1795년에는 팔콘 산맥에 있는 팔콘 주에서 호세 레오나르도 치리노스^{José Leonardo Chirinos}가 이끄는 봉기가 뒤따랐어요. 네그로 프리메로^{Negro Primero}로 더 잘 알려진 페드로 카메호^{Pedro Camejo}가 베네수엘라 독립 투쟁에서 중요한 역할을 한 것도 빠뜨려서는 안 되겠죠.[4]

또 다른 역사도 언급할 필요가 있는데, 16세기에 엄청난 수의 선주민 인구가 절멸된 것에서부터 아프리카인 유입이 시작되었다는 점입니다. 식민 정복의 결과로 일어난 선주민 절멸 사태로 인해, 유럽인들은 노동력으로 쓸 흑인 노예를 데려와야 했어요. 이 역사가 우리 네트워크가 가진 또 다른 출발점입니다. 현재 우리 네트워크를 구성하는 모든 요소는 인종주의와 차별에 맞서왔던 역사적 · 이데올로기적 투쟁의 연장이라고도 말할 수 있어요. 인종주의와 차별, 이 두 가지 해악이 오늘날에도 베네수엘라 사회에서 핵심적인 역할을 하고 있습니다. 또한 인종주의와 차별에 대해 말한다는 것은, 과거에 배제되었던 것은 물론이고 오늘

---

3   Junius P. Rodriguez, ed., *Greenwood Milestones in African American History: Encyclopedia of Slave Resistance and Rebellio*n, vol. 1 (Westport: Greenwood Publishing Group, 2007), 224-225.

4   Jonathan D. Hill, ed., *History, Power, and Identity: Ethnogenesis in the Americas, 1492-1992* (Iowa City: University of Iowa Press, 1996), 180-191.

날의 배제에 대해서 말하는 것입니다. 우리의 투쟁은 미겔 데 부리아가 이끈 봉기로 시작되었지만, 늘 이 땅에 존재해왔던 선주민 형제자매의 기여도 같이 고려해야 합니다.

프레디 여기는 보카 데 파파로라고 알려진 지역인데, 아프리카인들을 실은 첫 번째 노예선이 베네수엘라에 도착한 곳이에요. 이곳에 도착한 노예들은 40여 명 정도씩 나뉘어서 지주들에게 팔려나갔는데, 이 지주들이 카카오를 경작하려고 우리 조상들을 노예화하고 착취한 바로 그 사람들이죠. 당시 이들에게서 탈출한 노예들은 주인이 찾을 수 없는 곳으로 도망가곤 했는데, 탈출한 노예들이 쿰베를 건설한 흔적을 이 부근에서 찾을 수 있습니다. 망고 데 오코이타 쿰베 같은 곳이요. 이곳은 마르코스 리바스^{Marcos Ribas}라는 지주의 대규모 농장에서 도망친 기예르모 리바스가 세운 곳인데, 이 농장주는 유명한 베네수엘라 독립 지도자 중 한 명인 호세 펠릭스 리바스^{José Félix Ribas}의 아버지이기도 해요.

루이스 망고 데 오코이타는 문화·역사적으로뿐만 아니라 생태학적으로도 우리가 참고할 만한 곳입니다. 여기엔 맑은 강과 카카오가 있는데, 아세베도 시장인 후안 아폰테^{Juan Aponte}의 지지를 받아 국립 역사 유산으로 승격되었어요. 그는 스스로 아프리카인의 후손이라고 인정한 사람입니다. 알아두셔야 할 게, 카카오에 대해 이야기한다는 건 곧 바를로벤토와 우리 아프리카계 조상들의 핵심을 이야기하는 것과 마찬가지예요. 우리는 카카오를 문화라고 여깁니다. 우리에게 카카오는 단지 재배하는 과일 정도의 단순한 게 아니거든요. 바로 이 '카카오 문화'를 통해 지금 우리가 바를로벤테뇨스^{Barloventeños}와 바를로벤테냐스^{Barloventeñas}

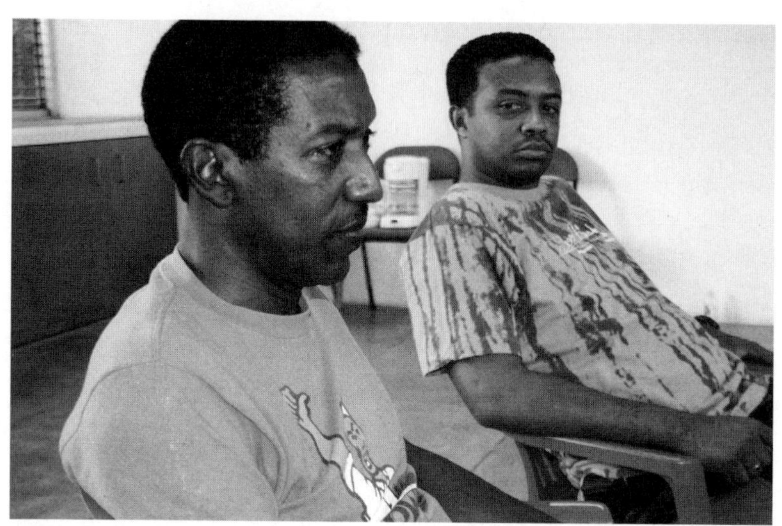

루이스 페르도모, 프레디 블랑코

로 존재할 수 있었습니다.[5] 우리 음식이나 우리가 믿는 영성, 우리 원로들이 읊는 주문, 우리가 죽은 사람이나 조상들에 대해 가지고 있는 믿음에서 이런 점을 엿볼 수 있을 거예요. 심지어 우리 걸음걸이에도 그런 측면이 있어요. 여러분 눈에는 여기 사람들이 걸어 다니는 게 꼭 춤추는 것처럼 보일 거예요. 우리의 생활양식, 영성, 가치, 연대, 이 모든 것이 카카오와의 관계 속에서 만들어졌습니다.

아프리카계 베네수엘라인 조직 네트워크의 시작

루이스 아프리카계 베네수엘라인 조직 네트워크는 지난 2000년, 그러니까 현재 베네수엘라에서 진행 중인 새로운 볼리바리안 정치 과정이 등

---

5   바를로벤테뇨스와 바를로벤테냐스 : 바를로벤토 지역의 남자와 여자.

장하면서 창립됐어요. 그전부터 몇몇 조직 사이에선 이미 이와 관련한 토론이 벌어지기 시작했습니다. 이런 토론에 참여한 조직은 '안드레스 베요 문화발전협회'와 '아프로아메리카 재단'[6]을 비롯해 여러 곳이 있었습니다. 그 후 우리는 여기 바를로벤토의 산 호세에서 전국 모임을 소집했죠. 우리 네트워크 조직이 바를로벤토에서 탄생한 것은 이유가 있었습니다. 베네수엘라에서 가장 많은 아프리카계 후손들이 사는 지역이 여기거든요. 그 모임에서 아프리카계 베네수엘라인들을 대표하는 삼사십 개 조직들이 아프리카계 베네수엘라인 조직 네트워크를 구성하기로 합의했습니다. 투쟁을 계속하기 위해서는, 당시 우리를 대표자로 내세운 열세 개 공동체가 하나의 네트워크를 구성해야 한다고 생각했거든요. 이 과정은 국가문화위원회CONAC의 지원을 받아 이루어졌는데, 이 기구는 현재 '문화 인민권력부'로 바뀌었습니다.[7] CONAC는 우리 네트워크가 창립되던 때부터 2000년대 중반까지 모든 재정을 지원했죠.

우리는 1998년 차베스 대통령의 당선과 1999년 새 헌법 제정으로 만들어진 새로운 정치적 기회를 활용했습니다. 1999년 헌법의 전문前文에, 우리가 원하는 국가 건설을 위해 필요한 것이 참여정신과 주체성protagonism, 그리고 다인종적이며 다문화적인 사회의 수립이라고 언급되어 있거든요.

---

6   아프로아메리카 재단은 아프리카계 베네수엘라인 활동가인 헤수스 추초 가르시아가 1993년에 창립한 비정부기구다. 더 많은 정보를 알고 싶다면, 다음을 참조하라. http://www.fundacionafroamerica.com.ve.

7   국가문화위원회CONAC는 1975년 이후 정부의 문화 프로그램과 정책을 관장하는 책임을 맡았는데, 지난 2005년에 문화 인민권력부가 만들어지면서 그 역할을 다하고 2007년 해산했다.

프레디 '아프리카계 베네수엘라인 청년 네트워크'는 아프리카계 베네수엘라인 조직 네트워크가 구성된 것과 같은 방식으로 2000년에 만들어졌습니다. 우리의 역사, 그러니까 '어머니 아프리카'로부터 강제로 뿌리 뽑혀진 선조들에 관한 역사를 주의 깊게 살펴보면, 식민주의자들과 노예사냥꾼들은 보통 젊은 아프리카 남성과 여성을 자기 노예로 삼았다는 점을 알 수 있어요. 젊은 사람이 나이 든 이보다 더 강할 것이라고 생각했기 때문이죠. 젊은 아프리카인들은 자신을 옭아맨 억압의 굴레를 깨뜨려버릴 만큼 강렬하게 자유를 원했어요. 베네수엘라의 공공 정책 개발에 참여하고자 하는 우리에게도 이들의 투쟁은 기반이 되고 있습니다.

다문화적이고 참여적인 공화국의 건설

루이스 차베스 대통령이 이끄는 투쟁을 계기로, 우리는 지금까지 가져보지 못한 새로운 정치적 기회를 맞이하고 있습니다. 베네수엘라 안에서는 물론이고 남미를 통틀어 과거와는 전혀 다른 기회예요. 우리는 이것이 세계에서 가장 진보적인 정치적 과정이라고 생각해요. 새 헌법에서 언급된 것처럼, 차베스 대통령은 모든 인민을 일깨워서 혁명을 건설하고 있습니다. 하지만 우리 아프리카 후손들이 이 과정에 포함되지 않는다면, 모두가 현재 꿈꾸는, 그리고 과거에 우리 형제자매가 꿈꿨던 공화국을 만들 수 없습니다. 베네수엘라의 문화적 정체성을 들여다봐도 그 이유를 알 수 있는데, 베네수엘라의 정체성은 세 가지 근본적인 인종적 요소로 구성되어 있거든요. 즉 선주민, 유럽인, 그리고 아프리카인이죠. 우리가 이 혁명이 일종의 문화 혁명이어야 한다고 주장하는 이유도 이 때문인데, 문화 혁명은 베네수엘라의 이런 정체성에 대한 이해를 기본으로 하여 변화가 수반되어야만 가능하거든요. 우리가 구조적 변화에 대해 말하고, 그것을 심오한 변화라는 말로 표현하려면, 본질적으로 문화 혁명이어야 한다는 겁니다.

우리 조상이 꿈꿨던 것을 실현하기 위해서는 참여해야 합니다. 그러한 조상으로는 미겔 헤로니모 과카마야Miguel Geronimo Guacamaya나 여기 바를로벤토의 기예르모 리바스가 있고, 1960년대에 게릴라 운동에 참여한 바를로벤토 출신의 아프리카 후손인 아르헬리아 라야Argelia Laya 같은 사람도 있죠. 차베스 대통령은 처음부터, 권력을 민중이 가져야 하고 이를 통해 민중의 정부를 건설할 수 있다고 말해왔어요. 단, 이 민중을 이루는 모든 요소, 즉 선주민과 스페인인, 아프리카인, 그리고 훨씬 최근에야 이곳에 정착한 모든 인종이 다 함께 말이죠. 따라서 아프리카라는 인종적 요소를 고려하지 않으면 이 나라가 혁명을 건설한다고 할 수 없는 겁니다.

아프리카계 베네수엘라인들에 대한 인정

루이스 우리는 각 지역 공동체에서 아프리카계 베네수엘라인들을 단결시키면서 우리가 얼마나 많은지, 우리가 무엇을 필요로 하는지, 그리고 어떤 방향으로 가야 할지를 배웠습니다. 베네수엘라에는 브라질이나 미국과 달리 아프리카계 인종 변수를 고려한 인구조사가 없습니다. 정부가 수행하는 다양한 계획과 프로그램을 구체화하기 위해서는 이런 조사가 필요하다고 생각합니다. 우리는 볼리바리안 헌법의 일부가 된 선주민 형제자매와 매우 다른 상황에 놓여 있다는 걸 알고 있어요. 선주민은 이미 헌법에 포함되어 있기 때문에 당연히 여러 기본법에서도 이들을 언급하고 있거든요.[8] 이것이 우리가 쟁취하려는 것 중 일부입니다.

우리 것이 아닌 무언가를 요구하거나 구걸하는 게 아니에요. 우리 아프리카 형제자매들이 여기에 노예로 도착한 때부터 이 나라에 다양하게 기여한 점을 인정해달라는 겁니다. 볼리바르가 노예제 폐지를 옹호하면서 앙고스투라 의회나 다른 곳에서 한 연설을 찾아 읽어보면, 아프리카인들이 베네수엘라 문화에 기여했다는 점을 인정하거든요.

1998년부터 1999년까지 새 헌법을 제정하기 위해 제헌의회가 구성되었을 때, 나중에 우리 네트워크에 들어온 두 자매 조직이 아프리카계 베네수엘라인 역시 새 헌법에 포함되어야 한다고 제안했어요. 헤수스 추초 가르시아가 이끄는 아프로아메리카 재단과, 니르바 카마초Nirva Camacho와 레이나 아라티아Reina Arratia가 이끄는 흑인여성연합이었죠.[9] 하지만 제헌의회는 이 제안을 받아들이지 않았어요. 당시 제헌의회가 우리 제안을 잘 이해하지 못하기도 했지만, 우리를 차별한 것도 어느 정도 있었다고 봅니다. 당시 제헌의회에 참여한 사람 중에 다수는 선주민과 같은 방식으로 아프리카계 베네수엘라인이 새 헌법에 포함되는 것은 불필요하다고 느꼈거든요. 선주민 건의 경우, 차베스 대통령이 그 사안의 중요성을 이해했고, 그래서 대통령이 선주민 관련 조항을 헌법에 포함시키고자 밀어붙였죠. 그리고 당연히 선주민 스스로도 그러한 제안을 지지하는 활동에 참여했고요.

---

8   기본법Organic Laws은 직접적으로 헌법에 기초를 두고 있는 법이기 때문에, 정부 정책과 베네수엘라 법원에서 더 큰 무게감이 있다.

9   흑인여성연합은 1989년에 창립된 비정부기구로, 현재 아프리카계 베네수엘라인 조직 네트워크에 소속되어 있다.

지난 2007년에 차베스 대통령이 새 헌법 개정을 제안했을 때, 우리는 제일 먼저 개정 제안서를 가지고 국회에 찾아갔습니다. 개정될 헌법에 아프리카계 베네수엘라인을 포함하는 특별한 절 하나를 삽입하자고 제안했죠.[10] 하지만 이번에도 마찬가지로 국회의원들은 우리가 제안한 것을 진정으로 이해하지 못했고, 심지어 그런 제안을 한 우리를 조롱하기까지 했어요. 우리는 아프리카계 베네수엘라인들에게 조상의 땅을 인정받는 것과 같은 다양한 권리를 부여하는 한 절을 새 헌법 개정안에 끼워넣으려 했는데, 결국 우리 제안은 축소된 형태로 새 헌법 100조에 포함되었습니다. 사실 이 조항도 문화적 권리 개념에 초점을 둔 것이었지만요.[11] 하지만 아시다시피, 당시 새 헌법 개정안은 국민투표에 붙여졌다가 통과되지 못하고 말았죠.

또한 우리는 대통령 연임 제한 폐지를 위한 헌법 수정을 지지하고 나섰습니다. 이건 차베스 대통령을 재당선시키는 것이 목적이 아니라, 현재 벌어지고 있는 정치 과정을 연장하기 위한 거였어요. 차베스 스스로 말했듯이, 차베스 대통령은 이 혁명의 한 조각에 불과합니다. 차베스 본인이 재당선을 욕심 낸 게 아니에요. 그를 다시 뽑으려고 했던 건 민중이었습니다. 이런 이야기를 꼭 해야 하는 이유가 있어요. 베네수엘라에서 가장 완고하고 인종주의적인 반대파 진영에서 차베스 대통령이 권

---

10   아프리카계 베네수엘라인 조직 네트워크가 제출한 제안을 읽어보려면 다음의 자료를 참조하라. Enrique Arrieta Chourio, "Afrovenezolanidad y Reforma Constitucional Un Debate Impostergable," *Aporrea*, August 24, 2007, http://www.aporrea.org/actualidad/a40204.html.

11   베네수엘라 국회가 자신들의 제안을 축소하여 새 헌법 100조에 집어넣자, 이에 대해 헤수스 추초 가르시아가 국회를 신랄하게 비판한 공개 편지에 대해 보려면, 다음을 참조하라. Jesús Chucho Garcia, "Afro-Venezuelans: An open letter to the Venezuelan National Assembly," *Pambazuka News*, December 11, 2007, http://pambazuka.org/en/category/comment/44951.

력을 영원히 쥐고 싶어한다며 악선전을 퍼뜨리고 있기 때문입니다. 절
대 그렇지 않습니다. 우리는 현재 세계에서 가장 자유롭고 민주적인 과
정에 있어요. 그렇기 때문에 반대파들도 자신의 의견을 피력할 권리를
계속해서 존중받고 있는 거죠. 우리는 선거가 치러지기 전에 바르가스
주에서 모임을 소집하여, 아프리카계 베네수엘라인 네트워크는 대통령
연임 제한 폐지를 지지한다고 선언했습니다.[12] 우리는 바르가스 경기장
에 5000명을 모았는데, 베네수엘라에서 5000명을 움직일 수 있는 조직
이면 정치적 관심을 받게 됩니다. 그 정도 조직이라면 무언가 일을 벌일
수 있으니까요.

문화 활동과 상호문화주의

루이스 우리 투쟁에서 문화 활동은 중요한 영역입니다. 우리는 공중보
건, 교육, 스포츠, 통신 등 다양한 영역으로 조직을 확대해갔습니다. 물
론 이는 우리 문화와 역사를 되살리는 데 궁극적인 목표를 둔 것이에
요. 우리는 아프리카계 베네수엘라인 문화를 구성하는 정치·사회적 요
소들이 공공 정책에 포함되기를 바랍니다. 우리 투쟁의 근본 토대 중 하
나가 인종주의와 차별에 대항해 싸우는 것입니다. 오늘날에도 우리 사
회에 잔존해 있는 인종주의와, 우리가 '제도적 인종주의'라고 부르는 것
들 말이죠.

상호문화주의가 우리 투쟁의 한 도구입니다. 상호문화주의는 두 문
화 간에, 혹은 많은 문화들 사이에서 각각의 문화를 인정하고 존중하자

---

12   La Red de Organizaciones Afrovenezolana, "Afrodescendientes Por el Sí," *Aporrea*, January 30, 2009,
http://www.aporrea.org/actualidad/a71424.html.

는 상호 이해가 함축되어 있거든요. 학교에 아프리카계 후손과 선주민 후손, 그리고 유럽계 후손이 함께 다니고 있다는 걸 생각해야만 합니다. 우리의 역사와 문화, 아프리카계 후손으로서 우리의 모든 것에 관해, 단지 아프리카계 아이들만 배워야 한다고 주장하는 게 아니에요. 우리 모두 공존해야 하기 때문에, 모든 아이가 이러한 수업을 받아야 한다고 주장하는 겁니다. 바로 이것이 상호문화주의입니다. 공존, 이해, 진정한 소통이 그 핵심이죠. 그러려면 우리 문화에 남아 있는 유럽 제국주의의 잔재부터 제거해야 합니다. 이는 베네수엘라 혁명 과정에서 매우 중요해요. 아프리카계 베네수엘라인들이 혁명 과정에 실제로 참여하고 있으니까요.

프레디 2008년에 차베스 대통령이 '국가 볼리바리안 교육 커리큘럼' National Bolivarian Education Curriculum을 제안해서 논의에 들어가자, 네트워크 내 한 단체가 힘을 합쳐 이 커리큘럼에 아프리카계 베네수엘라인에 관한 내용을 포함시키는 방법을 두고 논의했습니다. 우리는 이 커리큘럼 논의가 베네수엘라 역사 전체에 걸쳐 아프리카계 베네수엘라인들이 정치·문화적으로 어떻게 기여했는지에 대한 토론으로까지 확장되길 바랐어요. 그래서 우리는 아프리카계 베네수엘라인 중에서 역사적 인물인 호세 레오나르도 치리노스José Leonardo Chirinos나 페드로 카메호Pedro Camejo도 국사國史의 일부로 포함되어야 한다고 강력하게 주장했는데, 교육부 내에서 일부 사람들이 반대했습니다. 그래서 커리큘럼과 관련해 우리가 주장하는 바는 공화국을 재창립하자는 것이며, 이를 위해서는 과거 무시되었던 우리의 영웅들을 인정하는 내용이 필요하다고 설명해야 했어요.

볼리바리안 학교에 다니는 학생들(바를로벤토)

　　하지만 대통령과 당시 교육부 장관이었던 아단 차베스^{Adán Chávez}는
야당의 반대에 밀려 '국가 볼리바리안 교육 커리큘럼' 승인 작업을 추진
하지 못했습니다.[13] 반대파 텔레비전 방송인 글로보비시온은 아프리카
후손들이 이 커리큘럼에 포함되어야 한다는 우리 제안을 대놓고 공격
했어요. 우리는 민중수호청[14]을 찾아가, 글로보비시온이 인종주의적 공
격을 했기 때문에 마땅히 소환돼야 한다고 요구했습니다. 민중수호청
은 우리를 맞아주었고, 우리 이야기에 귀도 기울였고, 커피도 내왔지만,

13　La Red de Organizaciones Afrovenezolana, "La Red Afrovenezolana y La Discusion Curricular," *La Red de Organizaciones Afrovenezolana*, http://www.redafrovenezolana.com/reddiscu.htm.

14　민중수호청은 1999년 제정된 헌법에 따라 만들어진 베네수엘라 정부의 시민 분과 산
하 기관들 중 하나다. 이 기관은 헌법에 규정된 베네수엘라 국민의 인권을 보호하
는 일을 담당한다. 민중수호청은 인권수호국Human Rights Defender이나 옴부즈맨국
Office of the Ombudsman으로 불리기도 한다. 참고 자료는 Antonio Ramirez, "An Introduction
to Venezuelan Governmental Institutions And Primary Legal Sources," *GlobaLex*, May 2006, http://
www.nyulawglobal.org/globalex/venezuela.htm.

정작 우리가 요구한 것을 실행해주진 못했어요. 그 후에도 새 커리큘럼과 관련해 우리가 제안한 것들은 여전히 반영되지 않고 있습니다.

아프리카계 베네수엘라인들을 드러내기

루이스 우리에게는, 인종적 변수를 전국 인구조사에 포함시키는 것이 중요합니다. 국가통계국[INE]은 아프리카계 베네수엘라인이 전체 인구의 10퍼센트를 차지한다지만, 이건 더 따져봐야 할 문제예요.[15] 예를 들어 바를로벤토를 벗어나서 과티레와 과레나스를 지나다 보면, 그곳에 사는 사람들의 압도적 다수가 아프리카계 후손인 것을 알 수 있거든요. 카라카스에서도 가장 수가 많은 인구 집단은 분명 아프리카계 후손들이에요. 베네수엘라 전체 주를 다 돌아봐도 마찬가지입니다. 이러한 진실을 계속 감추는 행위는 당연히 인종차별이에요. 아프리카계 베네수엘라인이 실제로 얼마나 많이 존재하는지를 드러낸다는 건, 이 나라의 가장 주요한 세력을 드러내는 것과 같거든요. 그것은 곧 어떤 국가적 결정을 내리고 정책을 만들 때의 힘을 의미합니다.

우리 아프리카계 베네수엘라인들이 상당한 세력으로 존재함에도 정부 관리들은 이를 안 보려고 하는 것 같습니다. 이 때문에 우리가 누군지 드러내자고 강력하게 주장해온 거예요. 어떻게 드러내냐고요? 우리는 그동안 여러 프로젝트를 통해 아프리카계 베네수엘라인들을 가시화하는 작업을 다양하게 추진해왔습니다. 아프로 TV나 '바를로벤토와 아프리카 디아스포라 통합 연구센터'[CEIBA-DA], '안드레소테 문화센터', 그

---

15 Humberto Márquez, "Afro-descendants Seek Visibility in Numbers," *IPS News*, June 22, 2007, http://ipsnews.net/news.asp?idnews=38278.

리고 산 호세 데 바를로벤토 출신의 아프리카계 베네수엘라인이자 국회의원인 모데스토 루이스Modesto Ruiz가 책임을 맡고 있는 '국회 아프리카계 후손 문제 중재위원회'16 창설 등이 그런 예죠. 그 밖에도 '인종주의와 차별의 방지를 위한 대통령 위원회'도 창설했는데, 이곳은 교육 부문에서 벌어지는 인종주의에 대항하기 위해 교육부와 협력하고 있어요. 또한 교육부 내에서 운영되는 '국가 상호문화주의와 이중 언어bilingual 교육 공단'도 있는데, 이곳은 상호문화주의가 의미하는 모든 것을 달성하려는 중요한 역할을 하고 있어요.

CEIBA-DA는 지역 공동체에 기초한 통합적 문화 연구센터로 자리잡고 있습니다. 바를로벤토에 사는 아프리카계 베네수엘라인들에 대한 정보가 아직 거의 수집되거나 연구되지 못한 상태여서, 이 연구센터는 이러한 지식을 분류하고 목록을 작성해 확장하려 하고 있죠. 이를 통해 바를로벤테뇨스·바를로벤테냐스로서의 정체성을 드러내고, 아프리카나 아프리카 디아스포라('흩어진 사람들'이라는 뜻―옮긴이)와의 관계에 대한 정보를 알리고 확산시킬 수 있습니다. 우리가 이러한 작업들을 중요하게 여기는 이유는, 바를로벤토에 사는 아프리카계 후손들의 발전에 필요한 더 나은 제안들을 정부 측에 제시할 수 있기 때문이죠.

아프로 TV는 문화와 소통을 위한 프로젝트인데, 기존 텔레비전 방송들이 우리 아프리카계 후손들이나 우리의 진정한 역사와 문화를 보여주는 데 너무나 인색해서 설립했습니다. 그전까지 우리 모습이 있는 그대로 텔레비전 방송에 나오는 걸 볼 수가 없었어요. 우리는 텔레비전에

16　국회 아프리카계 후손 문제 중재위원회의 정식 명칭은 '국회 아프리카계의 권리와 책임, 보장 및 참여와 법률 문제 중재위원회'다. 이 중재위원회는 2009년에 만들어져, 현재 국회 선주민 상임위원회 산하에 있다.

보통 하인이나 범죄자 역할로만 나왔거든요. 그러나 볼리바리안 혁명 과정이 진행되면서부터, 현재는 지역 공동체가 자체 조직화를 통해 자기들만의 독자적인 대안 미디어를 운영할 수 있습니다. 우리는 이 기회를 활용하고 있고요. 아프로 TV는 사회주의적 방송국으로서 우리의 관습과 문화를 보여주려는 취지로 만들어졌는데, 이를 통해 바를로벤토에 사는 우리 아프리카계 후손들의 발전을 지원하고, 아프리카 디아스포라와의 관계를 강화하려고 하고 있어요. 이 방송을 통해 우리 자신의 이야기를 하는 것은 물론, 우리가 세계를 인식하는 방식과 우리 스스로를 조직하는 방법도 제시합니다. 또한 우리 공동체에 사는 사람들이 볼리바리안 혁명 과정에 대해 어떤 생각을 하는지 말할 공간도 마련할 수 있을 거예요. 이 모든 게 아프리카계 후손이라는 관점에서 출발한 것들입니다.

프레디 현재, 아프리카계 베네수엘라인 청년 네트워크는 '청년법'National Law on Youth의 일부 조항을 개정하려는 투쟁에 참여하고 있습니다. 베네수엘라 감옥을 채우고 있는 사람들의 절대 다수가 아프리카계 후손인 이유를 살펴봐야 하는데요, 이에 대한 내용을 해당 법 조항에 삽입할 가능성이 있을지 검토해봤어요. 그동안 적절한 조사가 없었기 때문에, 우리는 수감되어 있는 아프리카계 베네수엘라인 청년들의 수와 수감 이유에 대해 정확하게 알지 못하거든요. 이를 정확하게 파악하기 위해, 올해 우리는 이 조항 삽입을 강력하게 요구할 예정입니다.

제도적 인종차별주의

루이스 우리가 제도적 인종주의에 대해 말할 때는, 국가 관리들이나 기관이 저지르는 인종차별만 언급하는 게 아니에요. 단순히 그런 기관의 책임자들을 넘어서 존재하는 인종주의까지 포함합니다. 예를 들자면, 우리 지역 공동체의 학교들은 아이들에게 아프리카 후손으로서 우리의 역사나 문화를 가르치지 않고 있는데, 이건 배제와 인종주의를 계속 온존하는 것입니다. 이런 상황 때문에 '인종주의와 차별의 방지를 위한 대통령 위원회'를 만들었던 겁니다.

국회 안에서조차 과거에 있었던 차별이 여전히 존재합니다. 예컨대, 볼리바르가 첫 번째 의회에서 활동했을 때도 당시 국회의원들은 볼리바르에 반대했어요. 이들은 볼리바르가 노예제를 폐지하자고 주장하자 동의하지 않았는데, 그 이유는 그들 자신이 대지주에다가 노예들을 거느리고 있었기 때문이었죠. 우리가 국회의원들과 이야기를 해보려고 국회에 찾아간 적이 두 번 있는데, 첫 번째 때는 국회의원들이 국회 건물 정문 출입구에서 우리를 맞더니, 두 번째는 후문에서 맞더군요. 반면에 이 국회의원들은 야권 인사 같은 사람들과는 국회 내 회의실에서 만나 이야기를 나눕니다. 이건 인종차별이에요. 누군가를 만나려고 정부 건물을 찾아갔을 때, 건물 진입을 금지당한다거나 사람들이 우리를 이상하다는 듯이 쳐다본다면, 이건 인종차별입니다. 혁명이 한창 진행되는 와중에도 존재하는 제도적 인종차별주의죠.

이 때문에 '인종주의 및 차별 방지법'을 만들자고 제안했던 겁니다. 하지만 이 제안은 아직도 진행 중이고, 국회 아프리카계 후손 문제 중재 위원회의 소관하에 있죠. 이 법안은 정부 관리든 민간 기업이든 상관없이 모든 인종주의적 · 차별적 행동을 처벌하는 데 목적을 두고 있어요.

프레디 베네수엘라의 정부 부처 사무실 어디를 가도, 거기서 일하는 대다수 사람들은 용모에서 유럽인의 느낌이 납니다. 그 가운데 많은 사람들은 자기를 더 우월한 존재로 바라봐주길 원해요. 자기가 정부 부처 내에서 어떤 직위를 가졌으므로 특권이 있다는 것인데, 그러다 보니 그들은 우리가 스스로를 열등한 존재로 느끼길 바라는 것 같습니다. 하지만, 이들이야말로 우리 조상들의 투쟁을 인정해야 하는 거 아닌가요?

관료주의에 도전하기

루이스 베네수엘라에서는 아직도 드러내야 할 것이 많아요. 많은 정부 관리가 과거와 똑같이 소비주의에 빠져 있습니다. 예를 들면, 이들은 계속해서 비싼 허머Hummer 지프차 같은 것을 사들이고 있거든요. 차베스 대통령이 내놨던 제안 가운데 하나가 각 정부 부처의 명칭을 지금과 같은 '인민권력부'로 바꾸는 것이었는데요, 예컨대 교육부는 현재 '교육 인민권력부'로 바뀌었죠. 하지만 실제로는 외부적인 선전에 불과해요. 각 정부 부처들은 아직까지도 민중을 존중하는 자세로 대하지 않거든요. 새 헌법 수정을 위한 국민투표 당시에 차베스 대통령이 이 문제를 언급하며 화를 내기도 했었죠.

정부 관리들은 스스로 진정한 혁명가라는 점을 보여줘야 합니다. 혁명가는 문서나 법으로 결정되는 게 아닙니다. 민중을 배려하고 함께하면서 혁명가가 만들어지는 겁니다. 어떤 부서나 기관의 장으로 임명되면, 마치 그 기관의 주인이 된 것처럼 행동하는 사람들이 있어요. 기관을 자기 거라고 착각하는 거죠. 하지만, 아니에요! 오늘이야 그들이 거기 있지만, 내일은 아닐 수도 있거든요. 그들은 다른 권력을 봐야 합니다. 그들이 그 자리에 있는 건 저와 우리 모두가 있기 때문입니다. 새 헌법을 만든 힘, 민중의 힘이 그들을 거기 세운 거란 말입니다. 그래서 정부 관리들에게 진정한 혁명가란 어떠해야 하는지 깨닫도록 재교육을 시켜야 합니다. 우리가 지구 상에 존재하는 가장 혁명적인 사람들이라고 말하려는 건 아닙니다. 우리가 요구하는 것은 간단해요. 민중이 진짜 원하는 일에 나서서 모범을 보이라는 겁니다. 그런데 정반대의 모습을 보이니 화가 날 수밖에요.

많은 정부 관리들은 우리를 서커스 구경꾼 취급해요. 이들이 우리에게 주는 것도 부스러기에 불과하죠. 마치 로마제국 시대에 지배자들이 백성에게 빵을 나눠주고 서커스를 보여준 것처럼 말이죠. 하지만 우리는 그런 걸 원하는 게 아닙니다. 루벤 블라데스^{Rubén Blades}(파나마의 가수이자 배우—옮긴이)가 노래한 것처럼, 우리는 어떤 누군가가 뒤섞는 카드 한 벌이 되고 싶지 않습니다. 우리가 그 카드를 섞길 원해요. 우리는 대통령이나 국회의원들, 장관들과 함께 나란히 혁명에 참여하고 싶은 겁니다.

프레디 1999년과 2000년, 그러니까 제헌의회가 구성되고 새 헌법이 승인되던 동안에 셀 수 없이 많은 사회운동이 만들어졌었죠? 당시에 정부를 계속 지지하면서도 주류에 편승하지 않고 자기 고유의 주장을 고수했던 몇 안 되는 사회운동 중 하나가 바로 아프리카계 베네수엘라인 조직 네트워크였어요. 우리는 정부가 결정하는 것을 무조건 다 동의하지도 않았고, 차베스 대통령을 지지하는 붉은색 셔츠를 입거나 하지도 않았어요. 이러한 혁명 과정에서는 우리 같은 사회운동조직들을 염두에 둬야 합니다. 무엇을 해야 할지를 결정할 때, 정당에게만 맡겨놓을 수는 없거든요. 우리가 원했던 자유와 포용을 쟁취하기 전까지 멈추지 않을 겁니다. 우리의 요구가 공공 정책에 포함되고, 아프리카 자손인 우리 형제자매가 이 나라에 기여한 바가 인정될 때, 비로소 우리의 투쟁은 끝나게 될 것입니다.

6

학생운동

15

대학은 민중의 삶이 더
나아지는 방법을 연구해야 합니다

★

세사르 카레로

– 안데스대학의 이과 학생 사회주의 대학 운동 –

해발 1600미터에 이르는 메리다 시는 안데스 산맥으로 둘러싸여 있다. 비좁은 거리 위로 건물들이 솟아 있는 도시 중심부를 웅대하고 짙푸른 산들이 에워싸고 있다. 여느 베네수엘라 도시와 달리, 식민지 시절에 세워진 건축물들이 그대로 남아 있어 메리다의 역사를 보여준다.

"메리다에 오신 걸 환영합니다. 도시와 대학이 공존하는 곳."

메리다로 향하는 길에서 본 거대한 옥외 광고판의 글귀다. 메리다는 대학 도시인데, 이곳에 있는 224년 역사의 안데스대학ULA은 다니는 학생 수가 약 4만 명, 교직원은 6000명에 이른다. 이 도시에 있는 다른 여덟 개 대학 학생 수를 빼고도 이 정도다. 안데스대학은 베네수엘라에서 두 번째로 오래된 공립대학이자, 최고 명문 대학 중 하나로 꼽히는데, 메리다 주 정부 전체 예산보다 더 큰 예산 규모를 자랑하는 안데스대학은 메리다만이 아니라 전국적인 차원에서도 강력한 영향력을 행사하고 있다.

이 때문에 메리다 시는 자연스럽게 오래전부터 학생운동의 중심지가 되었다. 1960년대 후반에는 프랑스와 전 세계에서 벌어진 학생운동에 고무된 베네수엘라 전역의 대학생들이 대학 혁신 운동을 시작했는데, 당시 수많은 대학에서 학생들이 건물을 점거하고 시위를 벌였다. 이들은 대학운영위원회에 학생 참여를 늘리고, 교육이 베네수엘라 사회를 개선하는 데 더 이바지해야 한다고 역설했다.[1] 1970년, 라파엘 칼데라 정부에게서 학생운동 진압을 명령받은 군대가 카라카스의 베네수엘라 중앙대학UCV을 습격했다. 중앙대학은 안데스대학과 더불어 1960년대부터 1980년대까지 학생운동조직의 중심지 역할을 했다.

메리다는 다시금 폭발적인 캠퍼스 정치의 발원지가 되고 있다. 과거 학생 투쟁 때와 마찬가지로 대학 자율권 문제가 캠퍼스 분쟁의 한가운데 놓여 있다. 지난 1918년에 아르헨티나의 코르도바대학에서 벌어진 학생들의 개혁 요구가 도화선이 되어 라틴아메리카 전역에서 대학 자율권을 요구하는 운동이 일어난 적이 있다. 당시 학생들은 국공립대학이 정부 개입 없이 자유롭게 운영하고 예산을 관리할 수 있어야 한다고 주장하면서 동시에 경찰 병력이 교정에 진입하는 것을 금지하라고 외쳤다. 아르헨티나의 투쟁에 영향을 받은 베네수엘라 대학들도 격렬한 투쟁을 거친 후에 마침내 자율권을 획득했는데, 그 결과가 바로 1958년에 제정된 대학법 9조다. 하지만 그저 문서에 불과했을 뿐, 이 법이 늘 지켜졌던 것은 아니다.[2]

---

1   Steve Ellner, *Venezuela's Movimiento al Socialismo: From Guerrilla Defeat to Innovative Politics* (Durham: Duke University Press, 1988), 49-50.

메리다 시

    그 후 대학 자율권은 1999년에 만들어진 새 헌법에서야 공식적으로 인정되었지만, 여전히 논란을 일으키는 문제로 남아 있다. '이과 학생 사회주의 대학 운동'MUSEC의 창립자인 세사르 카레로Cesar Carrero에 따르면, 지금은 대학 당국이 이 자율권을 낚아채, "대학 자율 개념을 국가 안의 국가(국가에 규제받지 않고 독립적으로 운영하고 예산을 사용한다는 의미―옮긴이)를 유지하는 데 써먹고 있다." 세사르와 그가 이끄는 단체는 1960년대 후반부터 벌어졌던 학생운동의 주장에 공감을 표하면서, "대학이 나라의 현실에 등을 돌린 채 대학이라면 응당 수행해야 할 역할을

---

2   José G.G. Altuve, "Autonomía Universitaria," *Actualidade Contable FACES: Revista Ulandina de la Facultad de Ciencias Económicas y Sociales, Año 11, Numero 17, Julio-Diciembre 2008.* (Merida: Universidad de Los Andes, 2008), 5-10. www.saber.ula.ve/actualidadcontable/.

다하지 못하고 있는데, 특히 이과 계열에서 그렇다"고 주장한다.

차베스 대통령도 비슷한 내용으로 기존 국공립대학 당국을 호되게 비판한 바 있고, 대학 업무 관리에 더 많은 책임성과 학생 참여를 요구하는 학생들을 지지하기도 했다.[3] 한편, 대학 총장들은 공공연하게 반대파와 손잡고, 차베스 정부가 대학 자율을 약화시키려 한다고 비난했다. 2009년 5월에는 대학 자율을 둘러싼 다툼이 한층 더 격해졌다. 당시 국제 유가 저하에 대응하기 위해 정부가 대학을 포함한 모든 정부 기관에 6퍼센트 예산 삭감을 적용했는데, 대학들이 정부의 요구를 정면으로 거부한 것이다. 대학 당국자들은 전년도에 자체적으로 엄청난 예산 흑자를 남겼으면서도 정부의 예산 삭감 조치에 반발했던 것인데, 베네수엘라중앙대학 총장인 세실리아 가르시아Cecilia García는 반대파를 지지하는 학생들과 함께 정부에 항의하는 집회를 조직하기도 했다. 당시 반대파 지지 학생 단체들이 저지른 폭력 사태 때문에 중앙대학과 안데스대학은 두 달 동안이나 마비되었다.[4]

안데스대학 반차베스 학생 조직인 '3월 13일 운동'M-13은 가두시위를 자주 벌였는데, 이 과정에서 이들은 총기나 화염병을 사용하기도 했다. 이런 과격한 행동 때문에 학생과 경찰 양측에서 사상자가 속출했다. 세사르도 이들이 대학 자율을 보호막으로 이용하고 있다는 의견에 고개를 끄덕인다.

"두건을 쓴 이 우익학생운동은 남의 차에 불을 지르고는 언제나 대학

---

3   Steve Ellner, *Rethinking Venezuelan Politics: Class, Conflict, and the Chávez Phenomenon* (Boulder: Lynne Rienner Publishers, 2008), 178.

4   Zachary Lown, "Violence and Transformation in Venezuela's Public Universities," *Venezuelanalysis. com*, July 8, 2009, http://www.venezuelanalysis.com/analysis/4604.

안에 숨어버리죠."

2007년 이후, 우익학생운동은 '베네수엘라 학생운동'이라는 이름으로 강력한 여러 반정부 시위를 이끌면서 전 세계 언론의 1면을 장식했다. 차베스 반대파는 떠오르는 이 운동과 긴밀한 관계를 맺고 있다. 자기들 편에 젊은이들이 존재한다는 것이 어떤 가치를 지니는지 이해했기 때문이다. 주류 언론들은 이 학생들의 반대 운동이 학생 대다수의 일반적인 목소리를 대변하는 것인 양 그려냈다. 그러나 차베스를 지지하는 학생운동가들은 반차베스적인 '베네수엘라 학생운동'이 실제로는 학생들의 진정한 요구에 부응하지도 않으며, 이 운동의 구성원들은 반대파의 졸개에 지나지 않는다고 주장한다.

반대파 단체와 대학 당국이 완고하게 저항하는 와중에도, MUSEC 같은 조직들은 과거 학생운동의 전통을 이어받아 대학과 기존 교육이 세운 장벽을 넘어서려 하고 있다. 또한 MUSEC 구성원들은 대학에 볼리바리안 혁명의 정신을 담아내려고 애쓰고 있다. 소외된 사회 영역의 사람들에게도 고등교육의 기회를 열어주고, 대학에서 배운 과학 지식을 이용하여 대학 주변 지역 공동체의 문제 해결에 도움을 주고자 한다.

이런 과제들은 지난 2009년 8월 14일에 새로운 '교육기본법'[LOE]이 통과되면서 구체화되고 있는데, 이 법은 정부가 유년기 때부터 대학 학부 수준까지 모든 시민에게 무상교육을 제공할 책임이 있다고 규정하고 있다. 또한 현재 운용되는 입학시험을 폐지하고, 대신에 좀더 종합적인 검사를 실시할 것을 요구하는데, 이 새로운 검사는 해당 학생의 사회·경제적 조건과 무엇을 교육받았는지를 우선적으로 고려할 것이다. 새로 제정된 교육기본법은 대학 자율 역시 계속해서 존중하고 있지만, 대학 행정에서 발생하는 부패 같은 문제들을 시정할 수 있는 다양한 조치도 포함하고 있다. 대학 공동체 구성원 모두가 참여하여 공정하게 이루어지는 대학 당국 선거와 반부패 위원회 창설을 의무화한 것이 그 예다.

그러나 이러한 변화들이 대학 시스템 안에서 실행되려면, 새로운 '대학법'이 먼저 승인되어야 한다. 더군다나 교육기본법의 많은 조항이 의도와 다르게 해석될 여지가 있어 더 그렇다. 그래도 세사르 같은 학생 조직가들은 이러한 교육법 제정을, 대의를 실현하는 새로운 기회로 여긴다. 그래서 이들은 이 법을 대학을 바꾸는 도구로 사용하기 위해 사람들을 조직하고 있다.

세사르 카레로

"학생으로서 필요한 것을 요구하고, 배운 것을 민중과 함께 나눌 거예요"

개인사와 MUSEC의 역사

제 이름은 세사르 카레로입니다. 안데스대학 이학부 4학년이고, 물리학 학사 학위를 받으려는 중이에요. 이학부 내 학생운동 단체 소속이기도 한데, 지금은 조직을 확장하여 다른 학부 학생들과도 함께하려 하고 있어요. 조직의 이름은 '이과 학생 사회주의 대학 운동'MUSEC입니다.

우리가 학부 내에서 강력한 학생 조직을 건설하는 데는 시간이 좀 걸렸어요. 원래 다른 학생 단체에 많은 학생이 참여하고 있었는데, 이 단체가 탈선하자 학생들이 불만을 가져서 새로이 조직해 만든 것이 우리 단체입니다. 우리는 비슷한 이데올로기적 비전을 가진 학생들과 함께 조직을 시작하기로 했죠. 그리고 우리가 설정한 목표를 위해 이 학생 조직을 이학부 내에서 만드는 방안에 대해서도 논의했습니다. 이전까지는 우리 학부 학생들의 현실을 전혀 모르는 타 학부 사람들이 우리 문제를 일방적으로 결정해왔거든요. 2006년에 8, 9명이 모임을 시작했고, 모임에서 우리는 어떻게 학생 조직을 구성해야 할지에 대한 토론을 벌였어요.

전환점은 차베스 대통령이 베네수엘라 통합사회주의당PSUV 창당을 호소하면서 만들어졌습니다. 학생운동도 더 이상 작은 단체나 좌파 운동으로 쪼개지지 말고 통합해야 한다고 느꼈거든요. 그래서 아직 참여하고 있던 기존 학생 조직에 이런 생각을 제안했습니다. 다양한 학생 단체들이 힘을 합쳐 단일한 학생운동을 구성하자는 제안이었죠. 하지만 그 학생 조직의 지도자들은 우리 주장을 간단히 무시하더군요. 우리는 예전부터 이 조직이 저질렀던 문제들을 봐왔기에, 이런 무관심에 괘념치 않고 우리 스스로 조직을 구성하기로 마음먹었습니다.

적극적인 10여 명의 학생이 우리 활동을 지지하는 많은 학생들의 성원에 힘입어 MUSEC를 결성했습니다. 처음에는 실수도 많이 했어요. 예컨대, 학내 의사결정위원회 선거에 우리 구성원 몇 사람을 내보내기로 했는데, 사실은 아직 대학 내에서 활동할 기반도 없던 상황이었죠. 물론 처음 나간 선거치고 그렇게 결과가 나빴던 건 아니었어요. 그렇다 해도, 그런 선거에 너무나 성급하게 참여한 것은 실수였음을 깨달았죠.

조직은 여러 단계를 거쳐 창립되었습니다. 조직을 구성하고서 내부 토론 과정을 거쳤고요. 시간이 지나면서 우리 조직은 점차 성장했고, 그동안 우리에게 공감을 표하는 수준이던 많은 학생들이 좀더 적극적으로 바뀌더군요. 우리는 우리의 비전에 기초해 활동 계획을 작성하기로 했습니다. 그에 따라 국가에서 실현하고자 애쓰는 사회주의적 비전에 부응하는 몇 가지 원칙을 마련했어요.

우리는 대학이 경제적 여력이 없는 사람들에게도 개방되어야 한다고 생각합니다. 우리 대학에 입학하는 학생들은 주로 부유한 집안에서 자랐거나, 살던 집의 위치 덕택에 교육 환경이 상대적으로 더 나은 초등학교나 고등학교에 다닌 사람들입니다. 다시 말해서, 대학에 대한 접근권이 장차 극복해야만 할 몇 가지 변수에 기초하고 있습니다. 대학이 어떤 사람을 입학시험 하나만으로 평가해서는 안 된다고 보는데, 적임자를 알아내서 몇천 볼리바르(구 화폐)만 쥐어주기만 해도 쉽게 좋은 점수를 딸 수 있으니까요. 그런 사람들이 누군지 일일이 거명하지는 않겠어요. 하지만 학교 당국자들과 우익학생운동 지도자를 사칭하는 사람들 중에 누가 시험 점수를 팔았는지는 알고 있어요. 이런 상황 때문에 결과가 사전에 결정 나버리는 겁니다. 자연스레 빈민가에 사는 가난한 사람들이 입학 과정에서 계속 배제되는 거고요. 이게 오늘날 대학의 진짜 모습이에요. 우리 목표는 이런 대학을 바꾸는 겁니다.

대학 바꾸기

우리 목표는 분명합니다. 우리는 사회적 비전을 가진 대학을 원하는데, 그러려면 그동안 대학을 운영해왔던 방식을 완전히 바꿔야 합니다. 베네수엘라 대학들은 나라의 현실에 등을 돌린 채, 대학이라면 응당 수행해야 할 역할을 다하지 못하고 있거든요. 특히 이학부가 그래요. 과학

자로서, 우리 지역 공동체가 안고 있는 여러 문제를 분석하고 해결하려고 노력해야 합니다. 이런 점에서 우리 학부 과학자들이 알파 센타우리 Alpha Centauri(켄타우루스 자리의 알파 별—옮긴이)보다 더 먼 별의 물질적 특성을 발견하려고 아등바등하는 건 참으로 개탄스런 일이에요. 우리는 여기 베네수엘라의 현실적인 문제를 해결하려 애써야 합니다. 어떻게 하면 생산품을 적절하게 오래 잘 쓸 수 있을지와 같은 문제 말이죠. 항생제도 거의 못 만들고 있거든요! 심지어 실험실용 주사기를 만드는 데 필요한 플라스틱 제조 기술조차 부족합니다. 이학부는 이 나라에서 우리가 안고 있는 문제에 관심이 없는 거죠.

우리 조직은 무슨 일을 하냐고요? 우리는 이런 상황을 바꾸려 노력하고, 그를 위해 학생들의 의식 수준을 높이는 데 주력하고 있습니다. 학생들이 결국 교수를 위해 학위 논문 작업을 하게 되는 이런 함정을 계속 내버려둘 수는 없습니다. 그런 건 아무짝에도 쓸모가 없으니까요. 학생들이 인근에 있는 지역 공동체와, 나아가 나라 전체가 직면한 문제들을 풀 수 있는 논문 작업에 전념했으면 좋겠어요. 예를 들어 볼까요? 강에서 물을 끌어와 500미터 더 높은 곳에 위치한 산타 마리아 산의 어느 지역 공동체에 물을 대려고 파이프를 연결한다고 칩시다. 물리학자로서 저는 무엇을 할 수 있을까요? 그 파이프를 좀더 효율적으로 연결하는 데 일조할 수 있겠죠. 파이프 폭은 몇 인치가 되어야 하며, 압력은 어느 정도가 되어야 하는지 같은 것 말입니다. 공학이든 과학적 방법론이든 뭐든 베네수엘라인들이 겪고 있는 기본적인 문제를 해결하는 데 다 필요합니다.

지역 공동체와의 협력

초창기에 했던 논의에서, 우리는 공동체평의회와 연계를 맺어야 한다고 의견을 모았습니다. 특히 지리적으로 우리 대학과 가까운 곳들이요. 이학부는 두 지역 공동체 바로 옆에 위치해 있는데, 하나는 산타 로사이고, 다른 하나는 산 페드로예요. 우리는 이 지역의 공동체평의회와 관계를 맺었고, 지금은 '숲 되살리기'를 비롯한 여러 프로젝트를 공동으로 추진하고 있어요. 그리고 이 지역 공동체에서 빈민을 무상으로 치료해주는 바리오 아덴트로 진료소 측과도 협력하고 있어요. 지역 공동체의 보건 조사를 수행하거나, 물자나 재정을 지원할 수 있는 정부 기관들과 공동체평의회 사이에서 중재 역할을 하기도 합니다.

우리가 하려는 일이 얼마나 어려운지 우리도 압니다. 우리의 궁극적인 목적은 사람들의 사고방식을 바꾸는 것이거든요. 대통령과 이러한 과정에 믿음이 있는 우리 같은 사람들이 베네수엘라에서 행동하고 일하는 목적은, 새로운 방식으로 생각하는 새로운 베네수엘라인을 만나기 위한 것이에요. 민중의 사고방식이 바뀌려면, 민중 스스로 이 나라의 주인이라고 느껴야만 해요. 숲 되살리기 같은 단순한 프로젝트에 사람들을 초대하여 나무를 심자고 했어요. 그리고 일을 하면서는 학생들과 계속 이야기를 합니다. 환경에 어떤 일이 벌어지고 있는지, 자본주의와 무분별한 소비가 어떻게 환경을 파괴하는지를요.

이런 식으로, 사회주의에 대해 직접 이야기하지 않고도 얼마든지 정치적 토론을 할 수 있었어요. 대학에 다니는 많은 학생들은 사회주의가 무엇을 뜻하는지 정확히 이해하질 못하거든요. 게다가 우리 대학에 다니는 학생들은 누군가 차베스에 대해 이야기를 시작하면, 즉시 입을 닫아버리는 경향이 있어요. 이는 그들이 대개 반대파의 관점에서 차베스

세사르 카레로

를 바라보기 때문입니다. 하지만 스스로 왜 그러는지 이유를 정확히 알지 못하죠. 어쩌면 그들이 부유한 가정에서 자랐거나 부모가 차베스에 반대해서일 수도 있어요. 아니면 그냥 텔레비전에서 본 대로 무작정 받아들였을 수도 있고요. 어쩌면 그들의 아버지가 백만장자라서 대여섯 대나 되는 자기 차를 빼앗길까 봐 두려워했을지도 모르죠. 어쨌든 그 학생들은 베네수엘라에서 무슨 일이 벌어지고 있는지 제대로 이해하지 못하는 거예요. 우리는 누군가의 차나 집을 빼앗으려는 게 아니거든요. 전혀 아닙니다. 생각을 바꿔야 한다는 얘기를 하고 있는 거예요. 아까 말한 그 백만장자는 계속해서 차를 여섯 대 가지고 있어도 상관없어요. 이 혁명 과정의 목적은 차를 아예 가지지 못한 사람들도 최소한 교통편을 이용할 권리와 교육받을 권리, 보건의 권리를 보장받고 기본적인 생활필수품을 제공받는 겁니다.

그래서 학생들을 바리오 아덴트로 진료소에 데려가기도 합니다. 그래야 이 학생들도 쿠바인들이 그곳에서 실제로 무슨 일을 하는지 알 수 있거든요. 주류 언론들의 악선전과는 달리, 쿠바인들이 사람을 잡아먹지 않는다는 것도 자기 눈으로 직접 확인할 수 있고요! 우리는 그곳에서 학생들에게 설명합니다. 쿠바인들이 빈민가에 사는 민중의 보건 문제를 해결하고 있으며, 이것은 과거 베네수엘라 정부들이 결코 하지 않았던 일이라고요.

안데스대학 당국

우리는 많은 국공립대학 당국의 행태를 지속적으로 지적해왔습니다. 이들이 또 다른 정당처럼 활동하고 있으며, 학생들의 복지가 아니라 자기 잇속만 채우고 있다고 말이죠. 대학 당국은 수차례 차베스 정부에 반대하는 성명을 발표했습니다. 선거가 돌아오거나 정치적으로 긴장된 순간에 특히 그렇죠. 최근에 경제위기가 일어나고, 정부가 이에 대처하기 위해 각종 조치를 내놓았을 때도 그랬고요.

정부가 취했던 조치 중에 모든 정부 기관 예산을 6퍼센트 삭감하는 것이 있었는데, 국공립대학도 예외는 아니었어요. 하지만 정부는 국공립대학의 예산 삭감을 지시하면서도 학생들이 누려야 할 혜택에 악영향을 끼쳐서는 안 된다고 했습니다. 이를테면, 학생 식당이나 학교 버스 운행 같은 것 말이죠. 정부는 대학 당국의 사적인 비용, 예를 들면 교수를 위해 새 자동차를 구입하거나 항공편을 마련해주는 것 따위를 줄이라고 했죠. 그러자 대학 당국들이 들고일어나 정부에 항의하면서, 정부의 이런 조치는 대학 시스템에 대한 공격이라고 주장했습니다. 하지만 작년에 안데스대학은 25~30퍼센트의 예산 흑자를 거뒀는데, 이 돈을 쓰지 않았어요. 작년에 이렇게 많은 흑자를 거두고도 어떻게 6퍼센트 예산 감축에 항의할 수 있는 건지, 우리로서는 이해할 수가 없습니다.

더군다나 안데스대학은 실제로는 매년 메리다 주 정부보다 더 많은 돈을 정부로부터 지원받습니다. 대학 당국들의 소란에 참다못한 정부 관리들은 무엇이 문제인지 알아내어 해결책을 강구할 수 있도록 해당 대학에 구체적인 예산 자료를 보여달라고 요구했죠. 하지만 대학 당국들은 정부의 이런 요청을 받아들이지 않고 저항하기만 했어요. 다른 나라 같으면 상상도 못할 일이죠. 대학 당국이 정부와 벌이는 이런 시소 게임이야말로, 대학이 나라가 직면한 문제에 등을 돌리고 있다는 증거예요. 국가적인 문제를 해결하려 시도하기는커녕, 대학들은 그저 낭비하고, 낭비하고, 또 낭비할 뿐, 도대체가 뭐라도 기여하는 게 없거든요.

교육기본법

새롭게 제정된 교육기본법LOE은 우리가 직면한 이런 모순들을 극복하려는 시도입니다. 제가 알고 있는 게 정확하다면, 기존 교육기본법은 1970년대에 만들어진 이후 지역 공동체의 이해에 맞게 수정된 적이 없었어요. 그 법은 당시에 국회를 통제했던 부르주아들이 만든 것이었습니다. 이들은 이 법을 통해 자기들이 지배하는 현 상태를 유지하고, 노동자의 자녀들이 교육을 받지 못하도록 했죠.

새로운 법은 이러한 모든 문제를 바로잡고, 차베스 대통령이 만들고 있는 사회 미션과 정책을 강화하고자 만들어졌습니다. 이런 미션과 정책이 교육부 같은 옛 국가 기관들과 통합되지 못하고 나란히 존재하고 있는데, 이는 기존 기관들이 변화에 저항하기 때문입니다. 낡은 구조 내에서 자기 자리를 지켜온 사람들은 우리와는 다른 시기에 성장했기에, 이런 변화가 그들에겐 문화적인 문제일 수도 있겠죠.

그렇다면, 도대체 새 교육기본법에 무엇이 담겨 있기에 그러는 걸까요? 새 법에 따르면, 이제부터는 공동체평의회와 조직된 지역 공동체, 코뮌정부communal government가 공동으로 교육에 책임을 져야 합니다. 학교가 잘 운영되도록, 교사들이 자신의 직무를 다하도록 확실히 기반을 마련해야 하죠. 이런 조치는 변화에 저항하는 사람들 입장에서는 많은 손해를 보는 겁니다. 왜냐고요? 학교가 따라야 하는 사항을 풀뿌리 민중, 즉 학교에 다니는 자식을 둔 소박한 어머니, 아버지 들이 결정할 테니까요. 무상교육도 교육기본법의 중요한 조항입니다. 이 부분은 지금 강력하게 추진되고 있죠.

대학제헌의회

대학제헌의회는 새 교육기본법이 제정되고, 이에 따라 대학법 같은 일련의 특별법 제정에 대해 논의해야 한다는 공감대가 형성되면서 생겨났습니다.(베네수엘라는 제헌의회를 통해 새로운 헌법을 만드는 과정에서 사회의 근본적인 변화가 가능했으며 혁명의 기초를 다졌다. 새 헌법과 제헌의회는 베네수엘라 혁명의 상징이 됐다. 그래서 근본적인 혁신과 변화를 일으키기 위해 사회 각 분야마다 제헌의회를 소집하자는 요구가 있다. 대학제헌의회 역시 그런 요구를 담은 것이다.—옮긴이) 우리는 대학제헌의회에서 대학법을 논의하자고 요청하고 있어요. 이를 위해 이미 여러 교수와 학생들, 대학에서 근무하는 노동자들을 만나 관련 법에 변화가 필요하다고 이야기했습니다.

새 교육기본법은 대학 당국자를 선출하는 선거와 관련해 동등한 투표권voting parity을 언급하고 있는데, 이에 따르면 대학 공동체에서 교수와 학생이 동등할 뿐만 아니라, 대학 노동자도 그 구성원으로 포함됩니다.[5] 이제 모든 사람의 표는 동등한 가치가 있는 겁니다. 다시 말해, 그 누구의 표도 다른 사람들의 것보다 더 중요하지 않다는 거죠. 학교 문제와 관련한 결정을 내릴 때 대학에서 일하는 노동자들은 물론이고, 더 많은 학생이 대학평의회에 참여해야 합니다.[6]

대학에 관련된 새로운 법이 통과되면, 학내 다양한 문제를 들춰내고 싸우려 합니다. 그중 한 가지가 대학에서 일하는 많은 계약직 노동자들에 대한 것이에요. 지난주에 이와 관련한 시위를 했는데, 계약직으로 26년 동안 일해온 어느 대학 노동자가 참여했어요. 계약직 노동자들은 노동법에 근거해 보장받아야 할 기본적인 혜택조차 받을 수가 없어요. 대학 당국은 정부의 잘못 때문이라고 변명합니다. 정부의 예산 삭감 조치로 인해 대학이 현재 적자 상태에 있기 때문이라는 거죠. 하지만 대학 당국의 주장은 새빨간 거짓말이에요. 앞서 말했던 예산 흑자 문제만 봐도 그렇죠. 그리고 새로운 법으로 시행되길 바라는 또 하나는 사회감사위원회 설치입니다. 이 기구에는 학생과 노동자, 교원이 참여하는데, 우

---

5   동등한 투표권voting parity이 이루어지면, 학생 한 명의 투표는 교수 한 명과 동등하게 된다. 현재는 교수 한 명의 투표가 학생 40명의 투표에 해당하며, 대학에서 일하는 노동자들은 투표를 할 수 없다.

6   대학평의회는 자율적인 국공립대학의 최고 의사결정기구다. 이 기구를 주재하는 것은 총장, 부총장 2명, 사무총장, 학과장 11명이다. 이 밖에 대학 공동체 구성원의 대표자들도 참여하는데, 1970년에 제정된 현행 국가대학법에서는 정부 대표 1명, 교수 대표 5명, 학생 대표 3명, 졸업생 대표 1명으로 규정하고 있다.

리는 이 기구를 활용해서 학교 예산의 용처를 재검토하라고 요구할 생각이거든요.

대학 자율성과 학생 투쟁의 역사

우리는 지난 1970년대와 1980년대에 베네수엘라에서 일어난 학생 투쟁에 대해 알고 있습니다. 당시 학생들은 학생으로서의 요구와 자율 그 자체를 위해 싸웠어요. 1970년대에 대학은 좌파 운동가들이 투쟁하던 참호 가운데 하나였습니다. 즉 대학에서 학생들이 마땅히 누려야 할 권리를 요구하며 우익 정부에 반대하여 싸웠던 것이죠. 그 당시 학생들은 나라가 필요로 하는 것을 외쳤습니다. 당시 베네수엘라의 사회문제에 맞서 싸웠거든요. 대학 자율권 침해에 대항해서 말입니다.

당시 메리다 시에서 많은 학생이 죽임을 당했어요. 자율과 인권을 침해하는 정부에 의해 살해되었던 거죠. 정부는 대학에 탱크를 보내는가 하면, 총칼로 무장한 국가수비대를 대학 안으로 투입하여 투쟁하던 학생들을 살해하고 대학을 폐쇄했어요. 아주 쉽게 일어난 일입니다. 이런 의미에서 대학이 자율성을 가진다는 것은, 교육의 자유와 교수 및 대학 당국의 자유를 뜻하는 겁니다. 하지만 언제나 책임이 뒤따라야 하죠.

현재 반대파 학생운동과 대학 당국들은 과거 학생들의 투쟁을 원래 맥락에서 떼어놓고 있습니다. 지금 대학 당국은 국가 안의 국가를 유지하기 위해 대학 자율 개념을 써먹고 있어요. 대학 당국자들은 대학 자율 개념을, 정부의 관리 감독을 받지 않고 예산을 쓸 수 있는 것으로만 이해하고 있거든요. 하지만 이 돈은 선거 시기에 야당을 지원하는 캠페인에 쓰입니다. 어떻게 보면, 현 정부는 자신에게 반대하는 캠페인에 돈을 대고 있는 셈이죠. 우리 역시 대학의 자율성이 유지되어야 한다는 점은 분명히 동의하지만, 지금의 방식은 아니라고 생각해요. 대학 당국은 제 멋대로 대학의 돈을 쓰지만, 실험실에는 연구에 필요한 기본적인 장비나 화학약품조차 제대로 없는 형편이거든요. 책임감도 없고, 투명성도 없습니다. 따라서 모든 학생과 대학 노동자가 예산 관리에 발언권을 행사할 수 있어야 합니다.

반대파 학생운동

사회학자나 외국인이 여기 와서 베네수엘라의 학생운동을 연구하려다 보면, 상황이 너무나 복잡해서 혼란스러워 하곤 해요. 앞서 말한 지금의 우익 운동을 "학생운동"이라고 말하는 건 잘못이에요. 왜냐하면 그들은 많은 학생을 대변하지도 않고 투쟁하지도 않거든요. 그 조직들은 자발적으로 어떤 경제 부문의 이해에 봉사하는 한 무리의 학생일 뿐입니다. 그렇다는 것을 스스로 의식하지도 못한 채 말입니다. 슬픈 일이죠. 그들은 자본가 계급과 대학 당국의 명령에 따릅니다. 그렇다고 이 운동을 하는 사람들이 다 백만장자인 것도 아니에요. 사실 그들 중에 지도자들은 매수되었습니다. 돈 때문에 운동을 시작한 건 아닐지라도 말입니다. 좀더 설명을 해드리죠. 대학 당국이 어떤 "학생운동"을 지도하는 네다섯 명을 지시하며 이끌어요. 전국적 차원으로는 주류 언론과 정당이 그렇게 하고 있고요. 이들은 모두 볼리바리안 혁명 과정을 반대하죠. 그리고 이 네다섯 지도자들은 대열에 가담하는 많은 학생을 완전히 조종해요. 상류 계층 사람들은 베네수엘라에서 지금 일어나고 있는 일에 위협을 느낍니다. 사실은 그들이 이런 과정에 위협을 느낄 필요가 없지만,

그렇게 느끼는 것도 이해할 만합니다. 이들은 많은 학생을 매수할 수 있는 엄청난 재력도 있어요. 또 다른 어떤 학생들은 주위 환경이나 사회와 완전히 분리되어 현실 감각이 없거나, 주류 언론의 보도를 맹목적으로 받아들여 우익학생운동에 참여합니다.

현재 대학 당국의 정책 때문에 학생을 위한 교통 시스템과 학생 식당 같은 환경이 열악한 상황에 놓여 있는데도, 우익학생운동은 아무 반응이 없습니다. 한심한 일이죠. 이 때문에 제가 인용부호를 달아 그들의 "학생운동"을 분리하여 말하는 겁니다. 이들은 어떤 경우에도 이런 종류의 문제와 싸우는 법이 없어요. 이런 문제들과 싸운다는 것은, 곧 대학 당국에 도전하는 거니까요.

차베스 정부 초기 몇 년 동안, 학생운동은 나라에서 벌어지던 일에 부응했고, 차베스 정부를 지지했습니다. 그 당시에는 분명한 이데올로기를 가지고 있었고, 나아가야 할 방향이 분명했으며, 만반의 준비가 되어 있는 학생운동 지도자들이 있었어요. 하지만 이 학생 지도자들은 미래에 자라날 좋은 씨앗들을 학생운동에 틔워놓지 않은 채 졸업하고 말았어요. 그러자 대학 당국자, 우익 교수 측과 반대파 쪽에서 분명한 이데올로기적 비전을 가진 학생운동 지도자가 줄어들고 있다는 것을 알아챘고, 그 이후로 제가 앞서 설명했던 일들이 일어나기 시작한 겁니다. 원래는 학생들의 요구를 쟁취하려는 목적으로 학생 대다수의 성원을 등에 업고 시작한 학생운동이었지만, 이제 저들이 학생운동과 그 지도자를 매수할 수 있게 된 거죠.

'3월 13일 항쟁'의 시작

다들 아는 '3월 13일 항쟁'은 1987년 3월 13일에 당시 안데스대학 학생이었던 루이스 카르바요 칸토르^{Luis Carvallo Cantor}가 살해되면서 시작되었습니다. 메리다에서 가장 애통한 날이죠. 이 사건 때문에 일어난 학생들의 투쟁과 정부의 반격으로 메리다 시 중심부는 거의 다 파괴됐어요. 그러더니 그때부터 정부가 대학을 책임지고 통제해야 한다는 토론이 수도 없이 벌어졌습니다. 그 당시는 우익 정부였거든요. 어떤 교수가 그러던데, 루이스의 죽음에 뒤따른 투쟁이 안데스대학에서 15일 동안 계속되었다고 하더군요. 그 시기의 정부 통계를 봐도 당시 투쟁이 얼마나 격렬했는지 알 수 있는데, 당시 정부는 과거 10년 동안 통상적인 시위 진압에 사용했던 양보다 더 많은 최루가스를 바로 이 15일 사이에 사용했거든요. 다음 10년 동안 시위 진압에 사용할 최루가스를 다 써버린 거죠. 학생을 존중하라고 요구하며 싸웠던 당시 학생 투쟁의 규모가 상상이 되시나요?

루이스가 암살당한 것도 문제지만, 사건이 일어난 후에 살해범을 처벌하지 않았다는 점이 문제를 더 크게 만들었어요. 당시 루이스를 살해한 사람이 정부 소속 인물이었거든요. 이 사람이 정부의 어느 직위에 있었는지 기억나진 않지만, 어쨌든 정부 소속의 누군가가 이 학생을 살해했고, 정부 소속이라서 처벌되지 않고 도망갈 수 있었어요. 사실은 정부가 이 사람을 해외로 빼돌렸던 것인데, 이 때문에 학생들이 정의를 외치며 15일 동안 시위를 벌였던 겁니다.

정부와의 협력

우익 정부들이 민중의 요구에 전혀 귀 기울이지 않는 상황에서, 예전 좌파 운동이 선택할 수 있었던 것은 뭐였을까요? 거리에 나가 시위를 벌이는 것밖에는 없었어요. 사람들은 두건을 쓰고 나갔고, 정부는 투쟁하는 학생들을 살해했습니다. 그런데 지금은요? 대학에서 우익 학생 시위가 벌어질 때, 국가수비대 소속 군인이 학생보다 더 많이 다치고 있어요. 실제로 군인이 총을 맞고 살해되기도 합니다. 심지어 우익 학생운동가들이 여성 경찰관을 성폭행하려다 미수에 그친 사건이 있을 정도였어요. 정말 끔찍한 일입니다. 그래서 우리 좌파 학생들이 정부와 협력해야 한다고 생각해요. 지금은 정부가 적이 아니거든요.

우리는 정부가 학생들의 주장에 귀를 기울이려고 한다는 걸 알고 있습니다. 정부가 우리에게 도움을 주려고 한다는 것과, 어떤 문제로 시위가 벌어지면 시위를 촉발한 문제를 해결하려 한다는 점도 알고 있고요. 따라서 우리는 두건을 쓸 필요가 없습니다. 아니, 이제는 시위를 벌일 필요도 없는데, 지금 필요한 것은 거리에서 경찰과 충돌하는 게 아니라 이데올로기적인 활동과 토론이거든요. 현 정부가 이전 정부와 같지 않다는 것을 알기 때문이에요. 현 정부는 사람들의 요구에 부응하고 있고, 약속을 지키려 하니까요.

PSUV와의 협력

MUSEC를 비롯해 안데스대학에서 활동하는 다양한 학생 조직들은 PSUV에도 소속되어 있어요. 우리는 학내에서 해야 할 역할을 분명하게 인지하고 있습니다. 학생들을 조직하고 진정한 메시지를 전달하는 것 말이에요. 중앙정부와의 관계 차원에서는 지역 공동체에 가서 그들과 함께 조직하거나 사람들이 조직하는 것을 돕습니다. 즉 제가 대학 내 조직뿐만 아니라 PSUV의 기초 조직인 '사회주의 부대'Socialist Battalion에도 속해 있다는 거예요.

우리는 이 당 안에서 대학 안팎을 아우르는 좋은 전략이나 전술적 정책을 만들려고 합니다. 물론 국가가 설정한 목표의 범위 내에서요. 우리가 대학을 개방하고, 대학 당국과 일부 학생들이 쌓아올린 장벽을 부수자고 주장하는 것도 그 일환이죠. 대학이 나라의 사회문제들을 풀어나가려면, 사회와 민중과 손을 맞잡고 가야 합니다.

비판

우리는 스스로를 단순히 차베스 지지자가 아니라, 혁명가라고 규정합니다. 이 혁명 과정이 분명 차베스 대통령의 집권 이후에도 계속 나아갈 거라고 믿거든요. 내일이면 차베스 대통령이 탄 비행기가 어딘가에 추락하거나, 다른 어떤 일이 그에게 닥칠 수도 있어요. 그가 죽을 수도, 병에 걸릴 수도, 실수를 저지를 수도 있어요. 사람 일은 모르는 거니까요. 하지만 혁명 과정은 이미 차베스 대통령보다 더 커져버렸습니다. 이 과정에서 발생한 여러 실수에 대한 지적도 분명히 시작해야 한다고 생각하고요.

지금까지 차베스 대통령은 여러 가지 실수를 했지만, 그는 늘 기꺼이 그것을 고치려고 했어요. 그는 이미 가장 까다로운 실수도 해결한 바 있고요. PSUV에서 우리는 사람들의 실수, 정확히는 그 당시 권력을 가진 지위에 있던 사람들이 저지른 실수를 비판했습니다. 그리고 그들이 누군지도 지적했죠.

우리는 정부에 대해 많이 비판합니다. 우리에겐 이런 비판을 할 도덕적 정당성이 있다고 생각해요. 혁명 과정에 참여하지 않고, 아무런 해결책도 내놓지 않고서 비판하는 데만 열을 올리는 다른 사람들과 비교하자면요. 우리도 베네수엘라 혁명 과정에 잘못된 점이 있다는 것을 알고 있어요. 하지만 우리는 그런 문제들을 바로잡으려 하고, 이를 통해 이 혁명 과정이 더욱 완벽한 것이 되게끔 할 수 있습니다.

아까 대학의 학생운동 가운데 일부가 보수적으로 행동하는 경우가 있다는 걸 예를 들어 설명했는데, 이들은 필요할 경우에 자신들을 좌파라고 소개하고 다니기도 합니다. 대학 밖에서나 당 안에서 하나의 사회운동으로 인정받을 속셈으로요. 하지만 이들이 대외적으로 스스로를 좌파라고 부른다 해도, 이들이 하는 일은 완전히 우파적이예요. 이들은 기득권에 대항하는 이데올로기적 활동을 하지 않고, 국가 차원에서 진행되는 다양한 혁명 활동을 옹호하지도 않거든요. 그런데도 이들은 대외적으로 떠든 이야기 덕분에 곧잘 정부에서 일하게 됩니다. 그러면 이들은 이전에도 그랬듯이 맥주나 티셔츠로 사람들의 표를 사려고 하죠. 이런 사람들은 학생회 선거에서도 상당한 득표를 올려, 결국 대학학생회총연합의 공식적인 지도자가 되기도 합니다. 이들이 선출되면 언론이 가세해 띄워주고, 결국엔 이들이 차베스 정부의 높은 지위에 오르죠. 우리는 이런 것을 두고 정부가 실수하고 있다고 비판하는 거예요. 정부가 점차 이런 사람들을 해당 직위에서 물러나게 해야 한다고 봅니다. 우리는 이 작은 구석에서 이 점을 계속 비판해왔어요.

학생운동에 대한 정부의 억압?

현재 억압은 존재하지 않습니다. 현 정부는 모든 법을 정확하게 준수해 왔어요. 시위가 폭력적일 경우, 진압하는 방법을 규정한 법은 있죠. 하지만 총으로 진압하지는 못해요. 이런 목적으로 제작된 특별한 가스를 사용하여 진압해야 하는데, 이런 건 전 세계 어디를 가나 다 있습니다. 현 정부도 이 가스로 시위를 진압해왔어요. 그러나 우익 학생들은 악랄한 범죄를 저질러왔는데, 자동차를 불태우는 것에서부터 도로 교통 차단, 사유재산 손상에 이르기까지 다양해요. 사유재산에 대한 권리는 이들이 평소에 그토록 강력하게 옹호하는 것이지만, 결국엔 자기들이 가장 먼저 어기곤 하더군요. 이들이 물리적 공격을 비롯한 여러 범죄를 저지를 때에 정부는 대응해야만 했습니다. 하지만 그런 경우에도 가스 사용보다 더 과도한 방식을 취하지 않습니다.

일부 비난을 받는 경찰이 있습니다. 우리는 여기 메리다 주 경찰 중에 엉뚱한 세력이 침투해 있다는 걸 알고 있어요. 이들은 민중을 위해 일하는 것이 아니라 뇌물을 받고, 법을 어기고, 과거 정부에 있었던 사람들을 위해 봉사합니다. 하지만 정부는 경찰에 대한 통제권을 확보하는 차원에서 문제 있는 경찰들을 가려내어 추방하려 하고 있습니다. 일반적으로 봤을 때, 현 정부의 경찰은 과거와는 완전히 달라요.

제가 경찰을 언급할 때는, 국가수비대나 더 일반적으로는 정부나 공권력까지도 염두에 두고 말하는 건데요. 현재 이들은 예전 정부들이 저질렀던 가슴 아픈 과거를 되풀이하고 있지 않아요. 과거 우익 정부들은 수중에 있는 걸 죄다 동원해 학생들을 공격했습니다. 이 때문에 매번 학생 시위가 벌어질 때마다 학생 서너 명이 사망했고, 경찰들은 대학에까지 쳐들어가 학생들을 잡아들이곤 했습니다. 그런데 일반적으로 말해 지금은 경찰이 인도적 태도를 보이고 있고 모든 법을 준수하는 반면에, 우익 학생들의 시위는 완전히 폭력적이 되었어요. 지금 우익 학생들의 시위는 뚜렷한 목적이나 맥락도 없이 발생하고, 종종 학생들의 요구와는 아무런 상관없는 시위도 있습니다. 그렇지만 정부는 시위에 직면할 때 모든 법을 준수하면서, 법이 정한 선을 넘지 않고 있어요.

학생운동을 둘러싼 언론 조작

언론의 조작은 엄청납니다. 골목 모퉁이 가판대에 있는 신문에서부터 텔레비전같이 규모가 큰 대중매체에 이르기까지 다반사로 벌어져요. 인터넷도 그렇고요. 메리다 주에서는 주로 현지 신문들이 조작을 일삼고 있어요. 이런 신문사 소유주는 모두 부자들이라, 돈이 넘쳐나죠. 이들은 베네수엘라 혁명 과정의 진행 방향에 따라 판돈을 많이 잃을지도 모르는 터라, 학생들을 이용하여 마치 정부가 불법적으로·행동하는 것처럼 보이도록 합니다. 이들은 언론을 조작하여, 실상 아무 목적도 없이 벌어진 근거 없는 시위를 정당한 것처럼 그려내요. 또한 우익 학생들이 벌인 완전히 폭력적인 시위를 평화 시위로 둔갑시키기도 하고요. 경찰 가운데 누군가 우익 학생들의 시위로 다쳐도, 이들은 그런 사실을 철저하게 은폐합니다.

우익 학생들이 벌이는 이 "제4세대의 전쟁" 탓에, 여기 메리다 주와 베네수엘라 전체에 걸쳐 우리 같은 좌파 학생운동이 애꿎은 피해자가 되고 있습니다. 반대파들은 미디어를 동원해서 우리를 공격하고, 사실이 아닌 것을 사실인 양 떠들거든요. 이들은 주류 언론을 이용하여 민중을 조종하려 합니다. 우익 학생들은 이러한 조작 과정의 일부고요.

지금 이 순간

이 나라는 지금 한 단계 전진하는 과정을 실제로 지나고 있는데, 아직도 그런 흐름에 저항하는 사람들이 많습니다. 어쩌면 자연스러운 거예요. 그들은 자기의 경제적 이해에 충실하려는 것이고, 대다수 사람들이 혜택을 보는 변화가 그들의 이해에는 반하기 때문에 저항하는 거죠. 안타깝게도, 이런 사람들을 대변하는 주요 세력이 이 대학에 있습니다. 저는 여기서 공부하는 혜택을 입었기 때문에, 대학 당국이 원하는 것과 상반되는 비전을 제시하고자 합니다. 저는 진정한 권리를 요구하려 해요. 우리 조직은 정부와 대학 당국에게, 원래 우리의 것이고 우리가 제공받아야 하는 것들을 요구합니다. 동시에 우리 역시도 대학생으로서 받은 것을 사회에 환원하여 우리의 책임을 다하겠노라고 말합니다. 이것이 곧 우리가 해야 할 일이고, 이런 생각을 더 많이 퍼뜨리려고 노력하고 있습니다.

16

자본주의를 상징하던 곳에
사회주의 대학을 세우다

★

가브리엘라 그라나도스, 마르가리타 실바

− 볼리바리안대학 −

베네수엘라 볼리바리안대학[UBV] 카라카스 캠퍼스의 정문 밖에는 유정탑油井塔상이 하나 서 있다. 그 모습이 일견 이 대학과 어울리지 않을 수도 있지만, 사실은 이 상이야말로 이 대학의 지나온 역사는 물론, 이 나라가 겪은 간단하지 않은 정치적 과정을 함축적으로 드러내고 있다. 이 캠퍼스는 한때 국영 석유회사인 PDVSA의 사무실이었다. 지난 2002년 12월에 PDVSA 경영진과 대다수 노동자가 파업해서 가동이 중단되기 전까지는. 당시 차베스 정부가 가동 중단에 연루된 상층 경영진과 1만 8000명에 이르는 노동자들을 해고하자, 그간 제대로 사용되지 않던 전국의 수많은 사무실 건물이 남겨졌다.[1]

한때 이 회사는 정부 당국의 통제를 완전히 벗어나 마음대로 행동했다. 하지만 정부가 이 회사에 대해 더 많은 통제권을 행사하게 되면서,

현재 그 이윤과 자원은 사회적 개발에 적극 활용되고 있다. 2003년 7월 18일, 카라카스의 옛 PDVSA 사무실이 모여 있는 곳에서 볼리바리안대학 개교식이 열렸고, 이 자리에서 차베스 대통령은 축사를 했다.

초록색과 파란색으로 칠해진 10층짜리 대학 건물은 일주일 내내 활기가 넘친다. 건물의 주요 복도에는 각종 대학 활동과 포럼, 행사를 알리는 포스터와 게시판이 끝도 없이 도배되어 있다. 지금은 학생 수천 명이 카라카스 캠퍼스의 다양한 학부에서 공부하고 있는데,[2] 이들은 라디오나 시청각 교재, 컴퓨터 실습실, 카페테리아, 바리오 아덴트로 건강진료소를 마음대로 이용한다. PDVSA가 거둔 이윤으로 운영 비용을 충당하기 때문에, 학생들이 이런 시설을 무료로 이용할 수 있는 것이다.

볼리바리안 대학은 고등교육을 받을 여건이 되지 않는 민중에게 교육의 문을 열었다. 그간 사립대학의 높은 교육 비용을 감당할 수 없거나, 기존 국공립대학의 엄격한 입학시험에서 경쟁하는 것을 엄두도 내지 못하는 사람들이 늘어나는 데 따른 차베스 정부의 조치였다. 볼리바리안대학 개교에 뒤이어, 같은 해 9월에 차베스 정부는 '미션 수크레'를 개시했다.[3] 미션 수크레란, 고등교육의 기회가 결핍된 지역마다 작은 '대학촌'Aldeas Universitarias을 만들어서 전국적으로 대학 교육을 받을 수 있는 여건을 조성한 것이다. 2008년까지 미션 수크레로 335개 모든 지역에 총 1915개 대학촌이 생겼다.[4]

볼리바리안대학과 미션 수크레는 그동안 정부가 활발하게 펼친 교육

---

1   Justin Podur, "Venezuela's Revolutionary University," *Znet*, September 22, 2004, http://www. venezuelanalysis.com/analysis/707.

2   환경학, 통합의학, 사회소통학 등 열두 개 이상의 학과가 개설되어 있다.

3   이 프로그램의 정식 명칭은 Plan Extraordinario Mariscal Antonio Joséde Sucre(Misión Sucre).

정책 프로그램 가운데 가장 최근의 것이다. 볼리바리안대학과 미션 수크레 · 로빈슨 · 리바스를 통해, 수십만 베네수엘라 성인들이 마침내 초등학교와 고등학교 졸업장을 받거나 대학에서 학위를 받을 수 있었다.[5] 볼리바리안대학과 미션 수크레의 지원 덕택에, 고등교육에 등록한 학생 수는 지난 10년 동안 200퍼센트 이상 증가했다.[6]

이런 모습은 과거 정부들이 제공한 교육 기회와 비교했을 때 현격히 차이가 나는 것이다. 1984년부터 1998년까지 노동자 계급 가정 출신 학생의 국공립대학 입학 비율은 40퍼센트나 떨어졌는데, 이는 급격히 인구가 늘어가는 와중에 오히려 정부가 교육 예산을 삭감했기 때문이다.[7]

가브리엘라 그라나도스Gabriela Granados나 마르가리타 실바Margarita Silva 같은 볼리바리안대학 학생들은 볼리바리안대학이나 미션 수크레야말로 베네수엘라 변혁 과정의 근본적인 측면을 드러낸다고 생각한다.

"여기서 우리는 우리가 원하는 대학을 만들고 있어요. 지금 베네수엘라에서 벌어지는 변화 과정이 확고해지는 데 복무하는 대학 말이에요."

가브리엘라의 말이다. 볼리바리안대학은 학생들이 단순히 정보를 수용만 하지 말고, 스스로 교육과정을 개발하는 데 주도적으로 참여할 것을 바라고 있다. 학생들은 볼리바리안대학의 여러 프로그램을 통해 사회적 문제와 씨름하게 될 지역 공동체 프로젝트들에 참여하게 된다.

---

4   El *Ministerio* del Poder Popular para la Educación Superior, *La Revolucion Bolivariana en La Educación Universitaria: 10 años de logros* (Compilación: Oficina de Estadística y Análisis Prospectivo, 2009).

5   같은 책.

6   같은 책.

7   Gregory Wilpert, *Changing Venezuela By Taking Power: The History and Policies of the Chávez Government* (New York: Verso Books, 2007), 128.

가브리엘라와 마르가리타는 이 새로운 공간을 이용할 수 있게 된 것에 대해서는 고마워하지만, 그렇다고 베네수엘라의 새로운 교육 시스템이 완벽하지는 않다고 단언한다. 이들은 볼리바리안대학에서 발생한 여러 문제를 해결하려 노력하는 과정에서 대학 당국과 충돌하기도 했고, 베네수엘라 고등교육의 미래를 둘러싼 전국적인 차원의 학생 토론도 시작했다. 2007년에 차베스 대통령은 '학생 조직을 위한 대통령 위원회'를 만들어, 볼리바리안 혁명을 지지하는 학생운동을 촉진하고, 대학생 활동가들이 베네수엘라의 교육 정책에 대한 전국 토론에 참여할 수 있도록 했다. 볼리바리안대학에서 조직 활동을 하면서 가브리엘라와 마르가리타가 깨달은 것이 있다. 현재 베네수엘라가 요구하는 종류의 대학을 만드는 과정에 대학생들이 진정한 주인공으로 참여하려면, 자주적이면서도 단결된 학생 조직이 필요하다는 것이다.

 **가브리엘라 그라나도스, 마르가리타 실바**

"여기서 우리는 우리가 원하는 대학을 만들고 있어요"

개인적 배경

가브리엘라 제 이름은 가브리엘라 그라나도스이고, 볼리바리안대학에서 정치학을 공부하고 있어요. 2004년에 여기서 공부를 시작했습니다.

현재 7학기째고요, 곧 학사 학위를 받고 졸업할 예정이에요. 제가 태어난 곳은 카라보보 주의 발렌시아인데, 혁명적인 집안에서 태어났다고도 말할 수 있겠네요. 제 가족은 한 번도 특정한 정당에서 활동한 적이 없었어요. 하지만 우리 가족들은 항상 '반[反]푼토피호주의'를 견지했고, 민주행동당[AD]과 기독사회당[COPEI]에 반대했습니다.

저는 볼리바리안대학에 오기 전까지는 바르키시메토에 있는 국공립대학인 '안토니오 호세 데 수크레 국립실험공과대학'에서 공학을 전공했어요. 그곳에서 학생운동가로 활동을 시작했고, 한 쿠바 연대 단체에 참여했습니다. 하지만 이런 대학에서 학생운동을 한다는 건 정말 어려운 일이었어요. 특히 볼리바리안 혁명 과정에 함께하려는 학생들에게 말이죠. 이런 대학의 교수들은 우리가 혁명 과정을 지지한다는 걸 알게 되면, 우리를 막으려고 했어요. 우리가 가진 신념이 틀렸다는 등, 정치 활동으로부터 멀어져야 한다는 등, 설교하곤 했지요.

기존 국공립대학은 입학하는 것만 해도 매우 까다로워요. 그런 대학에서 공부하려는 사람들은 우선 수학, 과학, 언어 과목으로 구성된 시험에 합격해야 합니다. 하지만 베네수엘라에 사는 대다수는 한 번도 질 좋은 교육을 받아본 적이 없어요. 과거 정부들은 이들이 다닌 국공립학교를 제대로 지원한 적이 없었거든요. 당연히 사립학교에 다닌 학생들만 이런 종류의 시험을 준비할 수 있었습니다. 전국대학위원회[CNU] 역시 응시하려는 학생들에게 모든 정보를 요구하는데, 해당 학생의 사회·경제적인 지위도 포함됩니다. 교육비를 부담할 여력이 되는 가정의 학생은 그렇지 못한 학생에 비해 특권을 부여받죠. 결과적으로, 기존 대학 학생의 대다수는 중상층 출신으로 채워지게 되는 겁니다. 모두가 내는 세금으로 이 대학들이 운영되는데도 이 지경이에요.

마르가리타 제 이름은 마르가리타 실바이고, 지난 2004년에 칠레에서 베네수엘라로 왔어요. 칠레의 수도인 산티아고 외곽에서 태어났고요. 칠레에서는 독재 시기에 자란 사람들이 잘 살아가다가 그 시기로 인해 칠레에 생긴 모든 문제를 뒤늦게 깨닫게 되는 경우가 흔합니다. 칠레에서 저는 정치활동에 한 번도 참여한 적이 없어요. 하지만 설사 누군가 정치에 참여하지 않더라도, 그러한 역사의 흔적은 개인에게 새겨지게 마련이죠. 제가 정치를 알게 된 계기는 제 언니 남자 친구였는데, 당시 그는 피노체트Augusto Pinochet 독재 시기에 활동했던 무장 운동인 '마누엘 로드리게스 애국전선'FPMR에서 활동했어요. 그는 제게 칠레의 역사와 살바도르 아옌데Salvador Allende(1908~1973년. 칠레의 정치가로, 1970년에 칠레 대통령에 당선되어 남미 최초의 합법적 사회주의 정권을 실현하였다. 그러나 1973년 군부 쿠데타로 살해되었다. 아옌데 정권을 전복하고 이듬해 대통령에 취임한 피노체트는 1990년까지 독재정치를 휘둘렀다.―옮긴이)를 권좌에 올려놓은 인민연합 운동에 대해 이야기해주곤 했어요. 칠레를 떠날 즈음, 저는 칠레라는 나라가 제가 원하는 방식으로 존재하지 않고 있다고 생각했어요. 칠레는 아직도 계급차별적인 데다가 인종차별주의 사회이고, 불평등은 이루 말할 수 없을 정도거든요. 수도인 산티아고 중심가 일부 구역은 가난한 사람이 지나가지 못하도록 경찰이 통제하고 있습니다. 당시 그런 모습들을 보면서 불쾌했죠. 왜 그러는지도 잘 모르면서 말이에요. 제가 열여덟 살이 되던 해에 언니와 함께 칠레를 떠난 것도 다 이런 이유 때문이었어요.

우리는 남미를 여행하고 다녔는데, 아르헨티나에서는 잠시 살기도 했어요. 그런데 그때쯤 좀더 정치적 의식이 생기면서, 단순히 유랑하며 사는 것 이상의 무언가를 해야 한다고 느끼기 시작했습니다. 어떤 목적

마르가리타 실바

을 가지고 어딘가에 정착해서 말이죠. 우리는 베네수엘라에서 중요한
정치적 과정이 벌어지는 걸 보고는, 이곳에 와서 그 과정을 돕고 싶었어
요. 많은 사람들이 베네수엘라에서 벌어지고 있는 과정을 과거 칠레에
서 있었던 일과 비교하곤 하는데, 차베스가 아옌데처럼 선거를 이용해
권력을 잡았기 때문이에요. 베네수엘라 반대파 세력이 차베스 정부를
공격하는 방식 역시, 과거 칠레의 반대파들이 아옌데 정부를 공격했던
것과 똑같기도 하고요.

우리는 지난 2004년 국민소환투표가 치러지기 직전에 베네수엘라에
도착했어요. 모두가 자신의 모든 걸 다 바치고, 거리에 나가 그 유명한
선거 부대를 조직했던 그때는, 정말이지 긴장되면서도 아름다운 순간
이었어요. 베네수엘라에서 몇 년을 더 보낸 뒤에, 저는 정치학을 공부하

기 위해 볼리바리안대학에 등록하기로 마음먹었습니다. 한동안 정치가 제 최대 관심 분야였으니까요.

프란시스코 미란다 전선

가브리엘라 2003년에, 저는 정부가 새롭게 제시한 중요 기획이었던 '프란시스코 미란다 전선'에 참여했어요. 당시 정부가 장려하기 시작했던 지역 공동체 활동에 좀더 많은 사람들이 참여할 수 있도록 교육이 필요했거든요. 저는 앞서 말한 다른 공과대학에서 공부하던 중이었고, 그곳에서의 경험 때문에 좌절감을 느끼던 차였는데, 마침 정부가 정치 교육을 받을 학생들을 소집했어요. 정치 교육은 새 헌법과 볼리바리안 이상에 따라 새로이 추진되던 전국적 프로젝트와 궤를 같이하는 것이었죠. 저는 거의 석 달 동안 쿠바에 가 있게 될 대표단으로 뽑혔고, 베네수엘라의 새 헌법 전체를 샅샅이 읽어 내려가며 철저히 연구했습니다. 헌법을 실천에 옮기는 방법에 대해서도 연구했고요. 저는 쿠바로 가는 제4여단brigade에 참여했는데, 지금까지 11개 여단이 쿠바를 방문했어요.

우리는 쿠바에 가서 쿠바 교사들과 함께 사회 복지 활동에 대해 연구했습니다. 예컨대 지역 공동체를 평가하는 방법이나, 사회 복지 활동을 수행하기 위해 잘 모르는 지역 공동체에 적절하게 들어가는 방법 같은 것들이요. 당시 베네수엘라에서는 사회 복지 활동이나 자원 봉사를 하는 문화가 미약했어요. 이 때문에 프란시스코 미란다 전선이 만들어진 것이고, 이를 통해 베네수엘라의 다양한 문제를 해결하고자 했던 겁니다. 또, 프란시스코 미란다 전선의 목적 가운데는 젊은이들이 정부가 주도하는 사회적 미션의 직원으로 활동할 수 있게끔 훈련하는 것도 포함되어 있었어요. 미션 이덴티다드도 그때 막 시작되었는데, 이것은 사람들에게 법적 문서를 만들어줘 투표를 할 수 있도록 하자는 것이었습니다. 많은 베네수엘라인이 차베스를 지지하지만, 이 가운데 많은 사람들이 선거에 참여할 수 없었습니다. 왜냐하면 이들은 법적 서류, 즉 신원이 부재했기 때문이에요. 엄밀하게 따지자면 이들은 완전한 시민이 아니었던 셈이죠. 미션 이덴티다드는 이들에게 신원을 제공하여 이들의 존엄성을 높였습니다. 이 미션을 통해 우리 중에 많은 이들이 신원증명 문서화 캠페인에 참여했고, 선거인 명부 등록을 도왔어요.

이후에 저는 미션 바리오 아덴트로에도 참여하여, 지역 공동체에 대한 보건 건강 평가를 쿠바 의사들과 함께 수행했어요. 예를 들면, 해당 지역 공동체에 사람들이 얼마나 사는지, 노인 인구는 얼마나 되는지 파악하는 활동이었죠. 보건위원회나 도시토지위원회와 함께 진행했어요. 이 모든 활동을 하고 나니, 제가 더 이상 공학을 공부하고 싶어하지 않는다는 걸 알게 되었어요. 제 천직을 찾았다고 생각했거든요. 사회복지학을 좀더 깊게 연구하거나 정치학을 공부하고 싶었어요.

그때, 차베스 대통령이 볼리바리안대학을 개교한다는 계획을 발표했어요. 애초 차베스 대통령은 대통령궁을 대학 캠퍼스로 제공하려 했지만, 이 계획이 힘들어지자 결국 옛 PDVSA 사무실 건물을 이용해 개교하게 되었죠. 저는 이 학교를 다니기 위해 바르키시메토에서 카라카스로 이사를 와야 했는데, 아버지는 제 계획을 그렇게 썩 반기지는 않았어요. 하지만 어쨌든 저는 이사를 왔고, 할 일을 찾았으며, 그 후 여기서 죽 살고 있어요.

대학을 바꾸다

가브리엘라 전통적인 대학에서 교수는 지식을 가진 유일한 존재로 여겨졌고, 이들이 해야 할 일이라곤 그저 지식을 학생들의 머릿속에 집어넣는 게 전부였어요. 파울루 프레이리^{Paulo Freire}(1921~1997년. 브라질의 교육학자다. 민중 해방 교육을 주장한 저서 《페다고지》는 제3세계 민중교육학의 고전으로 읽힌다. ─옮긴이)가 은행저금식 교육이라고 불렀던 것이죠. 기존 대학 당국은 자본주의 시스템에 딱 들어맞게끔 쉽게 주물럭거릴 수 있는 학생을 원했어요. 당국자들은 자기 노동력을 기꺼이 다국적기업에 팔거나, 조국에 대해 아무런 비전이 없는 사람들을 만들어내려고 한 거죠. 이들 대학은 우리가 수행하는 국가적인 프로젝트들은 물론, 심지어 헌법조차 무시해왔습니다.

그러나 여기 볼리바리안대학에서 우리는 우리가 원하는 대학을 만들고 있어요. 지금 베네수엘라에서 벌어지는 변화 과정이 확고해지는 데 복무하는 대학 말이에요. 우리는 존엄성을 가진 학생을 키워내고 싶어요. 계급의식을 지닌 학생들 말입니다. 스스로를 착취하여 자신의 노동력을 최고 입찰자에게 파는 것이 아니라, 조국을 위해 일하고 싶어하며, 우리가 수행 중인 국가적 프로젝트에 자원하여 활동하는 학생들 말이에요. 저는 그런 과정을 한층 발전시키고자 이곳에 있어요. 우리는 지금 과도기에 있습니다. 정부는 관료주의적 사고방식을 가진 채 여전히 정부 기관을 지배하고 있는 소위 '전문가'들을, 새로운 패러다임에 입각해 활동하는 사람들로 교체해야 합니다.

카라카스

볼리바리안대학의 교육

마르가리타 볼리바리안대학이 대통령령으로 만들어졌다는 이유로, 사람들은 우리 대학에 대해 많은 의문을 제기합니다. 반대파 쪽 사람들은 종종 우리가 이 대학에서 경험하는 것들을 깎아내리려 들어요. 여기서는 교육 내용을 통제하고 있어서, 배우는 것이라곤 카를 마르크스^{Karl Marx}뿐이라는 거죠. 하지만 천만의 말씀이에요. 여기는 학생들에게 수준 높은 교육을 제공하려고 엄청난 노력을 기울이고 있거든요. 볼리바리안대학에서는 교육을 학생과 교수 사이에 이루어지는 지식의 교환이라고 생각합니다. 우리 대학에서는 교수를, 모든 지식을 가진 유일한 존재가 아니라 안내자라고 생각해요. 여기 교수들은 강의를 하고서 다음 주에 시험이나 치르게 하려고 이 대학으로 온 게 아니에요. 이들은 우리에게 좀더 인본주의적인 교육을 제시하려고 애쓰지요. 여기 교수들은 자신이 하는 일에 매우 헌신적입니다.

볼리바리안대학은 사회를 바꾸고 지역 공동체들과 협력할 수 있는 졸업생들을 배출하려고 합니다. 여기 학생들은 순전히 졸업하려고 논문을 완성하지 않아요. 우리 대학에서 학위를 따려면 교육을 받는 4년 내내 지역 공동체와 관련한 프로젝트 하나를 수행해야 해요. 졸업할 때쯤엔, 애초 기획했던 프로젝트를 지역 공동체에서 직접 실행해야 하고요. 이렇게 프로젝트라는 방식을 구상한 것은, 대학이 지역 사회에 복무하도록 하는 데 목적이 있어요. 저도 정치학부에서 다른 친구들과 함께 프로젝트를 추진하는 중입니다. 우리는 볼리바리안대학 학생들을 조직하는 문제를 꼼꼼히 검토해보고 있어요. 볼리바리안대학 내에 강력한 학생 조직이 필요한데, 지금까지도 그런 조직이 없었다는 것을 알고는 이 주제를 선택했죠.

학생 조직을 위한 대통령 위원회

마르가리타 그동안 대학 당국과 정부는 전국의 볼리바리안대학 캠퍼스에서 학생 조직을 만들려는 시도를 해왔어요. 2007년에 차베스 대통령은 '학생 조직을 위한 대통령 위원회'를 만들어서 볼리바리안 학생운동에 활력을 불어넣으려고 했죠. 그 결과 학생인민권력평의회가 만들어졌는데, 이는 공동체평의회의 대학판이라고 할 수 있습니다. 학생 조직을 위한 대통령 위원회의 주된 생각은 각 대학에 평의회가 있어야 한다는 것인데, 이들 평의회를 이끌기 위해 여러 대학에서 학생 대표자들이 선택됐어요. 하지만 이들은 볼리바리안대학의 총장이나 부총장 같은 대통령 위원회 내 당국자들이 비민주적인 방법으로 지명한 사람들이에요. 베네수엘라중앙대학에서는 훌륭한 활동을 한 학생들 가운데 일부가 이 과정에서 선택된 것으로 알고 있습니다. 하지만 볼리바리안대학에서 선택된 사람들은 학생들 사이에서 지도자로 인정받는 사람들이 결코 아닙니다.

이 학생 대표들은 전국을 돌면서 여러 볼리바리안대학 캠퍼스를 찾았어요. 이들은 각 대학에서 평의회를 구성하기 위한 자체 조직화 방법을 두고 학생들의 의견을 모았습니다. 볼리바리안대학의 다른 지역 일부 캠퍼스에는 평의회가 만들어지기도 했어요. 카라카스 캠퍼스에서도 평의회를 만들려고 여러 차례 시도했지만, 아직까지도 평의회가 없습니다. 저도 여기서 평의회를 만들어보고자 했던 학생을 많이 알고 있지만, 성공한 경우가 없었죠. 이처럼 평의회가 일부 운영되는 곳도 있지만, 대다수는 그렇지 못한데, 그 이유는 대표들 가운데 누구도 실제로는 기층에서 활동하거나 학생들을 조직하려고 하지 않거든요.

많은 학생들의 이야기에 따르면, 학생인민권력평의회는 학생들이 참여할 수 있는 환경을 제공하지 못하고 있습니다. 현재 베네수엘라 사람들은 참여하고 싶어해요. 헌법에서 말하는 것처럼 그들은 주인공이 되고 싶은 겁니다. 사람들은 지난 제4공화국 시절의 방식으로 활동하는 대표를 원하지 않아요. 자기 스스로가 결정과정에 참여할 수 있기를 바랍니다. 학생 조직 문제를 두고 볼리바리안대학 학생들과 이야기할 때, 이들이 제기하는 불만 가운데 많은 부분은 사실 이와 관련한 부정적인 경험에서 나온 것 같아요. 그들은 학생 조직에 대해 말하는 사람들을 믿어도 될지 확신하지 못하는데, 과거와 같은 일이 또 반복될까 봐 우려하기 때문이죠. 즉 선택된 학생 대표 서넛이 텔레비전에 나와 선언문을 발표하지만, 대학에선 정작 아무런 활동도 하지 않는 것 말입니다.

가브리엘라 대중이 반대파의 적법성을 인정하지 않게 되자, 반대파 진영은 사람들을 부추겨 차베스에 반대하도록 해줄 새로운 무언가가 필요했어요. 그러던 차에, 정부에 반대하면서 모습을 드러내던 학생들이 눈에 들었죠. 반대파가 자기들 목적을 이루기 위해 대학생 활동가들을 새로운 간판 모델로 내놓기 시작했고, 이 학생들은 자기들이 베네수엘라 민주주의를 최선두에서 방어하는 사람들이라고 주장했어요. 이들은 반차베스 반대파 성향의 RCTV가 정부에 의해 강제로 폐쇄되었다고 주장했지만, 사실은 이 방송국의 인허가 기간이 만료되어 정부가 그를 갱신하지 않았던 겁니다. 그건 엄연히 정부의 법적 권리거든요.

반대파 학생들은 이에 대한 대응 차원에서 국회에서 연설할 권리를 달라고 요구했습니다. 국회는 이 학생들의 요구를 받아들이면서, 혁명 과정을 지지하는 학생들과 함께 텔레비전 토론에도 참여해줄 것을 요청했죠. 반대파 학생들 외에 서로 다른 대학에서 온 학생 일곱 명이 그 토론에 참여했습니다. 그런데 이 일곱 학생 모두가 토론하는 중에, 반대파 학생들은 자기들을 대변해 발언할 사람을 딱 두 사람 선정했어요. 그나마 이들마저도 토론 내내 원고를 읽기만 했습니다. 토론이 끝난 뒤에 폭로된 바에 따르면, 그 학생들이 읽던 원고를 써준 것은 ARS 홍보사 ARS Publicity였는데, 알고 보니 이 회사를 소유한 것은 반대파 텔레비전 방송인 글로보비시온이었어요! 이 학생들의 정체가 완전히 까발려진 셈이었죠. 이 학생들은 그저 옛 푼토피호주의를 옹호하는 사람들의 진부한 생각을 똑같이 되뇌는 새로운 얼굴일 뿐이었어요. 그 논쟁을 통해 분명해진 것은, 이 학생들이 국가적 프로젝트는커녕, 대학에 대해서조차 아무런 제안을 하지 않았다는 점입니다.

차베스 대통령은 이 토론에서 혁명 과정을 지지하는 학생들이 정치

의식을 가지고 명확하게 말하는 것을 보고는, 더 힘 있는 학생운동을 만들기 위해 이들을 이용할 방법을 찾고자 했어요. 학생 조직을 위한 대통령 위원회는 이렇게 생겨난 겁니다. 하지만 이 위원회는 대통령이 저지른 실수예요. 어떤 운동도 위에서부터 만들어지지 않거든요. 차베스 대통령은 토론에 참여한 학생들이 거대한 집단을 대변한다는 생각에 들떴지만, 사실은 대통령의 생각과 같지 않았어요. 우리는 단지 필요할 경우에만 반대파 학생들과 싸우던 분산된 단체들에 불과했을 뿐, 공동으로 투쟁을 계획할 정도의 능력은 없었거든요.

저는 전국을 돌면서 많은 주를 방문했는데, 이때 같이 동행한 사람이 오슬리 에르난데스Osly Hernández였어요. 그는 중앙대학 법학생이자, 학생 조직을 위한 대통령 위원회에도 소속되어 있던 사람이죠. 우리는 전국의 학교를 돌면서 우리 대학들이 처한 상황을 놓고 함께 토론을 해보려고 했어요. 즉 우리가 다니고 있는 대학의 현실과 우리가 바라는 대학의 모습, 그리고 그것을 실현하기 위해 해야 할 일에 대해서 말이죠. 이 모든 토론 내용과 제안은 나중에 학생 조직을 위한 대통령 위원회의 학생 대표가 모두 참석한 전국 모임에서 하나의 문서와 행동계획으로 엮어져 나왔는데, 문제는 그 이상 진전이 없었다는 거예요. 그저 사람들의 이목을 끌었다가 끝나고 말았거든요. 그러자, 사람들은 대통령 위원회에서 활동하는 학생들을 누가 선출했냐고 묻기 시작했어요. 진실은, 그들을 뽑은 선거 과정이 전혀 없었다는 거죠. 사실 상황이 그랬어요. 앞서 얘기했듯이 이 학생 대표들은 그저 국회 내 야당 세력이 대학생을 내세워 활동하던 것에 대처하려는 목적으로 선택되었거든요. 이게 장차 대통령 위원회로 발전할 거라든지, 이 기구가 지금 보이는 수준의 책임을 가지게 되리라고는 전혀 예상하지 못했지요.

선거를 넘어서 활동하기

가브리엘라 헌법 개정 여부를 결정할 선거가 다가오자, 모든 사람들의 관심이 그리로 쏠렸어요. 베네수엘라에서는 선거 같은 주요 정치 행사에 지나치게 관심이 쏠리는 경향이 있습니다. 그러다 보니, 다음 선거에서 야당을 이겨야 한다는 목적에 모든 의제가 종속되는 경우가 많았어요. 선거 정치가 나쁘다는 얘기는 아닙니다. 우리가 민주주의 체제에서 사는 한, 그 게임을 해야만 하니까요. 하지만 그것이 단순히 선거에서 차베스 대통령을 지지할 유권자 1000만 명을 확보하려는 데 그쳐서는 안 된다고 생각해요. 우리는 아직도 이러한 패러다임을 깨지 못했습니다.

이 점에서 우리는 현재 아주 중요한 정치적 순간을 맞이하고 있어요. 2010년 총선까지는 선거가 없어서, 이전처럼 선거에 우리의 정치적 의제가 압도되지 않을 테니까요. 우리는 이 기회를 잘 살려서 진정한 학생운동을 건설하고 우리가 원하는 대학을 만들어나갈 겁니다. 하지만 상황은 여기 볼리바리안대학에서조차 쉽지 않아요. 우리도 과거에 총장들과 심각한 홍역을 치른 적이 있거든요. 총장이 학생들을 외면하고, 심지어 우리를 만나려고도 하지 않았죠. 그 밖에도 우리는 학교 정책과 관련한 학내의 수많은 구조적 문제들과 충돌해야만 했어요.

볼리바리안대학 내부 정책에 대한 논쟁

마르가리타 현 볼리바리안대학 총장인 야디라 코르도바Yadira Córdova는 이 대학이 제도적인 무질서 상태에 있다고 봤어요. 서로 다른 학부 사이에 소통과 조정이 부족했던지라, 코르도바는 볼리바리안대학을 더 효과적으로 조직할 필요가 있지 않나 생각했던 거죠. 이를 위해 현 총장은 대중적인 토론과 함께 학내에서 각종 집회를 열기 시작했는데, '21세기'에서 이름을 따와 이것을 'UBV 21'이라고 불러요. 이 과정의 목적은 대학의 내부 정책을 새로 마련하려는 것이었는데, 내부 정책이란 대학의 헌법과 같은 겁니다. 볼리바리안대학의 정치적·행정적인 구조와 원칙을 확립하는 것이죠.

마침내 UBV 21 제정 과정을 통해 만들어진 최종 문서가 공개되었는데, 몇몇 학생들은 새로운 내부 정책이 담고 있는 일부 내용에 동의할 수 없다며 이의를 제기했습니다. 예컨대 새 내부 정책이 정의한 대학 구조 가운데 하나가 대학위원회라는 최고 의사결정기구였어요. 새 내부 정책이 규정한 바에 따르면, 이 대학위원회는 다음과 같이 구성됩니다. 총장, 부총장, 사무총장, 각 캠퍼스의 총 조정자, 각 학부 학장, 대학 노동자 대표 1명, 졸업생 대표 1명, 마지막으로 전체 볼리바리안대학 학생 기구를 대표하는 학생 1명이요. 하지만 이런 구성으로는 대학위원회가 학생들을 온전히 대변할 수 없다고 생각합니다. 학생운동의 강한 투쟁으로 지난 1970년에 통과된 대학법만 해도, 대학위원회는 학생 대표를 3명 두어야 한다고 분명히 언급하고 있거든요. 예컨대 중앙대학의 경우, 이 조항에 따라 대학위원회에 학생 대표가 3명이에요. 사실 대학법은 너무 오래된 1961년 헌법에 기초를 둔 데다, 오늘날의 베네수엘라 현실과 맞지도 않기 때문에, 본질적으로 수명이 다했다고 봐요. 그런데 볼리바리안대학 내부 정책은 이런 구닥다리 대학법조차 따르지 않으려는 거죠. 내부 정책에서 동의할 수 없는 점은 또 있어요. 바로 교수들이 민간 기부를 받을 수 있게 허용한 겁니다. 다른 학교에서 일어난 일을 지켜본 바로는, 민간 회사가 학교 연구에 돈을 대기 시작하면 결국에는 이들이 대학의 운영 방향을 좌지우지하게 됩니다. 볼리바리안대학의 연구가 지역 공동체의 문제 해결을 지향한다는 점을 확실히 했으면 해요.

대학 당국에 도전하기

마르가리타 정치학부 학생들이 내부 정책에 관한 새로운 포럼과 토론을 벌이자며 치고 나왔어요. 그런데, 대학 당국이 학생들에게 검토하라며 내부 정책 안을 제시한 지 불과 일주일 후에, 학교가 내놓은 내부 정책을 고등교육부가 승인했다는 공식 발표가 났어요. 그동안 내부 정책에 대한 대화가 딱 한 번 있었을 뿐인데요. 심지어 우리가 계획했던 두 번째 대중 포럼을 열 기회조차 없었어요! 이 때문에 학내에서 엄청난 분쟁이 발생하게 되었죠.

일부 학생들은 조직화를 시작했고, 내부 정책의 본질과 그것이 승인된 방식에 대해 좀더 공개적인 토론을 가졌습니다. 점점 더 많은 학생이 참여하게 되었고, 총장과의 공개적인 집회를 요청하는 목소리가 높아졌어요. 이에 학생 열 명 정도가 총장과 볼리바리안대학 대학 당국자들이 진행하던 회의 자리로 밀고 들어가서, 우리의 요구를 제시하려고 회의가 끝날 때까지 앉아서 기다렸죠. 우리는 총장에게 학생들과의 대중 집회 자리에 참석해달라고 요청했고, 결국 총장은 이를 수락했어요. 그래서 우리는 학생들에게 내부 정책의 내용을 알리기 시작했습니다. 그래야 대화 자리에 참석한 학생들이 그 문제를 놓고 총장과 토론할 수 있으니까요. 우리는 이 모든 걸 학교 측의 도움 없이 독자적으로 했어요. 스스로 전단지를 만들었고, 강의실을 돌면서 학생들에게 전단지 복사본 제작을 위한 모금에 동참해달라고 요청했죠.

총장도 과거에 집회를 소집한 적이 있는데, 그때 학생들은 거의 참석하지 않았어요. 하지만 우리가 조직한 집회는 완전히 달랐어요. 이번 집회가 열린 강당에는 300명 이상이 모였는데, 이는 볼리바리안대학에서 매우 드문 일이었습니다. 집회가 열린 키리키레 강당은 보통 200명만 수용할 수 있거든요. 제가 볼리바리안대학을 다니면서 가장 재밌었던 경험이 바로 이때였어요. 학생이 직접 이 집회를 소집하고 조직한 데다가, 집회에서 실제로 총장과 토론할 수 있었거든요. 이런 모습이 볼리바리안대학과 기존 대학의 차이라는 점도 강조해야 하겠네요. 기존 대학에서도 학생들이 총장과의 집회를 요청할 수는 있겠지만, 당국자들은 학생들을 그저 무시하기만 하니까요. 그러나 여기서는 총장과 이런 종류의 대화를 하는 게 가능해요. 어느 정도 작업을 요하기는 하지만 말이죠.

많은 학생들이 그동안 대학 당국에게 요구하지 못했던 문제들을 꺼내놓았어요. 이런 의미에서 이 집회는 매우 중요한 자리였지요. 우리는 총장에게 이번 내부 정책은 학생들과 충분한 협의를 거치지 않았기에 무효로 간주해야 한다고 말했습니다. 현재는 다른 많은 문제도 논의할 수 있게 되었어요.

대학 예산을 둘러싼 투쟁

마르가리타 볼리바리안대학 학생들은 현재 대학 예산을 둘러싸고 토론을 진행하고 있어요. 최근에 세계 경제위기가 닥치자, 정부는 베네수엘라에 미칠 영향을 최소화하기 위해 볼리바리안대학을 비롯한 베네수엘라 모든 대학의 2009년도 국가 교육 예산을 6퍼센트 삭감했습니다. 문제는, 중앙대학 같은 국공립대학들은 전년도인 2008년에 55퍼센트 증가된 예산을 받았지만, 볼리바리안대학 시스템에 포함된 학교들은 고작 14퍼센트 증가된 예산을 받았을 뿐이란 거예요. 이런 상황에서 교육 예산이 삭감되자, 우리 학교는 자동적으로 적자가 발생했죠. 대학에 제공하는 국가 예산에서 전국의 볼리바리안대학 전체가 받는 몫은 2.84퍼센트에 불과한데, 중앙대학 혼자서만 15퍼센트를 받습니다. 여러 연구 결과에 따르면, 중앙대학은 몇몇 주 정부가 중앙정부로부터 받는 예산보다도 더 많은 돈을 정부에게서 받고 있어요.

볼리바리안대학에 할당된 1년 예산은 전국 다섯 개 캠퍼스에 등록한 총 1만 300명의 학생을 고려해 책정된 거예요. 하지만 실제로는 볼리바리안대학 시스템에서 공부하는 학생의 숫자가 32만 5000명이 넘습니다. 그중 대다수는 미션 수크레를 통해 분교에서 공부하고 있어요. 분교는 베네수엘라의 내륙에 사는 사람들에게까지 대학 교육을 제공하려고 만들어졌습니다. 이들은 살고 있는 지역 공동체를 떠나 캠퍼스에 올 수가 없거든요. 이에 반해 중앙대학에는 학생이 약 5만 8000명 있을 뿐이에요. 볼리바리안대학은 분교에 많은 교수와 코디네이터를 지원해왔고, 미션 수크레를 졸업한 학생들에게 졸업증서를 수여하는 기관이기도 합니다. 미션 수크레는 정부 재단으로서 현재 정부 보조금으로 재정을 충당하고 있는데요, 우리는 미션 수크레에서 공부하는 사람들을 위해 소요되는 비용도 볼리바리안대학의 예산으로 잡히길 원해요. 실제로 이들은 볼리바리안대학의 재원에 의존하고 있으니까요. 현재 볼리바리안대학이 받는 예산은 이 모든 학생을 지원하기에는 턱없이 적어요. 정부가 볼리바리안대학 제도와, 사회 변화를 위해 활동할 새로운 학생들을 배출하는 프로젝트의 가치를 진정으로 인정한다면, 그러한 제도들이 적절하게 기능할 수 있는 최소한의 예산은 제공해야 해요.

현재 중앙대학 당국과 반대파 학생들이 정부의 대학 예산 삭감에 항의하고 있는 상황입니다. 하지만 중앙대학과 볼리바리안대학 예산의 커다란 차이를 고려해봤을 때, 이들의 항의는 부당하다고 생각해요. 반대파 학생들은 늘 이런 정치적 순간을 이용해서 언론의 주목을 받아왔는데, 당연히 이번의 경우도 예외는 아니었어요. 하지만 우리는 예산 삭감 문제가 있다고 해서, 반대파 학생들처럼 단순히 항의하고 거리에서 타이어를 불태우는 그런 짓을 하지 않습니다. 우리는 이런 문제를 해결할 방안을 만드는 데 참여하길 원해요. 예산 적자 문제를 해결하려면 대학 당국과 교수들이 사용하는 비용을 줄여야 합니다. 공공연한 사실이지만, 이들은 정부가 준 예산으로 자기가 탈 새 차를 사고 있거든요. 그런데도 중앙대학 당국은 예산이 삭감되자 자기들이 쓰는 사적인 비용을 줄일 생각은커녕, 다음 해에 학생을 더 받을 수 없다고 말하고 있어요. 하지만 볼리바리안대학은 앞서 언급한 모든 예산상의 어려움에도 불구하고, 다음 학년도에 1700명의 입학생을 더 받았습니다.

우리는 전국 곳곳에 있는 분교에서 공부하는 사람들에게 이런 사실을 알리려고 노력하고 있습니다. 그들은 이런 정보를 잘 모르고 있거든요. 그래서 지난달에 전국을 돌기도 했어요. 왜 코디네이터와 교수가 더 이상 수업에 참석하지 못할 수도 있는지, 이들은 알 필요가 있으니까요.

대학법

가브리엘라 내부 정책과 예산을 둘러싼 토론을 통해 우리가 깨달은 것이 있습니다. 이 모든 문제가 사실은 1970년에 만들어진 대학법에서 기인

한다는 점이에요. 이 법은 베네수엘라의 혁명 과정과 여전히 동떨어진 채 존속되고 있거든요. 우선 이 법은 헌법이 새로 만들어지면서 생긴 변화들을 무시하고 있어요. 새 헌법이 규정하는 바에 따르면, 현재 베네수엘라 정치 체제는 대의제 민주주의가 아니라 참여민주주의입니다. 또한 국가가 계급이나 인종에 따라 차별을 두지 않고 무상으로 모든 사람을 국공립대학에 포용하도록 보장하고 있어요. 현 정부는 이를 위해 다양한 포용 정책을 만들어왔는데, 이런 것으로는 볼리바리안대학과 미션 수크레, UNEFA[8], 각종 기술 연구소 등이 있어요. 하지만 옛 교육기관들은 그대로 남아 있습니다. 지금까지 만들어진 건 이들과 나란히 존재하는 대학 시스템일 뿐이에요.

제4공화국 시절에 만들어진 법들이 아직도 계속해서 계급주의 시스템을 재생산하고 있어요. 차베스 대통령은 학생과 대학 노동자, 전체 대학 공동체가 이 문제를 해결하기 위해 뭉치는 것을 참을성 있게 기다려왔을 겁니다. 민중권력에 대해 많이 이야기해왔으니까요. 하지만 우리는 여전히 과도기에 있고, 사람들은 아직 그런 권력을 장악하는 걸 두려워하고 있어요. 민중권력이란 것은 단순히 일부 지도자가 위압적인 태도로 장황하게 떠든다고 만들어지지 않습니다. 민중권력은 조직과 단결을 통해서만 만들어집니다. 지금 당장은 대학법부터 바꿔야 해요. 현재 국회에서 이를 논의 중인데요, 문제는 그런 논의 과정이 비공개로 이루어지고 있다는 겁니다. 이 때문에 우리는 학생들의 참여하에 법 개정

8　국립 볼리바리안 군軍 실험공과대학UNEFA : 1999년에 차베스 대통령이 대통령령으로 창설한 학교. 2009년 UNEFA의 캠퍼스 수는 베네수엘라 23개 주에 걸쳐 총 61개다. 보건학, 사회학, 법학 등 총 83개 학부가 있다. 이 대학은 베네수엘라에서 최초로 입학 시험을 없앤 곳이다.

을 논의해야 한다고 요구하고 있어요. 우리 학생이야말로, 대학법이 적용된 현실 속에서 살아온 당사자니까요. 우리는 그 법의 결함이 무엇이고, 이를 바꾸기 위해 필요한 게 뭔지도 알고 있습니다. 그런 목적으로 비판을 하고 다양한 제안을 하고 있습니다.

대학제헌의회

가브리엘라 우리 목표는 전체 대학 구조를 바꾸는 겁니다. 이를 위해 전국 차원의 대학제헌의회 건설을 추진하고 있어요. 우리는 '콜렉티보 포로 프로포넨테'라는 단체을 구성했는데, 이는 대학제헌의회 건설과 관련된 학생 집단의 공동전선이에요. 볼리바리안대학에 존재하는 여러 문제를 학내 사안으로만 여길 게 아니라, 전국적·구조적 문제로 다루어야 한다고 생각했거든요. 우리는 이런 공동 활동을 통해 국회를 종착지로 한 '우리에게 필요한 대학을 위한 전국 행진'을 조직했습니다. 전국 각지의 학생들을 동원했는데요, 볼리바리안대학의 캠퍼스들과 지방 대학들은 물론이고, 기존 국공립대학 학생들까지 끌어모았어요.

그 행진은 정말 짜릿했어요. 학생운동 차원에서 역사적인 행진이라고 생각하는데요, 지난 10년 동안 학생운동은 뿔뿔이 흩어져 있었거든요. 그동안 우리는 한 번도 공동 프로젝트를 추진해본 적이 없었어요. 하지만 지금은 조직해야 할 근거가 생겼고, 우리의 힘을 합치는 데 대학제헌의회 문제를 이용하고 있습니다. 이 과정을 통해 학생들의 요구에 화답할 수 있는 학생운동, 교육 시스템 변화를 위해 지속적으로 비판하고 제안할 학생운동을 유기적으로 창조할 겁니다.

공동체 조직

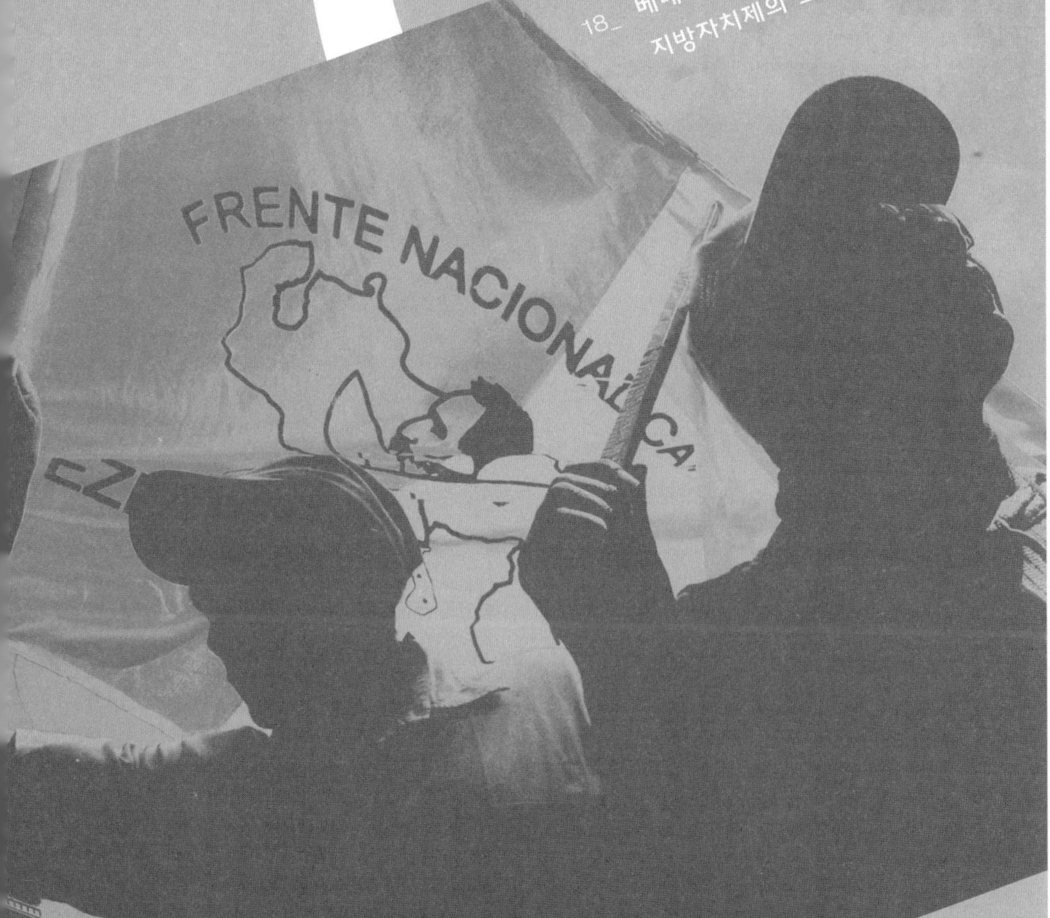

17

경찰도 필요 없는 지역 공동체

골론, 코코

– 코르디나도라 시몬 볼리바르, 체 게바라 집단 공동체 –

햇살이 눈부시게 내리쬐고, 날은 이미 덥다. 과라이라레파노 산[1]이 도시를 덮은 옅은 아침 스모그 위로 웅장하게 솟아 있다. 거리 맞은편 어딘가 보이지 않는 곳에서 흘러나오는 가르델^{Gardel}(아르헨티나 탱고 가수 겸 작곡가–옮긴이) 스타일의 1930년대 음악이 무수한 블록 주택과 건물 내부 계단, 그리고 위성 텔레비전 접시들 사이로 울려 퍼진다. 인근에서는 망치를 두드리는 소리가 시원한 산들바람에 실려 다닌다. 오래된 차들이 매연을 뿜어대면서 언덕을 타고 올라 카라카스 서부의 '1월23일' 빈민가까지 깊숙이 들어온다.

이윽고 빛바랜 청회색의 높은 아파트 건물이 머리 위로 모습을 드러

---

1   카라카스와 카리브해 사이에 있는 산이자, 국립공원. 원래 이름은 아빌라 산이었는데, 옛날 카라카스에 살았던 선주민족들이 부르던 이름으로 다시 바뀌었다.

낸다. 빗장을 지른 창문에는 옷이 여러 벌 걸려 있다. 아파트 건물들 아래에는 언덕 비탈면을 따라 콘크리트 벽돌집들이 차곡차곡 늘어서 있는데, 베네수엘라의 빈민가에서 흔히 볼 수 있는 모습이다.

아파트 단지는 수 마일에 걸쳐 계속 뻗어 있다. 이곳은 원래 1950년대 후반, 페레스 히메네스 독재정권 시절에 군인용 주택으로 건설한 것이었다. 그런데 1958년 1월 23일에 일어난 봉기로 히메네스가 실각하자, 주위 언덕에 살던 가난한 카라카스 주민 수천 명이 들이닥쳐 아파트 건물을 차지해버렸다. 그 당시 이 아파트로 이주했던 사람들의 가족들은 아직 이곳에 살고 있다. 아파트 주민들은 히메네스를 타도하고 아파트를 차지한 봉기를 기념하고자 아파트 이름을 '1월23일'이라고 지었다.

이처럼 출발부터 극적인 모습을 보여주면서, 이곳은 베네수엘라에서 정치적으로 가장 급진적이고 상징적인 동네가 되었다. 이 때문에, 차베스 대통령이 정권을 장악하기 이전, 그러니까 차베스 지지자들이 "사이비 민주주의"라고 부르는 지난 40여 년 동안, 경찰들이 소위 '체제전복적' 반정부 활동가들을 색출한다는 구실로 애꿎은 민중에게 보복을 일삼던 곳도 바로 이곳이었다.

1989년 2월 27일, 당시 대통령이었던 카를로스 안드레스 페레스는 국제통화기금IMF이 처방한 신자유주의적 경제 정책을 추진했다. 이로 인해 국영기업들이 민영화되고, 공공서비스가 축소되었으며, 가스 가격은 두 배로 치솟았고, 공공 교통 요금은 30퍼센트까지 올랐다. 정부의 이런 조치에 분노한 베네수엘라 국민은 누가 먼저랄 것도 없이 거리로 몰려나가 봉기를 일으켰는데, 이 봉기를 카라카소, 혹은 사쿠돈이라고 부른다. 당시 카라카스 시 경찰은 1월23일 아파트 단지에서 유혈이 낭자한 반동적 마녀사냥을 벌였다. 주민들 말에 따르면, 당시 진압으로

3000명 넘게 살해되거나 실종되는데, 그 당시의 총탄 자국은 일부 15층 짜리 아파트 벽면에 아직도 남아 있다. 도를 넘은 경찰의 탄압에 시달리던 1월23일 집단 공동체collective들은 자신을 방어하기 위해서 무언가 합법적인 조직이 필요하다고 절감했다. 이후 이들은 1월23일 내에 존재하던 14개 기층 집단 공동체를 결집하여 '코르디나도라(책임자, 조정자라는 뜻-옮긴이) 시몬 볼리바르'를 만들었다.

지금은 1월23일 전체에 걸쳐 30개 이상의 급진적인 집단 공동체가 조직되어 있는데, 이들은 각자 자기 아파트나 구역을 책임지고 있다. 아파트 건물 맨 위에는 각 건물과 구역을 책임지고 있는 '알렉시스 비베'나 '펜사모스' 같은 집단 공동체의 이름이 스프레이로 쓰여 있다.

경찰 탄압과 모진 학대를 받으면서도, 2004년에 1월23일은 시 정부의 도움을 받아 경찰력을 지역 밖으로 철수시키는 데 성공했다. 현재 집단 공동체들은 경찰을 대신하여 상호 간의 안전 문제를 조정하고 있으며, 선발된 주민들이 집단 공동체와 빈민가 바깥의 경찰력 사이에서 연락자 역할을 하고 있다.

"실제로도 문제가 발생하면 보통은 그곳을 책임지는 집단 공동체가 그 문제를 해결하게 되는데, 여기서 문제 해결이란 대화하고 의견을 나누는 걸 의미합니다. 사람을 죽이면서 안정을 되찾을 수는 없어요. 그 문제를 연구하고 교육해야 문제가 풀립니다."

엔리 감보아Henry Gamboa의 말이다. 사람들은 모두 그를 '골론'Golon이라고 부르는데, 그는 1월23일의 라 카냐다 구역에서 나고 자랐다. 골론은 여기서 20년 이상 지역 공동체 활동을 해왔으며, 코르디나도라 시몬 볼리바르의 공동 창립자이기도 하다.

라 카냐다에 있는 코르디나도라 본부는 이 단체가 지난 2004년에 접

1월23일 주거지

수한 곳으로, 이전에는 경찰서였다. 2006년에 이들은 주차장 맞은편에 있던 조그마한 방 두 개짜리 사무실에서 이 건물로 본부를 옮겼고, 지역 공동체 라디오 방송국과 정보센터도 열었다. 정보센터에서는 사람들이 자유롭게 컴퓨터를 사용할 수 있다.

이곳 빈민가는 남서쪽 방향으로 난 언덕 위를 구불거리며 이어지는데, 셀 수 없이 많은 붉은색 콘크리트 건물과 아파트로 채워져 있다. 이곳에는 혁명적 벽화들이 스프레이로 그려져 있다. 기관총을 든 거대한 예수 그리스도 벽화도 눈에 띄는데, 이 예수 벽화는 이 지역에서도 좀더 전투적인 집단 공동체 가운데 하나인 '라 피에드리타' 집단 공동체가 그린 것이다. 이 집단 공동체가 취한 입장이 너무나 급진적이었던 나머지, 2009년 초에는 반대파와 차베스 대통령 모두가 이 집단 공동체 구성원들을 맹렬히 비판했을 정도였다. 당시 차베스 대통령은 반대파 인물들에 대해 극단적인 입장을 취하는 이들을 심지어 "반혁명 앞잡이들"이라고 불렀다.

라 카냐다의 코르디나도라 본부 근처, 아파트 17단지 앞에는 1999년에 카라카스에서 최초로 세워진 볼리바리안 학교가 있다. 안에서는 학교 회의가 열리고 있다. 초등학생 아이들은 성교육을 받으면서, 임질을 다룬 재미있는 연극 공연을 하고 있다.

밖으로 나가니, 밝은색으로 칠해진 플라사 데 후벤투드('청년 광장'이라는 뜻—옮긴이) 맞은편에 있는 체 게바라 국영 응급의료 진료소 앞에서 한 연인이 어울리고 있다. 이 진료소의 복도에는 체 게바라와 베네수엘라 독립 영웅들이 그려진 거대한 벽화가 이어져 있다. 복도의 맞은편에는 체 게바라 집단 공동체의 본부가 있는데, 여기서 아파트 17단지의 활동을 조정한다.

이곳에 히딜프레도 솔사노^{Gidilfredo Solzano}, 혹은 '코코'^{Coco}라고 불리는 사람이 있다. 그의 가족이 50년도 더 전에 1월23일로 이사 왔을 때 그는 갓난아이였다. 1970년대 중반 이후, 십대였음에도 그는 지역에서 중요한 활동가가 되었다. 루이스 카바예로스 메히아 공업학교에서 토목공학을 공부하던 열여덟 살에 그는 다른 사람들과 함께 투파마로 혁명전선을 창립했다. 이 단체는 무장 좌파 조직으로, 1970년대 초반부터 우루과이에서 활동하던 유명한 투파마로 도심 게릴라에서 이름을 딴 것이었다. 이 조직이 쪼개진 후, 코코는 레마델이라는 집단 공동체를 만드는 데 힘을 보탰다. 20년의 역사를 가진 이 공동체는 1월23일 공동체들 중에서 꽤 오래된 축에 속한다. 매년 12월마다 '동방박사의 날'^{Three Kings Day} 즈음에 열리는 문화 활동을 통해 전체 빈민가들을 단결시킨 유일한 곳이기도 하다.

1992년 2월 4일에 차베스의 쿠데타가 실패로 돌아간 후, 경찰과 국가 수비대, DISIP로 알려진 베네수엘라 비밀경찰들이 이 지역 공동체에 들이닥치자, 코코는 이를 피해 6개월 동안 숨어 살아야 했다. 이때 활동가 수백 명이 감옥에 갔혔다.

1월 23일은 차베스 대통령과 볼리바리안 혁명 과정을 지지하는 핵심 세력 가운데 하나다. 실제로 차베스 대통령은 PSUV 산하 이곳 소속 부대battalion의 일원으로, 1월 23일 안에 있는 마누엘 팔라시오 파하르도 공업학교에서 투표한 적도 있다. 그럼에도 불구하고, 사람들이 베네수엘라 혁명 과정에 대해 오해하는 영역 중 하나가 바로 1월 23일인 듯하다. 주류 언론들은 이 빈민가를 무법천지로 묘사하고, 이곳 집단 공동체를 서로 세력 다툼을 벌이는 폭력적인 마약 깡패로 그려내기 바쁘다. 코코는 불신에 가득 찬 태도로 고개를 저으며 말한다.

"그렇게 말하는 자들은 평생 한 번도 1월 23일 안에 들어와본 적이 없는 사람들입니다."

지난 50여 년 동안 1월 23일은 많은 것이 변했지만, 이 지역의 집단 공동체들이 품은 공동체에 대한 헌신은 여전하다. 예전에 지역 공동체 활동은 이따금 정부에게 총을 겨누며 물을 달라는 식이었다. 이제 지역 공동체 활동은 그 지역에 맞는 미션을 장려하고, 농구장을 건설하는 것 등으로 인식되고 있다. 그러나 예전이든 지금이든 지역 공동체 내에서 사람들을 조직하고, 모두의 생활 조건을 개선하려 한다는 점에서 일맥상통한다.

 골론, 코코

"책과 문화, 스포츠가 우리의 무기입니다"

개인사

골론 제 가족은 1968년에 이 지역, 그러니까 라 카냐다 구역으로 이주해 왔어요. 엄마 말씀에 따르면, 우리 가족은 1967년에 1월23일의 엘 미라도르 구역에 살다가 여기 라 카냐다로 이사 온 거예요. 저는 지금 서른아홉인데요, 여기 빈민가 사람들의 삶의 질을 높이는 데 39년 인생을 다 바쳤습니다. 마약과 청소년 범죄에 반대하며 지역 내 안정을 조성하고, 스포츠 활동을 활성화했죠. 여러 동료와 함께 활동해왔는데, 이들도 마찬가지로 이러한 활동에 자신의 삶을 바친 사람들이에요. 제가 투쟁을 시작한 것은 1987년이었지만, 이 조직에 있는 제 동료들은 더 오래 투쟁해왔습니다. 그분들은 저보다 더 먼저 태어났으니까요. 그 과정에서 우리는 죽음의 위협을 무릅썼죠. 제4공화국 시절의 정부들은 우리를 '체제파괴분자들'로 간주했으니까요. 당시에 지역 공동체가 우리에게 원했던 것은 청소년 범죄 해결이었는데, 정부는 범죄를 방관하면서 범죄자들이 우리를 죽이거나 겁주길 바랐어요. 하지만 우리는 위축되지 않았습니다. 오히려 우리는 청소년 범죄 예방과 여기 빈민가 사람들의 더 나은 삶의 질을 위해 투쟁하면서 이전보다 한층 더 강해졌어요.

코코 그래요, 저도 여기에 처음 왔을 때가 기억나네요. 그때, 여긴 정말 아름다웠어요. 공공장소도 있었고, 아무런 문제도 없었어요. 그때는 위험한 구역도 없었고요. 저 거리 맞은편에 바로 저곳이 죄다 숲이었던 게 기억나네요. 숲에는 망고와 구아바 같은 온갖 과일이 넘쳐났어요. 큼지막한 호박도 땄고요. 엄청나게 컸어요. 여기서 우리는 그걸 '아우야마'라고 불렀는데, 여기 빈민가 전체에 쫙 깔려 있었죠.

그때는 지금처럼 사람들끼리 야박하게 구는 일 따위는 전혀 없었어요. 지금처럼 창문에 빗장을 지르지도 않았죠. 사람들이 문을 열어놓고 집을 나와도 아무 문제가 없었습니다. 당시 사람들은 인정이 참 많았고, 서로 잘 도왔어요. 그때가 그립네요.

저는 늘 무언가 읽는 걸 좋아했어요. 언제나 세상에서 벌어지고 있는 일에 관해 읽었죠. 저는 보통 나이가 많은 사람들과 어울렸는데, 이들은 당시 좌파 정당에 속해 있었어요. 우리는 늘 대화를 나눴고, 이들은 우리가 궁금해하는 모든 것에 관심을 보였어요. 이렇게 해서 우리는 정치에 참여하게 되었어요. 투파마로 운동이 가진 역사적 중요성 때문에 그 시점에 우리도 '투파마로 혁명전선'을 창립했습니다.[2] 이미 이들은 나이가 많았고, 일부 사람들은 지금은 세상을 떠났거나, 실종된 상태예요. 우리는 그때 지역 공동체에서 지금의 프로젝트를 시작했습니다. 시간이 지나면서 이 공동체 활동을 넘어서서 여러 지역에서 다양한 집단 공동체가 생겨났어요. 나중에 투파마로 혁명전선을 쪼개기로 결정한 것도, 많은 집단 공동체가 1월23일 내에 생겨났기 때문입니다. 우리는 물

---

2   투파마로, 혹은 민족해방운동MLN은 1960년대와 1970년대에 우루과이에서 활동했던 도시 게릴라 단체를 말한다. 이들은 미국 FBI 요원인 댄 미트리온Dan Mitrione을 납치하거나 푼타 카레타스 감옥을 탈옥하는 등, 수많은 '성공적인' 활동을 통해 남미 전역에서 유명해졌다. 코코의 말에 따르면, 베네수엘라에서 "투파마로"라는 말을 처음 쓴 것은 국가수비대였다. 지역 공동체 활동가들의 투쟁을 불법화하려고 이들에게 "투파마로"라는 딱지를 붙인 것이다. 1월23일 활동가들은 오히려 그런 딱지를 받아들여, 자기들의 조직을 '투파마로 혁명전선'이라고 냉냉하면서 공권력에 도전했다.

론이고, 라 피에드리타, 라 코르디나도라, 아캄파, 엘 무로 데 라 디그니다드 같은 곳이요. 이 집단 공동체들은 1월23일 내 각 지역에 존재하는 다른 공동체를 서로 존중하면서 활동하고 있습니다.

청소년 범죄를 막기 위한 투쟁

골론 안드레스 페레스 정부 치하였던 1979년 즈음에 청소년 범죄 문제는 더 악화됐습니다. 1월23일은 완전히 체제전복적인 양상을 띠었고요. 이 당시엔 누구라도 경찰이 보이면 돌을 던질 것 같은 분위기였어요. 실제로 공동체 사람들은 더 나은 삶의 질을 요구하며 싸우고 있었습니다.

당시 대통령이었던 페레스는 1월23일이 조직화하여 자신의 권리를 요구할 준비를 하고 있다는 걸 알았어요. 그래서 일찍이 그는 이렇게 말하기도 했어요.

"[그러한 조직화를 막기 위해서] 1월23일에 마약을 투입해야 한다면, 그렇게 해야죠."

정말로 그는 그렇게 했습니다. 그들은 청소년 범죄에 연루된 사람들이나 경찰을 향해 돌을 던지고 있던 우리 동료를 붙잡아서 세뇌시켰어요. 그러고선 이들의 손에 마약을 쥐여줬고, 마약을 받은 이들은 그걸 지역에서 팔았습니다. 마약만 있으면 어느 정도 돈을 벌어, 가족을 먹여 살릴 수 있었거든요. 결국 우리는 바로 옆에 적을 둔 셈이 되어버렸어요. 그 적은 이웃일 수도 있고, 친구나 심지어 형제일 수도 있었죠. 정부는 우리 서로를 적으로 바꿔버린 거예요.

정부의 이런 음모 때문에 사람들이 죽기 시작했어요. 갱들의 세력 다

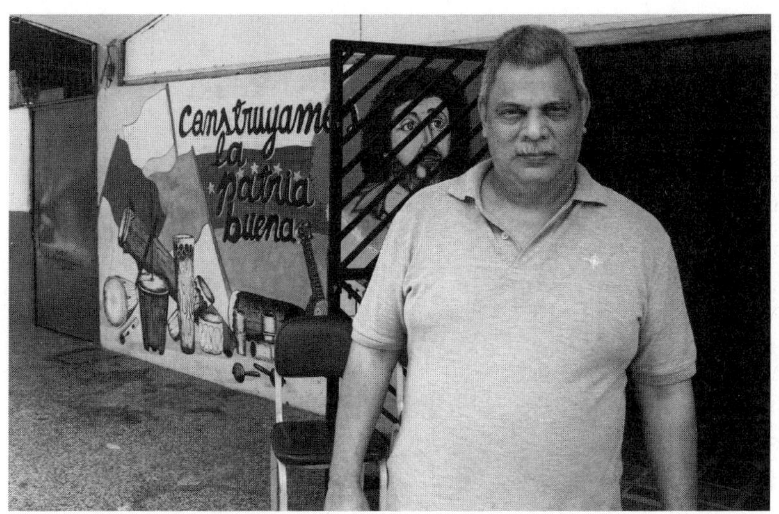

코코 – 체 게바라 집단 공동체

틈으로 사망자가 생겨났던 거죠. 나라 전체가 갈수록 불안정해졌는데, 그도 그럴 것이 당시 제4공화국 정부는 "그들이 다른 곳에 정신이 팔려 있게 되면, 우리는 그들을 더 효과적으로 짓밟을 수 있다"라고까지 말했거든요. 하지만 우리 역시 이처럼 억압적이고 국민의 정치 참여를 가로 막는 제4공화국을 종식시키기 위해 배우고 준비하던 중이었습니다.

코코 우리는 이 지역에서 문제를 일으키던 사람들에 맞서 싸웠습니다. 마약과 '엘 암파'³ 때문에 1월23일 분위기가 점점 흉악하고 험악해졌거든요. 그 당시에 두건을 쓰고 싸웠던 게 기억납니다. 지역 중심지에 마약을 제조하던 실험실들이 있었어요. 그래서 우리는 모두 합심하여 두건을 쓴 채 거리에 나가, 마약 제조를 중단시키는 활동을 시작했습니다.

---

3   암흑가나 범죄자들을 가리킴.

경고판을 만들어 건물 밖에 걸어놓거나, 엘리베이터 안이나 계단 같은 곳에 놔두었는데, 거기에 이렇게 써놓았어요.

"당신들이 이 건물에서 마약을 만들어 팔고 있다는 건 세상이 다 알아. 24시간 안에 이 건물을 떠나도록."

그러면, 그들은 떠났어요. 하지만 정말 어려운 일이었습니다. 하루이틀 만에 끝나는 일이 아니라, 여덟아홉 달이 걸렸거든요. 하지만 결국 이들을 몰아내는 데 성공했어요.

공공서비스를 위한 투쟁

코코 제4공화국 시절, 이곳의 문제는 한두 가지가 아니었습니다. 기초적인 공공서비스가 부족해서 무척 애를 먹었어요. 물이 안 나온다든지, 쓰레기 수거가 안 되는 것 따위요. 한번은, 우리도 인간이기에 다른 사람들과 마찬가지로 이런 서비스가 필요하다는 점을 관계 당국에게 보여줘야겠다고 마음먹었어요. 우리는 해당 공공서비스 당국에 편지를 보내는 것으로 시작했어요. 첫 번째 편지는 물 문제 때문에 보냈던 것으로 기억해요. 당시에 물 관리를 책임지고 있던 이드로카피탈인가 뭔가 하는 이름의 회사 사무실로 보냈죠. 하지만 이들이 우리가 제기한 문제에 별 관심이 없다는 걸 확인했을 뿐입니다. 그래서 그 회사의 트럭을 납치해 물 문제를 해결하도록 압력을 넣기로 했습니다. 우리는 1월 23일을 샅샅이 뒤진 끝에 이들의 물탱크 차와 쓰레기차를 찾아낼 수 있었고, 그걸 빼앗아 끌고 와버렸어요. 그 차들을 어떻게 빼앗았냐고요? 음, 총을 들고 운전수에게 말했죠.

"차에서 내려, 안 그러면……."

우리는 그 트럭들을 끌고 온 후, 아파트 단지 뒤 아래쪽에 위치한 주차장에 내버려두었어요. 그리고 계속 관련 당국에 압력을 넣었죠.

그러자, 그 즉시 상황이 해결되었어요. 사실 그때는 크리스마스 바로 며칠 전이었던 데다가, 이미 보름 동안 물을 쓰지 못했던 터라, 주민들 분위기가 아주 흉흉했습니다. 그 12월이 떠오르네요. 물 문제가 해결되자, 우리를 보는 주민들의 눈이 달라졌거든요. 어떤 문제를 해결하면, 사람들은 "최소한 이 사람들은 그 문제를 해결하려 애를 쓴다"고 생각하니까요.

그때 우리는 트럭을 이틀 동안 붙들고 있었는데, 셋째 날에 드디어 관계 당국 사람들이 경찰과 함께 찾아오더군요. 하지만 우리는 만반의 준비를 하고 있었습니다. 우리는 대화로 합의점을 찾으려 했죠. 그러면서 저는 그들에게 다음과 같이 말했어요. 만약에 30분 안에 이 문제에 대한 해결책을 내놓지 않으면, 우리가 무슨 짓을 하는지 이 자리에 있는 모두가 똑똑히 보게 될 거라고 말이죠. 그러자 물을 틀어주더군요. 제 기억이 맞다면, 그 덕택에 12월부터 이듬해 2월까지 내내 물을 쓸 수 있었어요. 수도 시스템상의 문제가 아니었던 거죠. 그 당시에 그들은 이 문제가 시스템 문제라고 핑계를 댔거든요. 결국 그냥 틀면 되는 거였는데, 도대체 그들이 말하던 시스템 문제란 게 도대체 뭐였을까요?

1980년대 후반, 집단 공동체의 형성

코코 투파마로 운동이 쪼개지고, 다양한 집단 공동체가 만들어졌습니다. 그중 가장 오래된 것이 레마델인데, 17단지에서 조직한 공동체였죠. 그 후에 코르디나도라, 라 피에드리타, 아캄파, 밀리시아 0, 엘 프렌테 누에보 비트리네가 만들어졌어요. 우리는 핍박을 받았고, 경찰들과 늘 문제가 생기곤 했죠.

1989년 2월 27일, 카라카소 봉기

코코 카라카소 봉기는 정부군과 실로 강력하게 충돌했던지라 무척 격렬했어요. 며칠 동안 지속된 엄청난 충돌이었죠. 당시 경찰은 사람을 죽이려고 총질을 해댔습니다. 카라카소 봉기 때 사망자는 총 3000명이 넘어요. 당시 기억을 더듬어보면, 경찰들이 저기 22단지 위쪽으로 올라가서 시체들을 비닐봉지에 아무렇게나 담아서 밑으로 던졌어요. 밑에서 그 시체를 받아 트럭에 쿵 소리를 내면서 집어 던지면, 그걸로 끝이었죠. 길에 널려 있는 시체도 똑같이 처리했어요. 경찰들은 시체들을 비닐봉지에 담아서 트럭에 던져 넣었죠. 봉기는 격렬했어요. 그야말로 전쟁이었죠.

그래요, 많이들 잡혀 들어갔죠. 사실 옛 투파마로 단체에 소속된 모든 사람의 사진과 정보가 베네수엘라 정보안보국^{DISIP} 명단에 올라 있었어요. 이 때문에 많은 동료들이 실종되었거나, 시체도 찾을 수 없게 되었어요. 지금까지도 그들이 도대체 어디서 잡혀갔는지조차 모르고 있습니다.

봉기가 일어나고 나서 얼추 보름 정도 지나자, 여기 1월23일에서도 상황이 가라앉기 시작했어요. 그러자 정부 기구들이 고개를 들이밀기 시작하더군요. 교육부의 관계자를 비롯한 권위적인 인사들 말입니다. 이들이 지역에 들어와서 학교와 건물을 수리했습니다. 저기 위에 있는 건물 전부가 봉기 당시에 기관총 세례를 받았거든요. 끔찍한 모습이었죠. 당시 우리는 증거로 이런 장면들을 사진이나 필름으로 찍어놨어요. 하지만 우리는 이를 모조리 없애버려야 했는데, 이곳이 몇 차례 갑작스러운 수색을 받았기 때문입니다. 자괴감이 들었지만 어쩔 수 없었죠. 당시에 코르디나도라 시몬 볼리바르는 아직 새 사무실이 없었고 임시 본부가 있었는데, 그곳도 마찬가지로 정부의 습격을 받았습니다. 당시에 경찰들은 열 번이나 그곳에 들이닥쳤는데, 그 가운데 다섯 번은 건물 안까지 들어왔어요. 그래서 우리는 모든 것을 없애버려야 했습니다. 사진이며 동영상이며, 하여간 우리에게 죄를 뒤집어씌울 수 있을 만한 건 죄다요. 경찰이 들이닥치면, 이런 것들을 찾는다며 여기 지붕을 다 부셔났거든요.

라 코르디나도라 시몬 볼리바르

골론 사쿠돈(카라카소 봉기)은 사회적 폭발이었어요. 계획된 것도 아니고, 누군가가 조직한 것도 아니었거든요. 빈민가 주민들이 내려간 것은, 페레스 당시 대통령이 그의 두 번째 임기 때 시작했던 신자유주의적 경제 정책 때문이었습니다. 이 경제 정책은 가난한 사람들, 바로 우리 같은 사람들의 호주머니를 털려는 수작이었어요. 그래서 사람들이 거리로 몰려나왔고, 이에 경찰과 비밀경찰인 DISIP는 카라카스 전역의 각종 사회운동 단체를 탄압하는 것으로 대응했습니다. 그들은 우리를 16일 동안 DISIP나 군정보총국^{DIM4}의 감방에 가두고는, 사쿠돈을 사주한 것은 사회운동 단체들과 투파마로, 그리고 1월23일이라고 떠들었어요. 하지만 사쿠돈은 민중이 자발적으로 일으킨 봉기였기 때문에, 그들의 주장은 새빨간 거짓말이었죠.

이후 우리는 합법적인 조직을 창립해야겠다고 마음먹었습니다. 그래서 코르디나도라 시몬 볼리바르 기치하에 모였어요. 1월23일에는 정치 활동을 하던 다양한 단체들이 있었는데, 정부의 탄압에 맞서 모두가 단결할 필요가 있었기에 힘을 합쳐 코르디나도라 시몬 볼리바르를 구성하기로 했던 거예요. 그간 각 단체가 특정 지역을 맡아서 지역의 활동과 이해관계를 조정해오면서 늘 염두에 뒀던 것이 있습니다. 제4공화국이 마약을 우리 지역에 침투시키는 따위의 작태들에 맞서고, 지역의 엘리베이터나 지붕, 사회기반시설을 수리하는 활동 등을 할 때 서로 협조한다는 것 말이죠.

1993년 12월 17일에 코르디나도라를 구성한 것도 바로 이 때문이에요. 이를 통해 우리도 법적인 틀을 가지고, 코르디나도라 시몬 볼리바르라는 단체로서 제4공화국에게 우리의 문제를 해결하라고 요구했습니다. 우리가 뭉치면 국회의원을 데리고 함께 행진이라도 할 수 있지만, 각자가 그렇게 할 순 없거든요. 개별적으로 행동해봐야 우리를 약하게 보기 십상이니까요. 코르디나도라를 창립하고서, 체계가 잡히고 조직도 생겼습니다.

현재 차베스 대통령이 권좌에 있어요. 그가 정권을 잡은 지도 10년째가 되어가고 있죠. 그러다 보니 경찰도 더는 우리를 공격하지는 않아요. 그렇다고 우리 편을 들지도 않지만요. 지난 10년 동안 우리는 휴식을 취할 수 있었습니다. 예전처럼 도망 다니지도 않고요. 전과 달리 억압받지는 않으니까요. 그리고 코르디나도라로 조직화되면서, 우리는

---

4   DIM은 1974년, 전년도부터 이루어진 국방부 재조직화계획에 따라 만들어진 군 정보 기관이다. www.dgim.mil.ve.

정말로 잘해내고 있어요. 우리는 이미 독자적인 프로젝트들을 진행하고 있는데, 대표적인 것이 라디오 방송국 설립이죠. 또한 대통령이 내놓는 정책을 관철하려고 활동하고 투쟁하기도 합니다.

경찰 몰아내기

코코 여기 경찰들은 하도 썩어서, 술이나 마약 판매, 불법 도박에 연루되어 있어요. 우리는 이 문제를 가지고 이미 시장과 여러 차례 이런저런 만남을 가져왔어요.[5] 경찰이 너무 썩어빠졌기에 변화를 요구했던 겁니다. 결국 이곳의 거의 모든 집단 공동체들이 경찰을 1월23일 밖으로 몰아내기로 결정했어요. 그 결과, 지금 여기엔 경찰이 없습니다. 경찰과 정부도 이곳의 자율성을 존중하고 있어요.

골론 경찰도 어떤 점에선 우리 이웃이에요. 지역의 안정을 책임져야 할 이웃이죠. 그들은 우리를 잘 아니까요. 경찰들은 우리의 친구, 이웃, 형제자매는 물론 우리 동네에 사는 비행 청소년도 다 압니다. 우리는 청소년 범죄를 다루는 법을 알죠. 그런데 경찰이 하나같이 우리를 억압하기만 하니, 청소년 범죄가 더 심해지는 거예요.

　그래서 우리가 그 일을 하는 겁니다. 그런데 우리 활동으로 인해 상황이 자기들의 통제 범위를 벗어나기만 하면, 이 지역의 헤페 시빌[6]이 찾

5　1월23일 집단 공동체들과 카라카스 시 당국 사이의 대화가 시작된 것은 알프레도 안토니오 페냐Alfredo Antonio Peña가 시장으로 재직하던 때였다. 하지만 2004년에 친차베스 성향의 후안 바레토가 시장으로 취임하기 전까지, 이들 사이의 대화는 원활하지 못했다.

아와서 자기 존재를 드러내곤 했죠. 그 사람은 명함을 주면서 자기를 찾아오라고 하거나, 아니면 이렇게 말하곤 했어요.

"이보쇼, 당신이 앞으로도 계속 이렇게 하면, 우리도 당신을 제지하는 것 외에는 달리 선택의 여지가 없어요."

청소년 범죄가 발생할 경우, 코르디나도라가 개입할 수도 있지만, 그런 역할을 체 게바라 같은 각 집단 공동체가 맡을 수도 있어요. 즉 범죄를 일으킨 아이들이 있는 구역을 맡은 집단 공동체가 그런 역할을 할 수 있다는 이야기죠. 실제로도 해당 집단 공동체가 보통은 그런 문제를 해결하게 되는데, 여기서 문제를 해결한다는 건, 대화하고 의견을 나누는 걸 말하는 겁니다. "얘야, 이건 바람직하지 않아. 네가 그렇게 했을 때 무슨 일이 일어날지 생각해보렴." 이런 식으로요. 그러니까 그 아이가 우리의 설득을 받아들여 스스로 청소년 범죄를 그만둘 때까지 계속 이야기를 나누는 겁니다. 그럼 우리의 노력에 감화되어, 결국 아이는 그런 일을 그만두게 됩니다.

우리 조직은 지역에서 존중받고 있습니다. 우리 집단 공동체는 지역 공동체의 이익을 위해 진지하게 활동하고 있고, 이를 통해 사람들이 자기 삶의 질을 향상시킬 수 있으니까요. 청소년 범죄와 같은 사회 불안정은 범죄자를 죽여 풀 수 있는 게 아니에요. 그 문제를 연구하고 교육해야 풀 수 있습니다. 그 아이들을 축구 경기장에 데려가고, 수업을 받게 하면서요.

---

6   특정 공동체 출신으로, 해당 지역을 책임지는 민사 감독.

코코 우리에게 총 따위는 필요 없어요. 단 한 자루도요. 그런 단계는 이미 지나갔어요. 책과 문화, 스포츠가 우리의 무기입니다.

미국 CNN 방송국에 친구가 있으면 한번 물어보세요. 지난 2년간 1월 23일에서 살해당한 사람이 얼마나 되는지요. 반면에 카라카스 동부의 상황은 어떤지도요. 이렇게 비교를 해야만 언론인들도 1월23일에서 일어나고 있는 일을 제대로 알 수 있을 거예요. 1월23일이 신문 지상에서 1면을 장식하던 건 이제 옛말이에요. 이전에는 이런 식이었죠. "아무개가 1월23일에서 암살당했다." 하지만 그런 시절은 끝났어요.

그런 차이는 쉽게 확인할 수 있습니다. 예를 들자면, 어제 신문의 1면에는 두 사람이 삼빌7 바로 인근에서 죽은 채 발견되었다고 나와 있더군요. "아무개가 동부 고속도로에서 죽은 채 발견되었다"라고요. 자, 그럼 언론에서 1월23일이 해당 지역에 부정적인 영향을 끼치고 있다고 보도한 게 뭐 있던가요? 상황이 이런데도 이곳에 대한 언론의 왜곡은 정말 심각한 수준이에요.

라 피에드리타에 대한 차베스 대통령의 반응

코코 그래요, 차베스 대통령이 라 피에드리타(411쪽 참조─옮긴이)에 대해 표명한 의견은 존중합니다. 하지만 차베스 대통령의 생각에 동의하진 않아요. 라 피에드리타라는 집단 공동체는 오브세르바토리오 위 저쪽에 있는 구역에서 정말 열심히 활동해온 집단 공동체거든요. 그곳은 과거에 무법천지 같은 곳이었지만, 결국 이 집단 공동체 활동가들이 해

---

7   카라카스 동부에 있는 쇼핑몰.

골론 – 코르디나도라 시몬 볼리바르

당 지역 공동체 사람들을 바람직한 방향으로 이끌었습니다. 그래서 저는 우리 차베스 총사령관이 그 집단 공동체에 대해서 뭔가 오해하고 있거나, 사람들이 그에게 라 피에드리타에 대한 잘못된 정보를 전했다고 생각해요. 1월23일에서 활동하는 우리 모두는 이 집단 공동체가 해당 지역 공동체에 굉장히 중요한 활동을 해왔다는 걸 알고 있거든요. 이들은 경찰이 못했던 일을 해냈어요. 열성적인 활동이었고, 대단히 중요한 의미를 가진 것들이었죠. 그래서 해당 지역 사람들은 이 집단 공동체가 그동안 해온 모든 일에 매우 고맙게 생각하고 있습니다. 저는 대통령이 대체 무엇 때문에 이 집단 공동체에 대해 그리 반발하는지 이해하질 못하겠어요.

1월23일에 대한 그릇된 설명들

코코 음, 저는 언론이 대통령보다도 우리에 대해 훨씬 더 잘못 알고 있다고 봐요. 우선, 그 언론인들은 평생 한 번도 1월23일 안에 들어와본 적이 없거든요. 이들은 어떤 형태의 활동들이 여기서 진행되고 있는지 몰라요. 전 세계에 1월23일의 실제 모습을 보여줄 기회가 있을 때조차도 그들은 그렇게 하지 않았거든요. 정부에게 돈을 먹었거나, 반대파와 한패거나, 아직도 자기네가 베네수엘라를 소유하고 있다고 생각해서인가 봅니다. 그들은 절대 이곳의 실제 모습을 보여주지 않아요. 게다가 당장은 이곳을 다룬 뉴스를 내보낼 수가 없는 게, 그들이 이곳에 올 수가 없기 때문이에요. 하지만요, 그건 우리가 그들이 여기 오는 걸 원치 않기 때문이 아니라, 그들이 이곳에 오려고 하지 않아서예요. 제4공화국 정부들이 권좌에서 물러난 후에 1월23일의 상황이 얼마나 개선되었는지 보여주지 않으려는 거죠.

차베스 정부 아래에서 1월23일에 생긴 변화

코코 그래서, 뭐가 어떻게 개선되었냐고요? 모든 것이 좋아졌죠. 보세요. 공공서비스, 교통, 도로, 전기, 급수 사업이나 수돗물 등 모든 부분이 나아졌어요. 단순히 나아졌다는 말로는 부족해요. '엄청나게' 나아졌어요. 완전 달라졌죠.

　이전엔, 우리는 어느 것도 제대로 누리지 못했어요. 하지만 지금은 응급 진료소와 문화 미션, 바리오 아덴트로를 비롯한 꽤 많은 수의 미션이 실행되고 있고, 각 활동은 나름의 목적을 가지고 있어요. 이를테면 건강, 스포츠, 문화 같은 식으로 말이죠. 현재는 정보의 문제를 중심으로 활동하고 있는 집단 공동체가 많아요. 이들은 촬영이나 녹음, 지역 공동체 라디오 같은 활동을 하려고 계획 중인데, 이전에는 그중 단 하나도 여기서 찾아 볼 수 없었어요. 이런 게 믿겨지세요? 이제, 당신도 여기 상황이 개선되었다는 생각이 들죠?

베네수엘라 혁명 10년

골론 혁명 과정이 시작된 지 10여 년이 지났지만, 아직도 아이 수준이라고 생각합니다. 여전히 가야 할 길이 멀어요. 정부 내에는 혁명이 무엇인지 모르는 사람들이 있거든요. 이들은 사회주의가 뭔지를 몰라요. 이들이 그 자리에 있는 건, 단지 정치적 지위를 유지하여 사적인 생활을 충족하려는 목적이죠. 그들은 정부 기관에 장관으로 올라서고 나면, 민중을 망각하곤 해요. 여기로 오지도 않고, 지역 공동체 사람들에게 무슨 일이 벌어지고 있는지 알려고도 하지 않죠. 우리에게 직접 다가오지 않고 다른 사람을 보내요.

이 부분이 정부가 놓치고 있는 점입니다. 정부는 지역 공동체의 민중과 더 많이 일해야 합니다. 정부가 민중에게, 그리고 민중이 정부에게 다가가는 상호작용은 아직도 실현되지 않았어요. 이 때문에 10여 년이 지났는데도 이 혁명 과정이 제 속도를 못 내는 겁니다.

하지만 물론, 우리는 그동안 진보했죠. 저는 교육 분야에서 특히 진전을 이루어왔다고 생각해요. 대통령이 교육과 관련한 미션을 만들어왔기 때문에, 여기에 우리가 존재할 수 있게 된 거니까요. 베네수엘라는 더 이상 문맹률이 높은 나라가 아니에요. 지금 이 나라의 문맹률은 매우 낮거든요. 사람들은 미션 리바스나 로빈슨, 그리고 대학에 해당하는 미션 수크레 같은 곳에서 공부를 하고 있습니다. 정부는 민중에게 대학을 개방했어요. 이것이 제가 사회주의는 모두를 위한 것이라 믿는 이유입니다. 모든 사람들 사이에 평등이 존재해요. 교육은 모두를 위한 것이 됐고요. 이전에, 그러니까 제4공화국 시절에 교육이란 순전히 돈을 가진 사람들의 전유물이었어요. 정말로 교육이 필요했던 우리 같은 사람들은 정작 학교에서 공부할 수 없었는데, 과거 정부들은 우리가 1월23일에 산다는 단순한 사실 하나 때문에 교육 기회를 주지 않았거든요.

차베스 대통령이 하고 있는 일은 제4공화국이 결코 하지 않았던 것입니다. 그것은 사람들을 일깨우고, 그들이 참여하여 결정하며, 더 나은 삶의 질을 위해 조직할 기회를 주는 것이에요. 반면에, 제4공화국 정부들은 이렇게 말했죠.

"사람들이 조직화하지 못하게 하고, 공부도 못하게 해야 한다. 그래야, 우리가 더 효과적으로 짓밟을 수 있다."

지금은 그와 정반대입니다.

집단 공동체와 지역 공동체를 조직하기

코코 투파마로 조직이 쪼개져서 1월23일 내 각 구역으로 분리된 집단 공동체들로 바뀐 결과, 해당 구역의 각 집단 공동체는 자기 지역을 늘 주시하게 되었어요. 조직이 쪼개졌어도 우리 사이에 악감정이라곤 전혀 없었습니다. 그냥 모두가 각자 자기 공간을 책임지기만 했는데, 제 생각에 이건 정말로 중요한 것입니다. 제가 문제를 해결하기 위해 저기라 피에드리타까지 올라갈 필요도 없고, 그곳에 사는 사람들만이 라 피에드리타의 문제가 뭔지 더 잘 알 테니까요.

집단 공동체들이 할 일은 앞으로도 지역 공동체와 협력하면서 계속 활동하는 거예요. 이미 모든 걸 가졌다는 말이, 곧 투쟁이 끝났다거나 활동을 지속하지 않음을 의미하지는 않으니까요. 오히려 지금은 가장 힘든 일을 해야 할 때가 되었어요. 이제는 사람들에게 우리가 쟁취한 것들의 가치를 가르쳐야 합니다. 즉 문화 미션, 스포츠 미션, 미션 바리오 아덴트로, 응급 진료소 같은 것의 가치 말이죠. 나아가 차베스 정부 덕택에 우리가 성취한 것들도요.

맞아요. 예전보다 사람들의 참여가 더 늘었어요. 지금은 거의 모두가 집단 공동체에 기대고 있는데, 왜냐하면 집단 공동체가 사람들을 조직화한 곳이고, 그곳에서 공동체평의회가 구성되기 때문입니다. 지역 공동체에 사는 누군가가 공동체평의회에 참여하길 원한다면, 당연히 우리는 두 팔 벌려 환영합니다. 여기엔 이미 코뮌이 하나 구성되어 있어요.[8] 저기에 있는 파날 코뮌이 그것인데, 알렉시스 비베 집단 공동체에서 활동하는 친구들이 조직한 것이죠. 비록 해야 할 것도 많고 시간도 걸리지만, 우리는 목적을 이루어가고 있습니다.

---

8   코뮌이라는 개념이 처음으로 제안된 것은 지난 2007년에 실패한 헌법 개정 때였다. 그러다가 지난 2008년 8월에 코뮌의 성장을 촉진하기 위해 '4월 13일' 미션이 창립되면서 시행에 옮겨지게 되었다. 엄밀히 말하면, 코뮌은 공동체평의회보다 상위의 기층 의사결정기구다. 이웃한 여러 공동체평의회들이 모여 하나의 코뮌을 형성하는 식이다. 코뮌은 코뮌 및 사회보호부MPCyPS 관할하에 있는데, 이 부서는 이전에는 코뮌 경제부MINEC였다. 그보다 전인 2006년에는 코뮌이 인민경제부MINEP 산하에 있었다. 현재 베네수엘라는 코뮌법 제정을 논의 중이다.

18

베네수엘라가 자랑하는
지방자치제의 모범

★

마리아 비센타 다빌라

- 믹스테케 공동체평의회 -

우뚝 솟은 산들이 머리 위로 모습을 나타낸다. 계곡에는 짙은 하얀색의 구름이 미끄러져가고, 농민들은 산비탈을 가로지르면서 감자를 따서 담는다. 그 밑으로는 알록달록한 집들이 쌀쌀한 아침에 햇볕을 쬐고 있다. 땅은 푸르고 기름지다. 두꺼운 양모로 만든 옷을 걸친 나이 든 한 농민이 쟁기 끄는 소를 재촉하며 밭을 갈고 있다. 그 농민 너머, 수정같이 푸른색을 띠며 빠르게 흐르는 차마 강을 지나면, 무쿠치에스라는 조그마한 마을이 있다.

이곳으로 들어오는 길은 최근에서야 포장이 되었다. 두꺼운 돌담이 농지와 나란히 난 길을 따라 서 있는데, 이 길을 따라 파스텔 톤의 마을회관을 지나면 마을로 들어오게 된다.

이곳은 수도 카라카스의 북적거리는 거리와는 매우 다르다. 랑헬 지역에 속하는 작은 농촌 공동체인 이곳 믹스테케는 안데스 산맥의 중턱에 자리 잡고 있다. 주 수도인 메리다로부터는 몇 시간 떨어진 거리에 있다.

관개수로관들이 그물처럼 산중턱에 퍼져 있는데, 이는 믹스테케 공동체평의회가 최근에 거둔 성과 가운데 하나다.

"랑헬은 지역사회 개발이라는 점에서 베네수엘라를 대표하는 곳 가운데 하나예요. 랑헬에는 92개 공동체평의회가 있고, 일부는 세 번째 프로젝트에 착수했습니다. 우리 공동체는 이미 네 번째 프로젝트를 준비하고 있고요."

마리아 비센타 다빌라^{María Vicenta Dávila}의 말이다. 그녀는 허리 높이의 긴 콘크리트 통 뒤에서 한걸음 앞으로 나온다. 마리아는 여성들이 조직한 퇴비생산^{composting}협동조합이 사용할 벌레들에게 물을 주고 있었다.

마리아 비센타는 계곡 너머를 응시한다. 그녀는 중년의 나이임에도 몸놀림이 빠르고 민첩하다. 사실 그래야 하는 게, 마리아가 이 공동체에서 중심적인 사람이기 때문이다. 그녀는 13명으로 구성된 10년 역사의 협동조합을 공동으로 창립한 사람 중 한 명이고, 이곳 공동체평의회에서도 중요한 역할을 하고 있다. 여기 공동체평의회는 2006년 4월에 공동체평의회법이 통과되기도 전에 만들어졌다.

지난 2001년에 49개 법안이 통과된 이후, 주민들은 이미 공동체에서 각자 특정한 임무를 띤 각종 위원회를 조직하고 있었다. 물이나 보건의료, 도시 토지, 문화, 스포츠 같은 것을 중심으로 말이다. 베네수엘라 정부는 2002년에 '지역공공계획위원회'^{CLPP}를 창설했는데, 이는 지방자치단체의 예산을 짤 때 정부 관리들과 같이 일할 공동체 대표자들을 뽑는 데 목적을 둔 것이다. 하지만 운영 과정에서 정치적 정실^{情實} 인사

cronyism가 만연한 데다 실질적인 공동체 참여가 이루어지지 못해, 이 계획은 곧바로 실패로 끝났다.[1]

한편, 공동체의 다양한 위원회 사이에는 조정이 거의 이루어지지 않았다. 이 때문에 개별적으로 정부 지원을 따내려다 보니 서로 다툼이 벌어지곤 했다. 하지만 이런 상황은 지난 2006년에 공동체평의회법이 통과되면서 바뀌었다. 이 법은 공동체평의회 창립의 기초를 마련한 것으로, 이를 통해 많은 위원회들을 한곳에 모을 수 있었다.

현재 공동체평의회는 베네수엘라에서 지역 차원의 민주적 거버넌스를 대표하는 새로운 기구로, 어떤 지역 공동체든 자체 공동체평의회를 구성할 수 있다.[2] 지역 공동체가 조직하는 공동체평의회는 동네에서 조직한 각종 위원회를 대표하는 1인씩으로 구성되며, 200~400명으로 구성되는 공동체 총회에서 민주적으로 선출된다. 또한 공동체평의회는 서로 독립된 세 개의 분과로 이루어져 있는데, 각 분과는 최소 5명 이상으로 구성된다. 행정 분과는 조정을 하는 역할을 맡고, 재정 분과는 재정과 지역 공동체 은행communal bank, 협동조합 등을 감독한다. 마지막으로 사회적 회계 감사 분과는 다른 분과의 회계를 감사한다. 선출된 공동

---

1   "많은 경우에, 정당들은 자기 지지자들에 대해서만 대표성을 가질 뿐, 진정한 공동체 차원의 통제는 찾아보기 힘들었다. 많은 사람들을 대표해야 하는 대변자들이 공동체와 아무 상관없이 뽑혔기 때문이다." Michael Fox, "Venezuela's Secret Grassroots Democracy," *Venezuelanalysis*, November 28, 2006. http://www.venezuelanalysis.com/analysis/2090.

2   반대파들은 차베스 지지자들만이 공동체평의회를 구성할 수 있다고 말하지만, 이는 사실이 아니다. 물론 공동체평의회가 차베스를 지지하는 가난한 빈민가에서 훨씬 더 흔한 것은 사실이다. 하지만 공동체평의회는 중상류 계층이 사는 지역 공동체들에서도 형성되었다. 또한 두드러지게 반대파 성향을 보이는 일부 지역 공동체에서는 공동체평의회를 이용해 차베스의 프로그램과 제안에 대항하며 자기 지역을 보호했다. Michael Fox, "Venezuela's Secret Grassroots Democracy," *Venezuelanalysis*, November 28, 2006.

체평의회의 위원들은 이들 분과 가운데 하나에 속하게 되며, 이들은 각 분과에서 여러 프로젝트를 정밀하게 구성하여 다듬는다. 하지만 최고 의사결정권은 15세 이상의 모든 공동체 주민이 참여하는 총회에 있다. 각종 프로젝트와 자금 배분은 여기서 승인을 받아야 한다.[3]

지난 3년 동안 베네수엘라에는 공동체평의회가 3만 개 이상 구성되었고, 베네수엘라 중앙정부는 사회간접시설과 사회·경제적 프로젝트 건설을 위해 이들 공동체평의회가 운영하는 은행들에 직접 수십억 달러를 제공했다.[4]

공동체평의회들이 전국에 걸쳐 조직되는 동안에도, 가장 성공적으로 활동한 공동체평의회는 역시 메리다 주의 안데스 산맥 중턱에 있는 곳들이다.

---

3   이 모두는 2006년에 통과된 공동체평의회법에 의해 의무가 되었다. 2009년 11월 24일, 베네수엘라 국회는 공동체평의회법에서 공동체평의회의 구성 관련 개혁안을 승인했다. 개혁안은 주민총회 의사결정 정족수에 필요한 지역 공동체의 참여율을 더 높였는데, 이는 공동체평의회 구조에 좀더 많은 사람들을 포괄하고자 한 것이다. 또한 개혁안은 '지역 공동체 은행'을 '행정 및 지역 공동체 재정 부서'로 바꾸는 것도 포함하고 있는데, 이로써 이 부서는 더 이상 협동조합으로 간주되지 않게 되었다. 지금은 공동체평의회의 한 분과로 존재하고 있다. Tamara Pearson, "Venezuela's Reformed Communal Council Law: When Laws Aren't Just for Lawyers and Power Is Public," *Venezuelanalysis*, December 4, 2009. "Aprobada reforma a la Ley de Consejos Comunales," *El Universal*, November 24, 2009.

4   센트로 구미야 재단이 이에 대해 2008년 5월에 수행한 연구가 있는데, 이는 베네수엘라의 공동체평의회를 연구한 것들 가운데 가장 신뢰할 만한 독립적인 연구다. 이 연구에 따르면, 2008년 3월에 2만 6143개의 공동체평의회가 구성되었고, 1만 669개는 형성과정에 있다고 한다. 또한 2009년 7월에 푼다코무날 회장인 로베르토 로하스 Roberto Rojas가 발표한 바에 따르면, 3만 179개의 공동체평의회가 베네수엘라에 구성되었으며, 5000개가 조직되는 과정에 있다. Tamara Pearson, "Venezuela Increases Funding of Communal Councils and Comunes," *Venezuelanalysis*, July 23, 2009.

마리아 비센타 다빌라

"빨간색 모자와 셔츠를 입는다고
사회주의자가 아닙니다"

개인사

제 이름은 마리아 비센타 다빌라입니다. 평생 이 마을에서 살아왔어요. 제 이름에 얽힌 사연부터 말씀드릴게요. 제가 태어난 7월 24일은 시몬 볼리바르가 태어난 날이기도 해요. 그래서 산부인과 의사와 매우 혁명적이었던 어머니는 제 이름을 시몬 볼리바르의 부모 이름을 결합하여 지어야겠다고 생각했대요. 그래서 볼리바르의 어머니인 마리아 콘셉시온 팔라시오스María Concepción Palacios에서 마리아를, 아버지인 후안 비센테 볼리바르Juan Vicente Bolívar에서 비센테를 따왔대요. 성이 하나밖에 없는 건 어머니가 비혼모였기 때문이죠(남미에서는 보통 부모의 성을 함께 쓴다.―옮긴이).

공동체의 역사

옛날에는 마을에서 밀과 파피타 네그라를 길렀지만, '녹색혁명'[5] 이후,

---

5   파피타 네그라 : 베네수엘라 안데스 산맥의 파라모 지역에서 자라는 토착 감자. 파파 네그라라고도 부른다.
     녹색혁명 : 1960년대와 1970년대에 미국이 장려한 농법이다. 주로 살충제와 비료를 투입하는 방식으로, 수출지향적 성격을 띤다. 이 농법을 옹호하는 학자들은, 살충제 와 비료를 사용하면 수확량을 더 늘릴 수 있어 인구 증가에 따른 식량 필요량를 따라 잡을 수 있다고 주상한나.

그러니까 농업에 살충제를 동반한 산업혁명이 도입되면서, 주민들은 다른 종류의 감자와 마늘, 그리고 다른 작물을 심기 시작했어요. 하지만 원래 주민들은 밀을 심었고, 그보다 더 전에는 옥수수를 심었어요. 옥수수가 우리의 주식이었죠. 지금 우리는 파라모 지역에서 원래 키우던 이곳의 토종 감자인 파파 네그라를 되살리려 노력하고 있습니다.

제가 갖고 있는 문서에 따르면, 주민들은 이 땅을 1836년에 나눠 가졌대요. 문서에는 아과실[6]이 스페인으로부터 도착해서, 땅을 원래 그 지역에 살던 사람들에게 나눠 줬다고 나와 있어요. 그리고는 땅을 받은 사람들에게 동물처럼 번호를 붙였대요, 일방적으로요. 제 조상들은 번호가 213번이었다는군요. 그들은 번호를 주고는 "좋아. 당신이 이 지역의 주인이야" 이렇게 말했대요.

이곳은 많은 전설을 간직한 마을이에요. 당시 집들은 바닥은 그냥 흙이었고, 지붕은 밀짚으로 만들어졌죠. 여기엔 민토예스도 찾을 수 있는데, 민토예스는 16세기에 선주민들이 스페인 정복자들을 피해 숨었던 곳이라고 해요. 이곳에서 선주민들은 식량을 저장하고 자신들을 보호했다고 하네요. 이외에도 각기 다른 전설이 깃든 땅이 많아요. 여기는 가톨릭 공동체이고, 다양한 문화 단체가 있어요. 우리의 주된 수입은 농사에서 나오고요.

공동체 활동

어떻게 공동체 활동을 시작하게 되었냐고요? 음, 우선 저는 이곳에 뿌

---

6   경찰관, 치안 담당 공무원.

마리아 비센타 다빌라

리를 두고 있어요. 어머니는 투사였고, 이곳과 엘 카리살이라는 공동체
사이에서 농작물 거래하는 일을 했어요. 사람들은 내다 팔 목적으로 이
곳에서 감자를 가져갔거든요. 그러고 보니, 정말 이곳과 관련 있는 제
뿌리는 다 외가 쪽에 있네요. 삼촌 한 분은 마을의 토담장이murero였습
니다. 다른 삼촌도 여기 안데스 도로에서 일한 적이 있고, 독재 정부 시
절에는 군대에 있었다고 해요. 제가 이곳에서 활동하게 된 것은 제 뿌리
때문인 것 같네요. 제가 공식적으로 활동을 시작한 것은, 지난 1974년
에 파울루 프레이리의 교육 방법론에 기초해 만들어진 민중교육센터에
서였어요. 베네수엘라에서 벌어진 국가적인 문맹 퇴치 운동은 파울루
프레이리가 교육학과 민중 교육에 대해 쓴 여러 글에서 착안해 만들어

진 것이었죠.

우리는 1974년에 공동체마다 민중교육센터를 설립해 활동하기 시작했어요. 그리고 나중에 더 큰 단체로 합쳤죠. 지금도 여전히 한 민중교육센터가 활동하고 있는데, '가족의 통합적 발전을 위한 민중교육센터'가 그곳입니다. 그리고 공동체에서 다양한 프로젝트를 수행했어요. 예를 들면, 룸브리쿨투라나 우리가 원래 만들어내던 원모原毛를 다시 생산하고자 하는 테히도[7], 가비디아에서 운영 중인 훈련센터, 공공 교통수단 마련 등이 있죠. 가장 중요한 것은 민중 교육을 할 사람들을 훈련하는 겁니다. 우리는 스스로 민중 교육가라고 생각하고 있습니다. 저 역시 민중 교육가고요.

민중교육센터는 1994년까지 각 공동체별로 활동했어요. 이후 주민센터를 만드는 분위기가 번져서, 각 공동체마다 주민센터가 만들어졌죠. 하지만 차베스 정부가 들어서면서 공동체평의회가 구성되었고, 이에 따라 나머지 조직들은 더 이상 활동하지 않아요.

믹스테케 공동체평의회

공동체평의회는 주민센터에 비해 민중교육센터 체계와 좀더 잘 맞습니다. 우리가 이런 체계로 공동체평의회를 설립한 건 지난 2005년이었어요. 그리고 공동체평의회법이 통과됐을 때, 법률에 맞춰 조정했죠.[8]

어떻게 공동체평의회를 설립했냐고요? 먼저 인구 조사를 했어요. 우

---

[7]   룸브리쿨투라 : 벌레 퇴비.

     테히도 : 면, 직물.

[8]   공동체평의회법은 2006년 4월 10일에 통과되었다.

리는 집집마다 찾아다니며 주민 모두와 이야기를 나눴죠. 그러다 보니 공동체에 유권자가 어느 정도나 되는지 파악하게 됐어요. 그리고 주민들은 누가 공동체평의회에서 일하면 좋겠는지 같은 의견도 말해줬죠. 이렇게 해서 우리는 추천받은 분들을 선출했어요. 집회를 소집해서 "자, 여기 계신 분들이 공동체평의회 후보입니다"라고 얘기했죠. 이후 우리는 선거관리위원회를 구성했고, 선거관리위원회는 법에 따라 투표에 필요한 제반 사항을 준비했어요. 당시 공동체평의회법이 아직 없었지만, 법안은 이미 제출된 상황이었거든요. 그에 맞춰 선거를 진행했고, 각자 지지하는 후보에 투표했어요.

믹스테케 공동체에는 총 88개 가구가 있어요. 한 가족당 네다섯 명이 있다고 간주하고 4나 5를 곱하면 공동체에 300에서 400명이 있다는 계산이 나옵니다. 바로 이들이 공동체평의회를 구성하게 되는 거죠. 이들이 곧 공동체 전체이고, 전체 총회를 이룹니다. 하지만 실제로 활동에 적극적으로 참여하는 사람은 25명 정도예요. 아직은 주민들이 적응하는 중이라서 그래요. 이런 과정을 내면화해서 자기 것으로 만들어야 합니다. 그래도 총회에는 대체로 70명 정도 참석해요. 그리고 공동체평의회 선거를 할 때, 12세 이상의 공동체 주민이라면 누구나 의무적으로 투표해야 해요. 십대 초반의 청소년을 포함한 것은, 이들도 관심을 가질 만한 문제가 있고, 그렇다면 이들도 자신의 문제에 대해 발언권을 행사해야 한다고 생각한 겁니다. 그래서 신중하게 결정했죠. 투표 부스와 투표소를 알리는 안내판을 설치하면, 사람들이 와서 투표를 해요. 그리고 투표를 하지 않은 사람들은 왜 투표를 못했는지 사유를 간단히 적어 제출해야 합니다. 몸이 아팠다거나 여행을 했거나, 뭐 그런 것들 말이에요. 어쨌든 공동체 주민이면 모두 투표해야 합니다. 그건 의무거든요.

그리고 총회에서는 공동체가 수행할 프로젝트들을 선택하고, 그다음에 각 프로젝트의 우선순위를 정해요. 즉 프로젝트의 우선순위를 정하는 것은 개인이 아니라, 총회입니다.

주민 총회에서 어떤 사안에 대해 결정하려면 주민이 50퍼센트 이상 참여해야 한다고 봅니다. 과반이 승인해야 하니까요. 만약 총회에 참가자가 절반을 넘지 않으면, 주민 총회는 자동으로 유예됩니다. 사람들이 다른 누군가를 탓한다든지, 우리 혼자 다 처리하려 한다고 떠든다든지 하지 않게 말이죠. 우리는 아직 적응 중이에요. 공동체평의회를 운영한 지 이제 겨우 3년 되었고, 우리가 평의회를 구성한 것은 관련 법이 만들어지기 전이거든요.

그간 우리는 추진했던 프로젝트를 모두 완수했어요. 이제 새로운 프로젝트를 막 시작하려는 중인데, 이번의 프로젝트는 '카사 코무날'(마을 회관)입니다. 이제 곧 새로운 공동체평의회를 선출해야 할 시점인데, 이번 공동체평의회는 앞으로 2년 동안 공동체와 관련한 일을 지도할 거예요. 공동체평의회 선거는 2년마다 있지만, 필요하다면 매년 하는 걸로 조정할 수도 있어요.

베네수엘라가 자랑하는 지방자치제의 모범

지역 공동체 발전이라는 관점에서, 랑헬 지역은 베네수엘라가 자랑하는 지방자치체의 모범 가운데 하나예요. 랑헬에는 92개 공동체평의회가 있고, 일부는 세 번째 프로젝트에 착수했습니다. 우리 공동체는 이미 네 번째 프로젝트를 준비하고 있고요. 공동체평의회는 완전히 수평적인 체계로 구성되어 있는데, 주민들이 이 점을 이해하는 데 어려움을 겪어요. 그동안 주민들은 수직적 형태의 조직에 익숙해 있었으니까요. 회장 밑에 비서, 비서 밑에 재무 담당자 하는 식으로요. 그런데, 이제는 아니거든요. 지금은 완전히 수평적인 체계로 바뀌었고, 기존의 수직적인 구조 대신에 위원회들만 있어요. 그래서 우리 역시 배우는 과정에 있습니다.

음, 지금은 우리가 약 50퍼센트 정도의 능력을 발휘하면서 활동하고 있다고 해두죠. 100퍼센트 발휘한다고 말하는 건 과장일 테니 그렇게 말할 수는 없고요. 모든 위원회가 100퍼센트의 능력을 발휘하면서 활동한다면야 성공한 거죠. 우리가 도달하려는 목표이기도 하고요. 하지만 그렇게 되려면, 우리가 추구하는 바가 무엇인지에 대해 좀더 분명한 비전이 필요해요. 이를 위해 우리는 다른 사람들을 지도하고 격려해야 합니다.

저는 공동체평의회의 사회적 회계 감사 분과에 속해 있어요. 저를 비롯한 이 분과 사람들은 공동체평의회의 자금이 어떻게 관리되는지를 감시합니다. 다른 사람들이 규정대로 돈을 잘 관리하고 있는지, 더불어 위원회들이 제대로 활동하고 있는지 말이에요.

공동체평의회의 체계는 정말 아름답습니다. 저와 민중교육센터는 오랫동안 이런 체계를 갈망해왔어요. 공동체평의회는 꽃과 같아요. 그렇지 않아요? 서로 다른 위원회가 곧 꽃잎 한 장 한 장이에요. 사회적 회계 감사 분과에서 활동하는 사람은 모두 다섯 명이고, 협동조합에도 다섯 명이 있습니다. 저는 우리 모두가 이런 과정을 배우고 적응하고 있다고 생각해요.

중요한 사실은 우리 스스로 돈을 관리한다는 겁니다. 전에는 시장 사무실을 찾아가야 했어요. 하지만 자금이 전부 시장 사무실로 오는 것도 아니어서, 그다음엔 또 다른 곳으로 찾아가야 했죠……. 하지만 지금은 아니에요. 모든 자금이 직접 공동체평의회로 제공되고 있고, 우리가 그 돈을 관리하면서 한층 더 발전하고 있어요.

가비디아 지역의 예를 들자면, 어느 공동체 주민들이 농사에 이용하는 길을 개선하는 데 드는 자금을 요청한 일이 있어서 한번 비교를 해봤죠. 관련 회사에서 400미터의 길을 포장하는 데 지출하는 총비용이 보통 몇만 볼리바르 푸에르테[Bs.F]나 되는지 확실하게는 모르겠어요. 하지만 우리는 3만 볼리바르 푸에르테를 받아, 그 회사가 예전에 했던 것보다 더 길게 길을 포장했습니다.[9] 직접 비교해보실 수 있어요.

저는 공동체평의회라는 제안이 뛰어나다고 생각합니다. 그런데 그 제안에는 또 다른 면도 있어요. 공동체평의회에 참여하는 사람들을 끊임없이 이데올로기적으로 교육하고 훈련해야 하는 거죠. 공동체평의회를 통해 우리가 하려는 것이 뭘까요? 무엇 때문에 정부는 자금을 직접 민중에게 제공하려고 하는 걸까요? 그래요, 우리는 단순히 경제라는 관점에서만 공동체평의회 활동을 하는 게 아니에요. 그런 생각은 공동체평의회를 고작해야 프로젝트에 기초한 평의회로 축소시킬 뿐입니다. 그런 게 아니라, 진정으로 통합적인 개발, 자생적인 발전에서 비롯되는 공동체평의회가 되어야 한다는 개념이에요.

그렇다면, 자생적인[endogenous] 발전이라는 것이 뭘까요? 음, 우리는 자생적인 발전이란 밑에서부터, 기층 수준에서 나오는 것이라고 봐요. 외인성[exogenous]의 발전은 예전 방식처럼 위로부터 나오는 것이죠. 따라서 공동체평의회는 자생적인 발전입니다. 기층에서 발생하는 일을 중심으

---

9   1달러 = 2.15Bs.F, 3만 Bs.F = 1만 3953달러(한화 약 1620만 원).

로 활동하기 때문이에요. 우리는 주민 총회에서 공동체와 관련한 일을 토론하고, 총회에서 그것들을 승인하거나 부결합니다. 프로젝트들은 위에서 아래로 강요되는 것이 아니라, 기층의 필요에서 나오고 있어요.

프로젝트

우리 공동체에서 처음으로 추진한 프로젝트는 관개시설을 개선하는 것이었고, 두 번째는 차단벽을 설치하여 차마 강 계곡 일부를 보수하는 것이었어요. 지금 계획 중인 다른 프로젝트로는 카사 코무날(마을 회관) 건이 있어요. 마을 회관이 있긴 하지만, 워크숍을 할 만한 정도로 공간이 충분치는 않거든요. 청소년과 성인, 아이들이 워크숍을 진행해야 하는데, 현재 마을 회관에는 방이 하나밖에 없어요. 그 좁은 곳에서 다양한 단체들의 모임을 열고 있는 형편이죠. 그래서 우리는 다음 프로젝트가 마을 회관 설립으로 결정되었으면 해요.

주거 프로젝트는 올해의 역점 사업입니다. 우리는 주택을 열 채 새로 짓고 아홉 채를 보수하는 프로젝트를 승인받았고, 이를 위해 약 30만 볼리바르 푸에르테를 받았어요.[10]

그 와중에 정부 내각 개편이 있었습니다. 정부 내 관료주의를 끝장냈으면 좋겠는데, 관료주의가 이전보다 더 커진 것 같아 유감스럽네요. 그래서 우리는 모임을 가질 예정입니다. 이 문제에 대해 각 지역에서 무엇을 해야 할지 계획하려고요.

---

10   30만 Bs.F – 13만 9534달러(한화 약 1억 6200만 원).

공동체평의회와 볼리바리안 혁명

공동체평의회에 별 관심 없는 마을이 전국적으로 많은 것 같아요. 그 이유는 가부장주의나 '나' 우선주의I-ism, 이기주의죠. 정부에게 받기만 하면 된다는 생각에 무관심이 팽배해서이기도 한데, 특히 빈민가가 그래요. 이게 가장 어려운 점이에요. 빈민가에 사는 사람들의 사고방식을 바꾸는 것 말이죠. 정부가 공동체평의회를 통해 각 공동체의 지도자들을 제대로 훈련했으면 좋겠어요. 그래야 이들이 프로젝트를 만들고 계속 유지할 수 있는 정신적 능력을 갖출 수 있거든요. 명예ad honoren 따위가 아니라, 지도자가 될 사람들이 공동체에서 이데올로기적으로 발전을 도모하고, 서로 교류할 수 있게끔 동기를 부여하자는 거예요. 예를 들어 다른 공동체 사람들이 우리 공동체를 방문하면, 그런 만남에서부터 교류가 시작되는 거죠.

우리는 전부터 이런 교류 활동을 해왔습니다. 한 예로 우리 친구 제임스 서제트가 와유 부족 사람들을 공동체에 데려왔어요. 그들은 우리 공동체에 깊은 인상을 받았는데, 이번엔 우리가 그 사람들 공동체로 갈 예정입니다. 과히라와 팔마리토, 세아 사람들도 이곳에 왔고요. 여성들도 우리가 하는 활동을 보러 왔는데, 지저분한 쓰레기 처리를 우리가 직접 하는 것을 보고 깊은 인상을 받더군요.

변화하는 시대

우리 공동체는 더 이상 예전과 같지 않아요. 지난 5년 동안 랑헬 지역은 정말 많이 변했습니다. 눈이 휘둥그레질 정도로요. 택시 노선이 세 개나 있고, 이미 독자적인 교통수단을 확보한 공동체도 두 군데나 됩니다.

며칠 전에 광장에 나갔더니, 아이들은 롤러스케이트를 타고 어른들은 한쪽에서 음악에 맞춰 춤을 추고 있더군요. 이런 모습을 본 게 정말 얼마 만인지요.

발렌시아에서 사람들이 많이 찾아와서 우리 공동체의 평온함을 체험하고는 이렇게 말해요. "이야, 베네수엘라도 많이 변했지만, 무쿠치에스도 많이 변했네"라고요. 석유 활황이 일었을 때 공동체를 떠났던 사람들도 돌아오고 있는데, 그 대다수가 그때 재산을 팔고 떠난 걸 후회하고 있어요. 카라카스로 떠났던 사람들도 다시 돌아오고 있고요. 이런 식으로 공동체로 들어오는 이주자 중에는 또 다른 부류도 있어요. 바로 콜롬비아 사람들인데, 엄청나게 많은 수가 이주해 오고 있습니다.

차베스 정부하의 변화

지금 달라진 점은, 자원이 민중에게 직접 향한다는 거예요. 이제는 시장을 만나러 가서 이야기할 수 있습니다. 예전에는 시장을 만나려면 한 달이나 두 달 전에 미리 약속을 잡아야 했고, 만나도 당황해서 제대로 말도 못했거든요. 그러다가 선거가 다가오면 그들은 우리 표를 얻으려고 이렇게 말하곤 했죠.

"자, 저를 뽑아주시면 여러분에게 건축용 콘크리트 블록과 여기 판잣집에 쓸 함석판을 드리겠습니다."

하지만 막상 선거가 끝나고 나면 나아지는 게 없었죠. 지금은 시장을 만나서 이야기할 때, 더 이상 쭈뼛해지지 않아요. 저는 차베스 대통령과도 이야기를 나눴는걸요. 게다가 〈알로 프레시덴테〉라는 토크쇼 247회에서 정부가 과학 미션을 하겠다고 공표했을 때, 대통령이 제게 호세 마르티^{José Martí}(19세기 쿠바의 시인이자 정치가—옮긴이)의 시 한 편을 들려 주기도 했어요. 저는 그에게 우리가 하고 있는 프로젝트들에 대해서 말 해주었고요.

우리는 카라카스에서 열린 국제 회의에도 참석했어요. 예전에 이런 경우를 본 적이 있어요? 상상도 못할 일이었죠. 우리 같은 사람들은 그 런 곳에 갈 수조차 없었어요. 순진하다고 생각할지 모르겠지만, 우리는 힐튼 호텔을 말로만 수없이 들어봤을 뿐인지라, 그 안은 어떻게 생겼을 까 궁금했죠. 우리는 테레사 카레뇨 극장에도 가봤어요.[11] 그래요, 지금 은 정부가 민중을 생각하고 있는 거죠. 하지만 우리가 정말로 중점을 둬 야 하는 것은 이데올로기적인 부분이에요. 우리도 인간인지라, 실수를 하기 때문이죠.

제4공화국 시절과 비교하자면, 그때도 그들이 우리가 살 집을 여기 에 짓긴 했어요. 하지만 하나같이 해안가나 저지대, 아니면 산지에다가 지었죠. 그리고 그들은 그런 집을 석면으로 지었습니다. 석면이 들어간 지붕 같은 것 말이죠. 의사들은 이제야 석면이 발암성 물질이라고 알려 줬습니다. 어쩐지, 우리집에 석면 아래 있는 건 죄다 새까맣게 변하고, 아이들도 자꾸 아팠더랬죠. 의사는 그런 게 바로 석면 때문에 발생하는 문제라고 말해주더군요. 비교해 보세요. 이전에 정부가 지어준 집과 지 금 우리가 살고 있는 집을요. 지금은 타일로 된 지붕에, 나무로 지어진 정말 산뜻한 집이죠. 이렇게 우리 삶이 실제로 변하고 있습니다.

---

11   테레사 카레뇨 극장은 교향곡 연주와 콘서트, 오페라, 발레, 기타 문화적인 공연을 하 는 베네수엘라 최고의 극장이다. 1976년에 개관한 테레사 카레뇨 극장은 고액의 입 장료 때문에 대다수 가난한 노동자들에게 그림의 떡과 같은 곳이었다. 그러나 차베스 정부는 이 극장 입장료를 이전보다 낮추거나 무료로 개방했다. 지난 10여 년 동안 여 기서 수많은 문화 · 정치적 활동과 행사가 열렸다.

차베스 대통령과의 관계

빨간색 모자와 셔츠를 입는다고 해서, 그 사람들이 모두 차베스를 지지하는 게 아니에요. 사회주의자가 아닌 사람들도 있다는 얘기죠. 이런 사람들은 변화를 원하지 않아요. 모두가 변화를 바라는 게 아닙니다. 모두들 자신의 진짜 정체를 감추고 있죠. 저는 차베스 지지 행진에 겨우 딱 한 번 참석했습니다. 하지만 저처럼, 차베스 지지 집회에 참석하진 않아도 우리가 원하는 변화를 실제로 이루려는 사람들이 많아요. 우리가 진정으로 원하는 변화란, 이데올로기적 원칙을 기반으로 지역 공동체 주민들을 교육하고 훈련하는 겁니다.

저는 가장 눈부시게 아름다운 것이 바로 이 집단 공동체 활동이라고 생각해요. 서로를 존중하고, 힘을 합쳐 상황을 바꾸는 것 말이에요. 우리는 변해야 합니다. 50년 전이나 500년 전과 똑같이 머물러 있을 수는 없잖아요. 우리는 베네수엘라에서 이런 변혁을 이루어내고 있습니다. 그러니 차베스가 있든 없든, 베네수엘라는 더 이상 예전과 같지 않아요. 이렇게 사람들의 사고방식을 바꾸는 것이야말로 차베스 대통령의 가장 중요한 과제이기도 하고요.

정말이지, 사람들의 사고방식이 어떻게 그렇게 바뀌는지 신기해요. 우리가 소집하는 모임에서 주민들이 말하는 것이나 계획을 짜는 모습을 보면 느낄 수 있어요. 마를린Marlin 같은 어린 소녀가 남들과 다르게 생각하는 걸 보셔야 해요.[12] 그 어린 소녀가 대담하게 부엽토에서 PH를 측정하고, 모임에 나가서 토론하는 모습을요. 이런 걸 보면, 현실이 정말로 변하고 있는 것 같아요. 저도 지금 공부를 하고 있습니다. 저는 미

---

12 마를린은 공동체평의회의 어린 청소년 회원이지, 퇴비생산협동조합에도 속해 있다.

션 리바스에서 공부하고 있고, 곧 고등학교 졸업장을 딸 예정입니다. 앞으로는 물리학을 공부할 생각이고요.

공동체평의회는 그저 차베스 대통령의 지지자들인가?

제 생각은 완전히 달라요. 공동체평의회는 단순히 차베스 지지자들로만 구성되어 있지 않아요. 공동체 전체가 공동체평의회를 구성하고, 베네수엘라의 혁명 과정에 뜻을 같이하는 사람도 있지만, 또 어떤 사람들은 그렇지 않거든요. 그렇지만 후자의 사람들도 프로젝트로부터 혜택을 보는 건 마찬가지예요. 예를 들어 우리가 설치한 관개 수로의 경우, 그 혜택은 단순히 농민에게만이 아니라 공동체 전체에게 돌아가잖아요. 그렇죠? 그래서 저는 공동체평의회를 통한 이런 교육 혹은 사회·정치적 훈련이 의미가 있다고 생각합니다. 우리는 지역 공동체에서, 그러니까 공동체평의회에서 교육을 받아야만 해요. 사회·정치적 교육을 받아야 이런 활동들이 단순히 일회성 미봉책panitos calientes에 그치지 않을 수 있거든요.[13] 진정한 교육 훈련 과정이 되는 거죠.

이 과정을 하루아침에 이해하지는 못할 겁니다. 기층에서부터 일어난 변화 과정이니까요. 국제적인 차원에서 우리의 사례를 얘기해보자면…… 며칠 전에 미국에서 몇몇 청년들이 우리 공동체를 찾아 왔는데, 그들에게 이렇게 말했어요. 각 세대마다 새로운 발상과 계획을 갖게 되는데, 바로 우리가 그런 새로운 발상과 계획을 가져야 한다고 말이죠.

---

13 반창고panitos calientes : 여기서는 증상을 당장에 감추는 데 급급한, 변변치 않은 해결책이나 평범한 예방책을 의미한다.

주민센터와 공동체평의회

예전에 있던 주민센터는 몇몇 지도자가 주도했습니다. 하지만 지금은 그렇지 않아요. 지금은 공동체평의회가 있고, 공동체와 관련한 일을 승인받기 위해서는 총회를 열어야 하기 때문입니다. 개인이 결정할 수 없죠. 예전에는 공동체평의회가 대의적인 성격이 강했지만, 지금은 주민들의 참여율이 엄청나게 늘고 있어요. 맞습니다. 공동체평의회가 참여를 위한 여건을 마련했기 때문이죠. 그래서 제가 교육이 필요하다고 말하는 거예요. 사람들의 사고방식이 우리가 구현하려는 이데올로기로 하루아침에 바뀔 수는 없으니까요. 그 이데올로기가 바로 사회주의입니다. 여전히 실현하는 과정에 있죠. 그래요, 맞아요. 민중은 권력을 가지게 됐습니다.

민중은 이제 스스로 가치가 있는 사람이라고 느끼고 있어요. 예전엔 그렇지 못했습니다. 당시에는 정부가 우리를 존중하지 않았으니까요. 그들은 지원금 몇 푼이나 약간의 시멘트 포대와 콘크리트 블록 등으로 우리 입을 막았지만, 정작 그러한 자원이 실제로 어디로 가는지는 알 수 없었어요. 예전에는 베네수엘라가 더 부유했기 때문에 자원이 아주 많았는데도요. 반면에 지금, 모든 어려움을 이겨내고 우리가 성취한 것들을 보세요. 경제위기는 우리에게 영향을 미치지 않고 있어요. 신에게 감사할 일이죠. 우리 공동체의 메르칼에 가면 닭을 구할 수 있어요.[14] 고기도 있고, 쌀도 있죠. 모든 게 있어요.

이제 당신도 베네수엘라가 대의제에서 참여민주주의로 이행하고 있는 게 정말로 느껴질 겁니다. 참여민주주의란 게 뭘까요? 저는 민중에게 권력을 주는 거라고 생각해요. 좋은 의미에서 말이죠. 앞서 말해왔듯이, 민중에게 권력을 준다는 의미는 민중이 자기 수중에 있는 자원을 스스로 관리하는 것을 뜻해요.

더불어 회계 감사와 투명성이 보장되어야 하고, 후속 조치가 뒤따라야 하죠. 이게 제가 생각하는 참여민주주의예요. 그런 민주주의 체제하에서는 자기 권리와 의무를 주장할 수 있고, 무언가에 반대할 자유가 보장되며, 그 누구도 소외되지 않고, 가난도 없어요. 이런 것이야말로 참여민주주의라고 생각합니다. 그리고 바로 이 랑헬에서, 지금 이 순간 참여민주주의를 실천하는 중이라고 믿습니다.

하지만 꼭 염두에 둬야 하는 게, 도시 빈민가에서는 이를 이해하기가 어렵다는 거예요. 우리 같은 지역 공동체에 살면 상황을 이해하기 쉬운데, 왜냐하면 여기는 공간이 넉넉하거든요. 우리는 빈민가에서처럼 콘크리트에 갇혀 있지 않아요. 여기는 자연환경 덕택에 상황을 숙고하고 분석할 공간이 있습니다. 하지만 초대형 도시에 사는 가난한 집 아이들과 청년들에게는 이를 위한 그 어떤 대안 공간도 없는 상태죠. 그러다 보니 이들은 텔레비전을 보는 데 온통 정신이 팔려 있어요. 그건 그냥 뇌를 낭비하는 것에 불과한데도요.

---

14   엘 메르칼: 정부로부터 보조금을 받는 베네수엘라 국영 식료품 상점. 미션 메르칼은 2003년 4월 22일에 공식적으로 시작되었다. 베네수엘라 보건부 부장관인 훌리오 세사르 알비아레스Julio César Alviarez가 2009년 7월에 유엔에서 한 연설에 따르면, 미션 메르칼을 통해 베네수엘라 전역에 6048개에 이르는 급식시설과 1만 6529개의 메르칼 식료품 상점이 개설되었다. 이런 조치로 베네수엘라 인구의 절반 이상이 혜택을 받았다. "Viceministro Alviarez en la ONU: Venezuela alcanza los Objetivos de Desarrollo del Milenio," *Prensa Misión Permanente en la ONU*, July 9, 2009, http://www.aporrea.org/venezuelaexterior/n138358.html.

국제 문제

주류 언론들은 끔찍하죠. 바뀌어야 해요. 언론은 사람들을 교육해야 하고, 지역 공동체들이 참여할 공간을 열 필요가 있어요. 닫혀 있어서는 안 돼요. 열려 있어야 합니다. 특히 젊은이들은 자신의 미래를 두고 차분히 이야기를 해봐야 합니다. 며칠 전에 들은 이야기가 있는데, 그게 사실인지 아닌지는 모르겠습니다만, 미국 헌법의 역사가 200년이 넘었는데 한 번도 새로 만들어진 적이 없다고 하더군요. 미국 헌법은 구약성경처럼 절대 바꿀 수 없는 것인가 봐요.

저는 세대가 계속 변한다고 생각해요. 지금 제 어머니 연세가 78세이신데, 사실 어머니는 지금의 저랑 생각이 달라요. 어머니가 제 나이쯤이셨을 때도 저와 다르게 생각하셨겠죠. 따라서 서로 어느 정도 존중해야 합니다. 지난 세대는 새로운 세대를 존중하고, 새로운 세대들은 하나의 집단 공동체로 힘을 합쳐 자신들의 생각을 정밀하게 다듬어야 합니다. 그리고 이런 생각을 글로 남겨야 하고, 공동체는 이를 존중해야 해요. 200년 묵은 헌법을 가지고 젊은 세대들이 뭘 하겠어요? 기존 세대의 가치관과 다른 무언가를 믿는 이 십대 젊은이들이 말이에요. 권력을 쥔 엘리트들은 그저 이 아이들을 무시하려 들 겁니다.

저는 전쟁이 미국에 유리하다는 이야기를 듣고 충격을 받았어요. 무기를 팔아먹을 속셈으로 전쟁이 벌어지길 원하는 미국 군수산업 때문이라더군요. 제발 그만! 이건 있어서는 안 되는 일이에요. 서로 도와주어야 할 다른 형제자매들을 죽이고 있는 겁니다.

우고 차베스 베네수엘라 대통령이 이끄는 21세기 사회주의 혁명의 감동을 전하기 위해 베네수엘라 혁명 연구모임을 결성해,《차베스, 미국과 맞짱뜨다》(시대의창)라는 책을 낸 바 있다. 2006년 12월 출간된《차베스, 미국과 맞짱뜨다》는 사회과학 서적으로는 드물게 1만 부가량 판매되면서, 많은 사람들에게 베네수엘라에서 일어나고 있는 21세기 사회주의의 희망을 전했다. 국내총생산GDP이 대한민국의 절반밖에 되지 않는 베네수엘라에서 무상의료와 무상교육이 실시되고, 그동안 착취당하고 수탈당하던 인민대중이 사회의 주인이자 역사의 주체로 우뚝 서는 혁명 과정은 그 어떤 가상의 텔레비전 드라마에서도 느낄 수 없는 '진짜' 감동을 선사한다.

《차베스, 미국과 맞짱뜨다》가 큰 반향을 일으킨 데에는 베네수엘라 혁명의 탁월한 지도자인 우고 차베스의 카리스마와 매력이 큰 몫을 했다. 외신에서 연일 차베스 대통령의 일거수일투족을 보도할 정도로 그는 유명 인사다. 그래서 자연스레《차베스, 미국과 맞짱뜨다》는 우고 차베스라는 인물을 중심으로 베네수엘라의 혁명을 풀어냈다. 그럼에도 마음 한 구석에는 진한 아쉬움이 남아 있었다. 너무나 당연하게도, 베네수엘라의 혁명은 차베스만의 혁명이 아니기 때문이다.

《사회주의는 가능하다》는 차베스와 함께 베네수엘라의 21세기 사회주의 혁명을 만들어가고 있는 무명용사들의 이야기다. 이 책은 베네수엘라 기층 활동가 30여 명의 인터뷰를 담고 있다. 노동운동, 농민운동, 공동체운동, 학생운동, 선주민운동, 여성운동, 성소수자운동, 미디어운동, 협동조합운동 등 다양한 분야에서 베네수엘라의 21세기 사회주의를 건설하는 데 헌신적으로 복무하고 있는 그들 삶의 '디테일'은 그 어떤 고결한 혁명 이론보다도 더 큰 교훈을 전한다. 항상 그렇듯 감동은 관념 덩어리에서 오는 것이 아니라 삶의 '디테일'에서 오기 때문이다.

이 글을 쓰고 있는 옮긴이 역시 이 책에 나오는 사람들처럼 활동가다. 이 책을 번역하는 과정은 마치 긴 여행과 같았다. 옷가지 정도를 넣은 배낭 하나 둘러메고 베네수엘라 곳곳을 여행하면서, 각 지역에서 사회주의를 건설하고자 투쟁하고 있는 활동가들을 만나 오래도록 이야기하고 함께 베네수엘라 전통 술을 기울인 듯한 느낌이랄까. 번역을 마치니 후련함보다는 아련함이 남은 것은 이런 이유 때문이리라.

바쁜 와중에도 책의 절반을 나눠 맡아 흔쾌히 번역 작업에 동참한 문이 얼 님께 마음으로부터 감사함을 전한다. 또한 정말 어려운 출판 여건 속에서 상업적 판단만으로는 출간이 어려운 이 책의 번역 출간을 흔쾌히 결정한 시대의창 김성실 사장님 및 직원 분들께 감사한 마음뿐만 아니라 깊은 부채감을 느낀다.

그동안 여러 권의 책을 직접 저술해왔지만, 번역서가 직접 쓴 책 이상의 보람을 줄 것이라고는 생각지 못했다. 이 책은 그런 새로운 감정 하나를 일깨워줬다. 항상 그렇듯 모두에게 고마울 뿐이다.

2012년 5월, 임승수

AD : Acción Democrática 민주행동당

ALBA : Alianza Bolivariana para los Pueblos de Nuestra América 아메리카 대륙을 위한 볼리바리안 대안

ANMCLA : Asociación Nacional de Medios Comunitarios, Libres y Alternativos 전국 자유 및 대안 공동체 미디어 협회

BANMUJER : Banco de Desarrollo de la Mujer 여성개발은행

BICECA : Building Informed Civic Engagement for Conservation in the Andes-Amazon 안데스-아마존 보존을 위한 깨어 있는 시민 참여 건설

BR : Partido Bandera Roja 반데라 로하

CANEZ : Coordinadora Agraria Nacional Ezequiel Zamora 에세키엘 사모라 전국농업조정자

CDI : Centro Médico de Diagnóstico Integral 중앙진료소

CECONAVE : el Central Cooperativas Nacional de Venezuela 베네수엘라 전국협동조합연합

CEIBA-DA : centro de Estudios Integrales para Barlovento y la diáspora africana 바를로벤토와 아프리카 디아스포라 통합 연구센터

CEM : Centro de Estudios de la Mujer 여성연구센터

CIGO : Consorcio Industrial Ganadero Ospino 오스피노 축산업 컨소시엄

CLER : Comités de Luchas Estudiantiles Revolucionarias 혁명적 학생투쟁위원회

CLPP : Consejos Locales de Planificación Pública 지역공공계획위원회

CMR : Corriente Marxista Revolucionaria 혁명적 마르크스주의 흐름

CNE : Consejo Nacional Electoral de Venezuela 선거관리위원회

CNU : Consejo Nacional de Universidades 전국대학위원회

CNV : Constructora Nacional de Válvulas

CONAC : Consejo Nacional de la Cultura 국가문화위원회

CONATEL : Comisión Nacional de Telecomunicaciones 국가통신위원회

CONFILAR : Confederación Internacional por la Libertad y Autonomía Regional 자유와 지역 자율을 위한 국제연합

CONG : Coordinadora de Organizaciones No-Gubernamentales de Mujeres 여성NGO연합

CONIVE : Consejo Nacional Indio de Venezuela 베네수엘라 전국선주민위원회

COPEI : Comité de Organización Política Electoral Independiente 기독사회당

CTU : Comités de Tierra Urbana 도시토지위원회

CTV : Confederación de Trabajadores de Venezuela 베네수엘라 노동자연맹

CUTV : Central Unitaria de Trabajadores de Venezuela

CVG : Corporación Venezolana de Guayana 과야나 개발공사

DIGEPOL : Dirección General de Policía 총경찰국

DIM : Dirección General de Inteligencia Militar 군정보총국

DISIP : Dirección de los Servicios de Inteligencia y Prevencion 정보안보국

ECPAI : Equipos Comunitarios de Producción Audiovisual Independiente 독립 지역 공동체 시청각팀

EPS : Empresa de Produción Social 사회적 생산 기업

F.C.V : Venezuelan Campesino Federation 베네수엘라 농민연맹

FALN : Fuerzas Armadas de Liberación Nacional 민족해방군

FBT : Fuerza Bolivariana de Trabajadores 볼리바리안 노동자전선

FCRSB : Frente Campesino Revolucionario Simón Bolívar 시몬 볼리바르 혁명적 농민전선

Fedecámaras : Federación de Cámaras y Asociaciones de Comercio y Producción de Venezuela 페데카마라스(상공회의소)

Fedenaga : Federación Nacional de Ganaderos de Venezuela 베네수엘라 목장 경영자연합

FEVEC : Federación Venezolana de Centros de Cultura Cinematográfica 베네

수엘라 문화영화예술센터연합

FIB : Federación Indígena del Estado Bolívar 볼리바르 주 선주민연맹

FIPCA : Frigorífico Industrial Portuguesa 포르투게사 육가공사

FNCEZ : Frente Nacional Campesino Ezequiel Zamora 에세키엘 사모라 전
국농민전선

FNCSB : Frente Nacional Comunal Simón Bolívar 시몬 볼리바르 전국코뮌
전선

FPMR : Frente Patriótico Manuel Rodríguez 마누엘 로드리게스 애국전선

FRETECO : Frente Revolucionario de Trabajadores de Empresas en Cogéstion y
Ocupadas 공장점거 공동경영 노동자혁명전선

FSBT : Frente Socialista Bolivariana de Trabajadores 볼리바리안 사회주의노
동자전선

Fundayacucho : Fundación Gran Mariscal de Ayacucho 푼드아야쿠초

IALA : Instituto Agroecológico Latinoamericano, "Paulo Freire" 파울루 프레
이리 라틴아메리카 농업생태연구소

INAMUJER : Instituto Nacional de la Mujer 국가여성원

INCE : el Instituto Nacional de Capacitación y Educación 국가연수교육원

INDECU : Instituto para la Defensa del Consumidor y el Usuario 인데쿠(소비
자 교육 및 권익 보호 기구)

INDEPABIS : Instituto para la Defensa de las Personas en el Acceso a los Bienes y
Servicios 인데파비스(상품과 서비스에 대한 민중의 접근권 보호 기구)

INSAI : Instituto Nacional de Salud Agrícola Integral 국립종합농업보건원

INTI : Instituto Nacional de Tierras 국가토지원

LOE : Ley Orgánica de Educación 교육기본법

M-13 : Movimiento 13 de Marzo 3월 13일 운동

MAS : Movimiento al Socialismo 사회주의를 향한 운동

MBR-200 : Movimiento Bolivariano Revolucionario 200 혁명적 볼리바리안
운동 200

MINCI : Ministerio del Poder Popular para la Comunicación y la Información 정보통신부

MIR : Movimiento de Izquierda Revolucionaria 좌파혁명운동

MLN : Movimiento de Liberación Nacional 민족해방운동

MPPAT : Ministerio del Poder Popular para la Agricultura y Tierras 농업과 토지를 위한 인민권력부

MRT : Movimiento Revolucionario de los Trabajadores 혁명적 노동자운동

MST : Movimento Sem Terra 무토지농민운동

MTST : Movimento dos Trabalhadores Sem Teto 무주택노동자운동

MUSEC : Movimiento Universitario Socialista de Estudiantes de Ciencias 이과 학생 사회주의 대학 운동

MVR : Movimiento Quinta República 제5공화국운동

NUDE : Núcleo de Desarrollo Endógeno

OR : Organización Revolucionaria 혁명조직

ORPIA : Organización Regional de los Pueblos Indígenas de Amazonas 아마소나스 주 선주민지역조직

PCV : Partido Comunista de Venezuela 베네수엘라 공산당

PDVAL : Producción y Distribución Venezolana de Alimentos

PDVSA : Petróleos de Venezuela S.A 국영 석유회사

PRV : Partido de la Revolución Venezolana 베네수엘라 혁명당

PSUV : Partido Socialista Unido de Venezuela 베네수엘라 통합사회주의당

RCTV : Radio Caracas Televisión

RedTV : Red de Transmisiones de Venezuela 베네수엘라 방송 네트워크

Ruptura : Movimiento Político Rutptura 룹투라

SASA : El Servicio de Sanidad Agropecuaria 농업보건서비스

SINGETRAM : Sindicato Nueva Generación de Trabajadores de Mitsubishi 미쓰비시 새세대노동조합

SUNACOOP : Superintendencia Nacional de Cooperativas 국가협동조합감독원

UBV : Universidad Bolivariana de Venezuela 베네수엘라 볼리바리안대학

UCV : Universidad Central de Venezuela 베네수엘라중앙대학

ULA : Universidad de Los Andes 안데스대학

UNEFA : La Universidad Nacional Experimental Politécnica de la Fuerza Armada Bolivariana 국립 볼리바리안 군軍 실험공과대학

UNESR : Universidad Nacional Experimental Simn Rodríguez 시몬 로드리게스 국립부속대학

UNT : Union de Trabajadores de Venezuela 전국노동조합

URD : Unión Republicana Democrática 민주공화연합

Venepal : Venezolana de la Pulpa y Papel 베네팔

VTV : Venezolana de Televisin

가비디아 : Gavidia

개척자 캠프 : Campamentos de pioneros

골론 : Golon

공동체 텔레비전 및 라디오 방송에 관한 규정 : Reglamento de
　Radiodifusión Sonora y Televisión Abierta Comunitaria de Servicio Público

공장점거 공동경영 노동자혁명전선 : FRETECO, Frente Revolucionario de
　Trabajadores de Empresas en Cogéstion y Ocupadas

과라이라레파노 : Guaraira-Repano

과레나스 : Guarenas

과야나 : Guayana

과야나 개발공사 : CVG, Corporación Venezolana de Guayana

과이레 : Guaire

과이카이푸로 : Guaicaipuro

과티레 : Guatire

과히라 : Guajira

교육기본법 : LOE, Ley Orgánica de Educación

구야나 : Guyana

국가문화위원회 : CONAC, Consejo Nacional de la Cultura

국가 볼리바리안 교육 커리큘럼 : National Bolivarian Education Curriculum

국가 상호문화주의와 이중 언어 교육 공단 : Dirección Nacional de
　Educación Intercultural Bilingü

국가여성원 : INAMUJER, Instituto Nacional de la Mujer

국가연수교육원 : INCE, el Instituto Nacional de Capacitación y Educación

국가토지원 : INTI, Instituto Nacional de Tierras

국가통신위원회 : CONATEL, Comisión Nacional de Telecomunicaciones

국가협동조합감독원 : SUNACOOP, Superintendencia Nacional de

Cooperativas

국립 볼리바리안 군軍 실험공과대학 : UNEFA, La Universidad Nacional
   Experimental Politócnica de la Fuerza Armada Bolivariana

국립종합농업보건원 : INSAI, Instituto Nacional de Salud Agrícola Integral

국영 석유회사 : PDVSA, Petróleos de Venezuela S.A

국회 아프리카계의 권리와 책임, 보장 및 참여와 법률 문제 중재위원회
   : Subcomisión de Legislacin, Participación, Garantías, Deberes y Derechos de
   los Afrodescendientes

군정보총국 : DIM, Dirección General de Inteligencia Militar

그란 콜롬비아 : Gran Colombia

그루포 콘시엔시아 : Grupo Conciencia

그룹 에세 : Grupo S

글로보비시온 : Globovisión

기독사회당 : COPEI, Comité de Organización Política Electoral Independiente

내부 정책 : Reglamento Interno

네그로 미겔 : Negro Miguel

노라 카스타네다 : Nora Castañeda

농업과 토지를 위한 인민권력부 : MPPAT, Ministerio del Poder Popular para
   la Agricultura y Tierras

농업보건서비스 : SASA, El Servicio de Sanidad Agropecuaria

농업은행 : Banco Agricola

누에바 그라나다 : Nueva Granada

누에바스 트리부스 : Nuevas Tribus

니시아 말도나도 : Nicia Maldonado

단협 이행 및 고충위원회 : Contract Enforcement and Conflict Committee

대학제헌의회 : constituyente universitaria

대학촌 : Aldeas Universitarias

대학평의회 : Consejo Universitario

대학 혁신 운동 : Movimiento de Renovación Universitaria

도시토지 사용에 관한 조례 : Decreto de Uso de Tierras Urbanas

도시토지위원회 : CTU, Comités de Tierra Urbana

독립 지역 공동체 시청각팀 : ECPAI, Equipos Comunitarios de Producción Audiovisual Independiente

동성애 사회주의자 블록 : El bloque Socialista Homosexual

디오스다도 카베요 : Diosdado Cabello

라 과이라 : La Guaira

라 과히라 : La Guajira

라디오 레벨데 : Radio Rebelde

라디오 리베르타드 : Radio Libertad

라디오 모로코이 : Radio Morrocoy

라디오 악티바 데 라 베가 : Radio Activa de La Vega

라디오 알리 프리메라 : Radio Ali Primera

라디오 알테르나티바 : Radio Alternativa

라디오 오레히타 : Radio Orejita

라디오 카티아 리브레 : Radio Catia Libre

라디오 콘비테 : Radio Convite

라디오 페롤라 : Radio Perola

라라 : Lara

라 마탄사 : La matanza

라몬 비리가이 : Ramón Virigay

라스 바라카스 : Las Barracas

라 오히야 : La Hojilla

라울 블랑코 : Raúl Blanco

라 카냐다 : La Cañada

라티푼디오 : latifundio

라 파스토라 : La Pastora

라 파스토라 플라사 : La Pastora Plaza

라파엘 칼데라 : Rafael Caldera

라 페드레라 : La Pedrera

라 피에드리타 : La Piedrita

람브다 : Lambda

랑세로 : lancero

레마델 : Remadel

레오네스 : Leones

레우포그룹 : Leufogrup

레플레호스 : Reflejos

로물로 베탕코우르트 : Rómulo Betancourt

로빈슨 : Robinson

로스 몬토네스 : Los Montones

로스 테케스 : Los Teques

루도테카 : ludoteca

루이스 에스펠로신 : Luis Espelozin

루이스 카바예로스 메히아 : Luis Caballeros Mejia

루이스 페르도모 : Luis Perdomo

룸보 프로피오 : Rumbo Propio

룸브리쿨투라 : lumbricultura

룹투라 : Ruptura, Movimiento Político Rutptura

리디세 헤수스 예레나 : Lídice "Jesús Yerena"

리마 : Lima

리바스 : Ribas

리베르타도르 : Libertador

리산드로알바라도대학 : Lisandro Alvarado

리오 카타툼보 : Río Catatumbo

리차르드 라 로사 : Richard La Rosa

마가야네스 : Magallanes

마누엘 로드리게스 애국전선 : FPMR, Frente Patriótico Manuel Rodríguez

마누엘 로살레스 : Manuel Rosales

마누엘 멘도사 : Manuel Mendoza

마누엘 팔라시오 파하르도 : Manuel Palacio Fajardo

마누엘 폰테 로드리게스 : Manuel Ponte Rodríguez

마드레스 델 바리오 : Madres del Barrio

마라카이보 : Maracaibo

마라카이보 여성의 집 : Casa de la Mujer de Maracaibo

마레마레스 : Maremares

마레이와 : Mareiwa

마렐리스 페레스 마르카노 : Marelis Pérez Marcano

마르가리타 : Margarita

마르코스 페레스 히메네스 : Marcos Pérez Jiménez

헤오르히 마르티네스 토레스 : Georgi Martinez Torres

마리기타르 : Marigüitar

마리아넬라 토바르 : Marianela Tovar

마리아 비센타 다빌라 : María Vicenta Dávila

마리파 : Maripa

마이산타 : Maisanta

마이키발라살리 : Maikivalasalii

마체 : Mache

마카라쿠아이 : Macaracuay

마쿠사 : Macusa

마킬라도라 : maquiladora

망고 데 오코이타 : Mango de Ocoita

메데인 : Medellín

메르칼 : Mercal

메리다 : Mérida

무주택노동자운동 : MTST, Movimento dos Trabalhadores Sem Teto

무쿠치에스 : Mucuchíes

무토지농민운동 : MST, Movimento Sem Terra

문화의 집 : Casa de Cultura

미나 과사레 : Mina Guasare

미나 노르테 : Mina Norte

미라플로레스 : Miraflores

미쓰비시 새세대노동조합 : SINGETRAM, Sindicato Nueva Generación de
　　Trabajadores de Mitsubishi

믹스테케 : Mixteque

민족해방군 : FALN, Fuerzas Armadas de Liberación Nacional

민족해방운동 : MLN, Movimiento de Liberación Nacional

민주공화연합 : URD, Unión Republicana Democrática

민주행동당 : AD, Acción Democrática

민중수호청 : Defensoria del Pueblo

민토예스 : mintoyes

밀라그로 : Milagro

밀레니엄 여성 이야기 : La Milenia Palabra de Mujer

밀리시아 0 : Milicia 0

바루타 : Baruta

바르셀로나 : Barcelona

바르셀로나소 : Barcelonazo

바르키시메토 : Barquisimeto

바를로벤테냐스 : Barloventeñas

바를로벤테뇨스 : Barloventeños

바를로벤토 : Barlovento

바를로벤토와 아프리카 디아스포라 통합 연구센터 : CEIBA-DA, centro

de Estudios Integrales para Barlovento y la diáspora africana

바리 : Barí

바리나스 : Barinas

바리오 : barrio

바리오 아덴트로 : Barrio Adentro

반데라 로하 : BR, Partido Bandera Roja

반反푼토피호주의 : anti-Puntofijismo

발라타 : Balatá

발레 도 리오 도세 : Vale Do Río Doce

발렌시아 : Valencia

발렌티나 블랑코 : Valentina Blanco

정보안보국 : DISIP, Dirección de los Servicios de Inteligencia y Prevencion

베네비시온 : Venevisión

베네수엘라 공동체 미디어 네트워크 : Red Venezolano de Medios Comunitarios

베네수엘라 공산당 : PCV, Partido Comunista de Venezuela

베네수엘라 노동자연맹 : CTV, Confederación de Trabajadores de Venezuela

베네수엘라 농민연맹 : F.C.V, Venezuelan Campesino Federation

베네수엘라 라디오방송원 : Cámara Venezolana de la Radiodifusión

베네수엘라 람브다 연합 : Alianza Lambda de Venezuela

베네수엘라 목장경영자연합 : Fedenaga, Federación Nacional de Ganaderos de Venezuela

베네수엘라 문화영화예술센터연합 : FEVEC, Federación Venezolana de Centros de Cultura Cinematográfica

베네수엘라 방송 네트워크 : RedTV, Red de Transmisiones de Venezuela

베네수엘라 볼리바리안대학 : UBV, Universidad Bolivariana de Venezuela

베네수엘라 성전환 여성 : Transvenus de Venezuela

베네수엘라 여성의 권리를 위한 국가 수호자 : Defensora Nacional de los

Derechos de la Mujeres de Venezuela

베네수엘라의 여신 : Divas de Venezuela

베네수엘라 전국선주민위원회 : CONIVE, Consejo Nacional Indio de
Venezuela

베네수엘라 전국협동조합연합 : CECONAVE, el Central Cooperativas
Nacional de Venezuela

베네수엘라중앙대학 : UCV, Universidad Central de Venezuela

베네수엘라 통합사회주의당 : PSUV, Partido Socialista Unido de Venezuela

베네수엘라 학생운동 : Movimiento Estudiantil Venezolano

베네수엘라 혁명당 : PRV, Partido de la Revolución Venezolana

베네팔 : Venepal, Venezolana de la Pulpa y Papel

벤투아리 : Ventuari

보카 데 파파로 : Boca de Paparo

보코노 : Boconó

볼리바르 : Bolívar

볼리바르 주 선주민연맹 : FIB, Federación Indígena del Estado Bolívar

볼리바르 푸에르테 : Bolívar Fuerte

볼리바리안 노동자전선 : FBT, Fuerza Bolivariana de Trabajadores

볼리바리안 사회주의노동자전선 : FSBT, Frente Socialista Bolivariana de
Trabajadores

볼리바리안 서클 : Bolivarian Circle

부라테 아리바 : Burate Arriba

부엘반 카라스 : Vuelvan Caras

블랑카 에코우트 : Blanca Eckhout

비베 : Vive

비베 TV : Vive TV

비벡스 : Vivex

사네마 : Sanema

사바네타 : Sabaneta

사쿠돈 : Sacudón

사회적 생산 기업 : EPS, Empresa de Produción Social

사회주의를 향한 운동 : MAS, Movimiento al Socialismo

사회주의운동당 : Movimiento Al Socialismo

사회주의 카라카스 계획 : Plan Caracas Socialista

사회통합기금 : Fondo Único Social

산 카를로스 : San Carlos

산 카를로스 데 코헤데스 : San Carlos de Cojedes

산 카를로스 자유 병영 : Cuartel San Carlos Libre

산 크리스토발 : San Cristóbal

산 페드로 : San Pedro

산 호세 : San José

산 호세 데 바를로벤토 : San José de Barlovento

산 후안 데 마나피아레 : San Juan de Manapiare

산타 로사 : Santa Rosa

산타 이네스 : Santa Inés

삼빌 : Sambil

선거관리위원회 : CNE, Consejo Nacional Electoral de Venezuela

선주민과 공동체에 관한 기본법 : LOPCI, Ley Orgánica para Pueblos y
  Comunidades Indígenas

성 해방 : Sexualidad Liberada

세부칸 : sebucán

세사르 카레로 : Cesar Carrero

세아 : Zea

세코세솔라 : Cecosesola

세코코로 : Cecocoro

센트로 구미야 재단 : Fundación Centro Gumilla

소시에다드 오모 에트 나투라 : Sociedad Homo et Natura

소쿠이 : Socuy

수르 데 라고 : Sur de Lago

수크레 : Sucre

술리아 : Zulia

시네클루브 : Cineclub

시네클루브 과라이라 레파노 : Cineclub Guaraira Repano

시네클루브 마니코미오 : Cineclub Manicomio

시네클루브 카라 엔 콘트라 : Cineclub Cara En Contra

시도르 : SIDOR, Siderúrgica del Orinoco "Alfredo Maneiro"

시마로네스 : cimarrones

시몬 로드리게스 : Simón Rodríguez

시몬 로드리게스 국립부속대학 : UNESR, Universidad Nacional Experimental Simón Rodríguez

시몬 로드리게스 문화센터 : Casa de la Cultura Simón Rodríguez

시몬 볼리바르 : Simón Bolívar

시몬 볼리바르 농민전선 : Simón Bolívar Campesino Frente

시몬 볼리바르 전국코뮌전선 : FNCSB, Frente Nacional Comunal Simón Bolívar

시몬 볼리바르 혁명적 농민전선 : FCRSB, Frente Campesino Revolucionario Simón Bolívar

시몬시토 : Simoncito

시에라 데 페리하 : Sierra de Perijá

시우다드 볼리바르 : Ciudad Bolívar

아과실 : aguacil

아뉴 : Añu

아단 차베스 : Adán Chávez

아도베 : adobe

아드리아나 리바스 : Adriana Ribas

아레파스 : arepas

아르투로 소사 : Arturo Sosa

아르투로 아시사 : Arturo Asiza

아마소나스 : Amazonas

아마소나스 주 선주민지역조직 : ORPIA, Organización Regional de los Pueblos Indígenas de Amazonas

아메리카 대륙을 위한 볼리바리안 대안 : ALBA, Alianza Bolivariana para los Pueblos de Nuestra América

아밀카르 페레스 : Amilkar Pérez

아빌라 : Avila

아세베도 : Acevedo

아야카 : Hallaca

아우야마 : auyama

아캄파 : Acampa

아프리카계 베네수엘라인 조직 네트워크 : Network of Afro-Venezuelan Organizations

아프리카계 베네수엘라인 청년 네트워크 : Afro-Venezuelan Youth Network

아프로아메리카 재단 : Fundacion Afroamerica y de la Diáspora Africana

아프로 TV : Afro TV

안데스대학 : ULA, Universidad de Los Andes

안데스-아마존 보존을 위한 깨어 있는 시민 참여 건설 : BICECA, Building Informed Civic Engagement for Conservation in the Andes-Amazon

안드레소테 문화센터 : Andresote Cultural Center

안드레스 베요 : Andres Bello

안드레스 베요 문화발전협회 : Association for the Cultural Development of the Andres Bello Municipality

안드레스 엘로이 블랑코 : Andrés Eloy Blanco

안디나 : Andina

안소아테기 : Anzoátegui

안토니오 레데스마 : Antonio Ledezma

안토니오 호세 데 수크레 : Antonio José de Sucre

안티마노 : Antímano

알렉시스 비베 : Alexis Vive

알로 프레시덴테 : Aló Presidente

알리안사 데 사나레 협동조합 : La Cooperativa Alianza de Sanare

알바 카로시오 : Alba Carosio

알타 아푸레 과스두알리토 : Alta Apure Guasdualito

알토 벤투아리 : Alto Ventuari

알토 오리노코 : Alto Orinoco

알폰소 올리보 : Alfonso Olivo

앙고스투라 : Angostura

야나마 : Yanama

야나이르 레예스 : Yanahir Reyes

야노스 : Llanos

야라쿠이 : Yaracuy

야레 : Yare

에네파 : E'ñepa

에세키엘 사모라 : Ezequiel Zamora

에세키엘 사모라 전국농민전선 : FNCEZ, Frente Nacional Campesino
    Ezequiel Zamora

에세키엘 사모라 전국농업조정자 : CANEZ, Coordinadora Agraria Nacional
    Ezequiel Zamora

엑토르 랑헬 : Hector Rangel

엔리케 벨라스케스 : Enrique Velásquez

엔텐디도 : Entendido

엘도라도 : El Dorado

엘디아 협동조합 : La Cooperativa el Dia

엘 마니코미오 : El Manicomio

엘 무로 데 라 디그니다드 : el Muro de la Dignidad

엘 미라도르 : El Mirador

엘 바예 : El Valle

엘 세멘테리오 : El Cementerio

엘 아티요 : El Hatillo

엘 카리살 : El Carrizal

엘 포르테냐소 : El Porteñazo

엘 푸에블로 : el pueblo

엘 프렌테 누에보 비트리네 : el Frente Nuevo Vitrine

엘 암파 : el hampa

엘 훙키토 : El Junquito

엠파나다 : empanada

여성개발은행 : BANMUJER, Banco de Desarrollo de la Mujer

여성연구센터 : CEM, Centro de Estudios de la Mujer

여성의 집 : Casa de la Mujer

여성의 첫걸음 시민협회 : Asociación Civil "Primeros Pasos de Mujer"

여성NGO연합 : CONG, Coordinadora de Organizaciones No-Gubernamentales
　de Mujeres

예쿠아나 : Ye'kuana

오리노코－벤투아리 : Orinoco-Ventuari

오마르 콘트레라스 바르보사 : Omar Contreras Barboza

오브세르바토리오 : Observatorio

오스피노 : Ospino

오스피노 축산업 컨소시엄 : CIGO, Consorcio Industrial Ganadero Ospino

와다하니유 : Wadajaniyu

와라오 : Warao

와유 : Wayúu

요나 : Yonna

우고 데 로스 레예스 차베스 : Hugo de los Reyes Chávez

우고 라파엘 차베스 프리아스 : Hugo Rafael Chávez Frías

윌프레도 바스케스 : Wilfredo Vásquez

유크파 : Yukpa

이과 학생 사회주의 대학 운동 : MUSEC, Movimiento Universitario Socialista de Estudiantes de Ciencias

이덴티다드 : Identidad

이드로카피탈 : Hidrocapital

이라이다 모로코이마 : Iraida Morocoima

인데쿠 : INDECU, Instituto para la Defensa del Consumidor y el Usuario

인데파비스 : INDEPABIS, Instituto para la Defensa de las Personas en el Acceso a los Bienes y Servicios

인두세르비스 : Induservis

인민 권력을 위한 산 카를로스 자유 병영 : Cuartel San Carlos Libre de Poder Popular

인민연합 : Unidad Popular

인베발 : Inveval, Indústria Venezolana Endógena de Válvulas

인베팔 : Invepal, Industria Venezolana Endógena del Papel

인종주의와 차별에 맞서는 대통령 위원회 : Presidential Commission to Combat Racism and Discrimination

자유와 지역 자율을 위한 국제연합 : CONFILAR, Confederación Internacional por la Libertad y Autonomía Regional

전국노동조합 : UNT, Union de Trabajadores de Venezuela

전국대학위원회 : CNU, Consejo Nacional de Universidades

전국 자유 및 대안 공동체 미디어 협회 : ANMCLA, Asociación Nacional de Medios Comunitarios, Libres y Alternativos

정보센터 : Infocentro

정보통신부 : MINCI, Ministerio del Poder Popular para la Comunicación y la Información

정착 : asentamientos

제4공화국 : Cuarta República

제5공화국운동 : MVR, Movimiento Quinta(V) Reública

좌파혁명운동 : MIR, Movimiento de Izquierda Revolucionaria

주변부 운동 : Movimiento Ambiente

중앙진료소 : CDI, Centro Médico de Diagnóstico Integral

지역공공계획위원회 : CLPP, Consejos Locales de Planificación Pública

차마 : Chama

차별철폐행동 : Acción Afirmativa

차베스주의(차비스모) : Chavismo

차비스타 : Chavista

차카오 : Chacao

첫걸음 : Primeros Pasos

체 게바라 : Che Guevara

총경찰국 : DIGEPOL, Dirección General de Policía

치차 : chicha

카뇨 아마리요 : Caño Amarillo

카라보보 : Carabobo

카라카소 : Caracazo

카라피타 : Carapita

카루파나소 : Carupanazo

카루파노 : Carúpano

카를로스 안드레스 페레스 : Carlos Andrés Pérez

카리냐 : Kariña

카리쿠아오 : Caricuao

카사바 : cassava

카사베 : casabe

카사 코무날 : casa comunal

카우라 : Caura

카우카리 : Caucarí

카차마 : Cachama

카치리 : Cachirí

카쿠리 : Cacurí

카토연구소 : Cato Institute

카티아 콘스티투엔테 재단 : Fundación Catia Constituyente

카티아 TV : Catia TVe

칸디도 바리오스 : Candido Barrios

캄페시노 : Campesino

코로 : Coro

코르도바 : Cordoba

코르디나도라 시몬 볼리바르 : Coordinadora Simón Bolívar

코르포술리아 : Corpozulia

코체 : Coche

코코 : Coco

콘트라나투라 : Contranatura

콜렉티보 라디오포니코 : Colectivo Radiofonico

콜렉티보 포로 프로포넨테 : Colectivo Foro Proponente

콤파냐 카르보니페라 카뇨 세코 : Compañía Carbonífera Caño Seco

콩키스타도레스 : conquistadores

쿠리토 마푸리탈 : Curito Mapurital

쿠마나 : Cumaná

쿠바-베네수엘라 협정 : Convenio Cuba-Venezuela

쿰베 : cumbe

크리오요 : criollo

키리키레 : Quiriquire

키보르 : Quibor

타치라 : Tachira

타카리과 : Tacarigua

탈 쿠알 : Tal Cual

테레사 카레뇨 극장 : Teresa Carreño

테히도 : tejido

텔레루비오 : Telerubio

텔레벤 : Televen

텔레수르 : Telesur

텔레탐보레스 : Teletambores

토마 콘시엔시아 : Toma Conciencia

토지은행 : Bancos de Tierra

통합 : Convergencia

투파마로 : Tupamaro

트루히요 : Trujillo

티우나 엘 푸에르테 : Tiuna el Fuerte

파날 코뮌 : Panal Commune

파라모 : Páramo

파브리시오 오헤다 : Fabricio Ojeda

파블로 네루다 : Pablo Neruda

파울루 프레이리 라틴아메리카 농업생태연구소 : IALA, Instituto
　　Agroecológico Latinoamericano, "Paulo Freire"

파차마마 : Pachamama

파파 네그라 : papa negra

파피타 네그라 : papita negra

팔마리토 : Palmarito

팔콘 : Falcon

페데카마라스 : Fedecámaras, Federación de Cámaras y Asociaciones de
Comercio y Producción de Venezuela

페드라사 : Pedraza

페드로 카르모나 : Pedro Carmona

페드로 페레스 델가도 : Pedro Pérez Delgado

페몬 : Pemón

페코세벤 협동조합 : La Cooperativa Fecoseven

페타레 : Petare

펜사모스 : Pensamos

펠릭스 마르티네스 : Félix Martínez

포르테냐소 : Porteñazo

포르투게사 : Portuguesa

포르투게사 육가공사 : FIPCA, Frigorífico Industrial Portuguesa

포를라마르 : Porlamar

폭력 없는 삶을 살 여성의 권리에 대한 기본법 : Ley Orgánica sobre el
Derecho de las Mujeres a una Vida Libre de Violencia

푸메 : Pumé

푸에르토 가바레로 데 엥콘트라도 : Puerto Gabarrero de Encontrado

푸에르토 볼리바르 : Puerto Bolívar

푸에르토 아야쿠초 : Puerto Ayacucho

푸에르토 카베요 : Puerto Cabello

푼다코무날 : Fundacomunal

푼드아야쿠초 : Fundayacucho, Fundación Gran Mariscal de Ayacucho

푼타 카레타스 : Punta Carretas

퓨토피호주의 : puntofijismo

푼토피호협약 : Punto Fijo

프란시스코 미란다 전선 : Frente Francisco de Miranda

프레디 블랑코 : Freddy Blanco

플라사 데 후벤투드 : Plaza de Juventud

피아로아 : Piaroa

하코아 : Jacoa

학생 조직을 위한 대통령 위원회 : Comisión Presidencial para la
    Organización Estudiantil

학생인민권력평의회 : Consejos del Poder Popular Estudiantil

헤파투라 시빌 : jefatura civil

헤페 시빌 : jefe civil

혁명적 노동자운동 : MRT, Movimiento Revolucionario de los Trabajadores

혁명적 마르크스주의 흐름 : CMR, Corriente Marxista Revolucionaria

혁명적 볼리바리안 운동 200 : MBR-200, Movimiento Bolivariano
    Revolucionario 200

혁명적 학생투쟁위원회 : CLER, Comités de Luchas Estudiantiles
    Revolucionarias

혁명조직 : OR, Organización Revolucionaria

협동조합연대경제시스템 : Sistema Económico Solidario Cooperativo

호르헤 로드리게스 : Jorge Rodríguez

호르헤 몬티엘 : Jorge Montiel

호세 냐녜스 이바라 : José Ñañez Ibarra

호세파 카메호 레즈비언 공동체 : Colectivo Lesbiana Josefa Camejo

후안 바레토 : Juan Barreto

훈타 : junta

훈타 파로키알 : junta parróquial

훈타 파트리오티카 : Junta Patriótica

흑인여성연합 : La Unión de Mujeres Negras

CNV : Constructora Nacional de Válvulas

CUTV : Central Unitaria de Trabajadores de Venezuela

NUDE : Núcleo de Desarrollo Endógeno

PDVAL : Producción y Distribución Venezolana de Alimentos

RCTV : Radio Caracas Televisión

TV 미첼레나 : TV Michelena

VTV : Venezolana de Televisión

1월23일 : 23 de Enero

3월 13일 운동 : M-13, Movimiento 13 de Marzo

7월5일 : 5 de Julio